施 晖 栾竹民 李成浩 著

中日韩三国"性向词汇"中"接辞"的比较研究

暨南大学出版社
JINAN UNIVERSITY PRESS

中国·广州

图书在版编目（CIP）数据

中日韩三国"性向词汇"中"接辞"的比较研究 / 施晖，栾竹民，李成浩著．—广州：暨南大学出版社，2023.10
ISBN 978 - 7 - 5668 - 3605 - 2

Ⅰ. ① 中…　Ⅱ. ① 施…② 栾…③ 李…　Ⅲ. ① 词汇—对比研究—汉、日、朝　Ⅳ. ① H13 ② H363 ③ H553

中国国家版本馆 CIP 数据核字（2023）第 020785 号

中日韩三国"性向词汇"中"接辞"的比较研究
ZHONG RI HAN SAN GUO "XINGXIANG CIHUI" ZHONG "JIECI" DE BIJIAO YANJIU

著　者：施　晖　栾竹民　李成浩

··

出 版 人：张晋升
策划编辑：杜小陆
责任编辑：刘宇韬
责任校对：张　钊　许碧雅　盛　超
责任印制：周一丹　郑玉婷

出版发行：暨南大学出版社（511443）
电　　话：总编室（8620）37332601
　　　　　营销部（8620）37332680　37332681　37332682　37332683
传　　真：（8620）37332660（办公室）　37332684（营销部）
网　　址：http://www.jnupress.com
排　　版：广州良弓广告有限公司
印　　刷：广东信源文化科技有限公司
开　　本：787mm×1092mm　1/16
印　　张：25.75
字　　数：450 千
版　　次：2023 年 10 月第 1 版
印　　次：2023 年 10 月第 1 次
定　　价：108.00 元

说　明

书写体例说明：

（1）专用术语等，汉语用"　"，日语、韩语均用「原文词」（译词）

（2）原文引用时，汉语用"　"，日语用「原文（译文）」或「原文（略译译文）」。由于韩语资料都是日文资料，引用格式与日语相同。

（3）引用文献的书名，汉语用《　》，日语、韩语使用『　』。

目　录

绪　论

随着"一带一路""人类命运共同体"的不断推进，世界各民族更应该"文明互鉴、美美与共"。以中日韩三国"性向词汇"中的「接辞」为研究对象，正是为了探求和阐明三国国民与文化的共性、个性以及变化状态，以促进相互理解、和谐共处为目的而进行的实证性基础研究。"性向词汇"存在于所有的语言文化中，是对他人的性格、日常行为及人品等进行评价时所使用的词汇群体。它包括独立的词、词组和短句，如汉语的"心灵手巧、小气、清爽的人"；日语的「働き蜂」(能干的人)；韩语的「비행기」(飞机，表示得意忘形的人)等。"性向词汇"具有双重性等特征，既能够对他人起到评价与批评的作用，同时也是对评价者自身的一种约束与警示，两者相得益彰，共同维系着社会规范、行为准则、对人关系等，成为人们的价值取向与道德规范的具体指向[①]。可以认为"性向词汇"是适用于全体社会成员的一种语言符号系统，是一个具有规范性和系统性的词汇结构体系。

1. 研究的目的与意义

语言让世界更和谐、更精彩，也给世界各民族之间架起了文化与交流的桥梁。随着多元文化论的兴起与深化，更需要对各民族文化间的共性与个性给予广泛而深入的调查与研究。为了顺应这一时代要求，我们在前期研究中，主要以普遍存在于各民族语言中的"性向词汇"为切入点，对中日韩三国"性向词汇"中的 111 个语义小项进行了全面调查、定量统计与定性分析。其结果不仅揭示了中日韩三国文化中对人评价意识的共性与个性，而且对三国各自的国民性与文化，以及对人评价意识、价值取向、人

---

① 室山敏昭.「ヨコ」社会の構造と意味 [M]. 大阪：和泉書院，2001.

生态度等方面的异同进行了实证性的诠释与解读①。

通过前期的调查研究我们发现（见表 1），中日韩三国国民均使用大量的"性向词汇"，积极发挥着对人评价的社会功效。该结果充分验证了既有研究中有关"性向词汇"普遍存在于各国语言文化中的推测与预想，证明了多国语言间进行跨文化视角下"性向词汇"比较研究的可行性和必要性。

表 1　中日韩三国总词汇量②

国别	中国		日本		韩国	
	不重复词汇量	重复词汇量	不复词汇重量	重复词汇量	不复词汇重量	重复词汇量
男　性	5 696	13 013	4 897	8 578	3 971	9 797
女　性	5 634	11 068	4 426	9 584	3 511	10 361
男女合计词汇量	9 279	24 081	8 062	18 162	6 072	20 158
男女共用词汇量	2 051	–	1 261	–	1 410	–

注：总调查对象 690 人，社会群体 130 人，大学生 100 人。

前期的调查结果还发现，中日韩三国"性向词汇"中均存在着由「接辞」（词缀）③构成的对人评价词汇，如"老黄牛"中的"老"；「頑張り屋」中的「屋」；「무책임자」（无能的人）中的「무」（无）等。这些由「接辞」构成的"性向词汇"，不仅数量众多，而且构词形式丰富多样。换言之，中日韩三国国民在对人评价的过程中，巧妙、灵活地运用「接辞」创造出大量的"性向词汇"，符合语言的经济性原则。由「接辞」派生出的对人评价词汇极大地丰富和充实了三国语言中的"性向词汇"结构体系，使得对人评价更加生动形象，更加贴近人们的日常生活。

为了全面探究和详细解读中日韩三国"性向词汇"的共性与个性，我

---

① 施晖，栾竹民.中日韩三国"性向词汇"及文化比较研究[M].北京: 外语教学与研究出版社，2017.

② 表中不重复词汇量是指同一个词，无论使用多少次只按一次计数。重复词汇量是指同一个词，使用一次计数一次。由于存在男女共同使用的词汇，故在计算不重复词汇量的总量时，需要减去男女共用词汇。比如表 1 中的中国人，不重复词汇总量应该是（男性＋女性）–男女合计词汇量，即（5 696＋5 634）–2 051=9 279。日本人、韩国人也是同样。

③ 为论述方便，以下统一使用「接辞」。

们以《中日韩三国"性向词汇"及文化比较研究》一书为基础，把研究视角转向了三国"性向词汇"的构词特点上面。本书主要以「接辞」为研究对象，采用词汇学、语用学、社会语言学、认知语言学等研究理论与方法，详细分析和阐释中日韩三国的「接辞」特点，探究构词背后的文化因素以及文化与语言之间的互动关系。积极开展「接辞」的对比研究，将会极大地厘清三国对人评价机制的全貌，有助于深入推进三国语言文化比较研究向纵深层面发展。通过揭示和阐明微观性差异以及语言与社会、文化之间的关系，有利于深入了解三国文化的普遍性与特殊性。

2.「接辞」（词缀）的认定

众所周知，中日韩三国语系不同。汉语属于孤立语，在词汇构成上几乎没有屈折形式，也不存在外显的标记。因此，在界定词性方面见仁见智、难有定论。而日韩两语同属膠着语，具有明显的词素标记。较之于汉语，日语和韩语在认定和划分词性方面相对容易。室山敏昭（2000，2001，2004，2012）指出："性向词汇"是构成"生活词汇"的重要组成部分，是贴近和直接反映日常生活的词汇，也是现实生活的真实写照[①]。黎运汉（2000）也认为，不同的词语可以表达不同的语体风格。"性向词汇"毫无疑问属于"口头语体风格"[②]，它不同于文学作品、字典词条中收录的经过筛选与提炼的书面语，具有鲜活的生活气息以及浓厚的口语或俗语等特点。

「接辞」在中日韩三国语言的"性向词汇"中发挥着重要的构词作用，不仅扩充了词汇量，而且丰富和充实了"性向词汇"的结构体系。下面主要考察人们在日常生活中究竟使用了哪些种类的「接辞」（「接頭辞」与「接尾辞」），以及「接辞」的词义功能、构词特点、使用率分布、评价机制等，在此基础上，探究和阐释中日韩三国语言中「接辞」的异同及其各自的使用特色。主要从三个层面加以考察：一是使用量（「接頭辞」、「接尾辞」的种类与比例）；二是词义与「接辞」（「接頭辞」、「接尾辞」）的

---

① 室山敏昭 . 生活語彙の構造と地域文化—文化言語学序説 [M]. 大阪：和泉書院，2000；室山敏昭 .「ヨコ」社会の構造と意味 [M]. 大阪：和泉書院，2001；室山敏昭 . 文化言語学序説—世界観と環境 [M]. 大阪：和泉書院，2004；室山敏昭 . 日本人の想像力 [M]. 大阪：和泉書院，2012.

② 黎运汉 . 汉语风格学 [M]. 广州：广东教育出版社，2000：292.

构成类型、评价意义等）之间的关系；三是「接辞」的语义功能。「接辞」是日语词汇学的专业术语，相当于汉语的"词缀"，一般分为「接頭辞」（接头辞或前缀）、「接尾辞」（接尾辞或后缀）、「接中辞」（接中辞或中缀）三大类。它本身不能单独作句法成分，没有独立的语义，要与其他实词组合才能表示一定的意思，构成派生词。具体而言，作为「接辞」一般失去本来的词义（实词虚词化），起到加强语气、改变词性等方面的作用。「接辞」一般添加在词的前后或中间，给原词增添语意色彩，改变或不改变原词的词性。

　　日语中的「接辞」出自名词（如者、家）、动词（持ち、言い）、形容词（良し）、形容动词（馬鹿）、外来词（ーカ）等各种类型。『日本文法大词典』中有如下解释：「（接辞は）語の構成要素の一つ。いつも他の語や語基に従属、融合、活用して、一語を構成する要素。それ単独では不安定で、体言や用言や副詞やそれらの語基についてはじめて一語をなし、語の内部で安定する。～接辞には、語や語基の上につく接頭辞と、下につく接尾辞とがあり、その他に、接中辞のある言語もある。接頭辞や接尾辞は形態素ではあっても、単独で自立しえないため、厳密には、接頭辞、接尾辞というほうが適当なことがある（作者译，以下同。「接辞」是构词要素之一，从属于其他词或词根而使用的语素，难以独立使用，须与名词、动词及副词等结合后方能构成一词。接在词及词根前面的为「接頭辞」，反之为「接尾辞」，而出现在词中间的为接中词。「接頭辞」和「接尾辞」均属词素（或称语素）的附着语素（或称不自由语素），不能独立成词，所以严格来讲称之为接头辞与接尾辞更为合适。」①日语中的「辞」不同于"词"，不能独立成词，这也是本书选用「接辞」这一术语的主要原因。影山（1993）也认为：「接辞は独自の意味的なまとまりを持つ形態素―基体に付着することによって初めて機能する形態素である。つまり、接辞はそれ自体では独立せずに、常になんらかの基体に付着するのである（「接辞」是指需要与具有完整语义的词素结合后才能使用的附着语素）」②。由此可见，「接辞」是构成日语词汇的要素之一，不能独立使用，也不能构成有最小意义的音节，只能附加在词干或词根的前后

①　松村明 . 日本文法大词典 [M]. 東京：明治書院，1971：365.
②　影山太郎 . 文法と語形成 [M]. 東京：ひつじ書房，1993：13.

加强语气、增添某种意义或语法功能，构成新的词语。也就是说，「接辞」具有"意义性功能"和"语法性功能"两大作用。所谓"意义性功能"主要是添加尊敬、卑视或轻视等感情色彩①，如「接頭辞」的「お、ご、こ」、「接尾辞」的「さん、様、君、どら」等②。"语法性功能"是指在添加意义的同时赋予与原来词性不同的其他词性资格或表示动词的体，如「がましい、がる、み」等。③

「接辞」作为一种重要的语言现象，不管在日本、中国还是韩国都属于"最小而争议最大的语法单位"。「接辞」在中国学术界往往与"词缀"等同，尤其在现代汉语中更是如此。从词缀的界定到具体的词缀分析，都存在着众多的认识分歧。④所谓"词缀"，《辞海》中解释为："加在词根上面的词素，分为前缀、后缀等。前缀，加在词根前面的词素，如老师中的'老'。后缀，加在词根后面的词素，如桌子、椅子中的'子'"⑤。《现代汉语知识大词典》中的解释为："词缀，又称语缀、词缀语素。指加在词根上面的构成新词的虚语素。词缀的作用是同词根构成合成词。一般说来，按照词缀同词根的位置关系，可分为前缀、中缀、后缀三种。附加在词根前面的叫前缀，又叫词头、语头、前置成分。附加在词根后面的叫后缀，如木头、帽子中的'头、子'等。加嵌在词根中间的叫中缀，又称为词嵌。如对不起、吃得开中的'不、得'等。有的词缀单纯地表示语法意义；有的既表示一定的语法意义，又表示一定的词汇意义；有的词缀有表达感情和标志词性的作用"⑥。

随着改革开放的大潮，汉语中产生了为数众多的新语。在这些新语的创造中，也有近似于「接辞」的"词语模"发挥着重要的构词作用。"词语模"来源于李宇明1999年发表的一篇题为《词语模》⑦的论文。他在研究与分析了众多新语的"框架背景"现象后指出，"框架"就像是造词模子（简称"词语模"），能够批量生产新词语，并使其所生产的新词语形成

① 山田孝雄.日本文法学概論[M].東京：宝文館，1984：582.
② 橋本進吉.日語語法研究[M].東京：岩波書店，1983：73.
③ 時枝誠記.日本文法口語篇[M].東京：岩波書店，1988：129.
④ 朱亚军，田宇.现代汉语词缀的性质及其分类[J].学术交流，2000（2）：134-137.
⑤ 辞海[M].上海：上海辞书出版社，1980：386.
⑥ 高更生.现代汉语知识大词典[M].济南：山东教育出版社，1992：161.
⑦ 李宇明.词语模[M]//邢福义.汉语法特点面面观，北京：北京语言文化大学出版社，1999.

词语族。李宇明把"词语模"分为三种类型：一是"前空型"，即"模槽在前、模标在后的词语模类型"，如"～病"式的"城市病""空调病"等；二是"后空型"，即"模槽在后、模标在前的词语模类型"，如"导～"式的"导吃""导读"等；三是"中空型"，即"两个模标，一在前，一在后，中间是模槽"，如"吃～饭"式的"吃关系饭""吃文化饭"等。

　　本书以既有研究为基础，对「接辞」的使用范畴进行了如下界定。「接辞」既有狭义的（典型的「接頭辞」与「接尾辞」，真正的词缀意义是虚化的，并无实际意义，仅为构词语素，如驴子中的"子"），又包含广义的（具有实词虚化为虚词的过程，即词义上的泛化，但能看到与实际意义上的某种关联），也就是"类词缀"的概念，如"族、佬、派、型"等。有学者把这种现象称之为"带类后缀的'词缀化'现象"①。"类词缀"一般具有3个特点。一是语素义没有完全虚化；二是逐渐变为定位的"黏着"语素；三是能产性较强。现代汉语中"类词缀"不断涌现，数量迅速增加，而且一直保持着鲜活的生命力和强大的能产性。"类词缀"与上述的"词语模"概念较为相似。

　　「接辞」根据「品詞」（词性）的特点，可以分为「体言系」（名词、代词、数词等）和「用言系」（动词、形容词、形容动词等）两大系列。"性向词汇"中的「用言系接辞」，如「嘘吐き」、「法螺吹き」等词语中的下划线部分，为了强调和明示具有某种共同属性的一类人，添加上「用言系」后缀的「～吐き、～吹き」等「接辞」，便可实现这种构词特点及其语义功能，前后的语素之间属于动宾结构。「体言系」如"能人、科学家、小气鬼"中的"人、家、鬼"等后缀，构成偏正的语义结构，即前后词素间属于修饰与被修饰、限制与被限制的关系。本次的调查结果中，「接尾辞」的数量与种类遥遥领先于「接頭辞」，而且「体言系」后缀占有绝对优势，呈现出三国"性向词汇"的构词共性。究其原因主要在于评价他人的性格特点、动作行为、人品等方面，「体言系接辞」即"～的人"这种语法构式更为直接，具有一目了然的评价特点。

---

　　① 沈孟璎.再谈汉语新的词缀化倾向 [M]// 本书编辑组.词汇学新研究：首届全国现代汉语词汇学术讨论会选集.北京：语文出版社，1995：195-205.

3.「接辞」的调查概况与统计方法

本次调查中，统计「接辞」的具体流程是：首先，对中日韩三国总的「接辞」（「接頭辞」、「接尾辞」）进行抽取和统计。其次，再对各自的社会群体、大学生加以区分。比如对于总的日本人而言，先把 Excel 表中横式排序的 111 个小项，依次排列成竖式序列。这样可以求得总的"性向词汇"量，即不重复词汇量，简称"不重量"（6 942 个词语），以及重复词汇量，简称"重量"（12 926 个词语）。最后，再从 6 942 个"不重量"中进行自定义筛选，比如筛选出止于"子"的所有词语。

上面已经提到"性向词汇"是用于评价人的性格、言行举止等方面的词汇群体。比如：助人为乐、聪明、正直的人（＋正面评价）；酒鬼、阴阳怪气、鸡蛋里挑骨头的人（－负面评价）等等。基于这一特点，"性向词汇"不仅包括单词，也可包括短语如"～的人"，还可以包括成语、惯用语、谚语、俗语等，甚至包括没有被固定下来，缺乏定型性与普遍性的一些句子。不过，本书仅对单独的词进行了抽取和分类。正因如此，我们再从"子"的所有词汇中删掉那些不属于「接辞」的词语，如句子、短语、谚语、俗语等，剩下的便是作为单独词的"子"前缀与"子"后缀。需要说明的是，三国"性向词汇"中均出现了大量的"同形异义词"。所谓"同形异义词"是指同样的词，可以表示不同的小项内容与词义。比如"子"后缀的"急性子"，分别出现在（12）、（24）、（26）、（36）、（49）这五个语义小项中。这些小项的具体内容分别是：（12）"干事没长性，爱打退堂鼓的人"；（24）"容易急躁的人"；（26）"情绪不稳定的人"；（36）"爱兴奋爱冲动的人"；（49）"吃东西特别快的人"等。也就是说，中日韩三国国民根据评价的对象、程度等，巧妙、灵活地区别使用"同形异义词"，以达到对人评价与批评的目的。我们在统计"子"后缀的词语时，把出现在不同小项的"同形异义词"加以合并作为"重复词汇量"，而在"不重复词汇量"一栏中，仅留下一个词作为代表。通过这样的计算方式，可以抽取和统计"子"后缀的"不重复词汇量"以及"重复词汇量"。其他的「接辞」均以同样的方式进行了统计与量化。

第一章 中日韩三国"性向词汇"中的 「接頭辞」（前缀）

1. 中日韩三国「接頭辞」的种类与数量

表 1-1　中日韩三国「接頭辞」的种类与数量

国别		种类	不重复词汇量	重复词汇量	（A）[1]不重复词汇量	（A）重复词汇量
日本	总	14 种	150	699	4 426	9 584
	社会群体	10 种	144	608	3 405	7 911
	大学生	14 种	104	466	5 477	10 242
中国	总	11 种	329	1 895	9 278	24 081
	社会群体	11 种	182	1 111	6 197	15 261
	大学生	11 种	218	739	3 956	8 832
韩国	总	25 种	69	525	6 030	20 144
	社会群体	18 种	39	379	2 113	10 211
	大学生	22 种	51	146	4 688	9 936

　　表 1-1 的结果表明，中日韩三国"性向词汇"中的「接頭辞」，无论是种类还是数量所占比例都很少，呈现出显著的共性。尽管如此，韩语的「接頭辞」数量最多，高达 25 种。而日语和汉语分别仅为 14 种和 11 种，具有数量上的使用差异。如果再与第二章"中日韩三国性向词汇中的「接尾辞」（后缀）"加以比较与对照，「接頭辞」稀少这一现象愈趋凸显与明朗。日本大学生「接尾辞」的种类最多，高达 62 种；总韩国人排列第二，共有 59 种。同样，总中国人的种类尽管不能与总日本人同日而语，但也

---

① A 是指性向词汇的"重复词汇量"与"不重复词汇量"。

多达 41 种。由此可见,「接頭辞」与「接尾辞」相比,不仅种类与数量稀少,而且在构词功能、语义特点等方面显得相对简单。日语「接頭辞」的单一性与「接尾辞」的复杂性形成了强烈反差与鲜明对照,汉语、韩语也有同样的使用倾向。

日语的「接頭辞」在总日本人、日本社会群体、日本大学生各自的种类与比例分布中,「お～」「無～」「大 / 不～」都排列前三位,三者之和其比例分别高达 71%、76% 与 71%。汉语的"老、小、大"尽管在总中国人、中国社会群体、中国大学生的比例分布中,顺序发生了细微的变化,但三者均位居前三,而且"老、小、大"的数值之和,分别占总数的 76%、71%、79%。韩语的「왕、비、무、잔」和汉语"老、小、大"的排列顺序极其相似。可以认为,日语的「お～」「無～」「不 / 大～」,汉语的"老、小、大",韩语的「왕、비、무、잔」,具有同样的使用倾向。它们不仅在造词功能等方面具有极强的能产性,显得丰富而多彩,而且是性向词汇中「接頭辞」的主要构词成分,在对人评价方面发挥着重要作用。值得留意的是,日语中表示否定的外来语来源的「ノン」、汉语来源的「超」,以及名词或形容动词的「ゴミ、馬鹿」等「接頭辞」,仅仅局限于日本大学生,在日本社会群体中无人使用。可见,日语的「接頭辞」在实际使用上存在着年龄差异。

性向词汇中有不少「接頭辞」具有强调或调节评价程度的语意功能。如汉语的"老"不仅能够强调评价程度,而且如"老古董、老黄牛、老顽固、老古板、老封建"等所表示的那样,全都起到了拟人化作用,增添了"人"这一特定的语义特征。换言之,如果仅看字面上的"古董",意思并非指人,只有在添加「接頭辞」"老"之后,才会成为评价"头脑僵硬、顽固"这类性向行为的人。下面,首先考察日语「接頭辞」的实际使用情况。

2. 日语"性向词汇"中的「接頭辞」

2.1 日语「接頭辞」的种类与比例

表 1-2　总日本人「接頭辞」的种类及占比

顺序	「接頭辞」	不重复词汇量及占比	重复词汇量及占比	评价
1	お	51/34.2%	284/40.2%	中
2	無	41/27.5%	167/23.6%	－
3	不	14/9.4%	50/7.1%	－
4	大	13/8.7%	115/16.3%	中
5	馬鹿	11/6.7%	44/6.2%	－
6	こ	5/3.4%	9/1.3%	中
7	くそ	4/2.7%	11/1.6%	－
8	超	3/2.0%	3/0.4%	中
9	駄目	2/1.3%	8/1.1%	－
10	鬼	2/1.3%	2/0.3%	－
11	どら	1/0.6%	6/0.9%	－
12	ご	1/0.6%	4/0.6%	中
13	ゴミ	1/0.6%	1/0.1%	－
14	ノン	1/0.6%	1/0.1%	－
合计		150/100%	705/100%	

表 1-3　日本社会群体「接頭辞」的种类及占比

顺序	「接頭辞」	不重复词汇量及占比	重复词汇量及占比	评价
1	お	58/40.2%	289/47.5%	中
2	無	34/23.6%	113/18.6%	－
3	大	18/12.5%	115/18.9%	中
4	不	17/11.8%	47/7.7%	－
5	馬鹿	9/6.3%	30/4.9%	－
6	こ	3/2.1%	4/0.7%	中

（续上表）

顺序	「接頭辞」	不重复词汇量及占比	重复词汇量及占比	评价
7	くそ	2/1.4%	4/0.7%	－
8	どら	1/0.7%	3/0.5%	－
9	ご	1/0.7%	2/0.3%	中
10	鬼	1/0.7%	1/0.2%	－
	合计	144/100%	608/100%	

表1-4　日本大学生「接頭辞」的种类及占比

顺序	「接頭辞」	不重复词汇量及占比	重复词汇量及占比	评价
1	お	48/46.2%	253/54.2%	中
2	大	13/12.5%	88/18.9%	中
3	無	13/12.5%	53/11.4%	中
4	不	6/5.8%	26/5.6%	－
5	馬鹿	6/5.8%	13/2.8%	－
6	こ	3/2.9%	5/1.1%	中
7	くそ	3/2.9%	7/1.5%	－
8	超	3/2.9%	3/0.6%	中
9	だめ	2/1.9%	8/1.7%	－
10	ゴミ	2/1.9%	2/04%	－
11	ノン	2/1.9%	2/0.4%	－
12	どら	1/1%	3/0.6%	－
13	ご	1/1%	2/0.4%	中
14	鬼	1/1%	1/0.2%	－
	合计	104/100%	466/100%	

　　表1-2至表1-4的结果表明，日本社会群体与大学生相比，「だめ、ゴミ、ノン、超」这四种类型，仅为日本大学生所使用。尽管「接頭辞」与「接尾辞」相比，种类与数量所占的比例都不是很高，但日本大学生较之于社会群体，恰恰表现出多样化的使用特点，具有较强的能产性与构词

能力。同样，中国大学生、韩国大学生也都具有类似的使用特点，大学生和社会群体形成了反差与对照，其中，尤以韩国大学生最为显著。有关这一点，下文将会详细分析。若从语义的正负评价而言，「くそ、どら、鬼、無、不、ノン、だめ、ばか、ゴミ」等均属于负面评价的「接頭辞」，而「お、大、こ、超、ご」则属于中性或正面评价的「接頭辞」。不过，由上述 14 种「接頭辞」派生出的性向词汇，整体上呈现出下降性倾斜的使用趋势，折射出"性向词汇"不同于其他词汇，具有显著的"负性原理"①。

2.2　量、构词及语义功能

下面的小标题中（　）[　] 里的数字，分别代表"不重复词汇量"与"重复词汇量"。如总日本人：お（77 語）[535 語]，意思是指「接頭辞」お的统计数量为：不重复词汇量有 77 个，重复词汇量有 535 个。表格中的（　）符号是指实际出现在不同小项的数量之和。如「お調子者」的下方标有（11）97 字样，其中的（11）意思是「お調子者」分别在（29）"表里不一，在家老实在外活跃的人"；（31）"喜欢恶作剧的人"；（36）"轻率浮躁得意忘形的人"；（37）"做事滑稽的人"；（55）"大方的人"；（58）"生活放荡花天酒地的人"；（60）"多管闲事爱出风头的人"；（72）"能言善辩信口开河的人"；（74）"爱开玩笑的人"；（75）"爱恭维奉承的人"；（76）"没主见的人"；（89）"性格活泼开朗的人"等 11 个小项中出现并被使用，97是指重复词汇量有 97 个。没有（　）符号则表示该词仅使用于一个语义小项。有关「接頭辞」的构词特点，此处仅对总日本人、总中国人、总韩国人进行了分类，并按照由高到低的顺序进行排列，「接尾辞」也是同样。详细内容如下所示。

需要说明的是，表格下方的注，是指调查所得的性向词汇与『広辞苑』（第 6 版）、『広辞苑』（逆引）、『中日大词典』（第 3 版）、『学研国語大词典』、『三省堂国語词典』（第 6 版）、『新明解国語词典』（第 6 版）等工具书中收录一致的比例②。通过对「接頭辞」进行跨文化间的定量统计与

---

① 室山敏昭 . 生活語彙の構造と地域文化—文化言語学序説 [M]. 大阪：和泉書院，2000：273.

② 新村出 . 広辞苑 [M]. 6 版 . 東京：岩波書店，2008；岩波書店词典編輯部 . 逆引き広辞苑 [M]. 東京：岩波書店，1999；見坊豪紀，金田一春彦，柴田武，金田一京助 . 三省堂国語词典 [M]. 東京：三省堂，2007；柴田武，倉持保男，山田明雄，等 . 新明解国語词典 [M]. 6 版 . 東京：三省堂，2004；愛知大学中日大词典編纂所 . 中日大词典 [M]. 3 版 . 東京：大修館，2010；金田一春彦，池田弥三郎 . 学研国語大词典 [M]. 2 版 . 東京：学習研究社，1988.

详细分析，可以进一步确认性向词汇的多样性，以及作为"生活词汇"①的口语性、新颖性、创新性等使用特点。表格中加星号的词语，表示该词收录在上述的工具书中。

表 1-5　总日本人：お（77 語）[535 語]

词	数量	词	数量	词	数量	词	数量
お節介*	（5）116	お世辞言い	4	お局	1	お先棒*	1
お調子者*	（11）97	お節介者	4	お馬鹿	1	おのぼりさん*	1
おしゃべり*	（5）68	おばさん*	3	お嬢*	1	お喋り野郎	1
お転婆*	（3）33	お世辞*	（2）3	お嬢様育ち*	1	おりこうさん	1
お天気屋*	24	お馬鹿さん	3	お愛想言い	1	おかん*	1
お茶目*	（2）18	お姫様*	（2）3	お気楽人	1	おばか	1
お嬢様*	13	お荷物*	（2）3	お出かけ好き	1	おふざけ	1
お人好し*	10	お笑い*	3	お人柄	1	おどけ者*	1
おきゃん*	8	お気楽	3	お宅の芋	1	おふざけ者	1
おべんちゃら*	（2）8	お気楽者	3	おとっちゃま	1	お笑い系	1
お坊ちゃま	（2）8	お笑い*	3	お笑い派	1	お地蔵さん	1
お節介焼き	（3）8	お淑やか	3	お世辞野郎	1	お婆ちゃん	1
お追従言い	6	お山の大将*	2	お上手*	1	お掃除好き	1

① 室山敏昭. 生活語彙の基礎的研究 [M]. 東京：和泉書院，1987.

（续上表）

词	数量	词	数量	词	数量	词	数量
おべんちゃら言い	5	お愛想 *	（2）2	お嬢ちゃま	1	お世辞馬鹿	1
お堅い人	5	お嬢さん *	2	お節介屋さん	1	お世辞屋さん	1
お母さん *	4	おじいさん *	2	お節介しい	1	お偉いさん	1
御節介	（4）4	おしゃれ *	2	お仕着せ *	1	お笑い派	1
お金持ち	（2）4	お子ちゃま	1	お多福 *	1		
お転婆娘 *	4	お高い *	1	お調子家	1		
お宅 *	4	お堅い	1	お調子好き	1		

注：词典标出词的比例为 34/77=44.2%。有 * 标注的为词典标出词，后同。

表1-6　日本社会群体（社会群体）：お（57語）[289語]

词	数量	词	数量	词	数量	词	数量
お調子者 *	（12）56	お節介者	3	おのぼりさん *	1	お人柄	1
お節介 *	（3）39	お転婆娘 *	3	おどけ者 *	1	お気楽者	1
おしゃべり *	（4）36	おじいさん *	2	おりこうさん	1	お仕着せ *	1
お天気屋 *	23	おしゃれ *	2	お愛想言い *	1	お山の大将 *	1
お転婆 *	（2）16	お愛想 *	（2）2	お先棒 *	1	お宅 *	1
お人好し *	（3）10	お調子もん	（2）2	お調子好き	1	お節介しい	1
お茶目 *	（4）9	お坊ちゃん *	2	お調子家	1	お節介屋	1

（续上表）

词	数量	词	数量	词	数量	词	数量
おきゃん*	7	お金持ち	（2）2	お出かけ好き	1	お節介屋さん	1
おべんちゃら*	（2）7	お馬鹿さん	（2）2	お高い*	1	お母さん*	1
お節介焼き	（3）7	お嬢さん*	2	お荷物*	1	お嬢ちゃま	1
お坊ちゃま	（2）6	お世辞*	（2）2	お局	1	お上手*	1
おべんちゃら言い	（2）4	お姫様*	（2）2	お馬鹿	1	お世辞野郎	1
お嬢様*	（2）4	お追従言い	2	お多福*	1		
お世辞言い	4	お喋り野郎	1	お嬢様育ち*	1		
お堅い人	3	おとっちゃま	1	お気楽	1		

注：词典标出词的比例为 29/57=50.9%。

表 1-7　日本大学生：お（46 語）[253 語]

词	数量	词	数量	词	数量	词	数量
お節介*	（5）77	お笑い*	（2）3	おふざけ者	1	お世辞*	1
お調子者*	（11）41	お気楽者	（2）2	おべんちゃら*	1	お山の大将*	1
おしゃべり*	（4）32	お坊ちゃま	2	おべんちゃら言い	1	お世辞馬鹿	1
お転婆*	（4）17	お荷物*	（2）2	お転婆娘*	1	お世辞屋さん	1
お茶目*	（2）9	お堅い人	（2）2	お地蔵さん	1	お天気屋*	1
お嬢様*	（3）9	お金持ち*	2	お節介焼き	1	お偉いさん	1
お人良し	5	お気楽	（2）2	お節介者	1	お笑い派	1

（续上表）

词	数量	词	数量	词	数量	词	数量
お追従言い	4	お子ちゃま	1	お馬鹿さん	1	お笑い系	1
お宅*	（3）3	おかん*	1	お嬢*	1	お宅の芋	1
おばさん*	（3）3	おきゃん*	1	お婆ちゃん	1	お姫様*	1
お母さん*	（2）3	おばか	1	お気楽人	1		
お淑やか	（2）3	おふざけ	1	お掃除好き	1		

注：词典标出词的比例为 21/46＝45.8%。

构词分类

①**お＋名词＋（の）名词/形容词/形容动词/动词连用形/「接尾辞」**

お節介【25，58，59，77，78】、お転婆【33，34，36】、お茶目【34，87】、おきゃん【34】、おべんちゃら【74】、お山の大将【33】、お嬢【60】、お馬鹿【94】、お荷物【8，13】、お宅【27，88】、お気楽【57，87】、お宅の芋【66】、お世辞【61】、お局【78】、お人柄【100】、お調子者【24，31，36，37，38，66，68，71，73，74】、お天気屋【26】、お気楽人【20】、お気楽者【57】、お母さん【58】、お節介者【78】、お節介焼き【59】、お馬鹿さん【94】、お坊ちゃま【95】、お嬢さん【35，95】、お嬢様【97】、お世辞言い【75】、お姫様【35，97】、おじいさん【85】、おとっちゃま【27】、おりこうさん【93】、お愛想言い【75】、お追従言い【76】、お金持ち【21，55】、お嬢様育ち【97】、お世辞屋さん【58】、お節介屋さん【78】、お世辞馬鹿【74】、お転婆娘【34】、お人良し【100】、お愛想【61，75】、おべんちゃら言い【75，76】、お先棒【59】、おばさん【82】、お子ちゃま【13】、お世辞野郎【76】、お嬢ちゃま【97】、お多福【44】、お調子家【36】、お調子好き【31】、おかん【78】、おばか【96】、お地蔵さん【19】、お婆ちゃん【87】、お掃除好き【16】

②**お＋动词连用形＋「接尾辞」**

おしゃべり【34，66，68，77，81】、お笑い【36，37】、おしゃれ【15】、お笑い派【37】、お笑い系【37】、おふざけ者【73】、お出かけ好き【40】、お仕着せ【81】、おのぼりさん【38】、お喋り野郎【67】、おふざけ【74】

③お＋形容词/形容动詞＋「接尾辞」

お淑やか【15，61，99】、お高い【38】、お堅い【84】、お偉いさん
【91】、お堅い人【84】、お上手【75】、お節介しい【60】

总日本人的"性向词汇"中，附加「接頭辞」「お」的对人评价词汇
与词典一致的比例是44.2%。其中，日本社会群体、日本大学生的比例
分别是50.9%和45.8%。我们从50.9%、45.8%这两个数据之差加以判
断，大学生较之于社会群体，具有造词能力强、想像力丰富的特点。如
「お笑い、お笑い派、お笑い系、お宅の芋」等均属于日本大学生独创的
"性向词汇"。

根据上述的构词特点可以看出，「接頭辞」「お」不仅可以与日语固有
的词语，即「和語」（和语）派生出新词，也可以与汉语等组合派生出新
词。其中，以「和語」占有绝对优势。「お」能够接续在「体言系」（包
括お母さん等亲族称谓）前，也可接动词连用形或形容词等，即「用言
系」前共同构成名词性质的词语。在上面的三大构词分类中，第一大类的
「お」＋名词＋（の）名词/形容词/形容动词/动词连用形等，其种类最
为丰富。「接頭辞」「お」一般具有敬重之义，可使表达文雅和郑重。『国
語学大词典』把「お」的语义功能分为六项。比如，向对方表示敬意或作
为美化语，可使说话者的语言表达显得高雅等。其中第5项「その語の持
つ消極的な意味を軽蔑、非難、批判の気持ちを含めて強調的に表す。例え
ば、お粗末、お世辞などである」[①]。由此可见，「お」除了"表敬意，语言
文雅"之外，还兼有负面的、消极的感情色彩以及贬义等语义功能。这
一点在对人评价的"性向词汇"中尤其突出，从另一个角度折射出性向
词汇中的"负性原理"。

如果从说话者的主观评价这一视点而言，我们可以将「お～さん」
这种形态分为两种类型。一是如「お偉いさん」（聪明爱深思的人）、「お
母さん」（喜欢助人为乐的人）等，属于正面的评价词汇，给予对方积极
评价的同时还兼带一点亲切感；二是譬如「お嬢さん」（自作主张的人，
不懂人情世故阅历浅的人）等，多用于讽刺或揶揄的感情色彩，属于负
面的消极评价。需要留意的是，「お馬鹿さん」（愚笨的人）不同于「馬
鹿」，通过添加「お」具有诙谐调侃以及亲昵等语义色彩。可以认为性向

---

① 国語学会编．国語学大词典 [M]．東京：東京堂，1993．

词汇中的「お」属于活生生的、多姿多彩的「接頭辞」，是人们语言生活中不可或缺的构词元素。此外，「お気楽人、お気楽者」、「お笑い派、お笑い系」、「お調子家、お調子好き」等"性向词汇"，并未收录在上述词典中。它们分别在「気楽」、「お笑い」、「お調子者」等词的基础上，分别添加「接頭辞」或「接尾辞」或用其他「接尾辞」加以替代，属于仿拟类推的一种构词方法。「お世辞屋さん」、「お節介屋さん」分别为日本大学生、社会群体单独使用。「接尾辞」「屋」表示具有某种性格和倾向的人，它与「さん」结合便又增添了讽刺、亲昵的语气以及拟人化等效果。这些词汇尽管未被上述辞书所收录，但却真实地活跃在人们的日常生活中，也从另一个侧面反映出"性向词汇"的新颖性、独创性等特点。日语的性向词汇中，同时可以兼用「接頭辞」的「お」、「接尾辞」的「屋」和「さん」，即"名词＋「接尾辞」「屋」＋「接尾辞」「さん」"的形式。此外，还有"动词连用形＋「接尾辞」「屋」＋「接尾辞」「さん」"的形式，如「頑張り屋さん」。这与韩语「궁금증쟁이」、「울보쟁이」的叠加构词形式一致，映射出二者的膠着语特征，而孤立语的汉语很难有类似的叠加构词形式。

表 1-8　总日本人：無（41 語）[167 語]

词	数量	词	数量	词	数量	词	数量	词	数量
無愛想*	（5）29	無責任者	（4）4	無情*	2	無骨者	1	無為徒食*	1
無神経*	（7）25	無知*	（3）6	無計画*	2	無駄話*	1	無意欲	1
無責任*	（3）18	無能*	（2）3	無骨*	1	無作法*	1	無気力*	1
無口*	（3）17	無鉄砲*	（2）2	無能社員	1	無慈悲*	1	無味乾燥	1
無駄遣い*	9	無定見*	（2）2	無能者	1	無知能者	1	無気味*	1
無礼者	（3）7	無礼*	（2）2	無謀者	1	無知識者	1	無駄遣いばっかり	1

（续上表）

词	数量	词	数量	词	数量	词	数量	词	数量
無駄口	（2）4	無駄使い	2	無頼漢*	1	無分別*	1	無法者*	（3）5
無頓着*	（4）5	無駄*	（2）2	無駄遣い者	1	無頼者	1	無表情*	無表情*
無精者	1				1				

注：词典标出词的比例为 27/41 = 65.9%。

表 1- 9　日本社会群体：無（34 語）[113 語]

词	数量	词	数量	词	数量	词	数量	词	数量
無口*	（3）16	無駄口*	（2）3	無定見*	（2）2	無駄遣い者	1	無頼者	1
無愛想*	（4）11	無能*	（2）3	無気力*	1	無計画*	1	無精者	1
無責任*	（3）10	無礼者	（3）7	無骨*	1	無表情*	1	無知能者	1
無神経*	（7）10	無駄遣い*	9	無能社員	1	無骨者	1	無知識者	1
無頓着*	（4）5	無責任者	（4）4	無能者	1	無駄話*	1	無分別	1
無法者*	（3）5	無情*	2	無謀者	1	無作法*	1	無為徒食	1
無知*	（2）5	無鉄砲*	（2）2	無頼漢*	1	無慈悲*	1		

注：词典标出词的比例为 23/34 = 67.6%。

表 1-10　日本大学生：無（13 語）[53 語]

词	数量	词	数量	词	数量	词	数量	词	数量
無愛想*	（4）18	無礼*	（2）2	無意欲	1	無計画*	1	無駄遣いばっかり	1
無神経*	（4）15	無責任*	8	無知*	1	無口*	1		

（续上表）

词	数量	词	数量	词	数量	词	数量	词	数量
無駄*	（2）2	無駄使い	2	無気味*	1	無味乾燥*	1		

注：词典标出词的比例为 10/13 ＝ 76.9%。

构词分类

①無＋名词＋动词连用形／「接尾辞」／副助词

無愛想【62, 68, 84, 88, 98】、無神経【22, 23, 26, 35, 66, 83, 106】、無責任【12, 26, 76】、 無口【68, 70, 90】、無駄遣い【57】、無礼者【23, 44, 83】、無知【32, 96, 97】、無頓着【20, 22, 66, 101】、無法者【31, 32, 83】、無責任者【8, 12, 22, 72】、無駄口【36, 74】、無能【9, 13】、無計画【57】、無鉄砲【21, 22】、無定見【23, 25】、無礼【32, 83】、無情【108】、無駄使い【57】、無駄【13, 57】、無気力【12】、無骨【13】、無能社員【9】、無能者【9】、無頼漢【32】、無駄遣い者【57】、無表情【62】、無骨者【62】、無駄話【74】、無作法【83】、無慈悲【88】、無知能者【96】、無知識者【97】、無頼者【23】、無精者【18】、無意欲【12】、無気味【44】、無駄遣いばっかり【57】、無味乾燥【101】

②無＋动词＋「接尾辞」／副词／动词

無分別【98】、無謀者【32】、無為徒食【8】

有关「無」的"性向词汇"，总日本人、日本社会群体、日本大学生与词典一致的比例的比例分别是 65.9%、67.6% 和 76.9%，与下述「接頭辞」的「不」具有相似的使用倾向。即由「無」所构成的词较之于「お」，表现出较高的认知度与可接受性，大学生尤其明显。日语中来自汉语的表示否定的「接頭辞」有「非、不、無、未、反」等，但在"性向词汇"里仅出现了「不、無」，并没有发现「非、未、反」等「接辞」。「無」有两种读音，「ム」为"吴音"，「ブ」为"汉音"。"吴音"「ム（無）」相对于「有」，而"汉音"「ブ」除了表示「無」以外，如「ブサホウ（無作法）」、「ブキミ（無気味）」，还伴有负面语气和负面评价色彩。「無」的构词能力极强，可以与日语中的汉语如「無責任」、和语「無口（むくち）」、外来语「無サービス」、混合语「無学割（むがくわり）」等结合构成新词。如上所示，"性向词汇"中的「無」仅与汉语、和语结合组词，如「無責任」

「無口（むくち）」等，能产性并不是很高，没有发现与外来语等组合的派生词。但却有词典词条中没有的词汇，如「無礼者、無責任者、無能社員」等，映射出"性向词汇"在构词上具有创新性、独特性等特点。

另外，与「無」同样来源于汉语，表示否定意思的「不」也有"吴音"「フ」和"汉音"「フウ」这两种读音，但是到了近代，伴随着日语的汉字改革，昭和二十三年（1948）日本内阁公布的『当用漢字音訓表』标注的「不」，其读音只有「フ」，而在昭和四十八年（1973）日本内阁公布的『当用漢字音訓表』中「不」变为「フ」和「ブ」两种读音。因此，读音「ブ」就与表示否定的「無」意思相同。由于二者表示的语义近似，读音相同，于是出现了同一个词用「無」与「不」标记的现象，例如「無気味／不気味」、「無精／不精」、「無様／不様」等。各类日语词典将其作为"同义异形词"一并进行了标识。

表 1-11　总日本人：不（20 語）[68 語]

词	数量	词	数量	词	数量	词	数量
不器用*	（3）38	不安定*	1	不機嫌*	1	不清潔	1
不親切*	（2）8	不得手*	1	不几帳	1	不義理者	1
不真面目*	（2）4	不人情*	1	不明朗*	1	不作法*	1
不義理*	（2）2	不調法*	1	不気味*	1	不作法者	1
不衛生*	1	不調方	1	不感性	1	不心得者	1

注：词典标出词的比例为 13/20=65%。

表 1-12　日本社会群体：不（18 語）[47 語]

词	数量	词	数量	词	数量	词	数量
不器用*	（3）19	不安定*	1	不機嫌*	1	不作法*	1
不人情*	（2）6	不得手*	1	不明朗*	1	不作法者	1
不親切*	（2）5	不調法*	1	不清潔	1	不人情	1
不真面目*	（2）3	不調方	1	不衛生*	1		
不義理*	（2）2	不感性	1	不義理者	1		

注：词典标出词的比例为 13/18=72.2%。

表 1-13 日本大学生：不（6 語）[26 語]

词	数量	词	数量	词	数量
不器用*	（3）19	不几帐	1	不心得者	1
不親切*	（2）3	不気味*	1	不真面目*	1

注：词典标出词的比例为 4/6=66.7%。

构词分类

①不＋名词＋「接尾辞」

不義理【98】、不衛生【17】、不得手【9】、不人情【88】、不機嫌【62】、不気味【44】、不感性【66】、不作法【106】、不安定【24】、不調方【66】、不几帐【9】、不清潔【16】、不義理者【108】、不作法者【17】

②不＋动词连用形＋「接尾辞」

不心得者【77】

③不＋形容动词

不親切【88，108】、不真面目【7，8】、不器用【9，10，13】、不明朗【90】、不調法【70】

有关「不」的性向词汇，总日本人与词典一致的比例高达 65%。其中日本社会群体、日本大学生的比例分别是 72.2% 和 66.7%，较之于「接頭辞」中「お」、「不」的百分比都很高。由此可见，由「不」所构词的性向词汇，其认知度与可接受性都很高。『広辞苑』对「不」的解释是：「下の言葉を打ち消す否定詞。打消、否定の意。」[①] 即「接頭辞」「不」表示否定判断和评价之义。「不」主要接在汉语词汇前，也可与「和語」组合如「不躾」（没教养）、「不釣合い」（不相称）等。本次的调查结果表明，「不」主要与名词、形容动词等组合构成一个新的否定意思的派生词。「不」一般有两种读音「フ」和「ブ」，比如「不器用、不気味」中读「ぶ」音。如上所述，读音「ぶ」的「不」也被标识为「無」，如「不／無器用、不／無気味」，而在「不人情、不機嫌」中读「ふ」音。需要说明的是，「不几帐」是由「几帐面」（做事认真仔细）经过短缩后加上「接頭辞」「不」而形成的新词。既有研究认为，有关「不」的派生词不 A 和词根 A 大多数情况下互为反义词，反义词之间的对立可以分为矛盾对立和相反对立这两种

---

① 新村出编．広辞苑 [M]．4 版．東京：岩波書店，1991：2208.

关系。比如山田（1997）认为："由否定「接頭辞」形成的反义词中,「完全」与「不完全」之间构成的是矛盾对立的关系;而「親切」与「不親切」之间形成的是相反对立的关系[①]。不过, 对于什么情况下构成的关系是矛盾对立, 又在什么情况下是相反对立关系等, 并无具体的分析。本次的调查结果中,「不」的结合对象主要是「体言系」。这些问题有待今后进行追踪调查与分析研究。

与「不」同样属于否定「接頭辞」的还有「無、非、否、未、反」等。比如「無関心、無理解」中的「無」, 既可以加在名词也可以加在动词的前面。「非人情、非科学的」中的「非」, 多接在抽象的概念名词前面。「非人情」是指"冷淡、没有人情味"的意思。与此相比, 汉语中也有表示否定「接頭辞」如"不、莫、非、没、无"等。「無、非、否、未、反」出自汉语, 既有与汉语相同的一面, 也有不同的一面。现代汉语多用"不~"如"不客气""不和气", 而日语一般多用「無~」,「無遠慮」、「無愛想」等。这种差异既与日语史有关, 也受制于日本人的选词爱好。另外, 汉语的"不"与"无"语义和读音均有不同, 而日语的「不」与「無」由于读音的相同产生了「不 / 無器用、不 / 無気味」等同义词语, 有别于汉语。

表 1-14　总日本人：大（24 語）[202 語]

词	数量	词	数量	词	数量	词	数量
大食い*	（2）111	大酒飲み*	5	大食家	（2）2	大盛り*	1
大食らい*	（2）22	大食い王	（2）4	大喰らい	1	大食い男	1
大風呂敷*	（2）13	大飯喰らい*	（2）3	大道楽	1	大天気野郎	1
大物*	（3）12	大トラ*	（3）3	大嘘吐き	1	大嘘つき	1
大飯食い	（2）6	大食漢*	（2）3	大馬鹿*	1	大馬鹿者	1
大法螺吹き	（2）5	大口*	（2）2	大胡麻擂り	1	大食い野郎	1

注：词典标出词的比例为 11/24=45.8%。

① 山田小枝 . 否定対極表現 [M]. 東京：多賀出版株式会社, 1997.

表 1-15　日本社会群体：大（18 語）[115 語]

词	数量	词	数量	词	数量	词	数量
大食い*	（2）51	大飯食い*	4	大食家	2	大食い男	1
大食らい*	（2）15	大飯喰らい*	3	大喰らい	1	大天気野郎	1
大風呂敷*	（2）13	大トラ*	（3）3	大胡麻擂り	1	大嘘つき	1
大物*	（3）9	大口*	（2）2	大馬鹿*	1		
大法螺吹き	（2）4	大食漢*	（2）2	大盛り*	1		

注：词典标出词的比例为 11/18=61.1%。

表 1-16　日本大学生：大（13 語）[88 語]

词	数量	词	数量	词	数量	词	数量	词	数量
大食い*	（2）60	大食い王	4	大道楽	1	大食い野郎	1	大嘘吐き	1
大食らい*	7	大物*	（2）3	大法螺吹き	1	大食さん	1		
大酒飲み*	5	大飯食い*	2	大馬鹿者	1	大食漢*	1		

注：词典标出词的比例为 6/13=46.2%。

构词分类

① 大＋名词＋动词连用形 /「接尾辞」

大風呂敷【21，73】、大道楽【57】、大物【19，22】、大トラ【50】、大口【67，73】、大馬鹿【96】、大食漢【47】、大馬鹿者【94】、大食家【47】、大嘘吐き【72】、大法螺吹き【72】、大酒飲み【50】、大飯食い【47】、大飯喰らい【47】、大胡麻擂り【76】、大天気野郎【26】、大嘘つき【72】

② 大＋动词连用形＋「接尾辞」

大食い【47，49】、大食らい【47】、大喰らい【49】、大食い野郎【47】、大食い王【47】、大盛り【47】、大食い男【47】

「大」是日语"性向词汇"中的一个重要「接頭辞」，有训读「おお」

和音读「たい(漢音)、だい(呉音)」两种。训读「おお」一般附加在日语原有的词语或词根前,如「大風呂敷(おおふろしき)、大物(おおもの)」;而音读的「たい(漢音)、だい(呉音)」则基本连接源自汉语的词语,例如「大食家(たいしょくか)、大食漢(たいしょくかん)」等。总日本人与词典一致的比例是 45.8%。日本大学生与日本社会群体相比,与词典一致的比例偏低,仅有 46.2%(社会群体 61.1%)。『学研漢和大词典』中「大」的释义项是:①体积、面积、规模、程度等超过比较的对象,往往与"小"相对;年辈较长或排行第一的人;德高望重的人;敬语,尊称对方的人或事。②作为副词,表示很、非常、太等意;达到很广的范围或程度等[①]。

根据上述的构词分类可以判断,「大」表示程度,可以接续在名词、动词连用形或「接尾辞」的前面构成新词,具有很强的构词能力。在"大+名词"系列中,词根主要是名词。此外,名词的后面还可接续名词、「接尾辞」,甚至可以接续动词连用形等多种形式,表现出种类繁多的构词特色。「大」作为强化程度的「接頭辞」而被广泛使用,如「大食漢」、「大食家」、「大食い」、「大食いさん」、「大食い王」、「大食い野郎」、「大食い男」、「大食らい」等,其指称义都是表示小项(47)"饭量大特别能吃的人",只不过它们在构词方式上有所不同,属于"仿拟类推"的一种构词形式。纵观社会群体与大学生的构词特点可以发现,「大」通过与「汉、家、馬鹿、野郎、王、男」等「接尾辞」相结合,起到了拟人化的评价效果,极大地提高了「大」的语义程度。另外,「大食漢」「大食い野郎」「大食い男」等"性向词汇",反映出小项(47)"饭量大特别能吃的人"在对人评价方面的性别差异,主要侧重于男性,值得关注。

「大トラ」比喻"很能喝酒的人或喝了酒什么都不怕的人"。该词是在「虎になる」(成虎,常用来形容喝得酩酊大醉的人)这一惯用语的基础上生成的新词。日本列岛并没有老虎,「虎になる」可能是受到了『太平广记』等收录的「人虎传」中所描写的"人发狂变为虎"这一传说的影响。该传说后来成为中岛敦(1942)短篇小说『山月記』的题材,而被日本人广为知晓。令人奇怪的是,该传说的原产地中国并没有「虎になる」这一惯用句,汉语中也就不可能出现「大トラ」这种"性向词汇",可谓是"青出于蓝而胜于蓝"。

---

① 藤堂明保.学研漢和大词典[M].東京:学習研究社,1981:301.

表 1-17　总日本人：馬鹿（11 語）[44 語]

词	数量	词	数量	词	数量	词	数量
馬鹿丁寧*	（2）15	馬鹿たれ*	3	馬鹿綺麗	（2）2	馬鹿真面目	1
馬鹿者*	11	馬鹿ちん	（2）2	馬鹿ふともの	1	馬鹿息子	1
馬鹿正直*	（4）5	馬鹿野郎*	2	馬鹿もん	1		

注：词典标出词的比例为 5/11 = 45.4%。

表 1-18　日本社会群体：馬鹿（9 語）[30 語]

词	数量	词	数量	词	数量
馬鹿丁寧*	（2）12	馬鹿者*	（5）7	馬鹿野郎*	1
馬鹿正直*	（4）4	馬鹿たれ*	1	馬鹿もん	1
馬鹿ちん	（2）2	馬鹿ふともの	1	馬鹿真面目	1

注：词典标出词的比例为 5/9 = 55.5%。

表 1-19　日本大学生：馬鹿（6 語）[13 語]

词	数量	词	数量	词	数量
馬鹿者*	（2）4	馬鹿丁寧*	1	馬鹿たれ*	1
馬鹿綺麗	（2）2	馬鹿息子	1	馬鹿野郎*	1

注：词典标出词的比例为 4/6 = 66.7%。

构词分类

①馬鹿＋名词 /「接尾辞」

馬鹿息子【14】、馬鹿者【14，20，32，58，96】、馬鹿ちん【14，96】、馬鹿野郎【96】、馬鹿ふともの【96】、馬鹿もん【97】

②馬鹿＋形容动词

馬鹿丁寧【4、5】、馬鹿綺麗【42、43】、馬鹿真面目【5】、馬鹿正直【5，7，97，102】

③馬鹿＋助动词 馬鹿たれ【96】

「馬鹿」在日语中作为调侃、讽刺、侮辱他人的骂詈语，使用率极高。而作为"性向词汇"中「接頭辞」的「馬鹿」，与名词、形容动词及助动词等相结合，派生出词典中并未收录却在日常生活中被人们信手拈来用以评价他人的词语，表现出较高的构词能力。关于「馬鹿」的语义，正如「馬鹿者、馬鹿ちん、馬鹿もん」所出现的语义小项，即（14）"放荡的人"；（20）"对什么都不在乎悠哉悠哉的人"；（32）"粗暴蛮横的人"；（58）"不务正业的人"；（96）"愚笨的人"；（97）"阅历浅的人"等，以此批评或贬低上述性向行为的人或行为，全都属于负面评价。不仅如此，「馬鹿丁寧、馬鹿綺麗、馬鹿真面目」中的「馬鹿」已经失去了原义的"傻瓜或笨蛋"之义，接在形容动词的前面，起到程度副词的评价功能，讽刺为人做事"过分"或"过度"。另外，「馬鹿」与不同的「接尾辞」（主要指人）结合后，不仅使「馬鹿」的程度有所增强，同时大大提升了拟人化的语用效果，如「馬鹿＋者」→「馬鹿＋もん」→「馬鹿＋ちん」→「馬鹿＋野郎」等，其评价程度呈现出语义递增的使用趋势。

表 1-20　总日本人：こ（5 語）[9 語]

词	数量	词	数量	词	数量
こまめ*	（2）5	小賢しい人	1	こぎたない人	1
こきたない	1	こどっきー	1		

注：词典标出词的比例为 1/5=20%。

表 1-21　日本社会群体：こ（3 語）[4 語]

词	数量	词	数量	词	数量
こまめ*	（2）2	こきたない	1	こぎたない人	1

注：词典标出词的比例为 1/3=33.3%。

表 1-22　日本大学生：こ（3 語）[5 語]

词	数量	词	数量	词	数量
こまめ*	（2）3	小賢しい人	1	こどっきー	1

注：词典标出词的比例为 1/3=33.3%。

构词分类

①こ＋名词

こどっきー【98】

②こ＋形容词 / 形容动词＋名词

こまめ【4，25】、こきたない、こぎたない人【17】、小賢しい人【72】

有关「こ」的"性向词汇"，不管是社会群体还是大学生，种类都不是很多。总日本人、日本社会群体、日本大学生与词典一致的比例分别为20%、33.3%、33.3%。「こ」在日语中属于"指小辞"，与"小"的意思相近。『言語学大词典』对"指小辞"的解释是:「『こ』は名詞、形容詞の形式に付いてそれらの形式が指す事物が『ちいさい』あるいはその形式の表す性質程度が弱い、軽いことなどを意味する派生接辞のことである」①。换言之「こ」接在名词或形容词的前面，表示"小或程度弱、轻"等义。「こ」的原义是"小孩"。「こ」可以接在「体言系」(名词、数量词)、「用言系」(动词、形容词、形容动词)等词性的前面派生出新词，如「こ走り、こきれい」等，一般表示"小、年轻、稍微、差不多、一点点、不重要"等义或表示轻视、戏谑等感情色彩。本文中的「こまめ」，接在形容动词的前面，分别出现在 (4)"干活认真仔细的人"和 (25)"坐不住总要找点事做的人"这两个语义小项中，兼带过于认真、闲不住等贬义色彩。「こきたない」、「こどっきー」全都属于轻视、瞧不起、讨厌等负面的、消极评价，但与「大」相比较其评价程度较轻。这一点与既有研究中的论述完全吻合，比如中尾 (2003) 指出:日本語の「こ」は、ロシア語とは異なり、親愛の意味よりも、軽蔑の意味を表す傾向がある。② 意思是说，日语的「こ」不同于俄语，与其说是亲密的昵称，倒不如说是轻视、调侃的语气更为强烈。同样，『日・中・英言語文化事典』对此也有如下论述。「こは、また、それがつく語の指す対象を価値の低い、つまらないものとして貶める意味で添える用法もある」③。由此可见，「接頭辞」「こ」除基本义之外，还可以表示说话者的好感或轻视或嘲讽等语气和态度。

「こ」的构词能力较强，具有丰富多彩的语义功能及其特点。比如『日本国語大词典』、『広辞苑』(第四版)中，「こ」的释义项分别多达8

① 亀井孝等．言語学大词典:第6卷述語篇 [M]．東京:三省堂，1996.
② 中尾裕子．指小詞について一日本語とロシア語の対照研究 [J]．日本言語学会第126回大会予稿集，2003:220-225.
③ 赤祖父哲二ほか．日・中・英言語文化词典 [M]．東京:マクミラン ランゲージハウス，2000:675.

种和9种①。角冈（2008）就「こ」的多义性进行了精辟的论述并指出，词典中的任何一项解释，全都反映了说话者的一种主观情绪或评价，比如「あの人は小金を貯めている」中的「小金」，根据说话者的主观判断，可能是十万日元，也可能是一亿日元②。由此可以窥视出日语的"非伦理性及其暧昧性"等特点。总之，人们在"性向词汇"中充分利用「こ」的多样性和多义性，巧妙地进行人际交往与对人评价。

表 1-23　总日本人：くそ（4 語）[11 語]

词	数量	词	数量	词	数量	词	数量
くそ真面目	5	くそ餓鬼	4	くそ坊主	1	くそ握り	1

注：词典标出词的比例为 0。

表 1-24　日本社会群体：くそ（2 語）[4 語]

词	数量	词	数量
くそ真面目	3	くそ坊主	1

注：词典标出词的比例为 0。

表 1-25　日本大学生：くそ（3 語）[7 語]

词	数量	词	数量	词	数量
くそ真面目	（2）2	くそ餓鬼	4	くそ握り	1

注：词典标出词的比例为 0。

构词分类

①くそ＋名词 / 形容动词

くそ真面目【5，16】、くそ餓鬼【33】、くそ坊主【31】

②くそ＋动词连用形

くそ握り【54】

「くそ」与下述的「ご」与「超」同样，本次的调查结果中，没有一

---

① 日本大词典刊行会 . 日本国語大词典 [M]. 2 版 . 東京：岩波書店，2001；新村出 . 広辞苑 [M]. 4 版 . 東京：岩波書店，1991.

② 角岡賢一 . 日本語における和語起源の一拍接頭辞について [J]. 龍谷大学国際センター研究年報，2008（17）：49-71.

个"性向词汇"能与词典中收录的一致。「くそ」是表示程度的「接头辞」，感情色彩上多表示厌恶、鄙视等义。「くそ」与其他词组合，明显属于轻视、讨厌、谩骂别人的词语。比如「くそ餓鬼」中的「餓鬼」，意思是"调皮捣蛋，喜欢恶作剧"的顽童少年。通过添加「接头辞」「くそ」，说话者对其行为的憎恶表现得尤其强烈和鲜明。「くそ握り」作为"小气吝啬的人"这一小项而被使用，因为前接「くそ」"铁公鸡一毛不拔、只进不出的葛朗台形象"就被栩栩如生地描绘出来了。「くそ真面目」出现在（16）"特别爱干净的人"这一小项中，表示"臭讲究，死认真"之义，"爱干净"原本属于褒义，但"特别爱干净"作为一种"过剩价值"，由正面评价变成了负面评价，具有意义功能上的下降性倾斜趋势①。

表1-26　总日本人：超（3語）[3語]

词	数量	词	数量	词	数量
超潔癖症	1	超神経質	1	超人類	1

注：词典标出词的比例为0。

日本社会群体：超（0語）[0語]

表1-27　日本大学生：超（3語）[3語]

词	数量	词	数量	词	数量
超潔癖症	1	超神経質	1	超人類	1

注：词典标出词的比例为0。

构词分类
①超＋名词＋「接尾辞」
超潔癖症【16】、超人類【24】、超神経質【16】

有关「超」的"性向词汇"，没有一个收录在词典中，说明较之于上述「接头辞」，「超」在"性向词汇"中作为「接头辞」的认知度并不高，但同时也反映出其特殊性。日本人使用该类"性向词汇"不是很多，且全

---

① 施晖，栾竹民.比较文化视角下的"性向词汇"研究[J].苏州大学学报（哲学社会科学版），2011（1）：167-172.

为日本大学生在使用，由此可以窥视出大学生对事物的敏感度以及富有创意的造词能力。有关「超」的词义与词性，有人认为它是形容词，有"超越、高出、在一定范围之外"等义。「超」能与其他词，比如「超自然、超自然主義」、「超高層、超高層建築、超高層ビル」、「超音速」等名词词性组合派生出新词，但构词能力相对薄弱。上述的构词特点，即「超」＋名词形式正好验证了这一点。需要说明的是，日本年轻人对「超」的后接成分加以扩大，由名词扩充到动词或形容词，灵活多变地加以运用，如动词的「超感動した」（超感动），形容词的「超かわいい」（超可爱）、「超面白え」（超有趣）等。「超」在构成新词的过程中原义不断虚化，构词位置基本固定，成为「接辞」中重要的语素之一。事实上，日本年轻人对于程度并不强烈的一些感动，喜欢使用夸张的修辞手法加以形容和评价，这种现象属于年轻人特有的一种表现手法。新事物的不断涌现要求语言日趋丰富和扩大，日本年轻人仿拟造词正是适应了社会不断发展的需求。通过与「超」派生出来的新词，不仅让性向词汇增添了丰富的内容，更使其富有时代的烙印与年龄特征。本次的调查结果中，「接頭辞」「超」既有超过一定程度之外的「超潔癖症、超神経質」等，又有具有讽刺意义的「超人類」等"性向词汇"。「超人類」是指"不稳重，容易急躁的人"。总之，尽管「超」在语义上还没有完全虚化，有时以词根的面貌出现，但在使用的过程中逐渐独立出来，成为一个重要语素参与构词，具有黏附性和能产性等「接辞」特点。

表1-28　总日本人：駄目（2語）[8語]

词	数量	词	数量
駄目人間	（3）6	駄目社員	2

注：词典标出词的比例为0。

日本社会群体：だめ　（0語）[0語]

表1-29　日本大学生：だめ　（2語）[8語]

词	数量	词	数量
駄目人間	（3）6	駄目社員	2

注：词典标出词的比例为0。

构词分类

①だめ＋名词

駄目人間【8，13，96】、駄目社員【9】

由「駄目」构成的"性向词汇"均属于日本大学生所创，意思是「やっても無駄なこと、やってはいけないこと」，即"不好、不行，不能做的事，做了也没用"等义。"性向词汇"中，比如上述日本大学生使用的「駄目人間、駄目社員」中的「駄目」，一般接在名词词性的前面，是对某类人的性格特征、动作行为等给予否定的评价，与"不"的使用方法比较相似，带有负面的感情色彩。「駄目人間」分别出现在（8）"懒惰不干活的人"、（13）"干什么都不起作用，没用的人"、（96）"愚笨的人"这三个语义小项中，说明该词在对人评价方面使用范围比较宽泛，同时也折射出"性向词汇"使用上的年龄差异。

表 1-30　总日本人：鬼（2 語）[2 語]

词	数量	词	数量
鬼婆*	1	鬼むかつく	1

注：词典标出词的比例为 1/2=50.00%。

表 1-31　日本社会群体：鬼（1 語）[1 語]

词	数量
鬼婆*	1

注：词典标出词的比例为 1/1=100%。

表 1-32　日本大学生：鬼（1 語）[1 語]

词	数量
鬼むかつく	1

注：词典标出词的比例为 0。

构词分类

①鬼＋名词

鬼婆【77】

②鬼＋动词

鬼むかつく【104】

「鬼」和「くそ」「どら」同样，表示程度之甚的同时还伴随厌恶或蔑视等感情色彩。日本社会群体使用的「鬼婆」常用作骂人的话，表示丑陋、可怕、凶狠的女性。而女性并不仅仅局限于「婆」（老女人），作为"性向词汇"也可以评价年轻女性。可能是由于使用范围的扩大，「鬼婆」得以被上述词典所收录。大学生使用的「鬼むかつく」，是由「鬼」接在动词「むかつく」的前面派生而来的"性向词汇"，属于新词，辞书中并无此词。「鬼」作为表示程度强烈的「接頭辞」，与「むかつく」结合，出现在（104）"厚脸皮的人"这一小项中，表示"非常生气、生气到极点难以忍耐"等义。由此可以推测，日常生活中「接頭辞」的「鬼」多用其比喻义对人及行为进行评价。至于中日韩三国不同的"鬼词汇"以及相关的社会文化背景，后文将会详细论述。

表 1-33　总日本人：どら（1 語）[6 語]

词	数量
どら息子 *	6

注：词典标出词的比例为 1/1=100%。

表 1-34　日本社会群体：どら（1 語）[3 語]

词	数量
どら息子 *	（2）3

注：词典标出词的比例为 1/1=100%。

表 1-35　日本大学生：どら（1 語）[3 語]

词	数量
どら息子 *	（2）3

注：词典标出词的比例为 1/1=100%。

构词分类

①どら＋名词 どら

息子【14，57】

总日本人、日本社会群体、日本大学生具有同样的使用特点，都是仅有「どら息子」一个性向词汇，而且与上述词典收录的词语完全一致。「どら息子」以"败家子"之义，出现在（14）"放荡不务正业的人"和（57）"生活奢侈花天酒地的人"这两个语义小项中，反衬出当今社会仍然希望男儿有出息、自强自立这种传统的思维模式。「どら」出处不详，源自"铜锣"只是其中的一种说法。「どら」作为「接頭辞」表示"放荡、吃喝玩乐"之义，使下接词更具厌恶、蔑视等负面的感情色彩。

表 1-36　总日本人：ご（1 語）[4 語]

词	数量
ご機嫌とり	（2）4

注：词典标出词的比例为 0。

表 1-37　日本社会群体：ご（1 語）[2 語]

词	数量
ご機嫌とり	（2）2

注：词典标出词的比例为 0。

表 1-38　日本大学生：ご（1 語）[2 語]

词	数量
ご機嫌とり	（2）2

注：词典标出词的比例为 0。

构词分类
① ご＋名词＋动词连用形
ご機嫌とり【29，74】

「ご」与「超」同样，与其组合而成的"性向词汇"在上述词典中未有收录，体现出其独特性和新颖性。另外「ご」和「お」在语法功能上极其相似，都是向对方表示敬意，带有庄重的语气及色彩，属于敬语表现中的一种词缀形式。当然，两者之间也存在一些细微的差异。「ご」的表记法来源于汉语的"御"，属于汉语系列「接頭辞」，多接在汉语词汇前；而

「お」主要与「和語」（和语）组合派生出新词。根据『日本国語大词典』的解释，「主として漢語の名詞の上に付いて、尊敬の意を表す。まれに和語に付くこともある。①他人の行為、持ち物などを表す語に付いて、それをする人、それを持つ人に対して尊敬の意を加える。②他人に対する行為を表す漢語名詞の上に付けて、その行為の及ぶ相手を敬う。③ものの名に付けて丁寧に言う」①。我们可以进行如下概括，即「ご」主要接续在「体言系」（如名词、数词等），还包括动词连用形等前面，向对方表示一种敬意或尊敬之情，后接词根的词性不变。也就是说，「ご」只给词根增添尊敬或郑重之义。本次调查结果显示，有关「ご」的性向词汇仅有「ご機嫌とり」一例，该词比喻"在外活跃而在家老实"以及"爱恭维奉承"的人。

表 1-39　总日本人：ゴミ（1 語）[1 語]

词	数量
ゴミ男	1

注：词典标出词的比例为 0。

日本社会群体：ゴミ（0 語）[0 語]

表 1-40　日本大学生：ゴミ（1 語）[1 語]

词	数量
ゴミ男	1

注：词典标出词的比例为 0。

构词分类

① ゴミ＋名词

ゴミ男【17】

「ゴミ」作为实词原本表达"垃圾、废品、尘土"等义，后被使用于"无用、不起作用的事物或人"。日本大学生将此作为「接頭辞」，讽刺批评不作为、不讲卫生的男人。此次调查中仅出现了「ゴミ男」，没有收集

---

① 日本大词典刊行会. 日本国語大词典 [M]. 2 版. 東京：岩波书店，2001.

到「ゴミ女」。不过，日本人的日常生活中「ゴミ男」和「ゴミ女」作为对人评价词汇均有使用，并不存在评价上的男女差异。「ゴミ男」意思是"不喜欢收拾的人"。构词方面是"「ゴミ」（垃圾）＋男"，即垃圾男，引申出泛指"不喜欢收拾的这类人"，表现出评价者的批评和厌恶之情。日语中与「ゴミ」接近的同义词还有「くず」（残渣）、「かす」（糟粕）、「ほこり」（灰层、尘土）等，都是指没有用、没有价值的东西。「人間のくず」（人渣）用其比喻义，是对"道德行为恶劣"的一种强烈批判与严厉谴责。

表1-41　总日本人：ノン（2语）[2語]

词	数量	词	数量
ノンポリ*	1	ノンアルコール*	1

注：词典标出词的比例为2/2=100%。

日本社会群体：ノン（0語）[0語]

表1-42　日本大学生：ノン（2语）[2語]

词	数量	词	数量
ノンポリ*	1	ノンアルコール*	1

注：词典标出词的比例为2/2=100%。

构词分类
①ノン＋名词
ノンポリ【20】、ノンアルコール【51】

有关「接頭辞」「ノン」，日本社会群体的比例是0。尽管大学生的"性向词汇"中，与「ノン」组合而成的词语仅有2个，但不能忽视它的存在与功效。这是日本大学生特有的一种「接頭辞」，与社会群体形成了对照与反差。「ノンポリ」（nonpolitical的略语）意思是指"对什么都蛮不在乎，悠哉悠哉的人"。需要说明的是，「ノン」（non）这种外来语系列的「接頭辞」，与「非、無」等「接頭辞」的语义作用相似，在日语中所占比例极小，接续范围基本上仅仅局限于外来语，而且原义没有完全虚化。故有学者使用"准接词"加以表述。尽管如此，也足以说明日语的开放性，明显不同于汉语。「ノン（non）、だめ、ゴミ」的构词能力不高，由其所构成的"性向词汇"均为大学生所特有，说明在对人评价方面日语存在着明显的年龄差异。

3. 汉语"性向词汇"中的「接頭辞」

3.1　汉语「接頭辞」的种类与比例

表 1-43　总中国人「接頭辞」的种类及占比

顺序	「接頭辞」	不重复词汇量及占比	重复词汇量及占比	评价
1	小	84/25.5%	482/25.4%	中
2	老	79/24%	526/27.8%	中
3	大	79/24%	318/16.8%	中
4	死	27/8.2%	220/11.6%	-
5	二	14/4.3%	80/4.2%	-
6	花	12/3.6%	33/1.7%	-
7	臭	10/3.0%	76/4.0%	-
8	活	8/2.4%	136/7.2%	-
9	鬼	7/2.1%	14/0.7%	-
10	半	6/1.8%	7/0.4%	-
11	非	3/0.9%	3/0.2%	-
合计		329/100%	1 895/100%	

表 1-44　中国社会群体「接頭辞」的种类及占比

顺序	「接頭辞」	不重复词汇量及占比	重复词汇量及占比	评价
1	老	50/26.8%	341/30%	中
2	大	41/22%	202/17.7%	中
3	小	39/21%	217/19.0%	中
4	死	25/13.4%	161/14.1%	-
5	二	9/4.8%	48/4.2%	-
6	活	7/3.8%	104/9.1%	-

（续上表）

顺序	「接頭辞」	不重复词汇量及占比	重复词汇量及占比	评价
7	臭	6/3.2%	50/4.4%	－
8	花	4/2.2%	13/1.1%	－
9	鬼	4/2.2%	4/0.4%	－
10	半	1/0.5%	2/0.2%	－
	合计	186/100%	1 142/100%	

表1-45　中国大学生「接頭辞」的种类及占比

顺序	「接頭辞」	不重复词汇量及占比	重复词汇量及占比	评价
1	小	63/28.5%	269/34.9%	中
2	老	55/24.8%	193/25%	中
3	大	54/24.4%	118/15.3%	中
4	花	11/5%	20/2.6%	－
5	二	9/4.1%	32/4.2%	－
6	死	8/3.6%	60/7.8%	－
7	臭	5/2.3%	29/3.8%	－
8	鬼	5/2.3%	10/1.3%	－
9	半	5/2.3%	5/0.6%	－
10	活	3/1.4%	32/4.2%	－
11	非	3/1.4%	3/0.4%	－
	合计	221/100%	771/100%	

3.2　量、构词及语义功能

　　下文对汉语部分的统计方法与日语相同，通过对《现代汉语词典》（第6版）中收录的词语加以比对，可以确认和进一步反证汉语"性向词汇"的构词能力及其特点。从上述汉语「接頭辞」的原义来看，"小、老、大"属于褒贬参半的中性评价，而"死、二、臭、花、鬼、活、半、非"则是负面色彩较为显著的「接頭辞」。这一点将会在下文中，通过对上述「接頭辞」构成的"性向词汇"进行详细分析。

表1-46　总中国人：小（84語）[482語]

词	数量	词	数量	词	数量	词	数量	词	数量
小气鬼*	（5）129	小诸葛	（2）5	小市民*	2	小家子*	1	小拈儿	1
小心眼*	（3）59	小孩儿*	4	小学生*	2	小姐气	1	小女人心思	1
小丑*	44	小燕子	4	小白	1	小精灵	1	小屁孩	1
小人*	（4）29	小孩子*	（2）3	小白脸*	1	小净	1	小气虫虫	1
小气*	（3）26	小姐脾气	3	小白脸型	1	小偏头	1	小人心	1
小皇帝*	（2）20	小抠	3	小宝宝	1	小可人	1	小傻瓜	1
小绵羊	（2）9	小人物*	（2）3	小草	1	小可心	1	小玩闹儿	1
小心眼儿*	9	小瘪三*	2	小馋猫	1	小抠儿	1	小玩童	1
小公主	（3）8	小滑头	（2）2	小赤佬	1	小喇叭	1	小心眼子	1
小鬼*	（2）8	小姐*	（2）2	小胆子	1	小辣妹	1	小性儿*	1
小混混	（4）8	小邋遢	2	小二*	1	小老虎*	1	小性子*	1
小家子气*	（5）7	小龙女	（2）2	小公子	1	小老鼠	1	小眼虫虫	1
小淘气*	（2）7	小魔女	2	小姑娘*	1	小泪人	1	小鱼儿	1
小淘气儿*	7	小男生	（2）2	小鬼头	1	小马虎	1	小职员	1
小胆儿	5	小年轻*	2	小孩气	1	小毛孩	1	小字辈*	1
小孩子气	（2）5	小痞子	（2）2	小狐狸精	1	小秘	1	小家雀儿	1
小女人	（3）5	小气包儿	2	小机灵	1	小男人	1		

注：词典标出词的比例为27/84=32.1%。

表 1-47 中国社会群体：小（39 語）[217 語]

词	数量	词	数量	词	数量	词	数量	词	数量
小气鬼*	（4）64	小淘气儿*	7	小学生*	2	小狐狸精	1	小毛孩	1
小皇帝*	（2）20	小淘气*	（2）6	小瘪三*	1	小滑头	1	小男生	1
小人*	（4）19	小胆儿	5	小草	1	小家子气*	1	小痞子	1
小心眼*	（3）18	小混混	（3）4	小赤佬	1	小姐脾气	1	小玩闹儿	1
小丑*	11	小绵羊	（2）4	小胆子	1	小倔头	1	小燕子	1
小气*	（2）11	小女人	（3）3	小二*	1	小抠儿	1	小诸葛	1
小心眼儿*	9	小年轻*	2	小孩气	1	小喇叭	1	小字辈*	1
小公主	（3）8	小气包儿	2	小孩子气	1	小老鼠	1		

注：词典标出词的比例为 15/39=38.5%。

表 1-48 中国大学生：小（63 語）[269 語]

词	数量	词	数量	词	数量	词	数量	词	数量
小气鬼*	（4）65	小孩子*	（2）3	小白脸型	1	小净	1	小屁孩	1
小心眼*	（6）41	小抠	3	小宝宝	1	小可人	1	小性子*	1
小丑*	33	小人物	（2）3	小瘪三*	1	小老虎*	1	小淘气*	1
小气*	（4）15	小燕子	（2）2	小馋猫	1	小辣妹	1	小傻瓜	1
小人*	（5）10	小姐*	（2）2	小公子	1	小可心	1	小玩童	1
小鬼*	（2）8	小姐脾气	2	小姑娘*	1	小泪人	1	小心眼子	1
小家子气	6	小邋遢	2	小鬼头	1	小马虎	1	小性儿*	1
小绵羊	（3）5	小龙女	（2）2	小滑头	1	小秘	1	小人心	1

（续上表）

词	数量	词	数量	词	数量	词	数量	词	数量
小孩*	（3）4	小魔女	2	小机灵	1	小男人	1	小眼虫虫	1
小孩儿*	4	小女人	2	小家雀儿	1	小男生	1	小鱼儿	1
小孩子气	（4）4	小市民*	2	小家子*	1	小拙儿	1	小职员	1
小混混	4	小白脸*	1	小姐气	1	小女人心思	1	小气虫虫	1
小诸葛	4	小白	1	小精灵	1	小痞子	1		

注：词典标出词的比例为 21/63=33.3%。

构词分类
①**小＋名词＋「接尾辞」**

小心眼【41，54，111】、小人【36，44，75，111】、小绵羊【102，103】、小皇帝【28，35】、小公主【28，35，41】、小诸葛【93】、小女人【41，42，43】、小孩儿【42，108】、小燕子【89】、小人物【13，111】、小龙女【68，108】、小男人【51】、小男生【24，28】、小市民【111】、小学生【97】、小秘【76】、小草【97】、小二【76】、小公子【35】、小宝宝【43】、小姑娘【28】、小孩气【104】、小家子【111】、小姐气【41】、小老虎【49】、小老鼠【49】、小喇叭【82】、小毛孩【97】、小痞子【14，33】、小泪人【43】、小孩子气【43，104】、小姐【41，58】、小性子【41】、小性儿【41】、小家子气【4，5，41，54，111】、小人心【111】、小鱼儿【31】、小职员【98】、小瘪三【14】、小屁孩【71】、小姐脾气【41】、小女人心思【111】、小气虫虫【111】、小眼虫虫【111】、小气鬼【41，43，54，56，111】、小心眼儿【111】、小胆儿【27】、小狐狸精【94】、小气包儿【54】、小心眼子【111】、小魔女【34】、小气【41，54，111】、小家雀儿【89】、小孩子【104】、小胆子【27】、小字辈【29】

②**小＋动词＋「接尾辞」/ 名词**

小玩闹儿【33】、小玩童【33】

③ 小＋形容词＋名词/「接尾辞」

小丑【37】、小混混【10，14，18，57】、小淘气【33，34】、小抠【54】、小滑头【37】、小邋遢【17】、小年轻【97】、小白【15】、小馋猫【48】、小机灵【93】、小净【15】、小倔头【35】、小傻瓜【97】、小马虎【10】、小拈儿【54】、小白脸【16】、小可心【65】、小可人【65】、小淘气儿【33】、小赤佬【33】、小辣妹【34】、小精灵【33】、小白脸【37】、小抠儿【54】、小鬼【33，74】、小鬼头【31】

与《现代汉语词典》一致的词语，总中国人、中国社会群体、中国大学生的比例分别是 32.1%、38.5%、33.3%。由于现代生活和社会的多样化，就需要创造出适应其特点的对人评价词汇，而总中国人 32.1% 比例所反映的正是"性向词汇"随着社会发展而变化的使用趋势。大学生与社会群体相比比例偏低，也从另一个侧面说明大学生独有的"性向词汇"多于社会群体，反映了大学生在对人评价方面更为敏感、细腻和乐于创新等特点。

「接頭辞」"小"与"大"相对，两者互为反义，具有指小功能。具体意思如下：①表示程度、规模、数量、体积等方面不大。②范围小、程度浅。③年纪小、年幼。④谦称，用于称谓自己或与自己有关的人或事①。作为「接頭辞」的"小"原义逐渐虚化，主要表示程度轻，但同时还隐含着"可爱、喜欢"等义。比如"小家雀儿"的构词联想在于由"小"引申出"可爱"，仿佛麻雀叽叽喳喳叫唤不停似的特别轻快，现多用于形容和比喻"爱说话、能侃、能说会道的人"。"小喇叭"与"小家雀儿"同样，来源于类似的造词联想法。"小鬼、小精灵、小机灵"都是表示对孩子的昵称，带有亲切、亲密等感情色彩。通过添加「接頭辞」"小"，说话者对对方的好感跃然纸上，鲜活而生动。相反，因为指小引申出轻视或嘲讽等语义，如"小市民"（泛指小心眼、妒忌心强的人）、"小女人"（爱发脾气，动不动爱生气的人；感情脆弱的人；爱哭的人）、"小年轻"（不懂人情世故，阅历浅的人）等，全都带有轻视、非难等贬义色彩，属于负面的消极评价。

"小"作为能产词缀，在现代汉语中特别活跃。本次的调查结果中，「接頭辞」"小"的百分率位居第一，充分验证了"小"词族具有强大的能产性。"小"在汉语的"性向词汇"构成上，对大量派生词的孳生作出了

---

① 中国社会科学院语言研究所词典编辑室 . 现代汉语词典 [M]. 6 版 . 北京：商务印书馆，2012.

巨大贡献。其构词形式也是多种多样，可以后接名词、动词、形容词等。其中，"小＋名词""小＋形容词"这两种构词形态最为多样，具体内容可以参照上面的构词分类。众所周知，语言具有一定的社会文化意义。汉语有许多充满了浓厚的民族文化色彩的特殊词语，比如"小姐"，《现代汉语词典》的解释是"对年轻女子的尊称"。但在20世纪50年代"小姐"一词含有贬义，"文革"期间几乎成为罪恶的头衔。改革开放之后，曾经风光一时，但好景不长，随着三陪现象的泛滥，"小姐"的意思发生了变味，当今社会中年轻的女子拒绝接受这种称呼。本文中的"小姐"出现在（41）"爱发脾气，动不动爱生气的人"和（58）"生活放荡花天酒地的人"这两个语义小项中，明显带有责难、批评的负面色彩。同时，中国人利用类推原理仿造构词，在原有词"小姐"的基础上，创造出结构相似、意思相近的新词语，如"小姐气、小姐脾气"等词汇。"小魔女、小狐狸精"等也从另一个侧面反映出中国"男尊女卑"这一传统思想依然根深蒂固。此外，与「接頭辞」"小"组合而成的词汇中，还有大量的动物词汇，如"小绵羊"（形容诚实正直、温和善良的人）、"小白兔"（性格开朗活泼的人）、"小燕子"（说三道四喜欢评论的人）、"小老虎、小老鼠"（吃东西特别快的人）、"小鱼儿"（喜欢恶作剧的人）、"小狐狸精"（狡猾的女人）、"小馋猫"（嘴馋贪吃的人）等。它们具有形象简约、活泼诙谐等表达效果，值得留意。另外，「接頭辞」"小"在构词上出现了年龄上的差异，如"小皇帝、小公主"仅为社会群体使用，折射出当今中国社会所面临的"独生子女"等社会问题。与之相对，大学生也有其独特的构词，如"小气虫虫、小眼虫虫"等，凸显出年轻人注重小巧、诙谐、活泼等特点。

表 1-49　总中国人：老（79 語）[526 語]

词	数量	词	数量	词	数量	词	数量	词	数量
老实人	（12）71	老实头	（3）7	老婆嘴	3	老董事	1	老牛车	1
老狐狸*	（3）52	老江湖*	7	老大妈	2	老大姐*	1	老娘们*	1
老顽固*	（4）47	老学究*	（2）7	老道*	2	老烦	1	老女人	1
老黄牛*	（7）42	老古板*	（4）6	老赶*	2	老封建*	1	老菩萨	1
老好人*	（5）31	老板*	（4）5	老虎*	（2）2	老佛爷*	1	老三篇*	1

（续上表）

词	数量	词	数量	词	数量	词	数量	词	数量
老古董*	（5）24	老成*	5	老婆婆*	2	老腐	1	老山羊	1
老滑头	（4）21	老顽童	（3）5	老磨	（2）2	老妇女	1	老实在	1
老手*	19	老巫婆	（3）5	老实头儿	（2）2	老憨牛	1	老鼠	1
老太太*	17	老妇人	（2）4	老油子*	2	老好先生	1	老蔫儿*	1
老师*	（2）12	老抠	4	老者*	（2）2	老倔巴	1	老死板	1
老太婆*	（3）11	老谋子	（3）4	老大粗	2	老狼	1	老蔫*	1
老牛*	（7）10	老人*	（3）4	老本本	1	老妈妈	1	老乌龟	1
老行家*	10	老倔头	（2）3	老板娘	1	老慢	1	老爷们*	1
老油条*	（3）10	老面皮*	（2）3	老百姓	1	老母鸡	1	老爷子*	1
老夫子*	（4）8	老牛筋*	3	老处女	1	老奶奶*	1	老八板	1
老糊涂*	（2）7	老爷爷	3	老粗*	1	老男人	1		

注：词典标出词的比例为 44/79=55.7%。

表 1-50　中国社会群体：老（50 語）[341 語]

词	数量	词	数量	词	数量	词	数量	词	数量
老实人	（4）49	老太太*	9	老成*	2	老板*	1	老虎*	1
老顽固*	（3）39	老油条*	（3）8	老大粗	2	老处女	1	老妈妈	1
老黄牛*	（5）34	老糊涂*	7	老赶*	2	老粗*	1	老牛*	1
老狐狸*	（2）26	老学究*	（2）7	老婆嘴	2	老大姐*	1	老婆婆*	1
老好人*	（3）24	老古板*	（3）5	老师*	2	老道*	1	老菩萨	1
老古董*	20	老江湖*	（2）4	老太婆*	2	老董事	1	老人*	1
老手*	19	老抠	4	老顽童	（2）2	老烦	1	老三篇*	1

（续上表）

词	数量	词	数量	词	数量	词	数量	词	数量
老滑头	（2）17	老偏头	（2）3	老巫婆	2	老腐	1	老实在	1
老实头	（3）11	老面皮*	（2）3	老油子*	2	老夫子*	1	老蔫儿*	1
老行家*	10	老牛筋*	3	老八板	1	老妇人	1	老爷们*	1

注：词典标出词的比例为33/50=66%。

表1-51　中国大学生：老（55語）[193語]

词	数量	词	数量	词	数量	词	数量	词	数量
老狐狸*	（2）26	老古董	（4）4	老大妈	2	老古板*	1	老娘们	1
老实人	（11）22	老滑头	（3）4	老磨	（2）2	老妇女	1	老牛车	1
老师*	10	老谋子	（3）4	老实头儿	（2）2	老憨牛	1	老女人	1
老牛*	（6）9	老实*	（2）4	老油条*	2	老好先生	1	老婆婆*	1
老太婆*	（3）9	老成*	3	老者*	（2）2	老虎*	1	老婆嘴	1
老黄牛*	（5）8	老妇人	3	老百姓*	1	老倔巴	1	老山羊	1
老太太*	8	老江湖*	3	老板娘*	1	老狼	1	老鼠	1
老顽固*	（2）8	老人*	（2）3	老本本	1	老慢	1	老死板	1
老夫子*	（3）7	老顽童	（3）3	老道*	1	老母鸡	1	老乌龟	1
老好人*	（3）7	老巫婆	（2）3	老封建*	1	老奶奶*	1	老蔫*	1
老板*	（3）4	老爷爷*	3	老佛爷*	1	老男人	1	老爷子*	1

注：词典标出词的比例为30/55=54.5%。

构词分类

①老＋名词＋「接尾辞」

老牛筋【84】、老八板【84】、老面皮【22，106】、老处女【86】、老妈妈【103】、老手【3】、老道【65】、老爷爷【87】、老大妈【87】、老虎【22，49】、老狼【94】、老师【86，87】、老板【19，55，58，62】、老牛【1，4，6，7，10，20，110】、老人【20，79，87】、老鼠【27】、老者【95，100】、老婆婆【105】、老百姓【27】、老本本【5】、老母鸡【105】、老奶奶【87】、老男人【68】、老娘们【105】、老女人【63】、老婆嘴【67，105】、老板娘【61】、老牛车【20】、老菩萨【103】、老三篇【105】、老行家【2】、老爷们【83】、老山羊【87】、老乌龟【9】、老爷子【107】、老狐狸【44，94，108】、老太太【105】、老太婆【67，78，105】、老油条【94，106，108】、老夫子【5，85，86，95】、老江湖【94，95】、老封建【85】、老巫婆【77，80，111】、老妇人【78，103】、老妇女【78】、老学究【81，84】、老古董【5，84，104，107，108】、老大姐【61】、老董事【95】、老佛爷【107】

②老＋形容词＋名词/「接尾辞」

老黄牛【1，4，6，7，9，10，101】、老好人【59，72，87，102，103】、老顽童【37，85，89】、老憨牛【1】、老实头儿【51，68】、老好先生【30】、老实人【4，6，27，28，51，56，66，68，70，101，102，103】、老顽固【35，84，85，107】、老滑头【8，37，94，108】、老糊涂【84】、老实头【5，101，102】、老古板【4，5，84，108】、老实在【101，102】、老抠【54】、老倔头【35，85】、老倔巴【85】、老慢【20】、老蔫【20】、老大粗【32】、老粗【32】、老油子【94】、老烦【18】、老腐【98】、老蔫儿【20】、老死板【108】、老成【19】

③老＋动词＋「接尾辞」

老赶【97】、老谋子【19，65，95】、老磨【10，78】

总中国人、中国社会群体、中国大学生使用的词语与《现代汉语词典》中一致的比例分别是55.7%、66%、54.5%。通过对社会群体与大学生相差11%的数据可以推测，中国大学生与日本大学生一样具有旺盛的构词能力，他们热衷于新词的创造，与社会群体差异明显，同时也存在着社会群体和大学生各自独有的构词。仅出现在社会群体的"老"词族，如"老手、老行家、老倔头"，而大学生独有的"老爷爷、老大妈"等，说明汉语在对人评价词汇使用上与日语同样存在着显著的年龄差异。

现代汉语中"老"的意思有很多。比如"年岁大，老朽无用，时间久，熟悉"等，还可作副词用，相当于"很、总是"等。"老"是现代汉语中传统的词缀之一，作为形容词经常与名词组合构成名词性词组。在语言不断发展和演变的过程中，"老"经历了一个实词虚化的过程，形成后的"老"词缀具有位置固定、标记词性、语音弱化、结构紧密等特征。如"老好人"中的"老"，原义是"年长"，但这里并不承担什么实际意义。《现代汉语大词典》中"好人"释义项③的"老好人"，与"好人"相比具有程度及语气上的不同，这也是二者能够并存的原因所在。当然"老好人"并不意味着年龄大，也可用于年轻人，表示"不愿得罪人，缺乏原则性的人"，明显带有负面的评价色彩。

作为「接頭辞」的"老"在日语中并未发现。它属于汉语特有的一种常用词缀，也是中国"敬老尚老"文化的具体体现。"老"的能产性强，适用范围广，不重复词汇量的百分率位居第二。根据上述构词我们可以看出，"老"主要接续在名词和形容词的前面。比如，在"老＋名词"的构词形态中，不重复词汇量（总中国人为例）有79个，其中就有45个"老＋名词"这种构词形式，比例高达6成左右。可见，后接名词的构词形态占有绝对优势。如果再仔细分析不难发现，"老＋名词"中包括多种形式。比如：①老＋表示人的职业、身份的名词，如老师、老板、老百姓、老板娘；②老＋称谓，如老爷爷、老大妈、老奶奶、老大姐、老妈妈、老婆婆；③老＋抽象名词，如老学究、老封建、老夫子；④老＋表示事物的名词，如老古董、老油条、老牛车；⑤老＋动物名词，如老虎、老鼠、老狐狸、老乌龟、老母鸡、老山羊；⑥老＋身体部位名词，如老手、老面皮等。其中④⑤含有贬义和讽刺等感情色彩。"老＋形容词"往往以特征指代人，多含贬义，如"老抠、老粗、老蔫"等。

"老"还可以表示尊敬、恶毒、狡诈等各种语义色彩。比如，作为称谓语的"老师"属于一种敬称，但作为"性向词汇"使用的"老师"就失去了原有的敬意，出现在（86）"严厉的人"和（87）"和蔼可亲的人"这两个一正一反的语义小项中。可见"老师"的形象在中国人眼中既"严厉"又"可亲"。"老婆婆、老爷子、老奶奶、老爷爷"等称谓用语，能够窥视出话语者之间亲密无间的感情。作为"性向词汇"对人进行评价时，造词者正是抓住了上述称谓用语的特点，形象地进行褒贬评价。如"老爷爷、老奶奶"温厚善良，被用来比喻（87）"和蔼可亲的人"。而人一旦上了年纪，常常兼有顽固古怪的一面，故"老婆婆、老爷子"则被用来贬评（105）"固执顽固的人"以及（107）"不善于交际，难以接触的人"。另外，上了年纪的人，尤其是男人容易变得不爱说话；相反，女人老了之后，嘴巴变得更絮叨更较劲。因此，分别使用"老男人"和"老妇人"负面评价（68）"话少的人"和（78）"嘴碎的人"。如果人老了依然要像年轻人那样涂脂抹粉的话，给人一种虚荣装相的坏印象，故用"老女人"形容和比喻（63）"注重外表虚荣的人"。同样，"老油条、老粗、老蔫儿、老磨、老腐、老死板、老狐狸、老滑头、老顽固"等由"老"派生而来的"性向词汇"用于对人评价时，起到了拟人化的语用效果，加强了评价程度，增添了评价色彩，丰富了评价层次。由此可见，「接頭辞」"老"不仅构词能力强，种类繁多，而且具有丰富多样的语义特征及其评价色彩，在汉语尤其在"性向词汇"的造词方面功不可没。

表 1-52　总中国人：大（80 語）[319 語]

词	数量	词	数量	词	数量	词	数量	词	数量
大好人	（4）47	大脸猫	4	大酒鬼	2	大闺女*	1	大傻子	1
大老粗*	（3）30	大忙人	（2）4	大老爷*	2	大黄牛	1	大舌妇	1
大胆儿	（2）25	大男子主义	（2）4	大懒人	（2）2	大姐大*	1	大手	1
大活宝	（2）18	大骗子	4	大懒蛋	2	大酒缸子	1	大水牛	1
大肚汉	（2）16	大嘴	（4）4	大啰嗦	2	大酒坛子	1	大手骨	1
大肚皮	14	大聪明	3	大咧咧*	2	大酒桶	1	大手笔*	1
大气*	13	大忽悠	（2）3	大瓣蒜	1	大坎	1	大淘气包	1
大善人	（2）8	大酒包	3	大吃包	1	大懒猫	1	大腕	1
大嘴巴	（5）7	大喇叭	（2）3	大虫	1	大理石*	1	大胃口	1
大姑娘*	（3）6	大懒虫	3	大刺头	1	大律师	1	大小姐*	1
大明白	6	大舌头*	（2）3	大粗人	1	大能人	1	大猩猩	1
大胃王	（2）6	大侠*	（2）3	大胆人	1	大女人	1	大虚	1
大胆*	（2）5	大笨蛋	2	大肚	1	大嗓门	1	大学生*	1

（续上表）

词	数量	词	数量	词	数量	词	数量	词	数量
大公鸡	（2）5	大胆子*	2	大肚子*	1	大嫂*	1	大学士*	1
大话王	（2）5	大肚量	2	大哥大*	1	大傻	1	大白话*	1
大款*	（2）5	大话精	2	大哥*	1	大傻傻	1	大气个	1

注：词典标出词的比例为 25/80=31.2%。

表1-53 中国社会群体：大（41語）[202語]

词	数量	词	数量	词	数量	词	数量	词	数量
大好人	（4）47	大胃王	4	大喇叭	2	大酒包	1	大腕*	1
大老粗*	（3）23	大嘴巴	（2）4	大懒蛋	2	大肚子*	1	大舌头*	1
大活宝	（2）18	大聪明	3	大懒人	（2）2	大能人	1	大虚	1
大肚汉	（2）15	大男子主义	3	大咧咧*	2	大气个	1	大学生*	1
大胆儿	14	大气*	3	大啰嗦	2	大嗓门	1	大胃口	1
大肚皮	14	大笨蛋	2	大虫*	1	大傻傻	1		
大善人	（2）8	大胆子	2	大粗人	1	大傻子	1		
大明白	6	大肚量	2	大懒虫	1	大舌妇	1		
大胆*	4	大话王	2	大忽悠	1	大手	1		

注：词典标出词的比例为 9/41=22%。

表1-54 中国大学生：大（54語）[118語]

词	数量	词	数量	词	数量	词	数量	词	数量
大胆儿	（2）11	大侠*	（2）3	大瓣蒜	1	大酒桶	1	大女人	1
大气*	10	大嘴巴	（3）3	大吃包	1	大酒缸子	1	大嫂*	1
大老粗*	（2）7	大忽悠	2	大刺头	1	大酒坛子	1	大傻	1
大姑娘*	（3）6	大话精	2	大胆*	1	大姐大*	1	大手笔*	1

（续上表）

词	数量	词	数量	词	数量	词	数量	词	数量
大公鸡	（2）5	大酒包	2	大胆人	1	大坎	1	大手骨	1
大款*	（2）5	大酒鬼	2	大肚	1	大喇叭	1	大水牛	1
大脸猫	4	大懒虫	2	大肚汉	1	大懒猫	1	大淘气包	1
大忙人	（2）4	大老爷*	2	大哥*	1	大理石*	1	大小姐*	1
大骗子	4	大舌头*	（2）2	大哥大*	1	大律师	1	大猩猩*	1
大嘴	（4）4	大胃王	（2）2	大闺女*	1	大漠人	1	大学士*	1
大话王	（2）3	大白话*	1	大黄牛	1	大男子主义	1		

注：词典标出词的比例为19/54=35.2%。

构词分类
①大＋名词＋「接尾辞」

大侠【59，102】、大老爷【107】、大瓣蒜【60】、大虫【14】、大肚量【47】、大刺头【110】、大气【55】、大肚【55】、大胆【21】、大胆子【21】、大肚子【47】、大肚皮【47】、大姑娘【20，28，68】、大小姐【107】、大猩猩【62】、大公鸡【23，64】、大嘴【67，72，73，79】、大嘴巴【49，64，67，79，82】、大喇叭【67，82】、大律师【69】、大学士【93】、大学生【93】、大款【55，57】、大酒桶【50】、大理石【88】、大水牛【46】、大哥【61】、大嫂【42】、大哥大【55】、大姐大【55】、大嗓门【83】、大闺女【20】、大男子主义【28，35】、大舌头【70，82】、大舌妇【82】、大手【55】、大手笔【55】、大手骨【55】、大碗【47】、大胃口【47】、大女人【110】、大脸猫【106】、大胆儿【21，39】、大肚汉【20，47】、大胃王【47，48】、大话王【72，73】、大酒包【50】、大话精【73】、大酒鬼【50】、大酒缸子【50】、大酒坛子【50】、大胆人【21】、大漠人【46】、大气个【55】

②大＋形容词＋名词/「接尾辞」

大聪明【93】、大笨蛋【96】、大傻【73】、大老粗【32，47，73，83】、大虚【73】、大傻傻【22】、大好人【61，100，102，103】、大忙人

【24，25】、大懒虫【8】、大懒猫【8】、大懒蛋【8】、大懒人【8，18】、大粗人【32】、大淘气包【33】、大啰嗦【105】、大傻子【96】、大黄牛【9】、大明白【95】、大善人【103】、大能人【1】

　　③大+动词+「接尾辞」

　　大侃【72】、大忽悠【71，73】、大吃包【47】、大骗子【71】、大活宝【37，74】、大白话【72】、大咧咧【20】

　　与《现代汉语词典》一致的比例分别是总中国人31.6%、中国社会群体22%、中国大学生35.2%。"大"与"老"构成的「接尾辞」与词典一致的比例都偏低，凸显出「接頭辞」"大"的构词能力以及丰富多彩的使用特点。与"大"组合而成的词汇中，社会群体的不重复词汇量明显少于大学生，表明了社会群体积极利用「接頭辞」"大"创造出独有的词汇。如社会群体中重复词汇量第一位的是"大好人"，第三位是"大活宝"，第六、第七、第八位的"大肚皮、大善人、大明白"等，均为社会群体单独使用。与之相反，大学生独有的构词也值得注意。如排在大学生重复词汇量第四、第五、第六、第七、第八、第九、第十的"大姑娘、大公鸡、大款、大脸猫、大忙人、大骗子、大嘴"等，均属于大学生特有的对人评价词汇。由此可见，究竟如何评价（正面评价还是负面评价），选用何种评价词汇等，汉语存在着明显的年龄差异。如大学生使用"大公鸡"负面评价"蛮横高傲"和"骄傲自满"的人，正是受到"大公鸡"电子游戏及儿歌的影响，巧妙地抓住了"大公鸡"挺胸抬头的高傲姿态而创造出的不同于社会群体的"性向词汇"。出于同样的造词联想法，大学生还创造出"花孔雀、花公鸡"等"性向词汇"，用来讽刺和批评"注重外表虚荣的人"，具有形象生动的语用效果。"大脸猫"是动画片《蓝皮鼠大脸猫》中的角色，憨态可掬，喜欢抛头露面，但又懒又馋，胆小怕事。大学生细心观察到"大脸猫"的性格特点，以此隐喻（106）"脸皮厚的人"。可以认为，大学生的"性向词汇"呈现出新颖性、独创性等特点，同时也折射出"性向词汇"的生活性以及与时俱进的发展态势。

　　「接頭辞」"大"与"小"相对，一般表示年龄大，物体的体积、面积大，强度大等多种含义。"大"和日语的「大」具有类似的语义功能与感情色彩，都是对词根部分进行程度上的强化与夸大。比如"大胃王"是由「接頭辞」"大"和「接尾辞」"王"共同组合的词语，"大"和"王"都是表示程度大或强这个语义素，由此搭配而成的"大胃王"兼具双重词义色彩，程度更强，明显属于夸张的构词手法。我们从"大"的构词形态中可以看出，"大"的后接成分主要是名词和形容词，其中以名词居多。究其原因主要在于"大"是形容词词素，比较容易直接修饰或限制名词，而接在形容词前面则起到加强程度的效果。添加上「接头辞」的"大"，多数表示某一方面的特征显著、程度深甚至过分。比如"大酒鬼、大懒虫、大吃包、大骗子、大善人"等，分别凸显出"很能喝，懒惰不爱干活；特别能吃，狡猾奸诈，过于善良"等不同于普通人的性格特征，进一步反证了"性向词汇"中"负性原理"的普遍性。

　　"大＋名词"类型中，存在着各种构词形态。比如：①"大＋动物名词"，如"大虫、大猩猩、大黄牛、大公鸡"等。"大虫"原指"老虎"，现在属于典型的网络语言，意思是"大的网虫"。有趣的是，本次的调查结果中"大虫"用于泛指"游手好闲，放荡的人"。②"大＋身份、地位、称谓等名词"，如"大小姐、大哥、大嫂、大闺女、大学士、大律师"。③"大＋事物名词"，如"大酒缸、大腕、大哥大、大姐大"等。"大腕"原为江湖用语，"腕"在江湖隐语中写成"万"。"万"是江湖人的代称。"大万儿"是旧时江湖人对演艺界或江湖代表人物的称呼。因此，"大腕儿／大万儿"被看作是不登大雅之堂的鄙俗用语。现指名声影响较大的人，一般多用于演艺界，词义色彩发生了由贬义到褒义的转变[①]。"大哥大"原是手提式无线电话的俗称，是香港警匪片中黑社会的喽啰们对资格更老或势力更大的大头头的称谓。由于这些大头头常以手握手提式电话的形象出现，人们便把这种电话称作"大哥大"，这是借人的特征来代替物[②]。作为性向词汇使用的"大哥大"，属于中国人巧用隐喻手法的造词，将其转用表示"大方豪爽的人"以及相反意义的"挥金如土的人"。"大姐大"也是出于同样的类推仿拟造词法。④"大＋身体名词"，如"大肚皮、大胃、大嘴、大嘴巴、大嗓门"等。"大嘴巴"中的"大"，并不是嘴巴大，而是引申出"说大话、嘴快"等新的语义。即通过添加「接头辞」"大"，不仅加强了被接续词素的语气与程度，还赋予"嘴巴"新的词义，使之成为使用范围比较广泛的"性向词汇"。由此可见，性向词汇中的「接辞」并不仅仅局限于为接续词增添某种语气、感情色彩以及程度变化等使用效果，还具有

①　沈晓静. 现代汉语新词的人文因素 [J]. 河海大学学报，1999（2）：15.
②　周宏波. 修辞现象的词汇化：新词语产生的重要途径 [J]. 语言文字应用，1994（1）：39.

添加词义等语用功能。可以认为，这是汉语"性向词汇"构词手法上的一个显著特点。本次调查结果中，"大嘴巴"分别在（49）"吃东西特别快的人"、（64）"爱自夸炫耀的人"、（67）"话多爱闲聊的人"、（79）"爱插嘴干预的人"、（82）"说三道四，喜欢评论的人"等5个语义小项中分别出现并被使用，说明"大嘴巴"具有多种层面的语义功能及其感情色彩。此外，"大胃、大肚汉、大胃王"都是用来负面评价"特别能吃的人"，但三者之间又具有细微的差异，在"能吃"的程度上有所不同。日语也有「大食い、大飯食い、大食い野郎、大食漢」等程度不同的"性向词汇"，说明中日两国具有很高的类似性。可以推测中日两国国民对"能吃"这一小项较为关注，由此创造出丰富多彩的"性向词汇"。

表 1-55　总中国人：死（28 語）[221 語]

词	数量	词	数量	词	数量	词	数量	词	数量
死脑筋*	（8）57	死倔	（2）4	死抠	2	死脑袋	1	死要脸	1
死心眼*	（8）41	死脑子	（3）4	死较真	1	死人*	1	死硬派*	1
死要面子	37	死顽固	4	死扛	1	死认真	1	死鱼	1
死板*	（3）34	死眼皮子	（2）4	死赖皮	1	死顽皮	1	死腔	1
死心眼儿*	（4）7	死性子	（2）3	死蛮横	1	死性*	1		
死爱面子	6	死板人	（2）3	死面子	1	死样子	1		

注：词典标出词的比例为 7/28=25%。

表 1-56　中国社会群体：死（25 語）[161 語]

词	数量	词	数量	词	数量	词	数量	词	数量
死脑袋	（6）51	死爱面子	6	死抠	（2）2	死腔	1	死硬派*	1
死板*	（7）31	死顽固	4	死扛	1	死人*	1	死鱼	1
死心眼*	（6）22	死倔	（2）4	死赖皮	1	死认真	1	死较真	1
死要面子	14	死板人	（2）3	死蛮横	1	死顽皮	1	死脑袋	1
死心眼儿*	（4）7	死脑子	（2）3	死面子	1	死性*	1	死要脸	1

注：词典标出词的比例为 6/24=25%。

表 1-57 中国大学生：死（8 語）[60 語]

词	数量	词	数量	词	数量	词	数量
死要面子	23	死脑筋*	（5）6	死性子	（2）3	死脑子	1
死心眼*	（4）19	死眼皮子	（2）4	死板*	3	死样子	1

注：词典标出词的比例为 3/8=37.5%。

构词分类

① 死＋名词＋「接尾辞」

死脑筋【5，9，35，81，84，85，98，110】、死心眼【4，5，7，10，81，84，85，108】、死板【81，106，107】、死脑子【5，9，81】、死性子【5，108】、死眼皮子【5，66】、死性【84】、死样子【62】、死面子【109】、死脑袋【85】、死人【62】、死鱼【90】、死心眼儿【5，81，84，107，108】、死板人【5】

② 死＋动词＋名词

死扛【6】、死腔【6】、死要面子【109】、死爱面子【109】、死要脸【109】

③ 死＋形容词

死倔【35，86】、死顽固【35】、死抠【54，56】、死较真【5】

"死"与"大"同样，中国社会群体的占比率低于中国大学生，说明社会群体在创造词汇方面的能产性偏强，如"死倔，死顽固、死抠"等就属于社会群体独有的"性向词汇"。总中国人、中国社会群体、中国大学生的比例分别是 25.9%、25%、37.5%，与《现代汉语词典》收录词的重复率并不高，反映出「接头辞」"死"较之于其他词，在"性向词汇"中具有较强的构词能力。"死"有"丧失生命，固执坚持到底，不灵活"等义。用"死"骂人便成了最为常见的一种骂詈语。同样，作为「接头辞」的"死"，与其组合而成的"性向词汇"往往具有明显的贬义或蔑视等感情色彩，比如"死脑筋、死心眼、死板、死人、死样子"等。"死人"作为"性向词汇"出现在（62）"不和气为人冷淡"这一语义小项中，失去了原义，用来比喻对人"冷淡无情、缺乏人性的人"。"死脑筋、死心眼"出现的频率偏高，比如"死脑筋"分别出现在（5）"办事过于认真的人"；（9）"不会干活工作效率低的人"；（35）"任性不听话的人"；（81）"死扣道理的人"；（84）"固执不通情理的人"；（85）"性格顽固倔强的人"；（98）"不善于交际难接触的人"；（110）"小心眼嫉妒心强的人"这 8 个语义小项中。可见，该词深得中国人的青睐并被广泛运用于各种性向行为的人。

"死"的构词能力较强，可以接续名词、动词、形容词等各种词性。因为「接頭辞」"死"与"活，有生命"互为反义，负面倾向显著。因此，与"死"组合而成的"性向词汇"，一般都隐含着丰富的联想义，词汇本身被赋予较强的贬抑色彩。"死"失去了原有的语义，虚化为表示程度的「接頭辞」。"死"有别于日韩两国语言，成为汉语"性向词汇"中独有且又频繁使用的词缀。下面的几种「接頭辞」，因使用率都不是很高，故不做详细分析。

表1-58　总中国人：二（14 語）[80 語]

词	数量	词	数量	词	数量	词	数量	词	数量
二流子*	（6）51	二混子*	（3）3	二呆	1	二赖子*	1	二皮脸*	1
二脸皮	8	二楞子*	（3）3	二杆儿	1	二老歪	1	二级瘟神	1
二傻子	（3）5	二刮人	（2）2	二寡	1	二姨太	1		

注：词典标出词的比例为 5/14=35.7%。

表1-59　中国社会群体：二（9 語）[48 語]

词	数量	词	数量	词	数量	词	数量	词	数量
二流子*	（6）32	二脸皮	3	二刮人	2	二寡	1	二皮脸*	1
二混子*	（3）3	二傻子	3	二楞子*	（2）2	二赖子*	1		

注：词典标出词的比例为 5/9=55.6%。

表1-60　中国大学生：二　（9 語）　[32 語]

词	数量	词	数量	词	数量	词	数量	词	数量
二流子*	（2）19	二傻子	（2）2	二杆儿	1	二楞子*	1	二姨太	1
二脸皮	5	二呆	1	二级瘟神	1	二老歪	1		

注：词典标出词的比例为 2/9=22.2%。

构词分类

① 二＋名词＋形容词／「接尾辞」

二流子【8，14，18，20，40，58】、二脸皮【106】、二老歪【81】、二杆儿【83】、二寡【38】、二皮脸【106】、二姨太【107】、二级瘟神【20】

② 二＋动词＋「接尾辞」

二混子【8，31，72】二刮人【79】

③ 二＋形容词＋「接尾辞」

二呆【68】、二傻子【10，11，96】、二愣子【79】、二赖子【14】

表1-61　总中国人：花（12 語）[33 語]

词	数量	词	数量	词	数量	词	数量
花花公子*	17	花舌头	1	花无缺	1	花里胡哨*	1
花瓶*	5	花公鸡	1	花心萝卜	1	花木兰	1
花痴*	（2）2	花蝴蝶	1	花孔雀	1	花心*	1

注：词典标出词的比例为5/12=41.7%。

表1-62　中国社会群体：花（4 語）[13 語]

词	数量	词	数量	词	数量	词	数量
花花公子*	10	花痴*	1	花瓶*	1	花里胡哨*	1

注：词典标出词的比例为4/4=100%。

表1-63　中国大学生：花（11 語）[20 語]

词	数量	词	数量	词	数量	词	数量
花花公子*	7	花舌头	1	花无缺	1	花木兰	1
花瓶*	4	花公鸡	1	花心萝卜	1	花心*	1
花痴*	1	花蝴蝶	1	花孔雀	1		

注：词典标出词的比例为4/11=36.4%。

构词分类

①花＋名词＋「接尾辞」

花花公子【14】、花瓶【63】、花舌头【71】、花公鸡【23】、花蝴蝶【63】、花木兰【110】、花心【14】、花心萝卜【14】、花孔雀【63】

②花＋动词

花无缺【63】

③花＋形容词

花痴【34，63】

表 1-64　总中国人：臭（10 語）[76 語]

词	数量	词	数量	词	数量	词	数量	词	数量
臭美*	（4）55	臭讲究	1	臭屁鬼	1	臭显摆	1	臭倒持	1
臭嘴	（3）16	臭老九*	1	臭显	1	臭嘴人	1	臭虫*	1

注：词典标出词的比例为 3/10=33.3%。

表 1-65　中国社会群体：臭（6 語）[50 語]

词	数量	词	数量	词	数量	词	数量	词	数量	词	数量
臭美*	（3）30	臭嘴	（3）16	臭讲究	1	臭倒持	1	臭显摆	1	臭嘴人	1

注：词典标出词的比例为 1/6=16.7%。

表 1-66　中国大学生：臭（5 語）[29 語]

词	数量	词	数量	词	数量	词	数量	词	数量
臭美*	（2）25	臭虫*	1	臭老九*	1	臭屁鬼	1	臭显摆	1

注：词典标出词的比例为 3/5=60%。

构词分类

① 臭＋名词＋「接尾辞」

臭嘴【77，80，83】、臭老九【86】、臭屁鬼【60】、臭嘴人【77】、臭虫【31】

② 臭＋动词

臭显【7】、臭显摆【64】、臭讲究【16】、臭倒持【16】

③ 臭＋形容词
臭美【15，16，63，109】

表 1-67　总中国人：活（8 語）[136 語]

词	数量	词	数量	词	数量	词	数量
活雷锋	（2）59	活字典*	17	活脑子	1	活神仙*	1
活宝*	（4）54	活受罪者	2	活人	1	活受罪*	1

注：词典标出词的比例为 4/8=50%。

表 1-68　中国社会群体：活（7 語）[104 語]

词	数量	词	数量	词	数量	词	数量
活宝*	（3）44	活字典*	17	活脑子	1	活神仙*	1
活雷锋	（2）38	活受罪者	2	活人	1		

注：词典标出词的比例为 3/7=42.9%。

表 1-69　中国大学生：活（3 語）[32 語]

词	数量	词	数量	词	数量
活雷锋	（2）21	活宝*	（3）10	活受罪*	1

注：词典标出词的比例为 2/3=66.7%。

构词分类
① 活＋名詞＋「接尾辞」
活雷锋【59，99，100】、活宝【11，31，37，74】、活字典【95】、活脑子【93】、活人【99】、活神仙【20】
② 活＋动词＋「接尾辞」
活受罪者【109】、活受罪【109】

表 1-70　总中国人：鬼（7 語）[14 語]

词	数量	词	数量	词	数量	词	数量
鬼才*	（2）4	鬼精灵*	（3）3	鬼话精	1	鬼混*	1
鬼点子*	（3）3	鬼窜	1	鬼灵精*	1		

注：词典标出词的比例为 5/7=71.4%。

表1-71　中国社会群体：鬼（4 語）[4 語]

词	数量	词	数量	词	数量	词	数量
鬼才*	1	鬼精灵*	1	鬼窜	1	鬼混*	1

注：词典标出词的比例为 3/4=75%。

表1-72　中国大学生：鬼（5 語）[10 語]

词	数量	词	数量	词	数量	词	数量	词	数量
鬼才*	3	鬼点子*	（3）3	鬼精灵*	（2）2	鬼话精	1	鬼灵精*	1

注：词典标出词的比例为 4/5=80%。

构词分类

① 鬼＋名词＋「接尾辞」

鬼才【1，69】、鬼点子【31，74，93】、鬼话精【71】

② 鬼＋动词

鬼窜【40】、鬼混【13】

③ 鬼＋形容词＋「接尾辞」

鬼灵精【33】、鬼精灵【33，34，65】

表1-73　总中国人：半（6 語）[7 語]

词	数量	词	数量	词	数量	词	数量	词	数量	词	数量
半吊子*	（2）2	半拍子	1	半拉子*	1	半调子	1	半瓶醋*	1	半杯倒	1

注：词典标出词的比例为 3/7=42.9%。

表1-74　中国社会群体：半（1 語）[2 語]

词	数量
半吊子*	（2）2

注：词典标出词的比例为 1/1=100%。

表 1-75　中国大学生：半（5 語）[5 語]

词	数量	词	数量	词	数量	词	数量	词	数量
半瓶醋*	1	半拉子*	1	半调子	1	半拍子	1	半杯倒	1

注：词典标出词的比例为 2/5=40%。

构词分类

①　半＋名词＋「接尾辞」/ 动词

半吊子【9，36】、半拍子【20】、半拉子【12】、半调子【12】、半杯倒【51】、半瓶醋【11】

表 1-76　总中国人：非（3 語）[3 語]

词	数量	词	数量	词	数量
非人类	1	非男人	1	非主流	1

注：词典标出词的比例为 0。

中国社会群体：非（0 語）[0 語]

表 1-77　中国大学生：非（3 語）[3 語]

词	数量	词	数量	词	数量
非人类	1	非男人	1	非主流	1

注：词典标出词的比例为 0。

构词分类

①非＋名詞＋「接尾辞」

非人类【97】、非男人【51】、非主流【110】

「接頭辞」"二"构成的"性向词汇"与《现代汉语词典》中一致的比例，总中国人、中国社会群体、中国大学生分别是 35.7%、55.6%、22.2%。可见，大学生较之于社会群体，更加热衷于创造和使用与"二"组合的新词。现代汉语中的"二"一般作为数词、序数使用，如"二心、二流"，还可表示"不专一、欠缺、不足"等义。"性向词汇"中作为「接頭辞」的"二"，其本义逐渐消失，多用其比喻义评价或批评他人。"二流子"是指"不务正业的人"。这里的"二"与"一"相对，较之于"一"的引申义"第一、重要、主流"等义，由"二"引申出"次要、二流、不重要、无价值"等，与「接頭辞」"半"语义较为相近。以二为"性向词汇"的前缀，可谓是汉语独有的构词形式，在日韩两语中均无发现。当然，日语也有"二"构成的词语，如「二枚舌」（撒谎）、「二の足」（犹豫不决）、「二の舞」（重蹈覆辙）、「二股」（三心二意）、「二つ返事」（连连答应）、「瓜二つ」（一模一样）等，但并没有"次要、无价值"等寓意。汉民族自古以来就有崇尚一流、轻蔑二流的价值观念，这一点可以从"二"构成的"性向词汇"中窥见一斑。由于"二"的附加增添了词的情态色彩，即从贬低的感情色彩上得以印证。"词的情态色彩，同样具有民族的特点。"[①]

"二傻子"中的傻子，原本就表示呆傻之人，附加上"二"字，表示即使愚笨这种低能的、贬斥的程度排位，都不及占先的"大傻子"，对人评价更为辛辣苛刻，且又不失幽默。本次调查中使用的"二流子"，分别代表（8）"懒惰不干活的人"、（12）"做事没长性，爱打退堂鼓的人"、（18）"干什么都觉得麻烦的人"、（20）"对什么都满不在乎悠哉悠哉的人"、（40）"喜欢到处逛的人"、（58）"生活放荡花天酒地的人"等 6 个语义小项的词汇意义与语义功能，从另一个侧面进一步验证了"同形异义词"鲜活的生命力。汉语中的"同形异义词"，形式多样、丰富多彩，适应交际对象、目的、内容、环境等各种需求。中国人灵活、巧妙地运用"同形异义词"，使其各得其所，达到评价效果，实现对人评价的交际目的。

俗话说"人有脸，树有皮"，说明中国人十分重视自己的一张脸，但如果一张脸变成了两张就是"二皮脸"，也就成了"脸皮厚，不要脸了"。这种造词联想与日语的「二枚舌」（撒谎、说大话）异曲同工。不仅如此，中国人又在"二皮脸"的基础上，采用仿拟类推的手法创造出"二脸皮"这一"性向词汇"。总之，有关"二"的性向词汇全都属于消极的、负面的评价词汇。比如"二姨太"（不善于交际难接触的人）、"二呆"（不善言辞的人）、"二傻"（做事慢不得要领，办事马虎不认真，愚笨的人）等，具有独出心裁、亦庄亦谐等语用效果。

"谐音"是构建语言幽默风趣的重要手段之一。谐音的巧妙运用，可以增加语言的艺术效果以及感染力。比如"半吊子和二百五"，明清时代五百个铜版为一封，又叫一吊。二百五十个，是半封，"封和疯"同音，

---

① 武占坤，王勤 . 现代汉语词汇概要 [M]. 呼和浩特：内蒙古人民出版社，1983：50.

于是"二百五和半吊子"便成了骂人话，带有强烈的修辞色彩①。上述几种使用率不高的「接頭辞」中，与《现代汉语词典》中一致的比例分别是："臭"，总中国人 33.3%、中国社会群体 16.7%、中国大学生 60%。"活"，总中国人 50%、中国社会群体 42.9%、中国大学生 66.7%。"花"，总中国人 41.7%、中国社会群体 100%、中国大学生 36.4%。"半"，总中国人 42.9%、中国社会群体 100%、中国大学生 40%。"鬼"，总中国人 71.4%、中国社会群体 75%、中国大学生 80%。我们可以从具体的数据中看出，"性向词汇"较其他词更具来源于生活的现实性和特殊性。同时，社会群体与大学生在"性向词汇"的使用上，呈现出各自的语用特点与使用差异。

"死、二"与"臭、鬼"等「接頭辞」的词义和语义功能等极其相似，多用其比喻义表示厌恶、憎恨、糟糕、调侃等义，感情色彩多偏向于负面的消极评价。其中"死、鬼"的关联性最为紧密，骂詈语中有"死鬼"一说。中国古人认为，死亡的归宿是天堂或地狱。一些人为了发泄自己的愤恨之情，骂人为"鬼"就是诅咒他（她）下地狱。"鬼"在汉语的骂詈词中几乎成了可以任意搭配的一个词。在汉语的发展演变过程中，"鬼"作为"人死后的灵魂"这一词素本义逐渐消亡，而各种比喻义不断生成，词义越来越复杂化，用法也日益丰富，语义功能变得越来越多样化。尽管在本次的调查结果中，作为「接頭辞」"鬼"的不重复词汇量仅有 7 个，但与"鬼"组合的词根中主要是名词词性，多用其比喻义，表示"偷偷摸摸、不光明正大、恐怖害怕、狡猾奸诈、信口雌黄、机灵、技巧精湛"等多种含义。在语义功能及其感情色彩方面具有或贬或褒的特征，比如："鬼才"是指"能干，善辩、有口才的人"；"鬼精灵"是指"淘气难管、性格过于活泼的女孩，有眼力见、办事周到的人"；"鬼灵精"是指"淘气难管的孩子"。由此可见，"鬼才"是褒义，"鬼精灵"既有贬义又有褒义，而"鬼灵精"则带有明显的贬义色彩。

"花"的意思有很多，比如花费，观赏用的花木、花草等。"花言巧语"是指用美妙华丽的辞藻来迷惑别人，多为虚伪、不诚实等负面之义。上文中由"花"派生出来的"性向词汇"，比如"花瓶"（注重外表，虚荣的人）、"花舌头"（爱说谎的人）等，全都属于负面的消极评价。有趣的是大学生创造的新词中，有不少是与动物、植物、人名、身体词汇等相关的

---

①　王希杰.汉语修辞学：修订本 [M].北京：商务印书馆，2004：194.

"性向词汇"。具体而言，"花＋动物名"，如"花公鸡"（目中无人骄傲自大的人）、"花蝴蝶"（注重外表爱慕虚荣的人）；"花＋人名"，如"花木兰"（个性强的人）、"花无缺"（爱慕虚荣的人）；"花＋身体词汇"，如"花舌头"（爱说谎的人）等。"花木兰"是中国古代的女民族英雄，忠孝节义，以替父从军击败入侵之敌而闻名天下，唐代皇帝追封其为"孝烈将军"。"花无缺"是古龙笔下的传奇人物、第一美男子，鹤立鸡群，集世上所有完美人类的典型于一身。不过，中国大学生的"性向词汇"中，"花木兰、花无缺"都属于"拟人喻"，即借用人物的某一特点对他人进行评价，词义上发生了变化，即由褒义变为贬义，具有下降性倾斜的使用趋势，反映了中国文化中深层的"负性原理"。

"半"属于数词词性的「接頭辞」，具有"二分之一，一部分、不完全的，形容数量极少"等多种含义。"半吊子"的意思是指对某种事物只有一个粗略、肤浅、零星的了解或指技术不熟练。本文中的"半吊子"出现在（9）"不会干活、做事效率低的人"和（36）"轻浮、得意忘形的人"这两个语义小项中，明显带有贬义色彩。

"活"与"死"相对，指有生命的东西，还可以表示活动的、可变动的，甚至可以作副词，相当于真正、简直等义。比如上文的"活受罪者"，其中的"活"既可以理解为副词也可以理解为类词缀。与"活"组合的词语，尽管不重复词汇量仅有8个，但重复词汇量居然高达136个，其中"活雷锋"多达59个，从另一个侧面验证了该词鲜活的生命力。《现代汉语规范词典》中对"活雷锋"的解释是："比喻像雷锋一样无私奉献、热忱为人民服务的人。"[①] 雷锋是一个实实在在的人物，把自己的一生献给了祖国、献给了人民。俗话说："雷锋出差一千里，好事做了一火车。"他的崇高理想、信念、道德、情操都在人们的心目中闪烁着永不磨灭的光辉。性向词汇中的"活雷锋"，分别在（59）"喜欢助人为乐，爱帮助人的人"、（99）"善于交际好接触的人"、（100）"人格高尚的人"这3个语义小项中出现，充分表明了人们希望雷锋精神重新回归的强烈要求与美好心愿。尤其在当今拜金主义盛行的社会大潮中以及新冠疫情期间，雷锋精神更显得格外可贵与至关重要。

"非"是由否定副词的"非"虚化而来的「接頭辞」，表示不属于某个

---

① 现代汉语规范词典编写组 . 现代汉语规范词典 [M]. 北京：外语教学与研究出版社，2014.

范围，是一种否定判断接词。"非"的后接成分一般局限于名词或名词性的偏正结构。"非"并不改变词根的词性，整个句式仍是名词词性。"非＋名词"属于一种临时分类命名方法，体现了汉语语言表达的经济原则。所谓"临时分类命名法"是指人们在表达中，已知某类事物的共同特征，用X来总括，而对除了X的其他类共同特征尚不明确，无法用某一词来概括，只有采用"非＋X"来表示。这种表达因为在上下文中意义能被推断出来，称为临时分类命名①。由于语言表达的规律和需要，人们仿拟类推，"非X"的数量愈来愈多，意思也愈来愈抽象。现代汉语中，"非"的能产性有所增加，"非＋名词"数量最多。这是受早期"非"作否定副词修饰名词位置的影响，是"俯瞰效应"的结果②。此外，我们还可以借用逻辑学的分析符号理论"＋""－"进行分析。如"＋男人"意思指"是男人"，"－男人"就是"非男人"。非X与X之间是一对极性反义词，共同构成一个上义范畴，即"非男人"与"男人"构成人类，不存在"＋男人""－男人"的中间过渡状态。"非X"较之于直接用X的反义词显得委婉含蓄，具有一定的修辞表达效果。本次的调查结果中，有关"非"的性向词汇，尽管数量不多，仅有三例，但没有一个能在《现代汉语词典》中找到。"非人类"（意思是指不懂人情世故，阅历浅的人），"非男人"（不会喝酒的人）；"非主流"（个性强的人），三者都带有贬义色彩。不仅如此，三例均为大学生所使用的性向词汇，反映出使用「接頭辞」"非"的年龄差异。

4. 韩语"性向词汇"中的「接頭辞」

4.1 韩语「接頭辞」的种类与比例

统计结果显示，韩语的「接頭辞」共有25种，其中大学生使用的种类为22种，比社会群体（18种）稍多。从不重复词汇量来看，「왕」（王）的造词能力最强，占有总词汇量的25%，其他依次是「비」（非）、「무」（无）、「잔」（jan）、「노」（老）、「불」（不），6项之和占有总词汇量的60%左右。这6个「接頭辞」中，有5个都属于汉语词汇系列。由此可见，

---

① 万光荣.前缀式"非＋X"研究 [J].湖北师范学院学报，2012（3）：52.
② 储泽祥.汉语语法化研究中应重视的若干问题 [J].世界汉语教学，2002（2）：8–9.

汉语词汇系「接頭辞」是韩语性向词汇中造词的主力军，与日语具有相似性，说明日韩两语在历史上都受到了汉语的极大影响。但韩语“性向词汇”中「接頭辞」「노」（老）的大量使用，与汉语相似，明显不同于日语。

表 1-78 总韩国人「接頭辞」的种类及占比

顺序	「接頭辞」	不重复词汇量及占比	重复词汇量比例	顺序	「接頭辞」	不重复词汇量及占比	重复词汇量及占比
1	왕	17/25.0%	185/35.2%	14	외	1/1.5%	19/3.6%
2	비	8/11.8%	18/3.4%	15	똥	1/1.5%	13/2.5%
3	무	5/7.4%	58/11.1%	16	헛	1/1.5%	4/0.8%
4	잔	5/7.4%	113/21.5%	17	알	1/1.5%	3/0.6%
5	노	4/5.9%	7/1.3%	18	강	1/1.5%	2/0.4%
6	불	4/5.9%	4/0.8%	19	대	1/1.5%	1/0.2%
7	옹	2/2.9%	23/4.4%	20	개	1/1.5%	1/0.2%
8	몰	2/2.9%	14/2.7%	21	갓	1/1.5%	1/0.2%
9	초	2/2.9%	14/2.7%	22	미	1/1.5%	1/0.2%
10	시	2/2.9%	9/1.7%	23	안	1/1.5%	1/0.2%
11	신	2/2.9%	6/1.1%	24	NO	1/1.5%	1/0.2%
12	애	2/2.9%	4/0.8%	25	네버	1/1.5%	1/0.2%
13	선	1/1.5%	22/4.2%	合计		68/100%	525/100%

表 1-79　韩国社会群体「接頭辞」的种类及占比

顺序	「接頭辞」	不重复词汇量及占比	重复词汇量及占比	顺序	「接頭辞」	不重复词汇量及占比	重复词汇量及占比
1	왕	13/33.3%	131/34.6%	11	신	1/2.6%	5/1.3%
2	잔	4/10.3%	79/20.8%	12	헛	1/2.6%	3/0.8%
3	비	4/10.3%	13/3.4%	13	강	1/2.6%	2/0.5%
4	옹	2/5.1%	21/5.5%	14	노	1/2.6%	2/0.5%
5	몰	2/5.1%	13/3.4%	15	대	1/2.6%	1/0.3%
6	초	2/5.1%	13/3.4%	16	불	1/2.6%	1/0.3%
7	무	1/2.6%	47/12.4%	17	알	1/2.6%	1/0.3%
8	선	1/2.6%	21/5.5%	18	개	1/2.6%	1/0.3%
9	외	1/2.6%	17/4.5%	合计		39/100%	379/100%
10	똥	1/2.6%	8/2.1%				

表 1-80　韩国大学生「接頭辞」的种类及占比

顺序	「接頭辞」	不重复词汇量及占比	重复词汇量及占比	顺序	「接頭辞」	不重复词汇量及占比	重复词汇量及占比
1	왕	11/21.6%	54/37.0%	13	몰	1/2.0%	1/0.7%
2	잔	5/9.8%	34/23.3%	14	미	1/2.0%	1/0.7%
3	무	5/9.8%	11/7.5%	15	선	1/2.0%	1/0.7%
4	비	5/9.8%	5/3.4%	16	신	1/2.0%	1/0.7%
5	노	4/7.8%	5/3.4%	17	안	1/2.0%	1/0.7%
6	불	3/5.9%	3/2.1%	18	초	1/2.0%	1/0.7%
7	시	2/3.9%	9/6.2%	19	갓	1/2.0%	1/0.7%
8	애	2/3.9%	4/2.7%	20	헛	1/2.0%	1/0.7%
9	똥	1/2.0%	5/3.4%	21	NO	1/2.0%	1/0.7%
10	알	1/2.0%	2/1.4%	22	네버	1/2.0%	1/0.7%
11	옹	1/2.0%	2/1.4%	合计		51/100%	146/100%
12	외	1/2.0%	2/1.4%				

4.2　量、构词及语义功能

下文中的词汇将与『표준국어대사전』(《标准国语大词典》) 中收录的词汇进行对照。

表 1–81　总韩国人：왕（17 語）[185 語]

词	数量	词	数量	词	数量	词	数量	词	数量
왕재수	（11）62	왕정중	6	왕내숭이	3	왕내숭쟁이	1	왕질투	1
왕고집*	（2）44	왕고집쟁이	5	왕부풀러	（2）3	왕빼질이	1		
왕따*	（8）22	왕돼지	5	왕짜증	（2）2	왕소금*	1		
왕싸가지	（2）22	왕부풀이	4	왕초보	2	왕승부욕	1		

注：词典标出词的比例为 3/17=17.7%。

表 1–82　韩国社会群体：왕（13 語）[131 語]

词	数量	词	数量	词	数量	词	数量	词	数量
왕재수	（7）47	왕정중	5	왕고집쟁이	3	왕초보	2	왕질투	1
왕고집*	（2）40	왕돼지	4	왕내숭이	3	왕빼질이	1		
왕싸가지	（2）18	왕부풀이	4	왕부풀러	2	왕소금*	1		

注：词典标出词的比例为 2/13=15.4%。

表 1–83　韩国大学生：왕（11 語）[54 語]

词	数量	词	数量	词	数量	词	数量
왕따	（8）22	왕싸가지	（2）4	왕내숭쟁이	1	왕승부욕	1
왕재수	（9）15	왕고집쟁이	2	왕돼지	1	왕정중	1
왕고집*	4	왕짜증	（2）2	왕부풀러	1		

注：词典标出词的比例为 2/11=18.2%。

构词分类

① i 、왕＋名词

왕고집【84，85】、왕돼지【48】、왕소금【56】、왕싸가지【23，35】、왕재수【14，22，23，35，44，52，60，63，64，88，109】、왕짜증【11，60】、왕초보【10】

ii 、왕＋名词＋「接尾辞」

왕고집쟁이【85】

iii 、왕＋名词＋名词

왕승부욕【91】

② i 、왕＋动词缩略

왕따【22，30，50，70，79，88，98，107】

ii 、왕＋动词词根

왕질투【111】

iii 、왕＋动词词根＋「接尾辞」

왕부플러【72，73】、왕부풀이【72】、왕뺀질이【81】

③ i 、왕＋形容词词根

왕정중【5】

ii 、왕＋形容词词根＋「接尾辞」

왕내숭이【30】、왕내숭쟁이【30】

总韩国人、韩国社会群体、韩国大学生所用词汇与词典一致的比例分别是17.7%、15.4%、18.2%，与上述中日排名第一位的「接頭辞」相比，一致率都不高，反映出韩语"性向词汇"的特殊性和生活性。与社会群体相比，大学生比例偏低，从另一个侧面说明大学生创造的新词多于社会群体，反映了大学生对新鲜事物的敏感以及较强的创新性，与上述中日两国大学生具有显著的共性。「接頭辞」「왕」（王）可后接名词或动词词根、形容词词根构成新词，主要起强调和加重评价程度或语气的语用功能。其中"왕＋名词"的类型最多，约占41%。「왕」一词来源于汉语，但其意义并未完全虚化。在「왕돼지」、「왕싸가지」等词中仍表示"首位、最"的意思，不过在使用时均强调负面的感情色彩。例如，「왕재수」的使用频度极高，共涉及对11个项目的评价。该词主要由「왕」和「재수」（财數）的派生结构产生。从「재수」指与财物相关运势的含义判断，该词的使用与过去韩国人对"八字"和"财运"迷信的心理有关。即人们经常把世间发生的事情和自己的"运势"相联系，用「재수」解释客观原因。如

果遇到了好事常会说「재수좋다」（幸运）；而与此相反，遭遇到不如意的事情，就会用「재수없다」（晦气、倒霉）归咎其原因。虽然"性向词汇"中「왕재수」的使用范围较为广泛，如对具有"骄傲自大""絮叨爱纠缠人""注重外表爱慕虚荣"等举止特点的人均可使用，但因「接頭辞」「왕」的接续只强调对负面内容的评价。此外，「왕따」的使用也同样丰富多样，共涉及 8 个对人性格评价的语义小项。从词源上看，该词产生于 20 世纪 90 年代，当时年轻人中流行使用「接頭辞」「왕」造词的风潮，很多新词应运而生。「왕따」也是其中的新词之一，由「接頭辞」「왕」和动词「따돌리다」（排挤、排外）省略成的「따」构成。最初作为隐语在年轻人中比较流行，特指"答非所问、听不懂话的人"，但随着使用量和使用频率的增加，其所指的范围也不断扩大，如今也适用于对具有"自以为是、不合群、自私自利"等性向行为的人给予批评与评价。有关「왕소금」一词的由来，词典上解释为"粗盐"。然而，由于「소금」（盐）一词往往让人们联想到「짜다」（咸），而「짜다」在韩语中除了指"咸味"以外，还有"吝啬"之义，因此，"性向词汇"中使用「왕소금」特指那些"特别吝啬的人"。

表 1–84　总韩国人：비（8 語）[18 語]

词	数量	词	数量	词	数量	词	数量
비주류	10	비경제인	1	비신사	1	비인격자[*]	1
비사교가	2	비사회인	1	비애주가	1	비숙련가	1

注：词典标出词的比例为 1/8=12.5%。

表 1–85　韩国社会群体：비（4 語）[13 語]

词	数量	词	数量	词	数量	词	数量
비주류	9	비사교가	2	비애주가	1	비인격자[*]	1

注：词典标出词的比例为 1/4=25%。

表 1–86　韩国大学生：비（5 語）[5 語]

词	数量	词	数量	词	数量	词	数量	词	数量
비경제인	1	비사회인	1	비숙련가	1	비신사	1	비주류	1

注：词典标出词的比例为 0。

构词分类

①ⅰ、비+名词

비신사【88】、비주류【51】

ⅱ、비+名词+「接尾辞」

비경제인【57】、비사교가【98】、비사회인【104】、비애주가【51】、비인격자【104】

②비+形容词词根+「接尾辞」

비숙련가【9】

「비」（非）来源于汉语词汇系列，属于否定意思的「接頭辞」，可以后接名词、形容词词根等组合成新词，具有较强的构词能力。汉日的"性向词汇"中也出现了"非"的「接頭辞」，但使用频率远不及韩语，呈现出韩语与中日的不同之处。另外，由「비」（非）构成的"性向词汇"与词典的一致比例偏低，尤其是大学生更为突出。可见韩语的"性向词汇"不同于字典词条所收录的词语，具有较强的独特性。这种"独特性"也是研究"性向词汇"意义的核心所在。

表 1-87　总韩国人：무（5 語）[58 語]

词	数量	词	数量	词	数量	词	数量	词	数量
무책임자	（2）52	무능력자*	2	무책임쟁이	2	무기력자	1	무능력*	1

注：词典标出词的比例为 2/5=40%。

表 1-88　韩国社会群体：무（1 語）[47 語]

词	数量
무책임자	47

注：词典标出词的比例为 0。

表 1-89　韩国大学生：무（5 語）[11 語]

词	数量	词	数量	词	数量	词	数量	词	数量
무책임자	5	무책임쟁이	2	무능력*자	2	무기력자	1	무능력*	1

注：词典标出词的比例为 2/5=40%。

构词分类

① i、무＋名词

무능력【98】

ii、무＋名词＋「接尾辞」

무기력자【8】、무능력자【14】、무책임자【12，14】、무책임쟁이【12】

「接頭辞」「무」（無）和「비」（非）以及「불」（不）相近，都表示否定义，与汉语里的意思大致相同。从统计结果来看，「무」（無）多与表示能力和责任的词构成派生关系。「무책임자」与「무책임쟁이」都表示"没有责任感的人"。根据该词使用的语境不同，有时会表示"无能的人"。这两个词从词义上看，并无多大差异。而「불」（不）则多与表示性格、欲望或用于描述客观情形有关。

表 1-90 总韩国人：잔（5 語）[113 語]

词	数量	词	数量	词	数量	词	数量	词	数量
잔소리꾼*	（3）46	잔소리쟁이	41	잔머리*	（3）23	잔머리꾼	（2）2	잔머리쟁이	1

注：词典标出词的比例为 2/5=40%。

表 1-91 韩国社会群体：잔（4 語）[79 語]

词	数量	词	数量	词	数量	词	数量
잔소리꾼*	33	잔소리쟁이	25	잔머리*	（2）20	잔머리꾼	1

注：词典标出词的比例为 2/4=50%。

表 1-92 韩国大学生：잔（5 語）[34 語]

词	数量	词	数量	词	数量	词	数量	词	数量
잔소리쟁이	16	잔소리꾼*	（2）13	잔머리*	（2）3	잔머리꾼	1	잔머리쟁이	1

注：词典标出词的比例为 2/5=40%。

构词分类

① i 、잔＋名词

잔머리【3，16，94】

ii 、잔＋名词＋「接尾辞」

잔소리꾼【76，77，78】、잔머리꾼【18，65】、잔머리쟁이【3】、잔소리쟁이【78】

「잔」(jan)接续在名词前，主要表示"细小、琐碎"之义，多含贬义。「잔머리」(janmeori)一般指长在边缘的一小撮头发，后引申为"小聪明"之义，也称「잔꾀」(jankkoe)。而「잔소리」(jansori)一词特指唠叨。从重复词汇量上看，该词的重复率很高，可以认为该词已成为认知度很高的评价词汇。

表 1-93　总韩国人：노（4 語）[7 語]

词	数量	词	数量	词	数量	词	数量
노재수	（2）2	노처녀*	（2）3	노술고래	1	노주가	1

注：词典标出词的比例为 1/4=25%。

表 1-94　韩国社会群体：노（1 語）[2 語]

词	数量
노처녀*	2

注：词典标出词的比例为 1/1=100%。

表 1-95　韩国大学生：노（4 語）[5 語]

词	数量	词	数量	词	数量	词	数量
노재수	（2）2	노술고래	1	노주가	1	노처녀*	1

注：词典标出词的比例为 1/4=25%。

构词分类

① i 、노＋名词

노재수【63，64】、노처녀【76，77】

ii 、노＋名词＋「接尾辞」

노주가【51】

iii、노＋名词＋名词

노술고래【51】

韩语的「노」（no，老）与汉语「接頭辞」的"老"，两者意思相似，但没有达到像"老师、老虎"等词语中的完全虚化程度。韩语中的「노」（no，老）主要表示上了年纪或经验丰富等义，与日语「老」较为相近，所以其构词能力远低于汉语。

表 1-96　总韩国人：불（4 語）[4 語]

词	数量	词	数量	词	数量	词	数量
불균형*	1	불만족자	1	불친절쟁이	1	불침착자	1

注：词典标出词的比例为 1/4=25%。

表 1-97　韩国社会群体：불（1 語）[1 語]

词	数量
불만족자	1

注：词典标出词的比例为 0。

表 1-98　韩国大学生：불（3 語）[3 語]

词	数量	词	数量	词	数量
불균형*	1	불침착자	1	불친절쟁이	1

注：词典标出词的比例为 1/3=33.3%。

构词分类

① i、불＋名词

불균형【26】

ii、불＋名词＋「接尾辞」

불친절쟁이【88】、불만족자【92】

iii、불＋形容词词根＋「接尾辞」

불침착자【24】

表 1-99　总韩国人：옹（2 語）[23 語]

词	数量	词	数量
옹고집 *	22	옹고집자	1

注：词典标出词的比例为 1/2=50%。

表 1-100　韩国社会群体：옹（2 語）[21 語]

词	数量	词	数量
옹고집 *	（2）20	옹고집자	1

注：词典标出词的比例为 1/2=50%。

表 1-101　韩国大学生：옹（1 語）[2 語]

词	数量
옹고집 *	2

注：词典标出词的比例为 1/1=100%。

构词分类

① i 、옹＋名词

옹고집【85】

ii 、옹＋名词＋「接尾辞」

옹고집자【85】

韩语中有关表示性格固执的说法，常通过与「고집」（固执）一词复合而成，如「옹고집」（壅＋固执）、「외고집」、「쇠고집」、「땅고집」等。其中，「옹」（壅）一词源于汉语，表示"堵住、阻塞不通"之义。如《国语·周语上》所述，「川壅而溃，伤人必多，民亦如之」，即指不懂得融通而固执己见之人。

表 1-102　总韩国人：몰（2 語）[14 語]

词	数量	词	数量
몰인정 *	3	몰인정쟁이	11

注：词典标出词的比例为 1/2=50%。

表 1-103　韩国社会群体：몰（2语）[13語]

词	数量	词	数量
몰인정쟁이	10	몰인정*	3

注：词典标出词的比例为 1/2=50%。

表 1-104　韩国大学生：몰（1语）[1語]

词	数量
몰인정쟁이	1

注：词典标出词的比例为 0。

构词分类

①ⅰ、몰＋名词

몰인정【108】

ⅱ、몰＋名词＋「接尾辞」

몰인정쟁이【108】

「接頭辞」「몰」（mol，没）表示否定，与汉语里的意思相同。「몰인정쟁이」指没有人情味的人。「몰」（mol，没）在日语中未能成为「接頭辞」，与其相近的是「無」。

表 1-105　总韩国人：초（2語）[14語]

词	数量	词	数量
초스피드*	13	초스피드쟁이	1

注：词典标出词的比例为 1/2=50%。

表 1-106　韩国社会群体：초（2語）[13語]

词	数量	词	数量
초스피드*	12	초스피드쟁이	1

注：词典标出词的比例为 1/2=50%。

表 1-107　韩国大学生：초（1 語）[1 語]

词	数量
초스피드 *	1

注：词典标出词的比例为 1/1=100%。

构词分类

① i 、초+名词

초스피드【49】

ii 、초+名词+「接尾辞」

초스피드쟁이【49】

「초」（cho，超）源自汉语，与在汉语和日语中的语义很接近，主要表示"超出了范围"或"达到的程度比较深"等义，反映出三国语言共同的构词特点和三国人共有的造词意识。

表 1-108　总韩国人：시（2 語）[9 語]

词	数量	词	数量
시어머니 *	8	시엄마	1

注：词典标出词的比例为 1/2=50%。

韩国社会群体：시（0 語）[0 語]

表 1-109　韩国大学生：시（2 語）[9 語]

词	数量	词	数量
시어머니 *	8	시엄마	1

注：词典标出词的比例为 1/2=50%。

构词分类

①시+名词

시어머니【78】、시엄마【78】

「接頭辞」「시」（si，媤）被作为"朝鲜制汉字"，与"和制汉字"殊途同归，指"丈夫的家、婆家"，可后接表示亲属称谓的名词，表示亲属

关系，作为"性向词汇"用来比喻"嘴碎的人"。值得注意的是，此「接頭辞」所构成的"性向词汇"仅限于大学生，在社会群体中并未出现，说明该「接頭辞」在使用上具有较明显的群体差异。

表 1-110　总韩国人：신（2 語）[6 語]

词	数量	词	数量
신세대*	5	신병*	1

注：词典标出词的比例为 2/2=100%。

表 1-111　韩国社会群体：신（1 語）[5 語]

词	数量
신세대*	5

注：词典标出词的比例为 1/1=100%。

表 1-112　韩国大学生：신（1 語）[1 語]

词	数量
신병*	1

注：词典标出词的比例为 1/1=100%。

构词分类

①신＋名词

신병【9】、신세대【110】

「接頭辞」「신」（sin，新）与汉语里的意思相同，后接名词，表示"崭新、初次"之义。

表 1-113　总韩国人：애（2 語）[4 語]

词	数量	词	数量
애벌레*	2	애송이*	（2）2

注：词典标出词的比例为 2/2=100%。

韩国社会群体：애（0 語）[0 語]

表 1-114　韩国大学生：애（2 語）[4 語]

词	数量	词	数量
애벌레*	2	애송이*	（2）2

注：词典标出词的比例为 2/2=100%。

构词分类

①애＋名词

애벌레【10】、애송이【23，70】

「接頭辞」「애」（ae）表示"尚未成熟、稚嫩"之义。

表 1-115　总韩国人：선（1 語）[22 語]

词	数量
선머슴*	22

注：词典标出词的比例为 1/1=100%。

表 1-116　韩国社会群体：선（1 語）[21 語]

词	数量
선머슴*	21

注：词典标出词的比例为 1/1=100%。

表 1-117　韩国大学生：선（1 語）[1 語]

词	数量
선머슴*	1

注：词典标出词的比例为 1/1=100%。

构词分类

①선＋名词

선머슴【34】

「接頭辞」「선」原意为不成熟、不老练，后常表示不仔细、不充分或鲁莽等。它与表示未婚男性的「머슴」一词结合起来，特指精力充沛又好动的青年人，可译为"调皮鬼，捣蛋鬼，愣小子"。近些年，对一些特别活泼的女子也有所使用，即表示"假小子"之义。

表 1-118　总韩国人：외（1 語）[19 語]

词	数量
외골수 *	（3）19

注：词典标出词的比例为 1/1=100%。

表 1-119　韩国社会群体：외（1 語）[17 語]

词	数量
외골수 *	（2）17

注：词典标出词的比例为 1/1=100%。

表 1-120　韩国大学生：외（1 語）[2 語]

词	数量
외골수 *	（2）2

注：词典标出词的比例为 1/1=100%。

构词分类

①외＋名词

외골수【84，85，110】

「외」（oe）表示"单独、单方面"之义。「외골수」是指"一根筋"。

表 1-121　总韩国人：똥（1 語）[13 語]

词	数量
똥고집 *	13

注：词典标出词的比例为 1/1=100%。

表 1-122　韩国社会群体：똥（1 語）[8 語]

词	数量
똥고집 *	8

注：词典标出词的比例为 1/1=100%。

表 1-123 韩国大学生：똥（1 語）[5 語]

词	数量
똥고집 *	5

注：词典标出词的比例为 1/1=100%。

构词分类

①똥＋名词

똥고집【85】

「接頭辞」「똥」（ttong）是指"粪便"之义，近似汉语上述的"臭"，与日语「接頭辞」「くそ」的用法相近，表示贬义色彩。

表 1-124 总韩国人：헛（1 語）[4 語]

词	数量
헛똑똑이 *	4

注：词典标出词的比例为 1/1=100%。

表 1-125 韩国社会群体：헛（1 語）[3 語]

词	数量
헛똑똑이 *	3

注：词典标出词的比例为 1/1=100%。

表 1-126 韩国大学生：헛（1 語）[1 語]

词	数量
헛똑똑이 *	1

注：词典标出词的比例为 1/1=100%。

构词分类

①헛＋形容词词根＋「接尾辞」

헛똑똑이【81】

表 1-127　总韩国人：알（1 語）[3 語]

词	数量
알건달 *	3

注：词典标出词的比例为 1/1=100%。

表 1-128　韩国社会群体：알（1 語）[1 語]

词	数量
알건달 *	1

注：词典标出词的比例为 1/1=100%。

表 1-129　韩国大学生：알（1 語）[2 語]

词	数量
알건달 *	2

注：词典标出词的比例为 1/1=100%。

构词分类

①알＋名词

알건달【14】

「알」源自「알짜」一词，可表示某种榜样或典范，在「알건달」中强调作为无业游民的特性典范，常指整天都不着家或不顾家的常态性特点。

表 1-130　总韩国人：강（1 語）[2 語]

词	数量
강성격	2

注：词典标出词的比例为 0。

表 1-131　韩国社会群体：강（1 語）[2 語]

词	数量
강성격	2

注：词典标出词的比例为 0。

韩国大学生：강（0 語）[0 語]

构词分类

①강+名词

강성격【110】

「接頭辞」「강」（gang，强）的拼写形式与汉语词汇相同，却属于固有词缀范畴，如「강성격」中的「강」是"非常强烈、猛烈"之义。

表 1-132　总韩国人：대（1 語）[1 語]

词	数量
대장군*	1

注：词典标出词的比例为 1/1=100%。

表 1-133　韩国社会群体：대（1 語）[1 語]

词	数量
대장군*	1

注：词典标出词的比例为 1/1=100%。

韩国大学生：대（0 語）[0 語]

构词分类

①대+名词

대장군【20】

「接頭辞」「대」（dae，大）表示"大"，与汉语里的意思相同，但在性向词汇中的构词能力远不及汉语。

表 1-134　总韩国人：개（1 語）[1 語]

词	数量
개망종	1

注：词典标出词的比例为 0。

表 1-135　韩国社会群体：개（1 語）[1 語]

词	数量
개망종	1

注：词典标出词的比例为 0。

韩国大学生：개（0語）[0語]

构词分类

①개＋名词

개망종【77】

「接頭辞」「개」（gae）与表示否定意思的名词结合，强调"程度严重"，如「개망종」意为"败家子"。

表 1-136　总韩国人：갓（1語）[1語]

词	数量
갓난애기	1

注：词典标出词的比例为0。

韩国社会群体：갓（0語）[0語]

表 1-137　韩国大学生：갓（1語）[1語]

词	数量
갓난애기	1

注：词典标出词的比例为0。

构词分类

①「接頭辞」＋动词连体形＋名词

갓난애기【38】

表 1-138　总韩国人：미（1語）[1語]

词	数量
미숙련자*	1

注：词典标出词的比例为 1/1=100%。

韩国社会群体：미（0語）[0語]

表 1-139　韩国大学生：미（1 語）[1 語]

词	数量
미숙련자*	1

注：词典标出词的比例为 1/1=100%。

构词分类

①미＋名词＋「接尾辞」

미숙련자【9】

「미숙련자」（未熟练者）与「무」（無）、「비」（非）、「불」（不）等表示完全否定的用法相比，更强调程度上未达到完全熟练。

表 1-140　总韩国人：안（1 語）[1 語]

词	数量
안대충	1

注：词典标出词的比例为 0。

韩国社会群体：안（0 語）[0 語]

表 1-141　韩国大学生：안（1 語）[1 語]

词	数量
안대충	1

注：词典标出词的比例为 0。

构词分类

①안＋副词

안대충【4】

「안」接续在用言之前表示否定或反对。此处与表示"做得不仔细，对付"之义的副词「대충」相结合，强调"认真、仔细"之义。

表 1-142　总韩国人：NO（1語）[1語]

词	数量
NO 도움	1

注：词典标出词的比例为 0。

韩国社会群体：NO（0語）[0語]

表 1-143　韩国大学生：NO（1語）[1語]

词	数量
NO 도움	1

注：词典标出词的比例为 0。

构词分类

① NO ＋名词

NO 도움【13】

表 1-144　总韩国人：네버（1語）[1語]

词	数量
네버정리	1

注：词典标出词的比例为 0。

韩国社会群体：네버（0語）[0語]

表 1-145　韩国大学生：네버（1語）[1語]

词	数量
네버정리	1

注：词典标出词的比例为 0。

构词分类

①네버＋动词词根

네버정리【17】

「네버」（never）和"NO"都是从英语转化的「接頭辞」。它们的构词能力比较灵活，可与韩语固有词结合，构成韩英混合结构。这一点有别于汉语，与日语相似，可在语义上表示否定的同时，具有强调作用。

5. 小结

日语的 14 种「接頭辞」中，「お、無、不、大」这 4 种类型不仅"不重复词汇量"多，而且在连接词性、构词方式等方面均处于绝对优势。它们是日语"性向词汇"中的主流形式，发挥着不可或缺的重要作用及其语义功能。「不」「超」等「接頭辞」来源于汉语词汇，不仅书写和汉语相同，读音也是根据汉语音读而来，而且后接词汇绝大多数都是汉语词汇，构词后的意思大多数与汉语原意相同或接近。这一类「接辞」可以被视为活跃在日语词汇中的汉语「接頭辞」。

「お」与「不、大」不同，是出自日语本身的「接頭辞」，其接续能力及构词形式多种多样，能产性极高。尤其是「お」与「屋＋さん」这种「接尾辞」＋「接尾辞」的叠加形式，不同于汉语，充分体现出日语的特殊性与独特性。另外，在「お、無、不、大、こ、超、ご、くそ、どら、鬼、ノン、だめ、ばか、ゴミ」这 14 种「接頭辞」对人评价行为中，「ご」基本属于一种正面的价值取向，本文用"＋"表示；而「お、こ、ノン」非褒非贬属于中性，用"中"表示；其余如「くそ、どら、鬼、だめ、ばか、ゴミ」全都兼带贬低、非难等语气，属于负面评价，用"—"表示。由此可见，在日语"性向词汇"的 14 种「接頭辞」中，就有高达 9 种属于消极的负面评价，详细内容可参表 1-2、表 1-3 和表 1-4。另外，由「超、ご、くそ、だめ、ゴミ」这 5 种「接頭辞」派生而成的"性向词汇"，没有一个词在词典中被收录，全都属于"性向词汇"中特有的词汇，充分体现出其生活性、新颖性、创新性及其独特的造词联想力。

「くそ、どら、鬼、だめ、ばか、ゴミ」等「接頭辞」，明确表明了说话者对他人的一种负面和消极的评价色彩。它们与其他词组合派生出新词，属于轻视、讨厌、谩骂别人的词语。「くそ」和「ばか」两者在构词能力方面，尽管语义还未完全虚化，但已经出现了"类词缀"的某些特点。比如日本大学生使用的「馬鹿丁寧」（过分客套殷勤无礼）、「馬鹿正直」（死板固执）、「くそ真面目」（臭讲究，死认真）等词汇中，后续部分

的「丁寧、正直、真面目」（仔细、正直、认真）都是形容动词或名词词性，感情色彩方面明显属于积极的正面评价。但通过前接「ばか～」「くそ～」等「接頭辞」，主观评价和感情色彩上具有明显的下降性倾斜趋势，即由褒义变成贬义，词义上增添了新的意思，专门用于讥讽、调侃或蔑视对方的场合，进一步佐证了"性向词汇"中深层的"负性原理"。

中国人通过比喻、夸张、借代、谐音等修辞手法进行评价与批评，具有形象生动、妙趣横生、委婉诙谐等表达效果。动物词汇、植物词汇、身体词汇、人物名称等方面的灵活运用，给人以鲜活生动、新颖活泼、耳目一新等感觉，增强了语言的表现力与形象性。"小、老、大、死、二、臭、活、花、鬼、半、非"这11种「接頭辞」中，除了"小、老、大、活、鬼"或褒或贬的感情色彩之外，其余的"死、二、臭、花、半、非"全都属于消极的负面评价。也就是说，11种「接頭辞」中有6种属于负面评价。由此可见，中国人的负面价值取向与日本人同样，呈现出高度的一致性。

韩语的「接頭辞」最多，共有25种（日语14种、汉语11种）。就不重复词汇量而言，「왕」（王）的造词能力最强占有总量的25%，其次分别是「비」（非）、「무」（无）、「잔」（jan）、「노」（老）、「불」（不），六项之和占有总词汇量的60%左右。「왕」（王）、「비」（非）、「무」（无）、「노」（老）、「불」（不）这5个「接頭辞」全都属于汉语词汇系列，日语也是同样，说明日语、韩语深受汉语的影响极大。

总之，日语的「接頭辞」在总日本人、日本社会群体、日本大学生各自的种类中，「お～」、「無～」、「大／不～」排列前三。汉语的"老、小、大"尽管在总中国人、中国社会群体、中国大学生的比例分布中顺序发生了细微的变化，但三者位居前三。韩语的「왕、비、무、잔」和汉语"老、小、大鹿正"的排列顺序极其相似。可以认为，日语的「お～」「無～」「不／大～」、汉语的"老、小、大"、韩语的「왕、비、무、잔」具有同样的使用倾向。它们不仅在造词功能等方面具有很强的能产性，显得丰富而多彩，而且与「接頭辞」的排列顺序极其相似。可以认为，日语的「お～」「無～」「不／大～」、汉语的"老、小、大"、韩语的「왕、비、무、잔」具有同样的使用倾向。它们不仅在造词功能等方面具有很强的能产性，显得丰富而多彩，而且是"性向词汇"中「接頭辞」的主要构词成分，在对人评价方面发挥着重要作用。总之，上述「接頭辞」在中日韩三国的"性向词汇"中发挥了积极作用，呈现出较强的构词能力，在表达语义、增强语言的感情色彩等方面功能明显，使用频繁。

第二章　中日韩三国"性向词汇"中的「接尾辞」（后缀）

1. 三大分类中「接尾辞」的构词形式与比例

在中日韩三国的"性向词汇"中，如果把「接辞」中的「接頭辞」与「接尾辞」相比，「接尾辞」无论在数量还是种类等方面，均处于遥遥领先的地位。本章主要围绕「接尾辞」的构词形式、比例分布及其特征等，进一步探究三国"性向词汇"中「接尾辞」的使用全貌。首先以中日韩三国大学生为例，从 111 个语义项的上位分类，即三大类的角度分析和比较性向词汇中的「接尾辞」。

"性向词汇"的三大分类中，第一大类是"动作行为状态的评价词汇"[小项（1）–（66）]；第二大类是"语言行为活动的评价词汇"[小项（67）–（83）]；第三大类是"精神状态的评价词汇"[小项（84）–（111）]。三大类又各由三个分项构成，在此基础上细分为 111 个小项。比如，在评价人格、人品方面，把下位结构细分为十种：（1）"人格高尚的人"；（2）"爽直坦率的人"；（3）"诚实正直的人"；（4）"善良温和的人"；（5）"对人冷漠的人"；（6）"性格乖僻的人"；（7）"絮叨，纠缠不休的人"；（8）"脸皮厚的人"；（9）"难接触，不好相处的人"；（10）"不懂人情世故的人"。这种分类法基本上囊括了人们在工作、学习、生活中的各种性向内容，具有规则性的、层次分明的结构体系。下表中的数据是从中日韩三国大学生的"性向词汇"中抽取和统计出来的结果。

表 2-1 中国大学生 111 个语义项中各类「接尾辞」[①]

大类	顺序	词汇类型	数量	比例
第一大类：动作行为状态的评价词汇	1	形容词+「接尾辞」	245	19.8%
	2	名词+「接尾辞」	137	11.1%
	3	动词+「接尾辞」	58	4.7%
	4	形容词+名词+「接尾辞」	38	3.1%
	5	「接頭辞」+名词+「接尾辞」	24	1.9%
	6	名词+名词+「接尾辞」	20	1.6%
	合计		1 237	100%
第二大类：语言行为活动的评价词汇	1	形容词+「接尾辞」	33	11.1%
	2	名词+「接尾辞」	31	10.4%
	3	动词+「接尾辞」	20	6.7%
	4	名词+名词+「接尾辞」	7	2.3%
	5	形容词+名词+「接尾辞」	7	2.3%
	6	名词+「接尾辞」+名词	5	1.7%
	合计		298	100%
第三大类：精神状态的评价词汇	1	形容词+「接尾辞」	76	17.4%
	2	名词+「接尾辞」	54	12.3%
	3	形容词+名词+「接尾辞」	8	1.8%
	4	「接頭辞」+名词+「接尾辞」	7	1.6%
	5	动词+「接尾辞」	5	1.1%
	合计		438	100%

表 2-1 的结果显示，中国大学生的「接尾辞」具体表现为第一大类、第二大类、第三大类的构词法其特点基本相同，均以与形容词结合的派生词最多，其次是以名词为中心的构词。值得留意的是，名词为中心的构词法在第一大类、第二大类、第三大类中所占的比例极其相似，比例分别是第一大类 11.1%、第二大类 10.4%、第三大类 12.3%。形容词为中心的构

① 本表不统计 1% 以下的类型，表 2-2、表 2-3 同。

词法在第一大类、第三大类中均以最高值居首，分别占有总数的19.8%、17.4%，而且均高于第二大类（11.1%）。

表2-2　日本大学生111个语义项中各类「接尾辞」

大类	顺序	词汇类型	数量	比例
第一大类：动作行为状态的评价词汇	1	名词+「接尾辞」	220	31.5%
	2	动词名词化+「接尾辞」	24	3.4%
	3	动词+「接尾辞」	16	2.3%
	4	「接頭辞」+名词+「接尾辞」	16	2.3%
	5	名词+「接尾辞」+「接尾辞」	15	2.1%
	6	副词+「接尾辞」	15	2.1%
	7	形容动词+「接尾辞」	9	1.3%
	8	形容词词干+「接尾辞」	8	1.1%
		合计	698	100%
第二大类：语言行为活动的评价词汇	1	名词+「接尾辞」	65	39.6%
	2	「接頭辞」+名词+「接尾辞」	14	8.5%
		合计	164	100%
第三大类：精神状态的评价词汇	1	名词+「接尾辞」	74	35.9%
	2	「接頭辞」+名词+「接尾辞」	7	3.4%
	3	动词名词化+「接尾辞」	6	2.9%
	4	副词+「接尾辞」	5	2.4%
	5	形容词+「接尾辞」	4	1.9%
		合计	206	100%

根据表2-2可以看出，第一大类、第三大类的「接尾辞」构词特点以及先后顺序基本相似。不同的是，第一大类的数量最多，高达698个；其次是第三大类、第二大类的排序。另外，第一大类的「接尾辞」构词类型多达8种，第三大类是5种，而第二大类仅有2种，也就是说，语言行为活动的评价词汇方面构词种类最少，值得留意。

尽管第二大类的构词特点与第一大类、第三大类比较相似，主要以

"名词＋「接尾辞」"、"「接頭辞」＋名词＋「接尾辞」"的顺序进行排列，但第二大类中「接尾辞」的种类最少，三者具有明显的差异。三大分类中，均以名词为核心，而且使用比例远远超过其他的构词形式，可以认为这是日本大学生"性向词汇"构词法的一大特色。以名词为中心的构词特点，第一大类、第二大类、第三大类的比例分别是35.9%、48.2%、43.4%。很明显，名词性质的构词特点在第二大类（语言行为活动的评价词汇）中占据首位，引人注目。

表2-3　韩国大学生111个语义项中各类「接尾辞」

大类	顺序	词汇类型	数量	比例
第一大类： 动作行为状态的 评价词汇	1	名词＋「接尾辞」	310	29.8%
	2	形容词词干＋「接尾辞」	82	7.9%
	3	名词＋名词＋「接尾辞」	56	5.4%
	4	动词词干＋「接尾辞」	35	3.4%
	5	副词＋「接尾辞」	21	2%
	6	「接頭辞」＋名词＋「接尾辞」	14	1.3%
	合计		1 039	100%
第二大类： 语言行为活动的 评价词汇	1	名词＋「接尾辞」	134	40.6%
	2	名词＋名词＋「接尾辞」	13	3.9%
	3	动词词干＋「接尾辞」	13	3.9%
	4	形容词词干＋「接尾辞」	7	2.1%
	5	「接頭辞」＋名词＋「接尾辞」	7	2.1%
	合计		330	100%
第三大类： 精神状态的评价 词汇	1	名词＋「接尾辞」	101	24.6%
	2	形容词词干＋「接尾辞」	39	9.5%
	3	名词＋名词＋「接尾辞」	14	3.4%
	4	动词词干＋「接尾辞」	9	2.2%
	5	「接頭辞」＋名词＋「接尾辞」	5	1.2%
	6	形容词省略＋「接尾辞」	5	1.2%
	合计		411	100%

从表 2-3 中可以判断，韩语的构词特点与日语极其相似，无论是第一大类、第二大类还是第三大类，以名词为中心的构词形式都占据第一。三大类的比例分别是 29.8%、40.6%、24.6%，尤以第二大类为多。同样，"名词＋名词＋「接尾辞」"形式，在第一大类、第三大类中均位居第三，第二大类位居第二，进一步验证了以名词为中心的构词形式在韩语中的绝对优势。另外，三大类中"形容词词干＋「接尾辞」"的比例，分别是第二、第四和第二的排列顺序。由此可见，形容词词干在韩语"性向词汇"中占据的重要地位以及发挥的语义功能。

总体而言，三大分类中日语和韩语的构词特点极其相似：不仅在三大分类中，均以名词为中心的构词法占据首位，而且在第二分类中尤显突出，"名词＋「接尾辞」"占总数的比例分别达 39.6% 和 40.6%。相较而言，汉语以形容词为主，三国之间呈现出明显的反差与不同。当然，形容词词干在韩语中的重要地位也是不容忽视的。如果再仔细观察不难发现，中日韩三国在总量所占比例上具有高度的一致性，均是第一大类、第三大类的比例较高，第二大类比例最低。可以推断，第二分类"有关语言行为活动的评价词汇"方面，「接尾辞」的使用显得相对贫乏和单一。

2.「接尾辞」的词性

如果根据「接尾辞」的词性，可以把中日韩三国大学生的"性向词汇"进行如下分类。

表 2-4　111 个语义项中「接尾辞」词性的分布情况 ①

国籍	中国大学生			日本大学生			韩国大学生		
分类	Ⅰ	Ⅱ	Ⅲ	Ⅰ	Ⅱ	Ⅲ	Ⅰ	Ⅱ	Ⅲ
体言系	14.6%	14.4%	13.9%	36%	48.2%	39.3%	36.6%	46.7%	29.2%
用言系	27.6%	20.1%	20.3%	8.2%	0	4.9%	11.3%	6.1%	12.9%

表 2-4 的结果表明，日语、韩语以「体言系」（名词、数词等）为多，而汉语则以「用言系」（动词、形容词等）为主，三者具有明显的不同与

---

① 副词除外。Ⅰ、Ⅱ、Ⅲ分别代表第一大类、第二大类和第三大类。

特色。「用言系」「接尾辞」在中国人的第一大类中比例最高，占有总数的27.6%；第二大类、第三大类基本相近，两者呈抗衡之势。有关「体言系」的构词特点，汉语在三大分类中的比例比较均衡，看不出明显的差异。日语「接尾辞」中「体言系」所占比例为第二大类最高（48.2%），第三大类其次，第一大类排在最后。相对于「用言系」「接尾辞」的全无，二者形成了鲜明的反差。同样，韩语的「体言系」也于第二大类中占据首位，值得留意与关注，日韩两国呈现出明显的共性。

如表 2-3 所示，形容词词干与「接尾辞」相结合的构词形式在韩语性向词汇中别具特色，不同于中日两国。如果将此特点与表 2-4 加以对照的话，可以发现日语和韩语在「用言系」方面存在着细微的差异。较之于日语，韩语的「用言系」具有数量和种类偏多的使用特点。

本章与上述「接頭辞」一样，主要对"独立的词"进行了分类和考察。从性向词汇中的「接尾辞」来源来看，既有原本就属于词缀，不能单独使用，我们称之为"原「接尾辞」"，还有原来是实词后来虚化变成了「接尾辞」或准「接尾辞」，我们称之为"新「接尾辞」"。另外，还有出自英语等外来语的「接尾辞」，我们称之为"外「接尾辞」"。在此基础上，下文将根据词性对三国的「接尾辞」进行细分和比较。

3.「接尾辞」的种类与数量

为了全面、系统地分析和研究中日韩三国性向词汇中「接尾辞」的构词形式与特点、语义功能等，有必要先将三国的「接頭辞」、「接尾辞」的种类与数量，从总体上进行归纳与展示。

表 2-5　中日韩三国「接尾辞」的种类与数量

		「接尾辞」			性向词汇总量	
		种类	不重复词汇量	重复词汇量	不重复词汇量	重复词汇量
中国人	总	41	1 185	6 529	9 278	24 081
	社会群体	37	775	3 659	6 197	15 261
	大学生	41	706	2 904	3 956	8 832

（续上表）

		「接尾辞」			性向词汇总量	
		种类	不重复词汇量	重复词汇量	不重复词汇量	重复词汇量
日本人	总	58	681	3 586	4 426	9 584
	社会群体	56	486	2 094	3 405	7 911
	大学生	62	564	2 329	5 477	10 242
韩国人	总	59	877	8 046	6 030	20 144
	社会群体	45	595	5 585	2 113	10 211
	大学生	54	658	2 461	4 688	9 936

4.「接尾辞」与「接頭辞」

表 2-6　中日韩三国「接頭辞」、「接尾辞」的种类与数量

	中国人			日本人			韩国人		
	种类	不重复词汇量	重复词汇量	种类	不重复词汇量	重复词汇量	种类	不重复词汇量	重复词汇量
接頭辞	11	329	1 895	14	150	699	25	69	525
接尾辞	41	1 185	6 529	58	681	3 586	59	877	8 046

　　根据表 2-5、表 2-6 的数据可以得出如下结论：中日韩三国语言中的性向词汇呈现出明显的共性，都是「接頭辞」少，而「接尾辞」则呈现出种类繁多、丰富多彩的使用特点。「接尾辞」中韩语、日语的种类最多，韩国人、日本人分别高达 59 种和 58 种。在「接辞」总数上，日本大学生以 62 种的最高数值占据首位（韩国大学生 54 种，中国大学生 41 种）。至于日本人在「接尾辞」的数量分布方面为何会出现总日本人下降的使用趋势，主要原因在于日本社会群体中无人使用「アー」、「たれ」、「大王」、「通」这四种类型，从而导致总日本人的种类有所下降的结果。需要留意的是，尽管「接尾辞」的种类日本人高出中国人 17 种之多，但中国人在数量分布上，不管是不重复词汇量还是重复词汇量，均远远超过了日本

人。这一现象说明中国人所使用的「接尾辞」中，有很多属于"同形异义词"范畴。如果将三国总不重复词汇量和总重复词汇量与各自的「接尾辞」数相除，就可以得出「接尾辞」的平均使用量，由此可以观察到"同形异义词"的使用频率：日语 11.7、61.8 ；汉语 128.9、159.2 ；韩语 14.9、136.4。汉语的「接尾辞」平均使用率远远高于日语和韩语。换句话说，中国人可以根据评价的对象、程度的不同等巧妙灵活地运用"同形异义词"，以达到对人评价与批评的目的。

第三章 日语 "性向词汇" 中的「接尾辞」

1. 日语「接尾辞」的种类及占比

1.1 总日本人

表 3-1 总日本人「接尾辞」的种类及占比 [①]

顺序	「接尾辞」	不重复词汇量	比例	重复词汇量	比例
1	者（もの）	113	16.6%	861	24.0%
	者（しゃ）	29	4.3%	76	2.1%
	者（もの・しゃ）	3	0.4%	3	0.0%
2	屋	79	11.6%	419	11.7%
3	家	71	10.4%	342	9.5%
4	人（じん）	32	4.7%	161	4.5%
	人（にん）	17	2.5%	132	3.7%
	人（ひと）	4	0.6%	24	0.7%
	人（じん・にん）	2	0.3%	3	0.1%
	人（にん・ひと）	1	0.1%	1	0.0%
5	さん	40	5.9%	73	2.0%
6	好き	35	5.1%	163	4.5%
7	的	31	4.6%	150	4.2%
8	たれ	18	2.6%	42	1.8%

---

① 表中的「者（もの・しゃ）、人（じん・にん）、人（にん・ひと）」表示由「者、人」所派生的「接尾辞」中，同一个词可读「もの、じん」也可读「しゃ、ひと」。读音是根据问卷调查以及当面调查所确定的结果，以下同。

（续上表）

顺序	「接尾辞」	不重复词汇量	比例	重复词汇量	比例
9	がり	16	2.3%	166	4.6%
10	っぽい	12	1.8%	33	0.9%
11	坊	11	1.6%	76	2.1%
12	言い	9	1.3%	25	0.7%
13	症	8	1.2%	67	1.9%
14	張り	8	1.2%	79	2.2%
15	漢	8	1.2%	11	0.3%
16	師	7	1.0%	24	0.7%
17	派	7	1.0%	23	0.6%
18	奴	7	1.0%	11	0.3%
19	くれ	7	1.0%	9	0.3%
20	虫	6	0.9%	134	3.7%
21	坊主	6	0.9%	9	0.3%
22	っ子	5	0.7%	28	0.8%
23	娘	5	0.7%	19	0.5%
24	持ち	5	0.7%	18	0.5%
25	焼き	5	0.7%	47	1.3%
26	過ぎ	4	0.6%	4	0.1%
27	型	4	0.6%	9	0.3%
28	カー	4	0.6%	10	0.3%
29	魔	4	0.6%	5	0.1%
30	太郎	3	0.4%	10	0.3%
31	ちゃん	3	0.4%	3	0.1%
32	吐き	3	0.4%	27	0.8%
33	弁慶	3	0.4%	23	0.6%
34	手	3	0.4%	23	0.6%
35	悪	3	0.4%	19	0.5%
36	野郎	3	0.4%	4	0.1%

（续上表）

顺序	「接尾辞」	不重复词汇量	比例	重复词汇量	比例
37	マン	2	0.3%	4	0.1%
38	嫌い	2	0.3%	23	0.6%
39	吹き	2	0.3%	51	1.4%
40	質	2	0.3%	29	0.8%
41	助	2	0.3%	5	0.1%
42	取り	2	0.3%	4	0.1%
43	君	2	0.3%	2	0.1%
44	きき	2	0.3%	2	0.1%
45	こき	2	0.3%	3	0.1%
46	ちゃま	2	0.3%	4	0.1%
47	ちん	2	0.3%	3	0.1%
48	兵衛	2	0.3%	19	0.5%
49	みたい	2	0.3%	2	0.1%
50	良し	2	0.3%	5	0.1%
51	らしい	2	0.3%	9	0.3%
52	払い	1	0.1%	24	0.7%
53	系	1	0.1%	1	0.0%
54	児	1	0.1%	7	0.2%
55	族	1	0.1%	4	0.1%
56	たら	1	0.1%	13	0.4%
57	ちき	1	0.1%	5	0.1%
58	つぴ	1	0.1%	1	0.0%
合计		681	–	3 586	

1.2 日本社会群体

表 3-2　日本社会群体「接尾辞」的种类及占比

顺序	「接尾辞」	不重复词汇量	比例	重复词汇量	比例
1	者（もの）	103	18.3%	515	91.3%

（续上表）

顺序	「接尾辞」	不重复词汇量	比例	重复词汇量	比例
	者（しゃ））	31	5.5%	111	19.7%
	者（もの・しゃ）	3	0.5%	3	0.5%
2	家	59	10.5%	200	35.5%
3	屋	50	8.9%	195	34.6%
4	人（じん）	15	2.7%	63	11.2%
	人（にん）	16	2.8%	101	17.9%
	人（ひと）	5	0.9%	19	3.4%
	人（じん・にん）	2	0.4%	7	1.2%
	人（にん・ひと）	1	0.2%	1	0.2%
5	好き	26	4.6%	91	16.1%
6	さん	23	4.1%	32	5.7%
7	的	18	3.2%	56	9.9%
8	たれ	17	3.0%	41	7.3%
9	がり	13	2.3%	83	14.7%
10	言い	12	2.1%	35	6.2%
11	野郎	10	1.8%	12	2.1%
12	張り	8	1.4%	62	11.0%
13	持ち	8	1.4%	26	4.6%
14	っぽい	8	1.4%	22	3.9%
15	奴	8	1.4%	18	3.2%
16	坊	7	1.2%	39	6.9%
17	坊主	7	1.2%	12	2.1%
18	漢	7	1.2%	9	1.6%
19	虫	6	1.1%	95	16.8%
20	症	6	1.1%	50	8.9%
21	師	6	1.1%	20	3.5%
22	型	6	1.1%	8	1.4%

（续上表）

顺序	「接尾辞」	不重复词汇量	比例	重复词汇量	比例
23	焼き	5	0.9%	45	8.0%
24	嫌い	5	0.9%	23	4.1%
25	マン	5	0.9%	8	1.4%
26	質	4	0.7%	22	3.9%
27	派	4	0.7%	11	2.0%
28	娘	4	0.7%	11	2.0%
29	くれ	4	0.7%	5	0.9%
30	児	4	0.7%	5	0.9%
31	弁慶	3	0.5%	32	5.7%
32	手	3	0.5%	30	5.3%
33	悪	3	0.5%	12	2.1%
34	ちゃま	3	0.5%	8	1.4%
35	良し	3	0.5%	6	1.1%
36	吹き	2	0.4%	51	9.0%
37	兵衛	2	0.4%	19	3.4%
38	っ子	2	0.4%	11	2.0%
39	取り	2	0.4%	6	1.1%
40	らしい	2	0.4%	5	0.9%
41	カー	2	0.4%	4	0.7%
42	ちん	2	0.4%	3	0.5%
43	ちゃん	2	0.4%	3	0.5%
44	みたい	2	0.4%	2	0.4%
45	君	2	0.4%	2	0.4%
46	たら	1	0.2%	10	1.8%
47	払い	1	0.2%	24	4.3%
48	ちき	1	0.2%	4	0.7%
49	族	1	0.2%	3	0.5%

（续上表）

顺序	「接尾辞」	不重复词汇量	比例	重复词汇量	比例
50	助	1	0.2%	4	0.7%
51	太郎	1	0.2%	3	0.5%
52	吐き	3	0.5%	27	4.8%
53	きき	1	0.2%	1	0.2%
54	こき	1	0.2%	1	0.2%
55	系	1	0.2%	1	0.2%
56	魔	1	0.2%	1	0.2%
	合计	564	–	2 329	

1.3　日本大学生

表 3-3　日本大学生「接尾辞」的种类及占比

顺序	「接尾辞」	不重复词汇量	比例	重复词汇量	比例
1	者（もの）	61	12.6%	372	17.8%
	者（しゃ）	22	4.5%	58	2.8%
	者（もの・しゃ）	2	0.4%	2	0.1%
2	家	49	10.1%	223	10.6%
3	屋	38	7.8%	139	6.6%
4	人（じん）	17	3.5%	80	3.8%
	人（にん）	9	1.9%	49	2.3%
	人（ひと）	4	0.8%	26	1.2%
	人（じん・にん）	2	0.4%	2	0.1%
	人（にん・ひと）	1	0.2%	1	0.0%
5	的	22	4.5%	94	4.5%
6	さん	22	4.5%	37	1.8%
7	好き	21	4.3%	74	3.5%
8	過ぎ	11	2.3%	17	0.8%
9	がり	10	2.1%	87	4.2%

（续上表）

顺序	「接尾辞」	不重复词汇量	比例	重复词汇量	比例
10	野郎	10	2.1%	11	0.5%
11	っぽい	9	1.9%	12	0.6%
12	症	8	1.6%	60	2.9%
13	奴	8	1.6%	14	0.7%
14	坊	7	1.4%	37	1.8%
15	派	7	1.4%	23	1.1%
16	カー	7	1.4%	17	0.8%
17	虫	6	1.2%	121	5.8%
18	張り	6	1.2%	43	2.1%
19	っ子	6	1.2%	30	1.4%
20	師	6	1.2%	17	0.8%
21	言い	6	1.2%	17	0.8%
22	たれ	6	1.2%	8	0.4%
23	魔	6	1.2%	7	0.3%
24	らしい	5	1.0%	22	1.1%
25	型	5	1.0%	9	0.4%
26	漢	5	1.0%	8	0.4%
27	くれ	5	1.0%	8	0.4%
28	マン	5	1.0%	6	0.3%
29	吐き	4	0.8%	46	2.2%
30	娘	4	0.8%	15	0.7%
31	嫌い	4	0.8%	15	0.7%
32	太郎	4	0.8%	12	0.6%
33	坊主	4	0.8%	7	0.3%
34	ちゃん	4	0.8%	4	0.2%
35	焼き	3	0.6%	44	2.1%
36	質	3	0.6%	34	1.6%

（续上表）

顺序	「接尾辞」	不重复词汇量	比例	重复词汇量	比例
37	悪	3	0.6%	25	1.2%
38	弁慶	3	0.6%	17	0.8%
39	持ち	3	0.6%	13	0.6%
40	取り	3	0.6%	3	0.1%
41	系	3	0.6%	3	0.1%
42	吹き	2	0.4%	32	1.5%
43	児	2	0.4%	8	0.4%
44	助	2	0.4%	4	0.2%
45	君	2	0.4%	3	0.1%
46	ちゃま	2	0.4%	3	0.1%
47	通	2	0.4%	2	0.1%
48	払い	1	0.2%	20	1.0%
49	手	1	0.2%	15	0.7%
50	たら	1	0.2%	11	0.5%
51	兵衛	1	0.2%	9	0.4%
52	良し	1	0.2%	5	0.2%
53	っぴ	1	0.2%	3	0.1%
54	こき	1	0.2%	2	0.1%
55	きき	1	0.2%	1	0.0%
56	アー	1	0.2%	1	0.0%
57	大王	1	0.2%	1	0.0%
58	ちき	1	0.2%	1	0.0%
59	族	1	0.2%	1	0.0%
60	たらし	1	0.2%	1	0.0%
61	ちん	1	0.2%	1	0.0%
62	みたい	1	0.2%	1	0.0%
合计		486	–	2 094	

2. 量、构词及语义功能

下面主要分析和探讨由「接尾辞」组合而成的"性向词汇",它们的构词特点以及各自的语义功能等。日语中如「者、人」等「接辞」,作为「接尾辞」使用时其读音可分为"音读"和"训读"这两种。不仅如此,同一个"性向词汇"也存在"音读"和"训读"两种读音。根据读音的不同其语义、语感也不尽相同的原则,我们在分析「接尾辞」的构词特点、语义功能时,还要充分考虑读音的不同。比如「接尾辞」「者」,在「ばかもの」、「なまけもの」中"训读"音为「もの」时,带有明显的贬义色彩,而"音读"「しゃ」就没有这种倾向。在此基础上,尝试进行下列分类。

首先需要说明的是,( )[ ]里的数字,与上文「接頭辞」同样,分别代表不重复词汇量与重复词汇量。表格中的( )是指实际运用于不同小项的数量之和。比如,「しっかり者」的下方标有(6)意思是指「しっかり者」分别使用于(2)"手巧会干活的人";(19)"沉着冷静的人";(56)"勤俭节约的人";(59)"助人为乐,爱帮助人的人";(65)"有眼力见儿办事周到的人";(93)"聪明有头脑的人"合计这6个语义小项。同样,「変わり者」分别在(37)"做事滑稽的人";(85)"性格顽固倔强的人";(98)"不善于交际难接触的人";(104)"别扭怪癖的人";(107)"事儿多不好相处的人";(110)"个性强的人"等6个语义小项中出现并被人们加以使用,由此进一步佐证了"同形异义词"强大的生命力以及丰富多彩的使用状况。下面主要按照比例的高低加以排序。

表3-4　总日本人:～者「しゃ、もの、しゃ・もの」(143語)[938語]
～者「もの」(113語)[861語]

词	数量	词	数量	词	数量	词	数量
お調子者*	(10) 98	お節介者	4	食み出し者	1	よごれ者	1
小心者*	(6) 81	調子者*	(4) 4	食わせ者*	1	短気者	1
怠け者*	(6) 74	道化者	4	一徹者*	1	流れ者*	1
頑固者*	(5) 67	冒険者	4	陰気者	1	不心得者	1
切れ者*	(3) 40	邪魔者*	(2) 4	うつけ者	1	大馬鹿者	1

（续上表）

词	数量	词	数量	词	数量	词	数量
変わり者*	（6）39	親不孝者	3	おいそれ者	1	わがまま者	1
乱暴者*	（7）37	狼籍者	（2）3	おふざけ者	1	未熟者	1
働き者*	（3）34	戯け者*	3	くせ者*	1	愛嬌者*	1
横着者*	（5）24	小者*	3	さっぱり者	1	不器用者	1
道楽者*	（2）24	お気楽者	2	のんびり者	1	不義理者	1
不/無精者*	（2）23	おどけ者*	2	強固者	1	不作法者	1
愚か者*	22	荒くれ者*	2	鼻つまみ者	1	鈍感者	1
ひねくれ者	21	偏屈者	2	田舎者*	1	厄介者*	1
臆病者*	21	我慢者*	2	頑張り者	1	酔狂者	1
ひょうきん者*	（2）14	かだ者*	2	うっかり者*	1	狡猾者	1
嫌われ者*	（11）14	天気者	2	気遣い者	1	面倒くさがり者	1
悪戯者*	12	陽気者*	2	がさつ者	1	内気者	1
正直者*	（4）12	そわそわ者	2	欲張り者	1	気楽者	1
馬鹿者*	（5）11	ねじれ者	2	自慢者	1	外れ者	1
人気者*	（2）10	強情者*	（2）2	すねかじり者	1	無骨者*	1
放蕩者	（2）9	阿呆者	2	だらけ者	1	強情者*	1
強欲者	8	優れ者	（2）2	可愛い者	1	無頼者	1
のんき者*	7	軽薄者	（2）2	困り者	1	無謀者	1
無礼者	（3）7	未熟者	（2）2	贅沢者	1	無駄遣い者	1
薄情者*	（2）7	虚言者	2	差し出者*	1	幸せ者*	1
しっかり者*	（6）7	浮気者*	1	ちゃっかり者	1	真面目者	1
無法者*	（4）6	自堕落者	1	にやけ者	1		
粗忽者*	（2）5	日陰者	1	ふつつか者*	1		
慌て者*	（3）4	律儀者*	1	やんちゃ者	1		

注：词典标出词的比例为 54/113=47.8%。

表 3-5　～者「しゃ」（29 語）[76 語]

词	数量	词	数量	词	数量	词	数量	词	数量
人格者*	（5）32	有識者*	2	浮浪者*	1	自己主張者	1	律儀者*	1
賢者*	（2）4	知恵者*	2	詭弁者	1	風格者	1	浪費者*	1
博識者	1	勤労者*	2	口巧者*	1	有資格者*	1	成功者*	1
愚者*	3	偽善者*	（2）2	博学者	1	博才者	1	二重人格者	1
完璧主義者	2	人徳者	2	厳格者	1	脱落者	1	楽観主義者	1
学者*	（2）2	見識者	（2）2	哲学者*	1	良識者	1		

注：词典标出词的比例为 15/29=51.7%。

表 3-6　～者「しゃ・もの」（1 語）[1 語]

词	数量
虚言者	（2）2

注：词典标出词的比例为 0。

表 3-7　日本社会群体：～者「しゃ、もの、しゃ・もの」（136 語）[628 語]
～者「もの」（96 語）[510 語]

词	数量	词	数量	词	数量	词	数量
お調子者*	（2）57	粗忽者*	（2）4	がさつ者	1	酔狂者	1
小心者*	（12）46	調子者*	（4）4	すねかじり者	1	狡猾者	1
怠け者*	（6）40	慌て者*	（3）4	だらけ者	1	困り者	1
切れ者*	（5）27	冒険者	4	たわけ者*	1	自慢者	1
働き者*	（3）21	お節介者	3	ちゃっかり者	1	律儀者*	1
頑固者*	（6）20	狼籍者	（2）3	にやけ者	1	乱雑者	1
道楽者*	（3）18	戯け者*	3	ひょうげ者*	1	面倒くさがり者	1

（续上表）

词	数量	词	数量	词	数量	词	数量
乱暴者*	（7）18	小者*	3	ふざけ者	1	内気者	1
変わり者*	（6）17	おどけ者*	2	ふつつか者	1	気楽者	1
横着者*	（6）15	ねじれ者	2	ヤクザ者	1	気遣い者	1
不/無精者*	（2）15	はぐれ者	（2）2	やんちゃ者	1	真面目者	1
愚か者*	14	道化者*	2	よごれ者	1	上手者*	1
ひょうきん者*	（2）12	荒くれ者*	2	わがまま者	1	食わせ者	1
嫌われ者*	（11）12	優れ者	（2）2	阿呆者	1	実直者*	1
臆病者*	（2）10	偏屈者	2	愛嬌者*	1	田舎者*	1
放蕩者	（3）9	強情者*	（2）2	鼻つまみ者	1	外れ者	1
悪戯者*	8	強欲者	2	不器用者	1	無骨者*	1
正直者*	（4）8	軽薄者	（2）2	不義理者	1	一徹者*	1
馬鹿者*	（5）7	人気者*	（2）2	不作法者	1	無頼者	1
無礼者	（3）7	天気者	2	差し出者*	1	無謀者	1
ひねくれ者	6	未熟者	（2）2	欲張り者	1	無駄遣い者	1
薄情者*	（2）6	虚言者	2	短気者	1	邪魔者*	1
無法者*	（4）6	陰気者	1	鈍感者	1	幸せ者*	1
のんき者*	5	お気楽者	1	厄介者*	1	陽気者*	1

注：词典标出词的比例为 45/96=46.9%。

表 3-8　~者「しゃ」（34 語）[114 語]

词	数量	词	数量	词	数量	词	数量	词	数量
人格者*	（7）50	識者*	3	博学者	1	脱落者	1	芸達者	1
有識者*	（2）6	学者*	（3）3	二重人格者	1	完璧主義者	1	哲学者*	1
愚者*	（3）6	達者*	（2）2	風格者	1	偽善者*	1	自己主張者	1

（续上表）

词	数量	词	数量	词	数量	词	数量	词	数量
口達者*	（3）5	熟練者*	2	詭弁者	1	無能者*	1	見識者	1
賢者*	（2）5	自己中心者	（2）2	教育者*	1	異端者*	1	良識者	1
無責任者	（4）4	暴力者	1	上級者	1	有段者*	1	人徳者	1
厳格者	4	博識者	1	挑戦者*	1	有資格者*	1		

注：词典标出词的比例为 17/34=50%。

表 3-9　~者「しゃ・もの」（3 語）[3 語]

词	数量	词	数量	词	数量
虚言者	（2）2	亡者*	1	強者*	1

注：词典标出词的比例为 2/3=66.7%。

表 3-10　日本大学生：~者「しゃ、もの、しゃ・もの」（85 語）[431 語]
~者「もの」（58 語）[368 語]

词	数量	词	数量	词	数量	词	数量
頑固者*	（5）47	道楽者*	（2）6	我慢者*	2	薄情者*	1
お調子者*	（11）41	強欲者	6	のんき者	2	不心得者	1
小心者*	（5）35	正直者*	6	陽気者*	1	大馬鹿者	1
怠け者*	（5）34	悪戯者*	4	うっかり者*	1	浮気者*	1
変わり者*	（2）22	馬鹿者*	（2）4	うつけ者	1	自堕落者	1
乱暴者*	（4）19	嫌われ者*	（2）2	おいそれ者*	1	可愛い者	1
ひねくれ者	15	卑怯者*	（2）3	おふざけ者	1	流れ者*	1
働き者*	（3）13	堕落者*	（2）3	お節介者	1	強固者	1

（续上表）

词	数量	词	数量	词	数量	词	数量
切れ者*	（3）13	親不孝者	3	お気楽者	1	強情者*	1
臆病者*	11	邪魔者*	（2）3	贅沢者	1	日陰者*	1
横着者*	（5）9	かだ者*	2	くせ者*	1	食み出し者	1
不精者*	（3）8	そわそわ者	2	さっぱり者*	1	頑張り者	1
人気者*	（2）8	ひょうきん者	2	粗忽者	1	未熟者	1
愚か者*	8	道化者*	2	のんびり者	1		
しっかり者*	（6）7	冒険者	2	阿呆者	1		

注：词典标出词的比例为35/58=60.3%。

表3-11　～者「しゃ」（23）[59]

词	数量	词	数量	词	数量	词	数量	词	数量
人格者*	（2）13	勤労者*	2	厳格者*	（2）2	浪費者*	1	芸達者*	1
口達者*	（3）9	人徳者	（2）2	傍観者*	1	聖者	1	知恵者*	1
賢者*	（3）8	脱落者	2	成功者*	1	挑戦者*	1	見識者	1
完璧主義者	（2）3	偽善者*	（2）2	浮浪者*	1	先駆者*	1		
楽観主義者	2	学者*	（2）2	挙動不審者	1	勇者*	1		

注：词典标出词的比例为16/23=69.6%。

表3-12　～者「しゃ・もの」（2）[2]

词	数量	词	数量
強者*	1	亡者*	1

注：词典标出词的比例为2/2=100%。

「～者（もの）」的构词分类

因为「接尾辞」种类繁多、词义复杂，我们在下文的构词分类中，主要考虑到读者若是非日语专业人士，如果仅仅提供"性向词汇"的具体小项，意思上可能不好把握，而且查阅具体小项也比较麻烦。故此，将日语的中文意思填补在（　）中，希望能给读者提供一点方便。

①ⅰ、名词/形容动词＋者

調子者【60，75】（得意忘形的人）、小者【27】（胆小的人）、ふつつか者【9】（不会办事的人）、やんちゃもの【31】（淘气爱作弄人的人）、天気者【26】（没长性的人）、田舎者【38】（粗俗的人）、道化者【37】（滑稽的人）、人気者【99，110】（有人气的人）、自堕落者【8】（自我堕落的人）、くせ者【110】（可疑的人）、愛嬌者【61】（有人缘的人）、日陰者【111】（有问题的人）、虚言者【71】（说谎的人）、阿呆者【96】（傻瓜）、狼籍者【31，32】（粗野的人）、馬鹿者【14，20，32，58，96】（笨蛋）、道楽者【14，58】（游手好闲的人）、無礼者【23，44，83】（粗人）、無法者【14，31，32】（野蛮的人）、無謀者【32】（鲁莽的人）、無頼者【23】（无赖之徒）、無骨者【62】（俗人）、気楽者【20】（随便的人）、不作法者【17】（粗俗的人）、不義理者【108】（无情义的人）、おいそれ者【36】（轻率的人）

ⅱ、「接頭辞」＋名词/动词连用形＋者

大馬鹿者【96】（大笨蛋）、お調子者【29，31，36，37，55，72，74，76，89】（随心所欲的人等）、お節介者【79】（多管闲事的人）、お気楽者【14，20】（乐天派）、おふざけ者【74】（爱开玩笑的人）、不心得者【77】（行为不端的人）

ⅲ、名词＋动词连用形＋者

鼻つまみ者【23】（叫人讨厌的人）、脛つかじり者【57】（啃老族）、気遣い者【65】（关心人的人）、無駄遣い者【57】（乱花钱的人）

ⅳ、「接尾辞」＋者

だらけ者【8】（一根筋）

②ⅰ、动词连用形＋者

変わり者【37，85，98，104，107，110】（另类）、切れ者【2，3，93】（聪明有头脑的人）、怠け者【8，12，14，17，18，58】（懒人）、働き者【1，3，7】（能干的人）、ひねくれ者【104】（性格乖僻的人）、頑張

り者【6】(忍耐性强的人)、ねじれ者【104】(别扭的人)、にやけ者【44】
(女里女气的人)、よごれ者【18】(不喜欢收拾的人)、差し出者【60】(爱
出风头的人)、おどけ者【37】(做事滑稽的人)、慌て者【36】(不稳重的
人)、困り者【13】(没用的人)、食み出し者【14】(做事出格的人)、欲張
り者【53】(贪心的人)、荒くれ者【32】(行为粗鲁的人)、うつけ者【96】
(呆子)、外れ者【104】(没朋友的人)、優れ者【2,100】(优秀的人)、
戯け者【96】(胡闹的人)、面倒くさがり者【18】(怕麻烦的人)、流れ者
【14】(放荡的人)

ⅱ、动词词干＋者

かだむ者【85】(乖僻的人)

ⅲ、动词使役形／被动形＋者

食わせ者【71】(骗子)、嫌われ者【23,107】(令人讨厌的人)

ⅳ、サ变动词／名词＋者

邪魔者【8,13】(无用的人)、自慢者【64】(自以为是的人)、我慢
者【6】(忍耐性强的人)、放蕩者【56,58】(生活放荡的人)、冒険者
【39】(冒险的人)、浮気者【26】(轻浮的人)、乱暴者【11,12,31,33,
34,35,83】(粗鲁的人)

③形容动词／形容词＋者

悪者【108】(坏人)、可愛い者【31】(可爱的人)、愚か者【96】(蠢
蛋)、悪戯者【31】(喜欢恶作剧的人)、横着者【8,11,12,17,18,
22,23,58】(蛮横偷懒的人)、頑固者【18,35,84,85,107】(死脑筋
的人)、強情者【84,85】(顽固倔强的人)、強固者【107】(顽固的人)、
臆病者【27,52】(胆小的人)、正直者【74,102,103】(正直的人)、小
心者【27,28,30,37,52,92,】(胆小鬼)、贅沢者【57】(奢侈的人)、
呑気者【20】(慢性子的人)、薄情者【88,108】(薄情的人)、不精者【8,
17,18】(懒散的人)、ひょうきん者【36,37,74】(滑稽的人)、粗忽
者【24,36】(轻率浮躁的人)、偏屈者【104】(性格别扭的人)、陽気者
【89】(开朗活泼的人)、強欲者【53】(欲望强的人)、親不孝者【14】(不
孝的人)、陰気者【90】(不开朗的人)、一徹者【85】(固执的人)、幸せ
者【20】(幸福的人)、内気者【30】(内向的人)、狡猾者【94】(狡猾的
人)、酔狂者【52】(耍酒疯的人)、厄介者【13】(难对付的人)、鈍感者
【66】(反应迟钝的人)、不器用者【9】(不灵巧的人)、未熟者【9,97】(二

把刀）、わがまま者【35】（任性的人）、短気者【41】（性急的人）、がさつ者【11】（愣头青）、律儀者【7】（守规矩的人）、軽薄者【24，67】（轻率的人）、真面目者【102】（认真的人）

④副词＋者

うっかり者【36】（粗心大意的人）、しっかり者【2，19，56，59，65，93】（可靠的人）、ちゃっかり者【94】（精明的人）、そわそわ者【25】（不稳重的人）、のんびり者【20】（悠闲的人）、さっぱり者【26】（无所谓的人）

「～者（しゃ）」的构词分类

①ⅰ、名词＋者

人格者【6，87，93，100，102】（人格高尚的人）、知恵者【93】（聪明的人）、学者【81，84】（学者）、勤労者【1】（能干的人）、人徳者【99】（人品高尚的人）、有識者【95】（有识之士）、風格者【100】（有风格的人）、哲学者【81】（哲学家）、偽善者【63】（伪善者）、良識者【93】（有良知的人）、浪費者【55】（爱浪费的人）、見識者【102】（有见识的人）、二重人格者【29】（双重人格的人）、楽観主義者【20】（乐观主义者）

ⅱ、名词＋形容词＋者

口巧者【69】（有口才的人）、挙動不審者【25】（行动可疑的人）

ⅲ、名词＋サ变动词/名词＋者

自己主張者【64】（太自我的人）

②ⅰ、形容动词/形容词/名词＋者

賢者【93】（贤人）、厳格者【107】（冷漠严厉的人）、博識者【95】（见多识广的人）、博学者【95】（见多识广的人）、愚者【37，96】（愚笨的人）

ⅱ、形容动词/名词＋名词＋者

完璧主義者【4，5】（完美主义者）

③ⅰ、サ变动词/名词＋者

浮浪者【14】（流浪人）、成功者【2】（成功者）、詭弁者【69】（能说会道的人）、脱落者【12】（落伍的人）

ⅱ、动词＋名词＋者

有資格者【100】（人品好的人）

「～者（しゃ・もの）」的构词分类

①形容词＋名词＋者

強者【86】（对人严厉的人）、虚言者【67，69】（能言善辩，夸夸其谈的人）

②动词＋者

亡者【53】（冷淡的人）

「接尾辞」的「者」其读音有「しゃ」、「もの」、「しゃ・もの」三种。与「～者（もの）」组合而成的"性向词汇"，与词典中一致的比例分别是总日本人47.8%、日本社会群体46.9%、日本大学生60.3%。由「～者（しゃ）」组合派生的词与词典中一致的比例分别是总日本人51.7%、日本社会群体50%、日本大学生69.6%。总日本人、日本社会群体、日本大学生在「者（しゃ・もの）」方面的比例分别是0%、66.7%、100%。根据数据我们可以判断，三种读音的"性向词汇"在词典中的比例分布表现出极强的一致性。社会群体与大学生相比，后者比例偏高。由此可见，不管是哪种读音的「者」，社会群体较之于大学生，具有较强的构词能力及其创新性。

由「接尾辞」「者（しゃ、もの、しゃ・もの）」构成的"性向词汇"与其他「接尾辞」相比，所占比例最高。本次调查结果显示，「～者（もの）」的比例远远超过「～者（しゃ）」。「～者（もの）」的不重复词汇量、重复词汇量分别是[113、861]，而「～者（しゃ）」的不重复词汇量、重复词汇量仅有[28、74]，导致差异的主要原因在于两者的构词能力不同。「～者（もの）」的构词能力较强，显示出种类繁多、灵活多变的特点。它不仅可以与「和語」（日本固有的语言），也可以与汉语结合，甚至可以与「接頭辞」、动词连用形、形容词、副词等多种形式共同组合，具有丰富多彩的使用样式及其构词类型。由「～者（もの）」所构成的"性向词汇"，表示带有某种性向行为及性格特点的人，起到将一个人的性向、性格转化为其人自身的构词功能。其中，由"形容动词/形容词＋者"的"性向词汇"最多，类型有40余个，用于数十个小项。而与日语固有动词的组合也很凸显，共有20多个，充分反映出「～者（もの）」这一出自固有日语的「接尾辞」，不同于源自汉语的「～者（しゃ）」，更具强大的构词能力。与此相比，「～者（しゃ）」一般仅与汉语组合，构词能力相对单一。由「～者（もの）」组合而成的派生词，所表示的意思一般带有贬义，这一特点在性向词汇中得到了验证。如「ばか者」（蠢货、笨蛋）、「よごれ者」（不

干净的人）、「怠け者」（懒鬼）、「田舎者」（乡巴佬）、「あわて者」（冒失鬼）等负面评价词汇占据多数，但也不全为贬义，其中不乏有「働きもの、正直もの、人気もの、しっかりもの、優れもの、頑張りもの、幸せもの、さっぱりもの」等正面评价词汇。还有属于中性评价词汇，如「気楽もの、気遣いもの、律儀もの、陽気もの、我慢もの」等。由此可见，「接尾辞」「～者（もの）」在"性向词汇"中呈现出多元化的语义功能及其评价色彩。值得留意的是，「接尾辞」的「～者（しゃ）」与贬义色彩浓厚的「～者（もの）」有所不同。比如「人格者（人格高尚的人）、知恵者（聪明的人）、勤労者（能干的人）、成功者（成功者）」，以及「浮浪者（流浪人）、詭弁者（能说会道的人）」等，由「～者（しゃ）」构成的"性向词汇"属于褒贬参半的感情色彩。有关「～者（もの）」的蔑称义，根据『日・中・英言語文化詞典』中的解释:「古くは『もの』は、神、鬼、魂と並ぶ神秘的な存在を意味し、神よりは下位にあって外部から災いをもたらす恐ろしい力を持った霊魂を指して用いられた」。「また、『者』という漢字をあてて人間を指す『もの』も、本来は人間を人以下の存在と見なしている蔑称からきており、あるいは『ひと』（神に扮装する存在）と、下位の精霊との対比が含意されているかもしれない」①。由此可以推测，日语的「もの」原本是与"神、鬼、精灵"等并存的神秘莫测之物，但又远在神灵之下，并给人们带来灾难的灵魂。因此，指代人物时多表示讨厌、憎恨等贬义色彩。

如果再从意义功能这一视角而言，由「～者（もの）」组合而成的性向词汇，可以根据具体的语境与人物特点等要素，加上「お、大」等「接頭辞」对人进行评价，具有随机应变、灵活多样的使用特点。比如对于「バカ者」，如果前面加上「接頭辞」「大」，则会变成「大バカ者」，在对人评价方面显得更加苛刻与严厉。「お調子者」与「調子者」相比，因为前者加上了「お」，在评价程度方面有所减弱，词义和语气方面也发生了细微变化。

有关"副词＋者（もの）"的形式，辞书中有「うっかり者」（不小心、粗心大意的人）、「しっかり者」（沉着稳重的人）等词语。日本大学生在充分模仿辞书等构词特点的基础上，大胆创新、发明创造出「さっぱり者」（爽快的人）、「そわそわ者」（坐立不安的人）、「のんびり者」（慢

① 赤祖父哲二. 日中英言語文化詞典[M]. マクミランランゲージハウス, 2000: 1533.

性子）等新词，折射出"性向词汇"的鲜活性、生活性和独创性。不仅如此，还可以窥视出大学生丰富的想象力以及造词联想力。大学生巧妙地运用新词对他人进行评价，可以进一步沟通情感，起到修复和强化"连带意识"的社会功效。另外，中日大学生具有类似的造词联想法，如日本大学生的「挙動不審者（行为可疑的人）、完璧主義者（完美主义者）」与中国大学生的"严格要求者、完美主义者"等，可谓是异曲同工。总之，通过与「接尾辞」「～者（もの）」组合而成的词汇，绝大多数都是对他人的动作行为、性格特点等加以描述和评价的词汇。其中，负面评价之义的词汇占据优势，尤其是不重复词汇量愈发凸显，这种「下降性傾斜の原理」即"负性原理"，在「接尾辞」「～者（もの）」的实际运用方面体现得淋漓尽致。

此外，「学者」（见多识广的人）、「聖者」（人格高尚的人）、「勤労者」（能干的人）、「初心者」（不懂人情世故的人）等"性向词汇"，它们所表述的意思与词典中的原意不同，比喻性的对他人进行评价。具体而言，「学者」一般是指学问高、优秀或者是指研究学问的人，常常接在动词后面表示从事某种工作或表示某种动作的主体。但在日本人的"性向词汇"中，由原先的"专业领域—学问"演变成"阅历、经历"之义。在保留之前的"水准高、优秀"等意的基础上，泛指"见多识广、阅历丰富的人"。「聖者」有「せいじゃ」和「しょうじゃ」两种读音。前者有"圣人"之义，还特指基督教中对殉教者以及伟大信徒的美称；后者属于佛教用语，是指断绝了七情六欲，修成正果者。现用来评价"人格高尚的人"，失去了原来浓厚的宗教色彩。「初心者」同样失去了原义，现指"涉世不深，缺乏社会经历"的人。换言之，日本人根据具体语境，巧妙、灵活地运用原有的词语对人进行评价与批评。这种利用原有的词语赋予其新义再对人进行评价，既避免了词汇量的增加，又能达到对人评价的效果，可谓是经济实惠的"性向词汇"，这也是语言经济机制作用的结果。

表3-13　总日本人：～屋（79語）[417語]

词	数量	词	数量	词	数量	词	数量
気分屋*	（3）96	感動屋	4	難し屋*	1	かきまぜ屋	1
理屈屋	（3）37	寂しがり屋*	（2）3	能天気屋	1	クレーム屋	1

（续上表）

词	数量	词	数量	词	数量	词	数量
頑張り屋*	（3）37	出たがり屋	（2）3	はみだし屋	1	さみしがり屋	1
のんびり屋	（2）25	うぬぼれ屋	3	気難しがり屋	1	にんまり屋	1
お天気屋*	24	自慢したがり屋	3	気取り屋*	1	威張り屋	1
自慢屋	13	我慢屋	3	気転屋	1	意地張り屋	1
皮肉屋*	（2）11	分からず屋*	2	泣き虫屋	1	びびり屋	1
寒がり屋	10	見たがり屋	（2）2	嵌まり屋	1	がっかり屋	1
面倒くさがり屋	（3）9	やかまし屋*	2	出過ぎ屋	1	知りたがり屋	1
暑がり屋*	9	文句屋	2	人情屋	1	呑気屋	1
目たちたがり屋	（3）9	屁理屈屋	2	掃除屋*	1	比べたがり屋	1
恥かしがり屋	（4）8	情報屋*	2	絆され屋	1	さっぱり屋	1
締まり屋*	（2）8	気配り屋	2	同情屋	1	はったり屋	1
天気屋	7	胡麻擂り屋	2	のんき屋	1	ぼやき屋	1
大儀がり屋	（2）7	遠慮屋	2	握り屋*	1	絡み屋	1
始末屋*	（2）6	仕切り屋*	2	愚痴り屋	1	僻み屋	1
気難し屋*	5	だんまり屋	2	元気屋	1	一発屋*	1
感激屋	（2）5	拘り屋	1	張り切り屋	1	真面目屋	1
ちらかし屋	4	恐がり屋	1	お節介屋	1	愚痴屋	1
妬み屋	4	面倒見屋	1	理詰屋	1		

注：词典标出词的比例为18/79=22.8%。

表 3-14 日本社会群体：~屋（50 語）[195 語]

词	数量	词	数量	词	数量	词	数量
気分屋*	（3）34	出たがり屋	（2）3	お節介屋	1	気難しがり屋	1
お天気屋*	23	目たちたがり屋	（3）3	やかまし屋*	1	気配り屋	1
理屈屋*	17	うぬぼれ屋	2	絆され屋	1	気取り屋*	1
のんびり屋	10	だんまり屋	2	比べたがり屋	1	情報屋*	1
寒がり屋	10	絡み屋	2	出過ぎ屋	1	人情屋	1
皮肉屋*	（2）10	自慢屋	2	妬み屋	1	仕切り屋*	1
暑がり屋*	9	みたがり屋	（2）2	寂しがり屋*	1	天気屋	1
締まり屋*	（2）8	かきまぜ屋	1	見たがり屋	1	威張り屋	1
面倒くさがり屋	（3）7	クレーム屋	1	拘り屋	1	意地張り屋	1
始末屋*	（2）6	さみしがり屋	1	理詰屋	1	愚痴り屋	1
頑張り屋*	（3）6	ちらかし屋	1	面倒見屋	1	愚痴屋	1
気難し屋*	5	にんまり屋	1	難し屋*	1		
恥かしがり屋	（3）4	はみだし屋	1	屁理屈屋	1		

注：词典标出词的比例为 15/50＝30%。

表 3-15 日本大学生：~屋（50 語）[224 語]

词	数量	词	数量	词	数量	词	数量
気分屋*	（2）62	我慢屋	3	はったり屋	1	情報屋*	1
頑張り屋*	（4）31	自慢したがり屋	3	びびり屋	1	屈理屈屋	1
理屈屋*	（2）20	分からず屋*	2	ぼやき屋	1	掃除屋*	1
のんびり屋	（4）15	胡麻擂り屋	2	やかまし屋*	1	仕切り屋*	1

（续上表）

词	数量	词	数量	词	数量	词	数量
自慢屋	11	寂しがり屋*	（2）2	恐がり屋	1	同情屋	1
大儀がり屋	（3）7	面倒くさがり屋	（2）2	絡み屋	1	握り屋*	1
目立ちたがり屋	（3）6	文句屋	2	能天気屋	1	一発屋*	1
天気屋	6	遠慮屋	2	皮肉屋*	1	元気屋	1
感激屋	（2）5	うぬぼれ屋	1	僻み屋	1	張り切り屋	1
恥ずかしがり屋	（3）4	お天気屋*	1	気配り屋	1	真面目屋	1
感動屋	4	がっかり屋	1	気転屋	1	知りたがり屋	1
ちらかし屋	3	さっぱり屋	1	泣き虫屋	1		
妬み屋	3	のんき屋	1	嵌まり屋	1		

注：词典标出词的比例为 13/50=26%。

「屋」的构词分类

①ⅰ、名词＋屋

気転屋【65】（心眼多的人）、天気屋【26】（喜怒无常的人）、気分屋【26，29，107】（凭感觉办事的人）、理屈屋【69，81】（死扣道理的人）、屁理屈屋【81】（认死理的人）、文句屋【80】（爱发牢骚的人）、情報屋【82】（小广播）、人情屋【42】（感情脆弱的人）、はったり屋【73】（虚张声势的人）、愚痴屋【80】（牢骚多的人）、一発屋【60】（一炮打红的人）、理詰屋【81】（爱讲道理的人）

ⅱ、「接頭辞」＋名词＋屋

お天気屋【26】（朝三暮四的人）、お節介屋【60】（多管闲事的人）

②ⅰ、动词连用形＋屋

散らかし屋【17】（不爱收拾的人）、頑張り屋【1，6，7】（能干努力的人）、締まり屋【54，56】（节约的人）、ビビリ屋【27】（胆小的人）、うぬぼれ屋【64】(骄傲的人)、はみ出し屋【60】(做事出格的人)、絆され屋【42】(感情脆弱的人)、出過ぎ屋【60】(多管闲事的人)、拘り屋【5】(办事过于认真的人)、嵌まり屋【7】(过于投入的人)、握り屋【54】(小气鬼)、愚痴り屋【92】(爱诉苦的人)、張り切り屋【7】(努力的人)、仕切り屋【60】(爱出风头的人)、だんまり屋【68】(寡言少语的人)、妬み屋【111】(嫉妒心强的人)、かきまぜ屋【82】(搅事的人)、威張り屋【64】(要威风的人)、ぼやき屋【80】(发牢骚的人)、絡み屋【52】(搅事的人)、僻み屋【111】(别扭的人)、気取り屋【63】(装相的人)

　　ⅱ、**动词连用形＋名词／接辞＋屋**

　　泣き虫屋【43】(爱哭的人)

　　ⅲ、**动词连用形＋助动词连用形＋屋**

　　目立ちたがり屋【37，61，73】(爱出风头的人)、自慢したがり屋【64】(爱显摆的人)、比べたがり屋【111】(喜欢攀比的人)、出たがり屋【40，60】(到处逛的人)、見たがり屋【38】(爱凑热闹的人)、知りたがり屋【38】(好奇心强的人)

　　ⅳ、**动词未然形＋助动词＋屋**

　　分からず屋【85】(不明事理的人)

　　ⅴ、**サ变动词／名词＋屋**

　　掃除屋【15】(爱干净的人)、感激屋【42，43】(感情脆弱的人)、感動屋【42】(易激动的人)、同情屋【42】(爱动感情的人)、始末屋【54，56】(勤俭节约的人)、自慢屋【64】(显摆的人)、我慢屋【6】(能忍耐的人)、遠慮屋【30】(太客气的人)

　　③ⅰ、**形容词＋屋**

　　気難し屋【107】(难以相处的人)、やかまし屋【67】(吹毛求疵的人)、難し屋【107】(性格古怪的人)

　　ⅱ、**形容词＋「接尾辞」＋屋**

　　恥ずかしがり屋【28，30，62】(害羞的人)、寒がり屋【45】(怕冷的人)、暑がり屋【46】(怕热的人)、恐がり屋【30】(胆小的人)、寂しがり屋【37】(爱寂寞的人)、面倒くさがり屋【11，18】(怕麻烦的人)、気難しがり屋【107】(难以接触的人)、さみしがり屋【29】(寂寞的人)

　　ⅲ、**形容动词／名词＋屋**

　　能天気屋【58】(大大咧咧的人)、元気屋【89】(开朗活泼的人)、の

んき【20】(慢性子的人)、皮肉屋【77，81】(说话刻薄的人)、真面目屋【102】(认真的家伙)

ⅳ、形容动词＋「接尾辞」＋屋

大儀がり屋【8，18】(怕麻烦的人)

④副词＋屋

のんびり屋【14，20】(慢生活的人)、がっかり屋【92】(易失望的人)、さっぱり屋【101】(痛快的人)、にんまり屋【44】(窃笑的人)

⑤外来语＋屋

クレーム屋【80】(爱挑毛病的人)

⑥短缩句

面倒見屋【59】(爱帮助人的人)、気配り屋【65】(会关心他人的人)、胡麻擂り屋【75】(马屁精)、意地張り屋【91】(倔强的人)

有关「接尾辞」「～屋」的"性向词汇"在词典中收录的比例，分别是总日本人22.8%、日本社会群体30%、日本大学生26%，一致比例都很低，反映出其独特性与新颖性。社会群体、大学生之间看不出明显的差异，表明日本社会群体、大学生在对人评价方面，灵活多变地运用「～屋」创造出多彩多姿的"性向词汇"，丰富和充实了日本人的语言生活。另外，由「～屋」所构成的词语，其不重复词汇量尽管不及「～者（もの）」，但构词形式更加多样，凸显出「～屋」的能产性。如果再与上文的「者」相比较，日本人为了丰富评价的细致性和多层面化，在积极创造新的词汇方面表现得尤其突出和鲜明。如「文句屋」(爱发牢骚的人)和「愚痴屋」(牢骚多的人)作为原有"性向词汇"，用来贬评牢骚多的人。但是，随着社会多样化的发展，又出现了对产品、商品及服务等不满投诉的外来语「クレーム」，因此，「クレーム屋」(爱挑毛病的人)这一新词应运而生。

通过上述分类可以看出，「接尾辞」「～屋」种类繁多，构词特点灵活多样，具有很强的构词能力。「～屋」既可以后接名词、动词的各种变化形式（如连用形、未然形、さ变形）、形容词、形容动词、副词甚至包括短缩句等。其中「泣き虫屋」、「目立ちたがり屋、自慢したがり屋、比べたがり屋、出たがり屋、見たがり屋、知りたがり屋」、「恥ずかしがり屋、寒がり屋、恐がり屋、面倒くさがり屋、気難しがり屋、大儀がり屋」、「気配り屋」、「のんびり屋」等在词典中均无发现，属于独创的新词。可以认为，「～がり屋」这种构词形式，能产性强，结合面广，它是日语"性向词汇"中特有的一种重叠式构词形式。

　　需要说明的是，在"动词连用形＋屋"的形式中，既包括助动词的否定式「ず」以及与「接尾辞」「がる」结合而成的形式，又包括如「～たがり屋」等。尽管它们形式迥异，表述的意义也不尽相同，即既有否定之义，同时又具有某种倾向。但通过与「接尾辞」「～屋」共同组合，具有某种性格特点、倾向的人物形象由此表现得具体而明确。也就是说「～屋」和「～者（もの）」相同，无论是何种词性的词，只要与其结合均可改变词性，转化为名词词性。"短缩句"中的"性向词汇"，主要通过省略等方法构成，比如「胡麻擂り屋」是从「胡麻を擂る」这个词组短缩而来。也就是说，首先省略格助词「を」变成「胡麻擂る」。再从动词性的「胡麻擂る」变为名词性的「胡麻擂り」，在此基础上添加上表示人物的「接尾辞」「～屋」，如此这般一个"马屁精，爱恭维奉承"的人物形象便会跃然纸上，鲜活而生动。"副词＋屋"如「さっぱり屋、のんびり屋、がっかり屋」等，和上述"副词＋者（もの）"如「しっかり者、うっかり者、さっぱり者、のんびり者」等构词形式极其相似，如出一辙，两者具有同样的造词特点。均是活用「接尾辞」的「屋、者（もの）」将副词人格化，再转化成对人评价词汇，属于日本人特有的一种造词手法。

　　此外，「泣き虫屋」（泪窝浅感情脆弱，爱哭的人）的构词特点，引人注目，仅被日本大学生所使用。因为「泣き虫」本身就能够表明具有此种性向的人。如果再加上「接尾辞」「～屋」，似乎多此一举、画蛇添足。究其原因，可能是因为日本大学生觉得用「泣き虫」形容"爱哭鼻子的人"，意思不够鲜明的缘故。通过加上「接尾辞」「～屋」，更容易描绘出"经不起打击、感情脆弱"的人物形象，评价的内容更具实质性，可谓幽默诙谐。「泣き虫屋」在词典中未被收录，折射出大学生丰富的造词联想力与创造力。「～屋」原本表示房屋等建筑，后又作为「接尾辞」使用，大多接在名词的后面，既可表示商店、店铺，也可指从事某种工作的人，如「八百屋」「肉屋」等。"性向词汇"中的「～屋」，表示具有某种性格特征的人，常常带有批评、讽刺、调侃等感情色彩。比如「お天気屋」（情绪不稳善变的人）、「のんびり屋」（慢性子）、「分からず屋」（不明事理的人）、「何でも屋」（万事通但什么都不精）、「やかまし屋」（吹毛求疵的人）等。日语中对于从事某种职业的人往往直接使用而不加「接尾辞」，如果加上「接尾辞」「～屋」，一般具有两层含义，既有轻视某种职业的意思，也有讽刺、调侃、诙谐等意。比如「政治屋」是对"政治家"的一种蔑视，尤其是对滥用权力、贪官腐败之人的一种辛辣讽刺。「ブンヤ」是「新聞屋」（从事新闻、报纸行业的人）的略称，是对新闻记者等职业的一种蔑视，主要用于第二次世界大战之前。作为同义词的「トップ屋」是指没有特定职业，非正式社员的业余记者。它们全都具有讽刺、调侃的下降性评价色彩。

日本的公务员、工薪阶层大致可分为"事务型"和"技术·技能型"两大类，称呼上也可分为「事務屋」和「技術屋」两种。如果与自身同属某一公司，从事同样的工作内容，称其对方为「～屋」，也是对自身工作的一种嘲讽和轻视。如果"事务型"人员称呼对方为「技術屋」，言下之义则是"视野狭窄，仅仅了解和掌握自己所从事的职业，其他的事情一概不知以及墨守成规、不会变通的人"。相反，技术型人员称呼对方为「事務屋」的话，则隐含着"坐在舒适的办公室里，只看结果不重视实情。只知按规办事，而对于现场却毫无所知的人"。另外，对于仅有一首曲子而一夜成名的歌手，日本人喜爱使用「一発屋」加以称呼。同样对于发行了很多唱片，举办了不少音乐会，却只能在 NHK 红白歌合战出演一场的歌手，也可使用「一発屋」加以评价。类似的造词法随处可见，比如发行 2 首曲子的歌手，称之为「二発屋」，而对于没有一首能够流行的歌手，则用「無発屋」给予强烈的讽刺与调侃。

总之，「接尾辞」「～屋」，不仅能与「和語」（日本固有的词语）而且能与汉语结合，日常生活中可以灵活多变地运用于评价他人的劳动态度、动作行为、话语状态等诸多方面，充分体现出旺盛的造词能力以及日本人丰富的联想力。它与「接尾辞」「～者（もの）」一样，绝大多数都属于负面的评价词汇，但二者却具有程度及语气上的不同。若把「自慢者、のんびり者、呑気者」与「自慢屋、のんびり屋、呑気屋」相比较，「～屋」所构成的"性向词汇"，其行为倾向表现得更为强烈，并伴有诙谐、调侃、讥讽、轻松等语感，相对于「～者（もの）」负面色彩较轻。日本人正是利用其微妙的差异，使得对人评价更加细致和委婉，而这种微妙性差异汉语很难加以表述。

表 3-16　总日本人：～家（71 語）[342 語]

词	数量	词	数量	词	数量	词	数量
節約家	（2）36	宣伝家	（4）4	策士家	2	お調子家	1
冒険家*	29	能弁家	（2）4	酒豪家	2	放蕩家	1
楽天家*	（2）26	多弁家	4	大食家	2	活動家*	1
毒舌家*	（6）24	博識家	4	非情家	2	健啖家*	1
自信家*	（9）21	自慢家	（2）3	演説家	2	健脚家*	1
浪費家*	（2）20	皮肉家*	（2）3	勤勉家*	（2）2	金満家	1
努力家*	（3）16	敏腕家*	（2）3	批判家	1	酒好家	1
評論家*	（3）11	不平家*	3	冗舌家	1	気難し家	1
批評家*	（2）11	弁舌家	3	貪欲家	1	好事家*	1
倹約家*	（2）10	理屈家	3	辛抱家	1	世評家	1
雄弁家*	8	温情家	（3）3	辛辣家	1	思想家*	1
政治家*	（3）6	不満家	（2）2	読書家	1	詭弁家	1
社交家*	（2）6	妄想家	2	訥弁家	1	虚言家	1
誇大家	6	寡黙家	2	多読家	1	放言家	1
野心家*	（3）5	熱中家	2	常識家*	1	風刺家	1
人情家*	（3）5	話し家	2	吝嗇家*	1	精力家*	1
饒舌家*	5	体面家	2	熱血家	1	探検家*	1
理論家*	5	激情家	2	潔癖家	1		

注：词典标出词的比例为 31/71=43.7%。

表 3-17　日本社会群体：～家（59 語）[200 語]

词	数量	词	数量	词	数量	词	数量	词	数量
節約家	（2）24	社交家*	（2）4	不満家	（2）2	放蕩家	1	批判家	1
楽天家*	（2）17	宣伝家	（4）4	策士家	2	好事家*	1	気難し家	1
毒舌家*	（6）15	野心家*	（3）4	大食家	2	話し家	1	熱中家	1
浪費家*	（2）12	不平家*	3	多弁家	2	活動家*	1	冗舌家	1
冒険家*	10	理屈家	3	酒豪家	2	激情家	1	世評家	1
自信家*	（4）8	敏腕家*	（2）3	理論家*	2	健啖家*	1	思想家*	1

（续上表）

词	数量	词	数量	词	数量	词	数量	词	数量
評論家*	（3）7	能弁家	（2）3	勤勉家*	（2）2	健脚家*	1	妄想家	1
努力家*	（3）6	皮肉家*	（2）3	体面家	2	金満家	1	辛抱家	1
批評家*	（2）6	饒舌家	3	お調子家	1	酒好家	1	辛辣家	1
人情家*	（3）5	温情家	（3）3	博識家	1	誇大家	1	虚言家	1
雄弁家*	5	政治家*	（3）3	読書家	1	吝嗇家*	1	演説家	1
倹約家*	（2）4	弁舌家	2	多読家	1	訥弁家	1		

注：词典标出词的比例为26/59=44.1%。

表3-18　日本大学生：～家（38語）[139語]

词	数量	词	数量	词	数量	词	数量	词	数量
冒険家*	19	誇大家	5	非情家	2	詭弁家	1	貪欲家	1
自信家*	（9）13	批評家*	5	寡黙家	2	話し家	1	熱血家	1
節約家	12	評論家*	（2）4	饒舌家	2	激情家	1	妄想家	1
努力家*	（3）10	博識家	3	社交家	（2）2	潔癖家	1	演説家	1
毒舌家*	（2）9	理論家	3	多弁家	2	精力家*	1	能弁家	1
楽天家*	（2）9	雄弁家*	3	常識家*	1	野心家*	1	弁舌家	1
浪費家*	8	政治家*	3	放言家	1	探検家*	1		
倹約家*	（2）6	自慢家	（2）3	風刺家	1	熱中家	1		

注：词典标出词的比例为17/38=44.7%。

构词分类

①形容词＋名词／家

気難し家【107】（古板的人）

②动词连用形＋家

話し家【69】（能说会道的人）

③「接頭辞」＋名词＋家

お調子家【36】（不稳重的人）

④名词／形容动词／サ变动词＋家

節約家【54，56】、楽天家【20，89】、毒舌家【77，78，79，80，81，83，】、浪費家【57，58】、冒険家【39】、自信家【63，64，65，66，67，110，111】、評論家【77，81，82】、努力家【1，6，7】、批評家【81，82】、人情家【42，44，87】、雄弁家【69】、倹約家【54，56】、社交家【61，99】、宣伝家【67，69，77，82】、野心家【7，38，53】、不平家【80】、理屈家【81】、敏腕家【2，3】、能弁家【69，72】、皮肉家【77，104】、饒舌家【67】、温情家【87，102，103】、政治家【23，69，77】、弁舌家【69】、不満家【80，92】、策士家【94】、大食家【47】、多弁家【67】、酒豪家【50】、理論家【81】、勤勉家【4，102】、体面家【109】、博識家【95】、読書家【95】、多読家【95】、放蕩家【57】、好事家【58】、活動家【39】、激情家【41】、健啖家【47】、健脚家【40】、金満家【57】、酒好家【50】、誇大家【73】、吝嗇家【54】、訥弁家【70】、批判家【82】、熱中家【7】、冗舌家【67】、世評家【82】、思想家【93】、妄想家【73】、辛抱家【6】、辛辣家【78】、虚言家【71】、演説家【69】

由「~家」所构成的不重复词汇量多达71词，仅次于上述的~者（もの）」和「~屋」，但从构词形式来看，却远逊色于二者。除了1例与形容词「気難し家」、1例与动词「話し家」及1例与「接頭辞」「お調子家」相结合的形式以外，均属于与源自汉语的サ变动词、形容动词、名词组合的构词形式，显得单一而贫乏。而且与「~者もの」、「~屋」丰富多彩的构词形式大相径庭。由此可见，「接尾辞」「~家」仍然保留着源自汉语的这一特点。有关「接尾辞」「~家」的"性向词汇"，词典中收录的比例，分别是总日本人43.7%、日本社会群体44.1%、日本大学生44.7%，其一致率超过了「~屋」，与「~者もの」基本持平。说明由「~家」派生的词其独特性远不及「~屋」。另外，社会群体与大学生之间无明显差异。

词典中「政治家、理論家、評論家」一般是指从事某种职业如政治、评论等行业的人，而日本人在第二大类中作为"对语言活动的内容评价"使用。即巧妙地抓住职业特点，比喻和形容"能言善辩，信口开河"、"话多爱闲聊"的人，语意上具有明显的下降性倾斜趋势。具体而言，「政治家」分别出现在（23）"蛮横骄傲自大的人"；（69）"能言善辩的人"；（77）"说话刻薄恶言恶语的人"这三个语义小项中。「理論家」表示"死扣道理的人"。「評論家」是指（77）"说话刻薄恶言恶语的人"；（81）"死抠道理的人";（82）"说三道四喜欢评论的人"等。换言之，「政治家、理論家、評論家」在日本人的眼中已经转变为评价话多的负面评价词汇，这也是日本人巧妙地抓住了当今社会中"政治家、评论家"的本质特征，对此进行了鲜活生动的嘲讽与辛辣的批判。

与此相比，汉语的"性向词汇"中，「接尾辞」「～家」主要是指具备某种专业知识的人，或指从事某种职业的人，或指在某些方面拥有一定成就和名气的人，一般属于正面或中性评价。而日语的「接尾辞」「～家」所派生出的"性向词汇"，除了「努力家、倹約家、精力家、博識家」等几个正面评价词汇以外，负面评价词汇占据多数，贬义色彩明显。不仅如此，其语意范畴也远远超过了汉语，被用来评价"超出一般、普通"的行为或精神状态的人。例如「能弁家」（有口才能说会道；信口开河的人）、「自信家」（爱自夸炫耀；话多爱瞎聊；喜欢夸大其词；小心眼嫉妒心强的人）、「節約家」（节约小气的人）、「倹約家」（抠的人）等，均是对超出"一般、平常"行为的一种负面评价。这些"性向词汇"的含义与词典上褒义的解释不同，而是作为一种负面评价，即由正面评价词汇变成负面评价词汇，反映出性向词汇中的"过剩价值"①。有关「～家」的使用分布，三大分类中第二分类，即语言行为活动的评价词汇中不重复词汇量最多。主要原因在于「～家」属于「体言系」，具有明确标记名词性质的特征，而「体言系」在第二分类中位居第一的缘故。本次调查的数据中，第二大分类中有关「～家」的性向词汇，"言语活动"方面有「毒舌家、評論家、批評家、雄弁家、政治家、誇大家、饒舌家、宣伝家、理論家、能弁家、多弁家、皮肉家、弁舌家、理屈家、寡黙家、話し家、演説家、批判家、冗舌家、辛辣家、訥弁家、健啖家、世評家、詭弁家、虚言家、放言家、風刺家」等 27 个词语，占有 71 个不重复词汇总量的 38%，位居第一。其次是"欲望"方面，如「節約家、冒険家、探検家、野心家、激情家、熱中家、活動家、倹約家、浪費家、貪欲家、妄想家、吝嗇家、酒豪家」等。需要特别说明的是，第二分类中的"性向词汇"绝大多数都属于负面评价词汇，一定程度上反映了日本人传统的语言观和审美价值。也就是说，较

---

① 室山敏昭.「ヨコ」社会の構造と意味 [M]. 大阪：和泉書院，2001：60；施暉，栾竹民.论汉日性向词汇中的负性原理——以能干的人为例 [J]. 日语学习与研究，2015 (01)：40；施暉，栾竹民.性向词汇"的汉日对比研究：以"善于交际、好接触的人"为中心 [J]. 东北亚外语研究，2016(01)：41.

之于能言善辩，日本人更加青睐于「沈黙は金」、「言わぬが花」即不言唯美、缄默讷言的人。日本人对于"能说会道、口齿伶俐"的人往往持有否定的态度。日语中大量的对于"能言善辩"给予负面评价，而对"沈默寡言"却大加褒赏的谚语也充分证明了这一点。总之，「家」与「者」、「屋」等「接尾辞」同样，尽管「～家」的构词特点显得相对简单，但不重复词汇量位居第三，日本人充分利用「接尾辞」「～家」创造出众多的上述词典中未收录的对人评价词汇。可见，「接尾辞」「～家」在日语"性向词汇"中占有重要的一席之地。

表 3-19　总日本人：～人「じん・にん・ひと」（56 語）[321 語]

～人「じん」（32 語）[161 語]

词	数量	词	数量	词	数量	词	数量	词	数量
八方美人*	（9）45	偉人*	（3）5	達人*	（2）2	野蛮人*	1	才人*	1
賢人*	（3）25	日本人*	3	北国人	1	沖縄人	1	都会人*	1
変人*	（5）21	熱中人	3	ひま人*	1	我慢人	1	寡人*	1
知識人	18	奇人*	（2）3	新人*	1	南国人	1	老人*	1
名人*	（3）7	美人*	（2）3	関西人	1	粋人*	1	仮面人	1
常識人	（3）5	趣味人	2	北海道人	1	賢夫人*	1	小人*	1

注：词典标出词的比例为 20/32=62.5%。

表 3-20　总日本人：～人「にん」（17 語）[132 語]

词	数量	词	数量	词	数量	词	数量	词	数量
遊び人*	（4）57	職人*	（3）9	悪人*	（4）5	道化人*	1	苦労人*	1
辛抱人*	（2）16	自由人*	（4）7	芸人*	4	横暴人	1		
仕事人	（5）11	貧乏人*	（4）6	暴力人	2	束縛人	1		
大儀人	（8）10	世話人*	（4）5	遠慮人	1	欲人	1		

注：词典标出词的比例为 10/17=58.8%。

表 3-21 总日本人：～人「ひと」（4 語）[24 語]

词	数量	词	数量	词	数量	词	数量
できる人	20	素人 *	2	旅人 *	1	玄人 *	1

注：词典标出词的比例为 3/4=75%。

表 3-22 总日本人：～人「じん・にん」（2 語）[3 語]

词	数量	词	数量
善人 *	2	聖人 *	1

注：词典标出词的比例为 2/2=100%。

表 3-23 总日本人：～人「にん・ひと」（1 語）[1 語]

词	数量
罪人 *	1

注：词典标出词的比例为 1/1=100%。

表 3-24 日本社会群体：～人「じん・にん・ひと」（39 語）[201 語]

～人「じん」（18 語）[77 語]

词	数量	词	数量	词	数量	词	数量	词	数量
賢人 *	（3）20	偉人 *	（3）4	北国人	1	賢夫人 *	1	ひま人 *	1
八方美人 *	（7）19	美人 *	（2）3	南国人	1	野蛮人 *	1	見識人	1
知識人 *	11	名人 *	（3）3	奇人 *	1	小人 *	1		
変人 *	（5）5	常識人	（2）2	粋人 *	1	星人	1		

注：词典标出词的比例为 13/18=72.2%。

表 3-25 日本社会群体：～人「にん」（14 語）[98 語]

词	数量	词	数量	词	数量	词	数量	词	数量
遊び人 *	（3）48	職人 *	（3）6	自由人 *	（4）4	道化人 *	1	苦労人 *	1
辛抱人 *	（2）16	世話人 *	（4）5	悪人 *	（2）3	横暴人	1	欲人	1
貧乏人 *	（6）6	仕事人	（2）4	芸人 *	1	遠慮人	1		

注：词典标出词的比例为 10/14=71.4%。

表 3-26　日本社会群体：~人「ひと」（4 語）[18 語]

词	数量	词	数量	词	数量	词	数量
できる人	（4）13	旅人*	（2）3	素人*	1	玄人*	1

注：词典标出词的比例为 3/4=75%。

表 3-27　日本社会群体：~人「じん・にん」（2 語）[7 語]

词	数量	词	数量
善人*	6	聖人*	1

注：词典标出词的比例为 2/2=100%。

表 3-28　日本社会群体：~人「にん・ひと」（1 語）[1 語]

词	数量
罪人*	1

注：词典标出词的比例为 1/1=100%。

表 3-29　日本大学生：~人「じん・にん・ひと」（33 語）[163 語]
~人「じん」（18 語）[86 語]

词	数量	词	数量	词	数量	词	数量	词	数量
八方美人*	（9）36	名人*	（3）4	奇人*	（2）2	関西人	1	偉人*	1
変人*	（4）16	常識人	（3）3	沖縄人	1	老人*	1	才人*	1
知識人*	7	日本人*	3	都会人*	1	仮面人	1		
賢人*	5	達人*	（2）2	寡人*	1	北海道人	1		

注：词典标出词的比例为 13/18=72.2%。

表 3-30　日本大学生：~人「にん」（8 語）[48 語]

词	数量	词	数量	词	数量	词	数量
遊び人*	（4）19	仕事人	（5）7	職人*	（3）3	暴力人	2
大儀人	（8）10	芸人*	3	自由人*	3	束縛人	1

注：词典标出词的比例为 4/8=50%。

表 3-31　日本大学生：~人「ひと」（4 語）[26 語]

词	数量	词	数量	词	数量	词	数量
できる人	（3）17	素人*	6	旅人*	（2）2	恩盗人*	1

注：词典标出词的比例为 3/4=75%。

表 3-32　日本大学生：~人「じん・にん」（2 語）[2 語]

词	数量	词	数量
善人*	1	聖人*	1

注：词典标出词的比例为 2/2=100%。

表 3-33　日本大学生：~人「にん・ひと」（1 語）[1 語]

词	数量
罪人*	1

注：词典标出词的比例为 1/1=100%。

「~人（じん）」的构词分类

①ⅰ、名词＋人

日本人【1】（日本人、能干的人）、沖縄人【45】（冲绳人、怕冷的人）、北海道人【46】（北海道人、怕热的人）、知識人【95】（知识分子、有见识的人）、名人【2，3，4，93，95】（名人、会办事的人）、常識人【93，95，109】（有常识、有公德的人）、趣味人【58】（做事投入的人）、星人【79】（多嘴多舌的人）、北国人【45】（北方人、怕冷的人）、関西人【67】（关西人、嘴碎的人）、南国人【45】（南方人、怕冷的人）、才人【100】（有才的人）、都会人【49】（城里人）、仮面人【63】（冷漠的人）、見識人【95】（有见识的人）、暇人【79】（闲人）、道化人【37】（滑稽的人）

ⅱ、名词＋形容词＋人

八方美人【3，26，28，29，55，60，61，75，99，】（八面玲珑的人）

②サ变动词 / 名词＋人

達人【2，4】（超人）、熱中人【7】（比别人都努力的人）、我慢人【6】（有耐性的人）

③**形容（动）词/名词＋人**

偉人【19，93，100】（见多识广的人）、賢人【93，95，100】（聪明有头脑的人）、変人【37，38，44，107，110】（与众不同的人）、美人【15，61】（爱干净的人）、奇人【16，110】（奇人）、新人【9】（新手）、野蛮人【32】（野蛮粗暴的人）、粋人【37】（老练的人）、賢夫人【19】（贤内助）、寡人（话少的人）【99】、老人【40】（守旧的人）、小人【27】（人格卑鄙的人）

「～人（にん）」**的构词分类**

①**名词＋人**

職人【2，4，7】（匠人、做事认真的人）、芸人【29】（做事滑稽的人）、暴力人【32】（狂暴的人）、悪人【71，94，】（凶恶的人）

②ⅰ、**动词连用形＋人**

遊び人【8，14，58】（放荡的人）

ⅱ、**サ变动词/名词＋人**

辛抱人【1，6】（忍耐性强的人）、仕事人【2，7】（能干的人）、遠慮人【30】（特别客气的人）、世話人【59，99，100，103】（爱帮助人的人）、束縛人【111】（嫉妒心强的人）、苦労人【6】（吃苦耐劳的人）、欲人【53】（欲望强的人）

③**形容（动）词/名词＋人**

貧乏人【45，54，57，63】（贪吃的人）、大儀人【23，52，73，85，105，106】（怕麻烦的人）、横暴人【32】（行为粗鲁的人）、自由人【8，13，17，110】（无拘无束的人）

「～人（ひと）」**的构词分类**

①**名词＋人**

旅人【39】（爱冒险的人）

②**形容词＋人**

素人【9】（外行生手）、玄人【2】（内行高手）

③**动词连体形＋人**

できる人【2，3】（能干的人）

「~人（じん・にん）」的构词分类

①名词＋人

聖人【93】（品德高尚的人）

②形容词＋人

善人【103】（善良温和的人）

「~人（にん・ひと）」的构词分类

①名词＋人 罪人【81】（罪人）

与「接尾辞」「~人」组合而成的"性向词汇"，上述词典中收录的有关「人（じん）」的词语，总日本人、日本社会群体、日本大学生的比例分别是 62.5%、72.2% 和 72.2%。「人（にん）」的比例分别是总日本人58.8%、日本社会群体 71.4%、日本大学生 50%。「人（ひと）」总日本人、日本社会群体、日本大学生均为 75%。由此可见，由「~人」构成的"性向词汇"与词典的一致率较高，超过上述的三个「接尾辞」，说明与「~人」结合而成的"性向词汇"具有较高的认知度与可接受性。根据「人（にん）」的社会群体与大学生之间的数据可以判断，大学生较之于社会群体，一致率较少，说明大学生的创新意识更加明显。值得说明的是，「人（じん・にん）」「人（にん・ひと）」这两种读音的"性向词汇"不仅数量极少，而且全都与词典中收录的一致。当然，「接尾辞」「~人」与「~家」同样，因为前面的语素基本上都是汉语词汇，故受到一些限制，构词能力远不及「~者」和「~屋」。

「接尾辞」「~人」接在表示国家、地域、人种或职业等词的后面，表示某国家、某地区、某种族的人，或从事某种工作的人，或具有某种身份、特征的人等。因此，「~人（じん）」所派生出的"性向词汇"呈现出空间地域等特点。如「日本人（能干的人）、沖縄人（怕冷的人）、北海道人（怕热的人）、北国人（怕冷的人）、関西人（嘴碎的人）、南国人（怕冷的人）、都会人（城里人）」等，不同于「~家」所具备的语言行为和欲望特征。「~人」的读音有三种，分别是「じん」、「にん」和「ひと」，三者在具有某种性向特征方面一致。有时同一个词兼有两种读音「じん」或「にん」、「にん」或「ひと」，不过这种情况比较少见。「~人」较之于「~者」「~屋」「~家」更能直截了当地表明具有某种性向行为的人，带有明确的标志特征，不仅简单易懂，而且清楚明了。值得说明的是，其中出现了属于日本大学生独特的比喻造词法而产生的新词，它不同于词典中的一般意思。比如，使用「日本人」形容和比喻"能干的人"以及"手巧会干活的人"。词典的解释是："具有日本国籍的人。"① 而日本大学生却在（1）"能干的人"这一分类项中灵活、巧妙地加以运用，也就是说「日本人」作为评价努力工作，能干的人而被使用。其形成应该与曾经名噪一时的日本人工作狂，如同「働き蜂」、「働き蟻」（工蜂般）的工作这一世人评价有着密切、不可分割的关系。「日本人」的广泛使用，折射出日本年轻人对自身民族的自信及其价值取向。同时，也从另一个侧面对日本国内的一些右翼分子所批评的日本国民过于自虐，丧失了民族自尊，鼓吹应该加大爱国主义教育的一种回应。当然，民族自信并不是靠喊口号，而是来源和积淀于人们的日常生活与工作之中。

　　类似的造词法还有很多，比如「北海道人」、「沖縄人」、「関西人」等，一般是指生活在北海道、冲绳和关西地区的人。但在日本大学生的性向词汇中，却把「北海道人」的原义加以扩展、演变成"怕热"这种对温度感觉的评价词汇。究其原因，主要是因为北海道地区气候寒冷，生活在北海道的人们适应了严寒气候，反倒不耐热、害怕闷热的缘故。同样用「沖縄人」评价"怕冷的人"也是出于类似的造词联想法，从另一个侧面反映了日本大学生极其关注南北极端的气温差异，体现出他们敏锐的洞察力及其旺盛的造词能力。生活在严寒地区的人们一般怕热，相反习惯于炎热酷暑的人们则怕寒，由此创造出不同于原义的新的评价词汇。汉语中也有类似的词语，如用"北方人"评价"怕热的人"；用"南方人"形容"怕冷的人"等。这一点与日本社会群体使用的「南国人」和「北国人」如出一辙。韩语中也有类似的例句，如「아프리카인」（怕热的人）、「남극인」（怕冷的人）等。这种对温度感觉的构词特点，三国表现出显著的共性。

　　需要留意的是，"性向词汇"中的「常識人」，意思是指"通情达理的人"。该词与一个人的能力或常识并不相关，带有明显的评价意义功能及其感情色彩。「常識人」的评价意义既不是字面意义上的专门知识，也不是人们理解的一般知识，而是与「常識のない人」（不明事理的人）截然相反，往往用于正面评价和比喻"阅历丰富、懂得人情世故"的人。「八方美人」（八面玲珑）意思是指不管从哪个方面而言，都是毫无缺点的美

---

① 新村出編. 広辞苑（第四版）[M]. 東京：岩波書店，1995.

人。由此衍生出不管对谁都能善于应酬，不会得罪人的人。如果从词义的意义功能来看，由灵活、敏捷发展到为人处事面面俱到、世故圆滑，带有轻微的讽刺意味，评价色彩上具有下降性倾斜趋势。本次调查的结果中，「八方美人」分别出现在（26）"没长性爱改变主意，情绪不稳定的人"；（29）"在外活跃在家老实的人"；（55）"大方豪爽，挥金如土的人"；（60）"多管闲事爱出风头的人"；（61）"对人热情的人"；（75）"爱恭维奉承的人"；（76）"没主见盲从的人"；（99）"善于交际的人"；（109）"死要面子的人"等9个语义小项中。除了（61）、（99）属于正面评价之外，其余的7个小项全都属于消极的、负面评价。此外，大学生使用的「外美人」也是运用同样的造词联想法生成的"性向词汇"。「仮面人」是指带着假面具的人。带假面具的人其表情和真心被隐藏在假面具之后，很难被人觉察与理解。日本大学生正是抓住了这一特点，创造出「仮面人」这一"性向词汇"，借此批评、讽刺"对人冷漠、铁面无私、漠不关心的人"。

「芸人」原指从事文艺工作的人，或指称艺术达人。但在日本人的"性向词汇"中，却用「芸人」来评价"做事滑稽可笑的人"。究其原因，主要是与日本人关注、留意当今流行的喜剧艺人有关。日本人紧紧抓住喜剧艺人表演时的风趣、滑稽、可爱等特点，对于"做事滑稽"的人给予比喻性的评价。

表3-34　总日本人：～的（31语）[149语]

词	数量	词	数量	词	数量	词	数量	词	数量
自己中心的	（6）36	外交的*	（2）3	楽天的*	1	意欲的*	1	信頼的	1
社交的*	（4）28	非社交的*	（2）3	合理的	1	主人的	1	理知的*	1
個性的*	27	消極的*	（3）3	論理的*	1	健康的*	1	特徴的	1
内向的*	（3）9	感傷的*	（2）2	批判的*	1	攻撃的*	1		
外向的*	（4）7	独創的*	2	世間的*	1	活動的*	1		
感情的*	（2）5	友好的	2	行動的*	1	精力的*	1		
積極的*	（2）3	利己的*	2	依存的	1	一般的	1		

注：词典标出词的比例为25/31=80.6%。

表 3-35　日本社会群体：～的（18 語）[56 語]

词	数量	词	数量	词	数量	词	数量	词	数量
個性的*	15	感情的*	（2）5	活動的*	1	世間的*	1	主人的*	1
自己中心的*	（6）10	外向的*	（2）2	利己的*	1	外交的*	1	精力的*	1
内向的*	（3）6	攻撃的	1	論理的*	1	消極的*	1		
社交的*	（3）6	合理的*	1	批判的*	1	意欲的*	1		

注：词典标出词的比例为 14/18=77.8%。

表 3-36　日本大学生：～的（22 語）[94 語]

词	数量	词	数量	词	数量	词	数量	词	数量
自己中心的*	（6）26	積極的*	（2）3	消極的*	（2）2	理知的*	1	一般的*	1
社交的*	（4）22	内向的*	（2）3	友好的	2	利己的*	1	依存的*	1
個性的*	12	独創的*	2	活動的*	1	特徴的*	1		
外向的*	（3）5	感傷的*	（2）2	健康的*	1	信頼的			
非社交的*	（2）3	外交的*	（2）2	楽天的*	1	行動的*	1		

注：词典标出词的比例为 18/22=81.8%。

构词分类

① ⅰ、名词/形容动词＋的

個性的【110】（个性强的人）、社交的【40，99】（善于交际的人）、内向的【28，90，98】（内向的人）、外向的【40，61】（外向的人）、感情的【42，43】（感情脆弱的人）、精力的【7】（有精力比别人都努力的人）、楽天的【20】（乐天派对什么都满不在乎优哉游哉的人）、利己的【22】（利己任性，不听话的人）、論理的【81】（有逻辑性死扣道理的人）、世間的【82】（有社会性说三道四，喜欢评论的人）、意欲的【39】（有激情爱冒险的人）、主人的【86】（对人严厉的人）、外交的【40，46】（有社交性的人）、友好的【99】（友好的人）、特徴的【110】（有特点的人）、理知的【81】（有理性的人）、一般的【7】（大众化的人）、消極的【27，28，90】（胆小怕事的人；在家里逞凶的人；性格不活泼忧郁的人）、積極的【21，40】（胆大的人；喜欢到处逛的人）、健康的【40】（有活力喜欢到处逛的人）、合理的【3】（做事很得要领的人）、感傷的【42，43】（多情善感的人）、自己中心的【35，64，106，110，111】（任性不听话的人；爱自夸炫耀的人；脸皮厚的人；个性强的人；小心眼妒忌心强的人）

ⅱ、「接頭辞」＋名词＋的

非社交的【62，98】（不善于交际难接触的人）

②サ变动词／名词＋的

批判的【82】（说三道四喜欢评论的人）、行動的【110】（个性强的人）、依存的【111】（小心眼妒忌心强的人）、独創的【110】（有独创性的人）、攻擊的【41】（有攻击性的人）、活動的【40】（喜欢到处逛的人）、信頼的【109】（可信赖的人）

与「接尾辞」「～的」组合而成的"性向词汇"在词典中收录的比例分别是总日本人 80.6%、日本社会群体 77.8%、日本大学生 81.8%。三者都很高，远远超过前文的四个「接尾辞」，这说明「～的」所构成的词汇得到了普遍认同，具有较高的普遍性。根据上述构词特点可以看出「接尾辞」「～的」主要附着于汉语的名词或サ变动词后面。汉语名词主要是与人的性格、性向等相关，表示具有某种倾向或者某种特性的人。『学研国語大词典』中有如下解释：「名詞およびそれに準ずる語（多く抽象的な意味を表わす漢語）につけて形容動詞語幹をつくる」（接在名词或相当于名词（多表示抽象意义的汉语）的词语后，使之成为形容动词词干）①。藤居（1957）也认为："'的'与名词结合是由惯用产生的。只要是名词，无论是汉语类词汇、西洋类词汇或是原汁原味的日语词汇，都可在其后添加'的'。并把'的'的这种特殊性称之为'无规则连接性'"②。我们也可从上面的"名词＋的"，"「接頭辞」＋名词＋的"、"名词＋名词＋的"这三种构词分类中得到佐证。此外，上述词语中几乎都是「～的」＋二字汉语形式，从中可以推测，「～的」与二字汉语的组合最为多见，这种构词特点在"性向词汇"中得以凸显，既有研究中也有类似的观点。比如冯帆在《关于日语中「接尾辞」"的"的考察》一文中指出：关于「接尾辞」"的"的前接词，汉语词（特别是二字汉语词）占主导地位。但多字汉语词与'的'结合的形式已经逐渐成为一种趋势，并将进一步增多。在词性方面，原则

---

① 金田一春彦，池田弥三郎.学研国语大词典 [M].2 版.東京：学習研究社，1988.
② 藤居.「的」ということば [C]//『言語生活』71 号，東京：筑摩書房：73，1998.

上'的'与具有名词用法的词语相结合，尽管副词、形容动词与'的'结合的比例极少，但也逐步改变其不与'的'结合的模式，而且随着外来语愈来愈多的引进及词汇的发展，副词、形容动词与之结合的比例将进一步加大"①。对此，铃木修次（1978）也曾精辟地指出："日本人的汉字造词法中，尽量不直接使用汉语，而在其后尽可能的添加上「接尾辞」'的'组合成新词。"②事实上，「～的」的能产性较强，日本人的语言生活中「的」的前接成分可以是汉语、也可以是日语固有的「和語」如「草分け的」、外来语如「マイナス的」、混合语如「マルクス主義的」等各种词性。

　　由「接尾辞」「～的」派生出的"性向词汇"不同于前面的「～者、屋、人、家」等直接对人进行评价，而侧重于评价对方具有某种性向行为倾向或者个性特征，语义应该是与「接尾辞」的「～ぽい」相似。即不是直截了当地对人，而是对人的具体性格和行为加以评价。「～的」尽管不及「～人」等「接尾辞」对人评价来得直接而明显，但并不局限于对人的性向行为，而是更为接近于对有其倾向的一种评价。尽管「～的」出自汉语，但该特点应该属于日语独有，明显不同于汉语，可谓是青出于蓝而胜于蓝。诚然，汉语中也有"看门的"这种由"看门"＋「接尾辞」"～的"的构词用法。因为加上了"的"词性发生了变化，由原先的动宾结构变成了名词性质，即看门的人。尽管如此，恰恰没有日语中代表某种倾向的人。可以认为，日语「～的」属于日本化的汉语，代表了日语「接尾辞」构词法的一大特色。此外「～的」和「～好き」具有类似的特点，可以根据前面的语义内容和感情色彩等，大致分为正面和负面这两个极端评价。如果将上述例句进行分类的话，「自己中心的、消極的、利己的」属于负面的、消极评价，而「社交的、積極的、楽天的、健康的」则属于正面的、积极评价。此外，评价他人时使用的「外向的、内向的」这类词汇，兼具正、负两个属性，可以根据具体的语境和对方特点，采取灵活应变的策略手段，对他人给予评价，充分体现出日语语言行为的"暧昧性"等特点。

　　『広辞苑』（第四版）中有关「的」的释义项是：「中国語の『的』（助詞「の」にあたる）をそのまま音読した語。名詞に添えてその性質を帯

---

　　③　冯帆．关于日语中「接尾辞」"的"的考察 [J]．安阳师范学院学报，2007：126-128.

　　④　鈴木修次．漢語と日本人 [M]．東京：みすず書房，1978.

びるその状態をなす意を表す」①。可见，「接尾辞」「～的」来源于汉语。有学者认为「的」是日本近代生成的接辞之一，作为日英对译语，最初产生于明治初期。比如翻译西方语言时使用的"科学的、民主的"（「的」）等词语，通过添加「的」使前面的名词变成形容词性。究其原因主要有三点。一是日本的江户时代非常盛行中国的白话小说，出现了仿造汉语助词"的"的一些使用方法②。二是音译法的缘故。大槻（1901）指出日语「接尾辞」「的」是英语–tic 的音译法③。三是日语形容词词性的缺乏急需形容词化的「接尾辞」，而「的」正好应运而生④。日本大正初期「～的」得到了迅速发展。昭和初期尽管其造词能力有所下降，但第二次世界大战之后又重新恢复了生气，出现了很多与「～的」组合的复合词。「～的」是日语中比较活跃、使用频率较高的汉语「接尾辞」。遗憾的是，汉语中并无上述用法。「～的」是在明治初期由汉语表示修饰关系的结构助词"的"按照「の」的意思传入日本，后来随着日语的发展与演变，作为英语–tic 的对译语加以使用，故语义、用法等方面均发生了日本式的变化。

　　不仅如此，「～的」的接续能力也在不断扩大，不但保留了与汉语词相结合的派生形式，而且又演变出与日语固有词如「気持ちの」甚至是人称代词「俺的」、「私的」等构词形式。不过，日语固有词、人称代词这种组合方式多用于避免明确表达意见时而使用的一种暧昧语言表现。日本在 2000 年的新语·流行语大奖中，排名第一的就是「私的には」。其意与「～の方（ほう）」「～みたいな」等意相近，明显属于委婉、含蓄的表现手法，深得日本年轻人的青睐和喜欢。日本年轻人通过使用「ぼかし表现」（不清晰，朦朦胧胧的语言表现），刻意追求一种暧昧模糊的境界，维系集团组织中的人际关系。日本人这种委婉表达的处事原则，陶冶出日本人特有的心有灵犀一点通的悟性。如果再将中日两国加以比较的话，不难发现中日两国的使用差异。比如日语有「女性的考え方」意思是指「女性のような」（类似 / 像女性的）、「女性らしい考え方」（女性的想法）等。

---

① 新村出編 . 広辞苑 [M]. 4 版 . 東京：岩波書店，1991.

② 山田巌 . 発生期における「的」ということば [C]//『言語生活』第 120 号，東京：筑摩書房，1961：56–61.

③ 大槻文彦 . 文字の誤用（東京市教育会演説）[C]//『復軒雑纂 1：国語学・国語国学問題篇』，東京：鈴木広光校注，平凡社，2002：251.

① 柳田国男 . 形容詞の欠乏 [C]//『柳田国男全集・国語史　新語篇』第 9 巻，東京：筑摩書房，1936：194–197.

这里的「～的」使前面的女性由名词变成形容词或使"女性"一词变得抽象化和暧昧化。相较而言，汉语的"女性的想法"，其间的"的"一定要与前面的女性组合共同修饰和限制后面的"想法"。也就是说，不是男性的想法，而是强调"女性的想法"这个特定之义，对"想法"进行了具体限制。日语的「女性的」其主体未必一定是指女性，也可以包括男性。但汉语并不同，仅仅局限于女性，两者呈现出明显的使用差异与各自特征。

表 3-37　总日本人：～好き（35 語）[163 語]

词	数量	词	数量	词	数量	词	数量
綺麗好き*	（2）45	酒好き*	2	批評好き	1	整頓好き	1
世話好き*	（3）31	せんさく好き	2	ひとり好き	1	行き好き	1
噂好き	18	掃除好き	2	外好き	1	お掃除好き	1
もの好き*	（3）12	自慢好き	2	お出かけ好き	1	旅好き	1
冒険好き	（2）8	出好き*	2	お調子好き	1	散らかし好き	1
遊び好き*	（2）6	悪ふざけ好き	1	芸好き	1	散歩好き	1
仕事好き	（2）6	買い好き	1	嘘好き	1	山好き	1
悪戯好き	3	面倒好き	1	節約好き	1	遠慮好き	1
冗談好き	3	派手好き	1	清潔好き	1		

注：词典标出词的比例为 6/35=17.1%。

表 3-38　日本社会群体：～好き（25 語）[90 語]

词	数量	词	数量	词	数量	词	数量	词	数量
綺麗好き*	（2）23	遊び好き*	3	お調子好き	1	悪ふざけ好き	1	清潔好き	1
世話好き*	（2）17	せんさく好き	2	ひとり好き	1	お出かけ好き	1	冗談好き	1
物好き*	（6）10	冒険好き	2	嘘好き	1	面倒好き	1	外出好き	1
噂好き	10	掃除好き	2	もの好き	1	派手好き	1	行き好き	1

（续上表）

词	数量	词	数量	词	数量	词	数量	词	数量
仕事好き	（2）5	外好き	1	出好き*	1	批評好き	1	節約好き	1

注：词典标出词的比例为 5/25=20%。

表 3-39　日本大学生：～好き（21 語）[74 語]

词	数量	词	数量	词	数量	词	数量
綺麗好き*	22	酒好き*	2	買い好き	1	遠慮好き	1
世話好き*	（3）14	冗談好き	2	散らかし好き	1	芸好き	1
噂好き	8	自慢好き	2	散歩好き	1	整頓好き	1
冒険好き	（2）6	お掃除好き	1	山好き	1		
悪戯好き	3	出好き*	1	仕事好き	1		
遊び好き*	（2）3	旅好き	1	物好き*	1		

注：词典标出词的比例为 6/21=28.6%。

构词分类

① i、名词＋好き

噂好き【82】（爱打听的人）、外好き【40】（喜欢到处逛的人）、酒好き【50】（很能喝的人）、冗談好き【74】（爱开玩笑的人）、嘘好き【82】（爱撒谎的人）、ひとり好き【98】（不善于交际的人）、もの好き【58】（好事的人）、芸好き【58】（喜欢技艺的人）、旅好き【40】（喜欢旅游的人）、山好き【18】（喜欢爬山的人）

ii、「接頭辞」＋名词／サ变动词＋好き

お調子好き【31】（没长性的人）、お掃除好き【16】（爱干净的人）

② i、动词连用形＋好き

散らかし好き【17】（不喜欢收拾的人）、出好き【40】（喜欢到处逛的人）、買い好き【57】（不节约爱浪费的人）、遊び好き【14，58】（爱玩的人）、行き好き【40】（爱出门的人）

ii、「接頭辞」＋动词连用形＋好き

お出かけ好き【40】（喜欢到处逛的人）、悪ふざけ好き【31】（喜欢做恶作剧的人）

ⅲ、サ变动词 / 名词＋好き

掃除好き【16】（爱干净的人）、自慢好き【64】（自夸炫耀的人）、冒険好き【39，40】（喜欢冒险的人）、世話好き【55，59，60】（助人为乐的人）、批評好き【82】（说三道四喜欢评论的人）、せんさく好き【38】（喜欢较真的人）、仕事好き【1，7】（能干的人）、節約好き【59】（喜欢节约的人）、整頓好き【15】（爱打扫的人）、散歩好き【40】（喜欢出门的人）、遠慮好き【30】（太客气的人）

③ 形容动词 / 名词＋好き

綺麗好き【15，16】（爱干净的人）、派手好き【40】（喜欢到处逛的人）、面倒好き【59】（助人为乐爱帮助别人的人）、悪戯好き【31】（喜欢做恶作剧的人）、清潔好き【15】（爱干净的人）

「～好き」是源自固有日语（和语）属于形容动词性质的「接尾辞」，与其结合而成的"性向词汇"，被词典收录的比例分别是总日本人 17.1%、日本社会群体 20%、日本大学生 28.6%。三者都很低，与上述出自汉语的「～的」大相径庭。这说明无论是社会群体还是大学生对来自和语的「接尾辞」「～好き」运用起来更为得心应手，发挥出丰富的构词联想力，创造出为数不少的独有的"性向词汇"。根据上述的构词特点，「～好き」既可以与名词也可以与动词（连用形或サ变动词等）甚至与形容动词等组合派生出新词，具有较强的能产性。由此可见「～好き」也是日本人较为喜欢的「接尾辞」之一。通过使用「接尾辞」「～好き」，具有某种性向行为特点便会一目了然、简洁而明了。这种构词形式不仅简单直接，而且能够精确地反映出被评价人的性向特征。但是，语言表达直截了当，给对方不留余地，缺乏委婉与含蓄，这种形式有悖于日本人的语言行为特点，评价他人时需要小心与慎重。

另外，"名词＋好き（源自动词）"的形式，是由省略句变化而来。比如「世話好き」、「酒好き」等，是由「世話が / を好き」、「酒が / を好き」这种具有一定的"格关系"即动宾结构的短句经过省略后形成的性向词汇。因此，这种由「接尾辞」「～好き」所构成的"性向词汇"，其侧重点在于前面的动作与行为本身。如「山好き、旅好き、酒好き、冒険好き」等，表示"总是做那事"或"喜欢做那种事情的人"。我们可以根据「好き」的前部语素的内容和意思，分为"正面的、积极的"与"负面的、消极的"两种评价。比如「整頓好き、綺麗好き」这两种形态，均在小项（15）「きれい好きな人」（爱干净的人）这一正面评价小项中出现。相反

「散らかし好き、悪戯好き」等形态，均在小项（17）"不爱收拾，懒惰"、
（33）"喜欢做恶作剧"等负面评价小项中被人们加以使用。日本人灵活运
用不同的语义功能及其评价色彩，衍生出多种多样的新词。这种构词方式
与特点，在"性向词汇"中属于经济有效的造词方法，值得我们进一步深
入研究与探索。

表 3-40　总日本人：~さん（40 語）[73 語]

词	数量	词	数量	词	数量	词	数量
頑張り屋さん	（4）18	お嬢さん*	2	おのぼりさん*	1	おりこうさん	1
お母さん*	（2）4	きちんとさん	1	お節介屋さん	1	お地蔵さん	1
天気屋さん	3	サザエさん*	1	カメさん	1	お世辞屋さん	1
おばさん*	（3）3	妬み屋さん	1	だるまさん	1	お偉いさん	1
お馬鹿さん	（2）3	感激屋さん	1	ウーさん	1	ぶらさん	1
のんびり屋さん	3	我慢屋さん	1	べっぴんさん	1	奥さん*	1
ほとけさん	（2）2	欲張り屋さん	1	締まり屋さん	1	大食さん	1
気分屋さん	2	自慢屋さん	1	焼き餅焼き屋さん	1	没頭屋さん	1
おじいさん*	2	うぬぼれ屋さん	1	こぶとりじいさん	1	忍耐屋さん	1
花沢さん	2	オハラショウスケさん	1	与太さん	1	焼き餅さん	1

注：词典标出词的比例为 7/40=17.5%。

表 3-41　日本社会群体：~さん（23 語）[32 語]

词	数量	词	数量	词	数量	词	数量
頑張り屋さん	（2）4	天気屋さん	2	お母さん*	1	妬み屋さん	1
おじいさん*	2	うぬぼれ屋さん	1	カメさん	1	感激屋さん	1

（续上表）

词	数量	词	数量	词	数量	词	数量
お馬鹿さん	（2）2	おのぼりさん*	1	だるまさん	1	焼き餅焼き屋さん	1
お嬢さん*	2	オハラショウスケさん	1	のんびり屋さん	1	こぶとりじいさん	1
ほとけさん	（2）2	おりこうさん	1	べっぴんさん	1	与太さん	1
気分屋さん	2	お節介屋さん	1	締まり屋さん	1		

注：词典标出词的比例为 4/23=17.4%。

表 3-42　日本大学生：~さん（22 語）[37 語]

词	数量	词	数量	词	数量	词	数量
頑張り屋さん	（4）10	ウーさん	1	きちんとさん	1	忍耐屋さん	1
おばさん*	（3）3	お地蔵さん	1	サザエさん*	1	焼き餅さん	1
お母さん*	（2）3	お馬鹿さん	1	ぶらさん	1	天気屋さん	1
のんびり屋さん	2	お世辞屋さん	1	奥さん*	1	我慢屋さん	1
花沢さん	2	お偉いさん	1	大食さん	1		
欲張り屋さん	1	自慢屋さん	1	没頭屋さん	1		

注：词典标出词的比例为 4/22=18.2%。

「~さん」的构词分类

①ⅰ、名词＋さん

サザエさん【34】（不稳重，像个假小子）、おばさん【23，82，106】（说三道四喜欢评论）、ほとけさん【61，103】（大好人）、花沢さん【34】（疯丫头）、オハラショウスケ（小原庄助）さん【14】（败家子）、カメさん【10】（乌龟、做事慢的人）、だるまさん【68】（达摩大师、话少的人）、べっぴんさん【15】(爱美的人)、与太さん【83】(粗鲁的人)、奥さん【65】(夫人、会来事的人)、焼き餅さん【111】(爱吃醋的人)

ⅱ、**名词＋屋＋さん**

天気屋さん【26】(情绪不稳定的人)、気分屋さん【26】(没长性的人)

ⅲ、**「接頭辞」＋名词/形容动词＋屋＋さん**

お母さん【1,59】(母亲、助人为乐的人)、おじいさん【85】(老爷子、对人严厉)、お馬鹿さん【95,96】(愚笨的人)、お嬢さん【97】(大小姐、不懂人情世故，任性的人)、お地蔵さん【19】(沉着的人)、お世辞屋さん【75】(花言巧语的人)、お節介屋さん【78】(爱管闲事的人)、おりこうさん【93】(聪明的人)

ⅳ、**名词＋动词连用形＋屋＋さん**

焼き餅焼き屋さん【111】(爱吃醋的人)、こぶとりじいさん【53】(贪心的人)

②ⅰ、**动词连用形＋屋＋さん**

欲張り屋さん【48】(贪婪的人)、頑張り屋さん【1,6,7,56】(能干的人)、妬み屋さん【111】(小心眼嫉妒心强的人)、うぬぼれ屋さん【64】(骄傲自大的人)、締まり屋さん【56】(节俭的人)

ⅱ、**「接頭辞」＋动词连用形＋さん**

おのぼりさん【38】(外地人)、大食(い)さん【47】(能吃的人)

ⅲ、**サ变动词/名词＋屋＋さん**

自慢屋さん【64】(自我炫耀的人)、感激屋さん【42】(感情脆弱的人)、我慢屋さん【6】(忍耐性强的人)、没頭屋さん【7】(做事太投入的人)、忍耐屋さん【6】(有耐性的人)

③ⅰ、**形容词省略形＋さん**

ウーさん【105】(絮叨的人)

ⅱ、**「接頭辞」＋形容词＋さん**

お偉いさん【98】(难接触的人)

④**副词＋屋＋さん**

きちんとさん【4】(做事认真的人)、のんびり屋さん【20】(什么都不在乎的人)、ぶらさん【52】(爱闹事的人)

「～さん」可谓是真正意义上的日语固有的「接尾辞」，与它结合而成

的词汇数量，虽不及上述的几个「接尾辞」，但构词形式却丰富多彩，种类繁多，与上述「接尾辞」相比可谓有过之而无不及，充分显示出其灵活多样的构词能力。这与「～さん」是源自固有日语的真正的「接尾辞」这一词性特征有着密切的关系。由「～さん」所构成的"性向词汇"，在词典中收录的比例分别是总日本人17.5%、日本社会群体17.4%、日本大学生18.2%，三者均不到二成，说明「～さん」构成的词汇具有明显的独创性。换言之，较之于其他「接尾辞」，「～さん」具有很强的构词能力，在日常生活中被日本人运用得惟妙惟肖、淋漓尽致。在上述的构词类型中，既有"名词＋さん"，又有动词、形容词、形容动词、副词等多种形态。可以认为，日本人尤其是大学生在新的价值观和对人关系的驱使下，导致追求构词方法上的创新。值得说明的是，日本人在原有词汇意义的基础上，通过比喻等修辞手法灵活多变地进行词义转变，对人给予细微多样的评价。比如「お母さん」（妈妈）、「おばさん」（中年妇女、大妈）、「おじいさん」（爷爷）、「お嬢さん」（大小姐）、「奥さん」（妻子、太太）等亲族、社会称谓，作为"性向词汇"加以使用时它们的原义消失，而是被日本人抓住它们的各自特点，作为比喻义而被使用。如「お母さん」出现在（1）"能干的人"；（59）"喜欢助人为乐，爱帮助人的人"这两个语义小项中。就是说「お母さん」并不是原义的妈妈，而是仅仅保留妈妈的善良与和蔼可亲等特点，流露出说话者的好感与亲切，是对"善良、贤惠之人"的一种赞誉与好评。同样对于「おばさん」（中年妇女、大妈）这一词汇，日本人巧妙地利用日常生活以及电视剧中出演的中年妇女、大妈等人物形象，她们往往具有"话多嘴碎、爱瞎聊、蛮横、多管闲事"等特点。通过使用「おばさん」用以评价（23）蛮横骄傲自大；（60）多管闲事爱出风头；（106）脸皮厚的人，这种比喻的修辞手法，精巧细致地将对方的上述特征描绘得出神入化、栩栩如生。日本的「おばさん」与中国的"大妈"形象不分上下，各有千秋。此外，「サザエさん」「花沢さん」均是日本动漫中家喻户晓的主人公和配角的名字。日本大学生通过对动漫中的人物形象、心理活动的描写，以及动作行为、性格特征等方面的捕捉与细心观察，生动形象、巧妙地运用在生活中具有同样性格特征的人物身上，如用「サザエさん」（海螺小姐／海螺太太）隐喻"过于活泼的女孩，假小子"。「人気アニメのキャラクターの名前をそのまま性向語彙として生かすということは若者なりの着想であろう（人气动漫主人公的名字作为性

向词汇直接使用，应该属于年轻人特有的创意与丰富的联想）。这一特点
与本次调查结果完全吻合。①除了动漫人物以外，民谣以及民间故事中的
人物也成为日本人对人评价的"性向词汇"。如民谣『会津磐梯山』中的
「オハラショウスケ（小原庄助）さん」由于生活奢侈，造成了家业衰败。
正因如此，他被用来比喻"不务正业的败家子"，成为负面评价的"性向
词汇"。同样，民间故事中「こぶとりじいさん」（取肉瘤的老爷子）此人
贪得无厌，便成了贪心人的代名词，被用来讽刺、责难贪婪无度的人。当
然，巧用动漫中的人物形象进行比喻评价的方式，并非日本人独有，中国
人和韩国人也表现得毫不逊色。不过中日韩三国在选用何种人物加以形容
和比喻等方面，各自的着眼点和关注点有所不同。

　　「～さん」作为「接尾辞」，它的基本用法是接在人的姓、名或表示人
的身份、公司组织等名词后，向对方表示一种敬意或爱称，起到拟人化的
效果。比如类似于「山田さん、田中さん」（山田、田中先生）等称呼。也
就是说，说话者通过使用"姓＋さん"等形式，向对方表明自己的敬意。
不过，日本人的"性向词汇"中，有关「接尾辞」「～さん」不仅具有表
示敬意的基本用法，还有其他的一些独具匠心的使用倾向。具体而言，「～
さん」与名词（固有名词）的组合毋庸置疑，还可以前接形容词如「お偉
いさん」，副词如「きちんとさん」等形式，然后发生名词性转变，用于
评价具有此种性向的人。方言领域中同样可见类似的造词联想法②。「ウー
さん」（啰唆，吹毛求疵）是由形容词「うるさい」缩短后再与「さん」
组合而成的新词。这种省略的构词特点，一定程度上反映了大学生这个特
定的群体，他们不满足于既有的词汇，敢于打破传统的框框架架，不拘泥
于语法等规范，在生成新词方面大胆创新、勇于尝试。上述的新词尽管五
花八门、随意性较强，但却充满了浓厚的人文色彩，令人拍案叫绝。

　　需要留意的是，「接尾辞」「屋」＋「さん」，即由「～屋さん」这两
个「接尾辞」共同组合而成的词汇。如「八百屋さん」（蔬菜店）、「ラー
メン屋さん」（拉面馆）、「写真屋さん」（照相馆）等等，一般是指专门商
店，如从事照相、饮食、菜店等行业或表示从事其行业的人。但是，日本

----

　　① 室山（1998）指出日本方言社会中仅有男孩子的名字用于对人评价。但中日韩三国普通
话中的性向词汇，却出现了使用女孩子的名字对人评价的词语。见室山敏昭 . 生活語彙の構造と
地域文化 [M]. 東京：和泉書院，1998：306.

　　① 室山敏昭 . 地方人の発想法─方言 [M]. 広島：文化評論出版株式会社，1980.

人创造的“性向词汇”中，如社会群体使用的「お節介屋さん」（多管闲事的人）、「のんびり屋さん」（闲散的人）、「感激屋さん」（感情脆弱的人）；大学生使用的「頑張り屋さん」（能干的人）、「忍耐屋さん」（忍耐心强的人）、「没頭屋さん」（做事太投入的人）、「欲張り屋さん」（贪婪的人）等，都是指向具有此种动作行为的人。「屋」的后面再添加上「接尾辞」「さん」，两者累加使得原先的词义增添了一份亲切，评价程度得到了一定程度的缓和与下降。然而，这种「接尾辞」重叠使用的构词形式，在“性向词汇”中仅局限于「屋」与「さん」的连接，而与「屋」语义功能基本相同的「者、人、家」均未出现，这一点值得留意。究其原因可能在于，「屋」与「さん」的连接模仿了「八百屋さん」（蔬菜店）、「ラーメン屋さん」（拉面馆）的派生法而构成的新词，而「者、人、家」并没有这种重叠使用的特点，故此，也就不会派生出类似于「欲張り屋さん」（贪婪的人）等词汇。此外，「お馬鹿さん」（愚蠢笨蛋）通过增添「お~さん」的形式，较之于骂詈语的「馬鹿者」，流露出说话者的爱意与亲昵，对方的可爱、调皮等特点跃然纸上。可以认为，这种构词特点是日语“性向词汇”中的主要特色。如果能够正确使用，可使人际关系更加融洽与和谐，有助于达成交际目的，更好地提高交际评价效果。近年来，学术界对“骂詈语”进行描述与研究，反映了“骂詈语”在人们交往生活中的重要地位及其发挥的语义功能。如果对方属于亲密、友好的人际关系，说话者通过使用粗鲁、骂詈等策略手段，能让对方倍感亲近，带有浓厚的感情色彩，起到提高话语者之间亲和力的交际效果。比如上文的「馬鹿」、「お馬鹿さん」，如果运用在关系亲密的人际对象方面，均能缩短双方间的心理距离，更好地促进良好的人际关系。

表3-43　总日本人：~がり（16语）[166語]

词	数量	词	数量	词	数量	词	数量
暑がり *	61	目たちたがり	（3）6	恥ずかしがり *	1	やりたがり	1
寒がり *	59	出たがり *	（2）5	さぶがり	1	大儀がり	1
怖がり *	（2）14	見たがり	2	知りたがり	1	欲がり	1
面倒くさがり	（5）12	羨ましがり	1	ダルがり	1	詰たがり	1

注：词典标出词的比例为 5/16=31.3%。

表 3-44　日本社会群体：~がり（12 語）[78 語]

词	数量	词	数量	词	数量	词	数量
暑がり*	29	目たちたがり	（3）4	怖がり*	2	やりたがり	1
寒がり*	27	出たがり*	（3）3	知りたがり	1	恥ずかしがり*	1
面倒くさがり	（4）6	見たがり	2	さぶがり	1	欲がり	1

注：词典标出词的比例为 5/12=41.7%。

表 3-45　日本大学生：~がり（10 語）[88 語]

词	数量	词	数量	词	数量	词	数量
寒がり*	32	面倒くさがり	（2）6	ダルがり	1	羨ましがり	1
暑がり*	32	目たちたがり	（2）2	大儀がり	1		
怖がり*	（2）10	出たがり*	2	詰たがり	1		

注：词典标出词的比例为 4/10=40%。

构词分类

①名词 / 形容动词＋がり

欲がり【48】（嘴馋贪吃的人）、大儀がり【18】（游手好闲的人）

②动词连用形＋たい＋がり

目立ちたがり【21，36，60】（爱显摆的人）、出たがり【40，67】（喜欢到处逛的人）、見たがり【38】（好奇心强的人）、知りたがり【39】（爱凑热闹的人）、やりたがり【59】（多管闲事爱出风头的人）、詰（め）たがり【64】（爱表现的人）

③形容词＋がり

暑がり【46】（怕热的人）、寒がり【45】（怕冷的人）、面倒くさがり【11，17，18，98】（不喜欢收拾；游手好闲的人）、怖がり【27，111】（胆小怕事的人）、さぶがり【45】（怕冷的人）、羨ましがり【111】（羡慕的人）、恥ずかしがり【28】（害羞的人）、ダルがり【8】（厌倦疲惫的人）

与「接尾辞」「~がり」组合的"性向词汇"被词典收录的比例分别是总日本人 31.3%、日本社会群体 41.7%、日本大学生 40%，三者一致率均高于「~さん」，说明「~がり」所构成的"性向词汇"具有较高的认知度与可接受性。「~がり」既可以接续名词又可以接续动词、形容词及形容动词等，表现出较强的构词能力。尽管总日本人的不重复词汇量仅有

16 词，但重复词汇量居然高达 166 词。可见，性向词汇具有较广的普遍性和较高的认知度。其中「寒がり」（怕冷的人）、「暑がり」（怕热的人）的重复词汇量最高，分别是社会群体（27/29）、大学生（32/32），具有很高的定型性。只要是评价对方怕冷、怕热等对温度的感受性，绝大多数日本人均会使用。换言之，怕冷或怕热属于个人身体的感受，较为单一，它不同于工作学习等千差万别的性向行为，也就不需要太多的"性向词汇"给予评价。如果再把上文的词汇进行细分不难发现，「～がり」和下文要分析的「～ぽい」一样，侧重于负面的、消极评价和感情色彩。

表 3-46　总日本人：～たれ（18 語）[42 語]

词	数量	词	数量	词	数量	词	数量
しみったれ*	（3）8	馬鹿たれ*	3	理屈ったれ	1	がしんたれ*	1
へたれ	（2）5	文句ったれ	2	理屈たれ	1	不精たれ	1
かばちたれ	（2）4	悪たれ*	1	あかんたれ	1	大文たれ	1
文句たれ	4	がんぼたれ	2	欲ったれ	1		
おおものたれ	（3）3	欲たれ	1	蘊蓄たれ	1		

注：词典标出词的比例为 4/18=22.2%。

表 3-47　日本社会群体：～たれ（17 語）[34 語]

词	数量	词	数量	词	数量	词	数量
しみったれ*	（3）7	がんぼたれ	（2）2	大文たれ	1	あかんたれ	1
へたれ	（2）4	悪たれ	2	理屈ったれ	1	がしんたれ*	1
文句たれ	4	あかんたれ	1	馬鹿たれ*	1		
おおものたれ	（3）3	欲たれ	1	文句ったれ	1		
かばちたれ	（2）2	蘊蓄たれ	1	欲ったれ	1		

注：词典标出词的比例为 3/17=17.6%。

表 3-48　日本大学生：～たれ（6 語）[8 語]

词	数量	词	数量	词	数量
かばちたれ	2	しみったれ*	1	文句ったれ	1
馬鹿たれ*	2	へたれ	1	理屈たれ	1

注：词典标出词的比例为 2/6=33.3%。

构词分类

①名词／形容动词＋（つ）たれ

しみったれ【48，54，56】（抠门的人）、かばちたれ【80，81】（小玩闹儿）、文句たれ【80】（爱唠叨的家伙）、おおものたれ【63，69，73】（臭显摆的人）、文句ったれ【80】（牢骚鬼）、がんぼたれ【33】（淘气难管的小子）、欲たれ【53】（贪心的家伙）、理屈ったれ【81】（认死理的家伙）、理屈たれ【81】（讲歪理的人）、蘊蓄たれ【81】（能侃的人）欲ったれ【53】（贪得无厌的家伙）、がしんたれ【54】（无能之徒）、大文たれ【73】（牛皮匠）、へたれ【92】（胆小鬼）、馬鹿たれ【96】（混蛋）、不精たれ【18】（懒惰之徒）

② 动词＋助动词＋たれ

あかんたれ【92】（孬种）

③ 形容词＋たれ

悪たれ【33】（坏小子）

由「～たれ」组成的"性向词汇"，与词典中一致的比例分别是总日本人22.2%、日本社会群体23.5%、日本大学生33.3%。三者的一致率都很低，反映出「～たれ」所构成的"性向词汇"不同于一般词典收录的词汇，具有明显的独特性和新颖性。同时也说明「～たれ」在派生性向词汇方面具有较强的构词能力，这无疑出自日本人对人评价的需求。「～たれ」一般接在名词的后面，属于斥责、谩骂的「接尾辞」。由它构成的性向词汇完全属于负面评价范畴，其负面评价程度较之上述其他的「接尾辞」，表现得最为强烈。比如「不精たれ」（懒惰之徒）、「文句たれ（爱唠叨的家伙）、文句ったれ（牢骚鬼）」等，较之于「不精者」、「文句屋、文句者」等，其贬低程度极其显著。不仅如此，为了进一步提高「～たれ」的负面评价程度，又派生出在「～たれ」与上接词之间嵌入促音「っ」的构词形式。另外，在「～たれ」组成的性向词汇中，有原本属于方言词，但因在漫画、小说中又被改编为电视剧或电影使用后变成广为人知的普通话。如源自大阪方言的「あかんたれ（孬种）、がしんたれ（无能之徒）」；源自广岛方言的「かばちたれ（小玩闹）、がんぼたれ（淘气难管的孩子、小子）」等。本次调查结果中「～たれ」既可以与名词也可以与动词、形容动词等组合派生出新的"性向词汇"。

表3-49　总日本人：~ぽい（12語）[33語]

词	数量	词	数量	词	数量	词	数量
愚痴っぽい*	（2）9	子供っぽい*	（3）3	溺れっぽい	1	犬っぽい	1
怒りっぽい*	（2）5	飽っぽい*	3	荒っぽい*	1	嫌みっぽい	1
理屈っぽい*	5	涙っぽい	2	しめっぽい*	1	女の子っぽい	1

注：词典标出词的比例为7/12=58.3%。

表3-50　日本社会群体：~ぽい（8語）[21語]

词	数量	词	数量	词	数量	词	数量
愚痴っぽい*	8	怒りっぽい*	（2）2	子供っぽい*	（2）2	しめっぽい*	1
理屈っぽい	4	涙っぽい	2	飽っぽい	1	荒っぽい	1

注：词典标出词的比例为7/8=87.5%。

表3-51　日本大学生：~ぽい（9語）[12語]

词	数量	词	数量	词	数量
怒りっぽい*	1	犬っぽい	1	愚痴っぽい*	1
飽っぽい*	1	子供っぽい*	1	理屈っぽい*	1
女の子っぽい	1	溺れっぽい	1	嫌みっぽい	1

注：词典标出词的比例为5/9=55.6%。

构词分类

①名词＋（っ）ぽい

女の子っぽい【15】（像女孩爱干净）、子供っぽい【31，36，37】（像个孩子爱冲动；做事滑稽）、理屈っぽい【81】（爱较劲儿的人）、嫌みっぽい【81】（令人讨厌的人）、涙っぽい【42】（感情脆弱心软的人）、愚痴っぽい【80，92】（牢骚满腹的人）、犬っぽい【25】（像狗一样坐不住的人）

②动词连用形＋（っ）ぽい

飽きっぽい【12】（没长性爱改变主意的人）、怒りっぽい【41，80】

（动不动爱生气的人）、 溺れっぽい【50】（很能喝酒的人）、しめっぽい
【90】（抑郁不合群的人）

　　③形容词＋（っ）ぽい

　　荒っぽい【83】（语言粗野的人）

　　与「接尾辞」「~ぽい」共同组合而成的"性向词汇"，在词典中收
录的有7个，使用词汇在词典中收录的占比分别为总日本人58.3%，日
本社会群体87.5%、日本大学生56.6%。根据87.5%和56.6%之差能够推
测，大学生特有的并不少见。比如大学生使用的「犬っぽい」（坐不住的
人），来源于狗喜欢到处逛的习性，通过比喻等修辞手法，形象生动地将
日常生活中具有如下特点的人，如"坐立不安、好动、多动症、闲不住"
等用「犬っぽい」加以形容，显得简洁明了、生动而鲜活。需要说明的是
「~ぽい」并不代表具有这种性质本身，而是与此相近。正因为如此，日
本人创造的"性向词汇"中，有关「接尾辞」「~ぽい」的词汇，全都属
于负面评价词汇。可以断言「~ぽい」仅仅局限于负面的、消极的意义功
能。「接尾辞」「~ぽい」接在名词等后面，表示具有某种倾向的人。如
用「子供っぽい」比喻"淘气难管，喜欢做恶作剧的人"。言下之义是指
"你已经不是小孩子了，却依然像个孩子一样幼稚天真、缺乏经验，不够
老练"，带有贬义色彩，明显含有批评和讽刺之义。换言之，具有淘气捣
蛋，爱捉弄人这类倾向的人都可以使用「子供っぽい」加以评价。动词连
用形加「接尾辞」「~ぽい」的形式，首先把动词名词化，然后再与「~
ぽい」共同组合，一般用于评价具有某种动作和行为特征的人。如果再仔
细观察不难发现，「子供っぽい」隐含着作为孩子的一些特征与性质，说
话者根据自己的认知能力和语境进行判断，属于一种主观评价。再如「女
の子っぽい」意思是指明明是男性，却表现出女性做派。「接尾辞」「~ぽ
い」往往立足于说话者的感觉与认知等基础之上，故「女の子っぽい」这
一评价词汇容易被外观等印象所左右。如果对方是同性恋「おかま、ニュ
ーハーフ」等性取向不明的人，使用「女の子っぽい」加以推测与评价的
话，作为女性的可能性则会明显提高。与此相比，动词"连用形＋ぽい"
的形式，是指具有较高的某种倾向或者经常做某事等义。正因为如此，可
以进行下面两种解释。比如「怒りっぽい」既可以解释为"总爱发火生气
的人"，也可以解释为"因为一点小事，马上就会翻脸动怒的人"这两种
不同的含义。

表 3-52　总日本人：~坊（10 語）[77 語]

词	数量	词	数量	词	数量	词	数量	词	数量
怒りん坊*	28	暴れん坊*	(2) 13	慌てん坊*	(2) 5	卑しん坊*	1	甘えん坊*	1
食いしん坊*	(2) 14	利かん坊*	8	けちん坊*	5	風来坊*	1	頑坊*	1

注：词典标出词的比例为 10/10=100%。

表 3-53　日本社会群体：~坊（8 語）[40 語]

词	数量	词	数量	词	数量	词	数量
怒りん坊*	13	暴れん坊*	(2) 6	けちん坊*	5	卑しん坊*	1
食いしん坊*	(2) 7	利かん坊*	5	慌てん坊*	2	風来坊	1

注：词典标出词的比例为 8/8=100%。

表 3-54　日本大学生：~坊（7 語）[37 語]

词	数量	词	数量	词	数量	词	数量
怒りん坊*	15	食いしん坊*	(2) 7	利かん坊*	(2) 3	頑坊*	1
暴れん坊*	(2) 7	慌てん坊*	(2) 3	甘えん坊*	1		

注：词典标出词的比例为 7/7=100%。

构词分类

①名词形容动词＋坊

風来坊【40】（到处逛的人）、けちん坊【54】（小气鬼）、頑坊【31】（淘气包）

② i 、动词连用形＋ん＋坊

怒りん坊【41】（易生气的人）、暴れん坊【32，33】（行为粗鲁的人）、あわてん坊【36】（不稳重的人）、甘えん坊【92】（爱撒娇的人）

ii 、动词连用形＋形容词＋ん＋坊

食いしん坊【47，48】（注：是模仿「卑しん坊」的「しん坊」而构成的性向词汇，因此构词形式不同于其他的"动词连用形＋ん＋坊"）（小

馋猫）

ⅲ、动词未然形＋ん＋坊

きかん坊【33】（不听话的孩子）

③形容词＋ん＋坊

卑しん坊【48】（讨厌的人）

「～坊」与「接尾辞」「～屋」极为相似，原义均表示某一个特别的空间，后来又虚化为「接尾辞」，它不同于出自汉语的「～者、～人、～家」等「接尾辞」。「～坊」的语义特征是指具有某一种性向及其行为的人，并带有亲昵、嘲讽和调侃的语气。与「～坊」共同组合的"性向词汇"，不管是社会群体还是大学生，所用词语全都可以在词典中得以确认。这说明在"性向词汇"中「～坊」的构词能力远不及上述的「接尾辞」，同时也反映出「～坊」所派生出的"性向词汇"具有一般性特征。「～坊」与「～ぽい」相同，受制于使用范围的局限，一般倾向于评价负面的、不好的人与事。比如「けちん坊」（小气鬼）、「暴れん坊」（粗鲁的人）等，这种负面评价特点，我们也可以根据上文的其他词汇得以佐证。值得说明的是，如果用「甘えん坊」评价别人，任性刁蛮、喜欢撒娇的形象自不待言，但是，对方的可爱以及说话者的亲昵之情则会油然而生。与其说是否定还不如说是充满了爱意和调侃的语气。可以判断，「～坊」这个「接尾辞」不一定局限于负面评价。说话者可以根据具体语境和对象灵活运用，通过增添几分可爱与亲切之情，将负面的感情色彩进行缓和。

以上所分析的 11 种类型，大致可分为三大类。一是「体言系」（名词性质的）「接尾辞」，如「者・屋・家・人・坊・さん」等。这类"名词性质的「接尾辞」"与前面的实词共同组合，用以指代具有某种性向特征、动作行为的人。可见，这类构词特点在评价他人时承担着积极的评价机能以及社会功效，在派生"性向词汇"方面发挥了不可或缺的作用。二是「用言系」（动词、形容词、形容动词等）的「接尾辞」，如「好き」等具有一定"格关系"（动宾结构）的惯用语句经过省略后形成，在对人评价上显得直截了当。三是如「っぽい、的、がり」等形式，不同于上面两大类直接表示对具有某种性向的人或某种性向及行为的评价，而是对似乎或多或少具有某种性向及行为进行不确定的评价，具有委婉与含蓄的评价效果，凸显出评价者细腻的用心与周到。另外，同一个"性向词汇"，使用不同的「接尾辞」这一现象值得留意，以此达到对人评价程度的更为多

元化，评价语气更为细腻的效果。如「頑張りもの、頑張り屋、頑張り屋さん」、「天気もの、天気屋、天気屋さん、お天気屋さん」、「我慢者、我慢人、我慢屋、我慢屋さん」等。还有如「お天気屋さん」「我慢屋さん」等性向词汇所示，「接頭辞」以及「接尾辞」结合在一起的组词形式，在日语"性向词汇"中频频使用，充分体现出「膠着語」日语的造词特点。

　　有关年龄差异方面，大学生特有的造词联想法随处可见，不仅造词灵活，方法多样化，而且形式多样、种类繁多，凸显出不同于社会群体的造词特点。本次调查的结果也充分表明了"性向词汇"中确实存在着明显的年龄差异。日本大学生特有的词汇，一定程度上反映了国际化、信息化、多元化的热潮正在影响着年轻人的生活习惯、价值观念和思维方式。他们自信热情，大胆创新，不被框框架架所束缚，追求相对自由和个性发展。大学生通过丰富的想象力以及独特的构词联想对他人进行评价，不仅可以提高话语者之间的"伙伴意识"以及"连带意识感"，而且能够缩短双方间的心理距离，更好地达成交际与评价的语用目的。这也证明了，日语表达中的年龄差异，较之于其他国家，表现得更加突出和明显[①]。下面，我们将对比例不高的「接尾辞」进行简单的分析和归纳总结。

表 3-55　总日本人：~子（6 語）[42 語]

词	数量	词	数量	词	数量
悪戯っ子*	（2）30	だだっ子	（2）3	ずるっ子	1
苛めっ子*	（2）4	ぶりっ子*	3	もやしっ子	1

注：词典标出词的比例为 3/6=50%。

表 3-56　日本社会群体：~子（2 語）[11 語]

词	数量	词	数量
悪戯っ子*	（2）10	だだっ子	1

注：词典标出词的比例为 1/2=50%。

---

① 施晖，栾竹民.中日韩三国"性向词汇"及文化比较研究.[M]北京.外语教学与研究出版社，2017：32-34.

表3-57　日本大学生：～子（6语）[30语]

词	数量	词	数量	词	数量
悪戯っ子*	（2）20	だだっ子	（2）2	ずるっ子	1
苛めっ子*	（3）4	ぶりっ子*	（2）2	もやしっ子	1

注：词典标出词的比例为3/6=50%。

构词分类

①名词／形容动词＋（つ）子

だだっ子【33，35】（任性不听话的孩子）、もやしっ子【33】（软弱的孩子）、悪戯っ子【31，33】（淘气难管的孩子）

②**动词连用形＋（つ）子**

苛めっ子【31，32，33】（爱捉弄人的孩子）、ぶりっ子【61】（会来事的孩子或人）

③**形容词＋（つ）子**

ずるっ子【94】（狡猾的孩子或人）

总日本人、日本社会群体、日本大学生与词典中一致的比例均为50%。「接尾辞」「～子」与「接頭辞」的「こ」同样，原义是"孩子"，两者都属于"指小辞"，隐含着"小、年少、年轻"等意。「～子」既可以作为「接頭辞」也可以作为「接尾辞」而使用。作为「接頭辞」的「子」如「子犬、子馬、子猫」等，接在名词的前面，一般表示母子关系，多用于动物。作为「接尾辞」的「～子」其构词特点具体表现为接在名词、动词连用形或形容词等的后面，评价具有某种性向或行为特征的孩子或年轻人。

有关"名词＋子"这一类型，既有如「江戸っ子」「大正っ子」等表示地名、时代名的名词后面添加上「接尾辞」「子」的形式，具体表示某个场所或时代出身的人物，意思是指具有共同性质和属性的人。又有如「だだっ子」「もやしっ子」等"名词＋子"的形式，它们属于从年少、年幼等词义引申而来的新词。通过添加「接尾辞」「子」，对方的"娇宠、任性、幼稚"等特点得以凸显，说话者负面的感情色彩也表现得比较强烈。调查显示，通过与「～子」组合的"性向词汇"中，有关"孩子"的一些负面、消极等特性具有一目了然、简洁诙谐等表达效果。比如「悪戯っ子、苛めっ子、だだっ子」等，都是指"任性不听话，喜欢做恶作剧的孩子"。「ぶりっ子」（会来事儿装清纯）属于性格类型描述，主要用于在男性面前伪装成天真的、娇娇滴滴的女孩身上，或者用于讽刺、调侃故意在别人面前伪装成小女人的那些人，明显带有轻视和瞧不起等负面感情色彩。

表3-58 总日本人：～師（9語）[37語]

词	数量	词	数量	词	数量	词	数量	词	数量
詐欺師*	（3）11	自慢師	6	ペテン師*	（2）3	道化師*	1	香具師*	1
仕事師*	（4）11	遠慮師	2	漫才師	1	わざ師	1		

注：词典标出词的比例为5/9=55.6%。

表3-59 日本社会群体：～師（6語）[20語]

词	数量	词	数量	词	数量
仕事師*	（4）10	ペテン師*	（2）2	道化師*	1
詐欺師*	（3）5	わざ師	1	香具師*	1

注：词典标出词的比例为5/6=83.3%。

表3-60 日本大学生：～師（6語）[17語]

词	数量	词	数量	词	数量
詐欺師*	（3）6	遠慮師	2	漫才師	1
自慢師	6	ペテン師*	1	仕事師*	1

注：词典标出词的比例为3/6=50%。

构词分类
①名词/サ变动词＋師
わざ師【4】（技师、技艺精湛的人）、香具師【71】（走街串巷的小贩、耍嘴皮子忽悠的人）、ペテン師【71，72】（骗子）、道化師【37】（做事滑稽的人）、詐欺師【71，72，94】（骗子）、仕事師【1，2，3，4】（劳动能手）、自慢師【64】（自吹自擂的人）、遠慮師【30】（特别客气的人）、漫才師【74】（相声艺人、爱开玩笑的人）

　　总日本人、日本社会群体、日本大学生与词典中一致的比例分别是
55.6%、83.3%、50%。可见大学生较之于社会群体，在"性向词汇"使用
上具有较强的创新能力。「接尾辞」「～師」一般是指技术、技能等方面优
秀、水平高。与它组合的"性向词汇"大致可分为两类，一类是积极的、
正面评价。如「仕事師」（能干的人）、「漫才師」（有幽默感，滑稽的人）
等为大家所公认的正面评价。还有一类是「自慢師」、「詐欺師」、「遠慮
師」、「ペテン師」等，表示其性向行为达到"大师级"，凸显出程度之高，
但却成为被人嗤之以鼻、不屑一顾的负面评价词汇。汉语中的"师"如"医
师、技师、老师"等，是指掌握某种专门知识或精通某种技艺的人，或者
传授知识或技艺的人，一般作为褒义词加以使用，性向词汇也不例外。然
而，日语中却出现了上述如「詐欺師（骗子）、ペテン師（骗子）、自慢師
（自吹自擂的人）」等负面评价词汇，说明「～師」的词义发生了由正面向
负面的下降性变化，进一步验证了日语性向词汇中的"负性原理"。

表 3-61　总日本人：～言い（13 語）[52 語]

词	数量	词	数量	词	数量	词	数量
文句言い	17	お世辞言い	4	おべっか言い	（2）2	屁理屈言い	1
お追従言い	6	冗談言い	4	お愛想言い	1		
評判言い	6	悪口言い*	2	理屈言い	1		
おべんちゃら言い	5	愚痴言い	（2）2	お上手言い	1		

注：词典标出词的比例为 1/13=7.7%。

表 3-62　日本社会群体：～言い（12 語）[35 語]

词	数量	词	数量	词	数量	词	数量
文句言い	12	評判言い	3	冗談言い	2	お上手言い	1
おべんちゃら言い	（2）4	おべっか言い	（2）2	悪口言い*	2	お愛想言い	1
お世辞言い	4	お追従言い	2	屁理屈言い	1	理屈言い	1

注：词典标出词的比例为 1/12=8.3%。

表 3-63　日本大学生：～言い（6 語）[17 語]

词	数量	词	数量	词	数量
文句言い	5	お追従言い	4	評判言い	3
愚痴言い	2	おべんちゃら言い	1	冗談言い	2

注：词典标出词的比例为 0。

构词分类

①名词＋言い

文句言い【80】（发牢骚）、評判言い【82】（品头论足瞎评论）、冗談言い【74】（喜欢开玩笑）、愚痴言い【80，92】（牢骚多）、悪口言い【77】（说别人坏话）、屁理屈言い【107】（讲歪理）、理屈言い【81】（抠死理）

②「接頭辞」＋名词／形容动词／サ变动词＋言い

おべっか言い【75，76】（拍马屁）、おべんちゃら言い【75，76】（说奉承话）、お世辞言い【75】（说恭维话）、お愛想言い【75】（爱恭维奉承）、お追従言い【76】（没主见）、お上手言い【75】（会夸人的人）

与词典中一致的比例分别是总日本人 7.7%、日本社会群体 8.3%、日本大学生 0，三者的一致率都很低，尤其是大学生使用的与「～言い」有关的词汇，全都未被词典收录。这说明这些词汇带有明显的折射现实生活的特点。「～言い」是动词「言う」（说）的名词化形式。与此组合而成的词汇，绝大多数都是形容对方话多、爱聊天等消极的一面，从另一个侧面反映了日本人"不言唯美"的语言观及其审美意识。

表 3-64　总日本人：～症（11 語）[111 語]

词	数量	词	数量	词	数量	词	数量
潔癖症	（2）76	貧乏症	2	他人恐怖症	1	浮気症	1
冷え症*	23	超潔癖症	1	もし症	1	多汗症*	1
多動症	（2）3	あがり症	1	苟め症	1		

注：词典标出词的比例为 2/11=18.2%。

表3-65　日本社会群体：～症（6語）[51語]

词	数量	词	数量	词	数量
潔癖症	（2）32	多動症	（2）2	多汗症 *	1
冷え症 *	13	貧乏症	2	他人恐怖症	1

注：词典标出词的比例为2/6=33.3%。

表3-66　日本大学生：～症（8語）[60語]

词	数量	词	数量	词	数量	词	数量
潔癖症	（2）44	あがり症	1	超潔癖症	1	多動症	1
冷え症 *	10	もし症	1	苛め症	1	浮気症	1

注：词典标出词的比例为1/8=12.5%。

构词分类

① i、名词 / 形容动词＋症

潔癖症【15，16】（过于干净）、貧之（乏）症【48】（嘴馋贪吃）、多動症【25，26】（坐不住总要找点事做）、多汗症【46】（怕热的人）、浮気症【26】（情绪不稳定）、他人恐怖症【98】（难接触的人）

ii、「接頭辞」＋名词＋症

超潔癖症【16】（特别爱干净的人）

②动词连用形＋症

あがり症【24】（容易紧张）、冷え症【45】（怕冷）、苛め症【25】（爱欺负人）

③副词＋症

もし症【41】（爱发火）

总日本人、日本社会群体、日本大学生与词典一致的比例分别是18.2%、33.3%、12.5%。大学生在词汇创新上依然高于社会群体，进一步反证了大学生这一群体在对人评价时不落俗套，更加注重创新的特点。「～症」作为「接尾辞」，上接的语素基本上是名词或动词连用形，大学生在此基础上又创造出「もし症」这种副词与「～症」相结合的构词形式。「～症」是指具有某种病状的意思，但在"性向词汇"中，往往用来评价性向及其行为极其突出的人，比如「冷え症」是指特别怕冷的人。这种评价方

式运用了比喻修辞手法，具有一定的普遍性，汉语及韩语也有同样的造词形式。如果把中日韩三国进行比较的话，韩语中这类构词法特征表现得更加突出。比如「결백증」(洁白症)、「소심증」(小心症)、「편집증」(偏执症)、「조울증」(急躁症)、「우울증」(忧郁症)、「결벽증」(洁癖症)、「조증」(躁症)、「대인공포증」(对人恐怖症)、「대인기피증」(对人忌避症)、「신경폭식증」(神经暴食症)、「정신분열증」(精神分裂症)等。

表3-67 总日本人：~張り（10 語）[105 語]

词	数量	词	数量	词	数量	词	数量	词	数量
見栄っ張り*	（5）46	欲張り*	24	業突張り*	2	意志っ張り	1	一点張り*	1
意地っ張り*	（2）24	強情っ張り*	3	強突張り*	2	見識張り	1	出突っ張り*	1

注：词典标出词的比例为 9/10=90%。

表3-68 日本社会群体：~張り（8 語）[62 語]

词	数量	词	数量	词	数量	词	数量
見栄っ張り*	（5）33	意地っ張り*	10	出突っ張り*	1	強突張り*	1
欲張り*	13	業突張り*	2	見識張り	1	意志っ張り	1

注：词典标出词的比例为 6/8=75%。

表3-69 日本大学生：~張り（6 語）[43 語]

词	数量	词	数量	词	数量
意地っ張り*	（4）14	欲張り*	（3）11	一点張り*	1
見栄っ張り*	（2）13	強情っ張り*	3	強突張り*	1

注：词典标出词的比例为 6/6=100%。

构词分类

①ⅰ、名词 / 形容动词＋（っ）張り

見栄っ張り【55，63，64，73，109】(注重外表)、意地っ張り【63，

85，109】（性格倔强）、欲張り【48，53，63】（贪心）、強情っ張り【85】（性格顽固）、見識張り【63】（爱虚荣）、一点張り【85】（死心眼）、意志っ張り【110】（要强的人）

ⅱ、名词＋动词＋張り

業突張り／強突張り【53】（贪婪）、出突っ張り【40】（喜欢到处逛的人）

　　与词典一致的比例分别是总日本人90%、日本社会群体75%、日本大学生100%。日本人使用的"性向词汇"，绝大多数均可以在词典中得到确认，而且使用频率也很高，但也出现了未被收录的"性向词汇"，如「見識張り（注重虚荣）、意志っ張り（要强）」等。「～張り」是由动词「張る」演变成的「接尾辞」，仍然保留着「張る」原有的强行做事、程度强等语义功能。因此，与「～張り」组合派生出的性向词汇，凸显出某种性向行为方面的特征。不仅如此，由「～張り」派生出的"性向词汇"全都属于负面的、消极评价。

表 3-70　总日本人：～虫（8 語）[215 語]

词	数量	词	数量	词	数量	词	数量
泣き虫*	（3）149	金食い虫*	（2）3	びびり虫	1	怒り虫	1
弱虫*	（4）56	仕事虫	3	働き虫	1	臆病虫	1

注：词典标出词的比例为 3/8=37.5%。

表 3-71　日本社会群体：～虫（5 語）[94 語]

词	数量	词	数量	词	数量	词	数量	词	数量
泣き虫*	（3）68	弱虫	（4）21	仕事虫	3	金食い虫*	1	怒り虫	1

注：词典标出词的比例为 4/5=80%。

表 3-72　日本大学生：～虫（6 語）[121 語]

词	数量	词	数量	词	数量
泣き虫*	（3）81	金食い虫*	（2）2	臆病虫	1
弱虫*	（4）35	びびり虫	1	働き虫	1

注：词典标出词的比例为 3/6=50%。

构词分类

①ⅰ、名词＋动词连用形＋虫

金食い虫【53，57】（败家子）

ⅱ、名词 / サ变动词＋虫

仕事虫【7】（只会工作的人）

②动词连用形＋虫

働き虫【1】（能干的人）、びびり虫【27】（胆小鬼）、泣き虫【42，43，92】（哭包儿）、怒り虫【41】（爱发火的人）

③形容词 / 形容动词＋虫

弱虫【27，28，43，45】（软蛋）、臆病虫【27】（胆小的人）

总日本人、日本社会群体、日本大学生所用词汇与词典一致的比例分别是 37.5%、80%、50%。可见其中有不少词属于日本社会群体或大学生特有的。虫与人相比属于较为低级的东西，但在"性向词汇"中还可以用于调侃、揶揄因为一点小事，就会出现某种特性的人。比如对于动不动就爱哭，感情脆弱的人，则用「泣き虫」加以形容和讽刺。即，既有揶揄的一面，又伴有诙谐和亲昵的语气色彩。值得留意的是「働き虫」属于"动词连用形＋虫"的形式，用于评价和比喻"默默无闻、努力工作"的人。日语中有许多运用动物等特点对人进行评价和批评的词汇，这种构词方法别具特色。「働き虫」的造词联想法模仿了「働き蟻」、「働き蜂」等造词特点，属于正面、积极的评价词汇。总之，「虫」在日本人的"性向词汇"中，不仅具有正面评价，同时还兼有批评之义的负面评价，反映出"虫文化"褒贬对立的两义性。至于用什么比喻以及比喻物的正、负寓意等是与自然环境、生活条件、风俗习惯、文化信仰等因素密不可分的，它刻有强烈而鲜明的民族与文化的烙印，值得我们进一步的分析对照与比较研究。

表 3-73　总日本人：~过ぎ（10 語）[17 語]

词	数量	词	数量	词	数量	词	数量
やり過ぎ*	（2）7	いい人過ぎ	1	食べ過ぎ*	1	真面目過ぎ	1
踏み込み過ぎ	2	丁寧過ぎ	1	遠慮し過ぎ	1		
いいやつ過ぎ	1	気兼ねし過ぎ	1	張り切り過ぎ	1		

注：词典标出词的比例为 2/10=20%。

日本社会群体：～過ぎ（0 語）[0 語]

表 3-74　日本大学生：～過ぎ（10 語）[17 語]

词	数量	词	数量	词	数量	词	数量
やり過ぎ*	（2）7	いい人過ぎ	1	食べ過ぎ*	1	真面目過ぎ	1
踏み込み過ぎ	2	丁寧過ぎ	1	遠慮し過ぎ	1		
いいやつ過ぎ	1	気兼ねし過ぎ	1	張り切り過ぎ	1		

注：词典标出词的比例为 2/10=20%。

构词分类

①ⅰ、动词连用形＋過ぎ

食べ過ぎ【47】（饭量大的人）、やり過ぎ【5，30】（办事过于认真的人）、踏み込み過ぎ【5】（爱干涉的人）、張り切り過ぎ【7】（过于努力的人）

ⅱ、サ变动词连用形＋過ぎ

遠慮し過ぎ【30】（特别客气的人）、気兼ねし過ぎ【30】（过分担心的人）

②ⅰ、形容词＋名词＋過ぎ

いいやつ過ぎ【42】（老好人）、いい人過ぎ【30】（大好人）

ⅱ、形容动词／名词＋過ぎ

丁寧過ぎ【5】（太较真的人）、真面目過ぎ【5】（过于认真的人）

总日本人、日本社会群体、日本大学生所用词汇与词典中一致的比例分别是 20%、0、20%，三者的一致率都很低。本次调查中回收的"性向词汇"主要集中在大学生，没有看到社会群体有关「～過ぎ」的"性向词汇"。「～過ぎ」与「～がり、～っぽい、～的」等表示"不完全性、欠缺省略"的「接尾辞」相比，程度上属于完全饱和、超过限度等意，一般接续在动词连用形的后面，但如「いいやつ過ぎ（老好人）、いい人過ぎ（大好人）」所示，大学生创造出名词与「～過ぎ」结合的新型构词模式。因为"超过程度、过度、过分"属于"过剩价值"，由此导致评价者的讨厌、反感等消极情绪和语感。

表 3-75　总日本人：~ 派（8 語）[34 語]

词	数量	词	数量	词	数量	词	数量
アウトドア派	17	行動派*	（2）3	硬派*	2	頭脳派	1
個性派	6	理論派	3	お笑い派	1	インドア派	1

注：词典标出词的比例为 2/8=25%。

表 3-76　日本社会群体：~ 派（4 語）[11 語]

词	数量	词	数量	词	数量	词	数量
アウトドア派	4	個性派	3	行動派*	（2）3	理論派	1

注：词典标出词的比例为 1/4=25%。

表 3-77　日本大学生：~ 派（7 語）[23 語]

词	数量	词	数量	词	数量	词	数量
アウトドア派	（2）13	理論派	2	インドア派	1	頭脳派	1
個性派	3	硬派*	2	お笑い派	1		

注：词典标出词的比例为 1/7=14.3%。

构词分类

① i 、名词＋派

アウトドア派【40】（爱冒险的人）、個性派【110】（个性强的人）、頭脳派【93】（聪明爱深思的人）、理論派【69】（爱讲歪理的人）、インドア派【98】（喜欢室内活动的人）

ii 、「接頭辞」＋动词连用形＋派

お笑い派【37】（做事滑稽的人）

②サ变动词 / 名词＋派

行動派【39，40】（行动派）

③形容词＋派

硬派【84】（强势之人）

与词典一致的比例分别是总日本人 25%、日本社会群体 25%、日本大学生 14.3%。由此可见，不管是社会群体还是大学生都比较热衷于新词的创造和使用。「派」一般与学术思想、文艺创作等方面的流派相似，是指

具有一定体系和规模的集团。比如政党、学术团体等因不同的主张而形成的各种分支或门派。性向词汇中的「～派」，主要接续在名词之后，用于评价具有某种性向行为的个人而非团体，起到拟人化的作用。可以认为，性向词汇中「接尾辞」的「～派」与作为实词的「派」在语义功能上发生了变化。

表 3-78　总日本人：～魔（6 語）[8 語]

词	数量	词	数量	词	数量
悪魔*	2	さぼり魔	1	暴力魔	1
片付け魔	2	散らかし魔	1	小悪魔	1

注：词典标出词的比例为 1/6=16.7%。

表 3-79　日本社会群体：～魔（1 語）[1 語]

词	数量
片付け魔	1

注：词典标出词的比例为 0。

表 3-80　日本大学生：～魔（6 語）[7 語]

词	数量	词	数量	词	数量
悪魔*	2	暴力魔	1	片付け魔	1
さぼり魔	1	散らかし魔	1	小悪魔	1

注：词典标出词的比例为 1/6=16.7%。

构词分类

①名词 / 形容词＋魔

暴力魔【32】（行为极其粗暴的人）、悪魔【86】（恶魔）

②「接頭辞」＋名词 / 形容词＋魔

小悪魔【31】（小恶魔）

③动词连用形＋魔

さぼり魔【8】（偷懒大王）、片付け魔【16】（过于干净的人）、散らかし魔【17】（太邋遢的人）

　　有关「接尾辞」「～魔」的“性向词汇”，本次调查中社会群体仅有 1
例，更多的则为大学生所用，而且有不少词属于大学生自创的词语。总
日本人、日本社会群体、日本大学生与词典一致的比例分别是 16.7%、0、
16.7%。「魔」是指佛教用语中妨碍修行和积善行德的东西，一般是指具
有超常魔力的恶鬼。「魔」会使人心涣散、苦恼甚至陷入黑暗迷乱的境地。
「恶魔」是指具有不可思议的力量，专做坏事的恶鬼。通过添加「接尾辞」
「魔」，强调性向行为达到令人恐惧、惊慌的程度，但并没有凶残极恶之
义。换言之，“性向词汇”中的「～魔」失去了原义，而是作为表示极限
程度的「接尾辞」被人们使用，比如「散らかし魔」（太过邋遢的人）、「暴
力魔」（行为极其粗暴的人）等，用于评价和比喻失去本性，采取异常行
动的人。上文中与「接尾辞」「～魔」共同组合的“性向词汇”，全都属于
负面的评价。日语的“魔”族词汇比较丰富，具有较强的能产性，而汉语
仅有一例“恶魔”，两者呈现出鲜明的反差与对照。

表 3-81　总日本人：～野郎（18 語）[23 語]

词	数量	词	数量	词	数量	词	数量
冒険野郎	4	にやけ野郎	1	ゴミ野郎	1	勘違い野郎	1
馬鹿野郎*	2	わるさ野郎	1	チキン野郎	1	飲み過ぎ野郎	1
熱血野郎	2	大天気野郎	1	大食い野郎	1	屁理屈野郎	1
おしゃべり野郎	1	放言野郎	1	悪酔い野郎	1		
お世辞野郎	1	情無し野郎	1	胡麻擂り野郎	1		

注：词典标出词的比例为 1/18=5.6%。

表 3-82　日本社会群体：～野郎（10 語）[12 語]

词	数量	词	数量	词	数量	词	数量
冒険野郎	3	にやけ野郎	1	放言野郎	1	情無し野郎	1
おしゃべり野郎	1	わるさ野郎	1	馬鹿野郎*	1		
お世辞野郎	1	大天気野郎	1	屁理屈野郎	1		

注：词典标出词的比例为 1/10=10%。

表 3-83　日本大学生：～野郎（10 語）[11 語]

词	数量	词	数量	词	数量	词	数量
熱血野郎	2	大食い野郎	1	勘違い野郎	1	飲み過ぎ野郎	1
ゴミ野郎	1	悪酔い野郎	1	馬鹿野郎*	1		
チキン野郎	1	胡麻擂り野郎	1	冒険野郎	1		

注：词典标出词的比例为 1/10=10%。

构词分类

①ⅰ、**名词 / 形容词＋野郎**

熱血野郎【7】（特别能干的人）、屁理屈野郎【81】（讲歪理的家伙）、ゴミ野郎【8】（脏鬼）、チキン野郎【27】（小胆窝囊废）、馬鹿野郎【96】（大笨蛋）、情無し野郎【108】（不可救药的家伙）、放言野郎【73】（口吐狂言的人）

ⅱ、**名词＋动词连用形＋野郎**

胡麻擂り野郎【76】（马屁精）

ⅲ、**「接頭辞」＋动词连用形 / 名词＋野郎**

おしゃべり野郎【67】（大忽悠）、お世辞野郎【76】（吹鼓手）、大天気野郎【26】（靠不住的家伙）、大食い野郎【47】（大饭桶）

②ⅰ、**动词连用形＋「接尾辞」＋野郎**

飲み過ぎ野郎【50】（酒坛子）、にやけ野郎【44】（小白脸儿）

ⅱ、**サ变动词＋野郎**

勘違い野郎【98】（自我感觉良好的家伙）、冒険野郎【39】（爱冒险的家伙）

③**形容词＋动词＋野郎**

わるさ野郎【31】（坏小子）、悪酔い野郎【52】（耍酒疯的家伙）

总日本人、日本社会群体、日本大学生与词典一致的比例分别是5.6%、10%、10%，不管是社会群体还是大学生使用的"性向词汇"，能够在词典中查到的比例都很低。由此可见，「野郎」在"性向词汇"中具有极强的能产性。「野郎」是"浑小子、家伙"的意思，一般用于男性，是对男性进行骂詈的语言。比如「馬鹿野郎」（混蛋、混球）等，「馬鹿」本身是"混蛋"之义，其后再添加上骂詈「接尾辞」的「～野郎」，两者累加充分体现出说话者的一种强烈的憎恶之情。需要留意的是,「～野郎」的前面如果附加上表示正面评价意义的「熱血」,即「熱血野郎」(指特别能干的人),其负面的感情色彩可以在一定程度上得到缓和与降低。调查结果表明,「～野郎」主要接续在名词、动词的后面,基本上全都属于负面的、消极评价。从性别差异的角度而言,"性向词汇"中出现了「～たれ、～坊」和「～野郎」以及下文中的「～漢、～太郎、～マン、～坊主」等均属于男性专用的负面评价「接尾辞」,而与之相对的女性专用「接尾辞」仅出现了一个「～娘」。这也从一个侧面说明在对人评价方面,较之于女性,日本更加注重男性,对其评价的目光更为严厉等语用现象。

表 3–84　总日本人：～漢（9 語）[17 語]

词	数量	词	数量	词	数量	词	数量	词	数量
冷血漢*	（2）4	大食漢*	（2）3	清潔漢	1	正義漢*	1	暴漢*	1
熱血漢*	4	頓珍漢*	1	無頼漢*	1	酔漢*	1		

注：词典标出词的比例为 8/9=88.9%。

表 3–85　日本社会群体：～漢（7 語）[9 語]

词	数量	词	数量	词	数量	词	数量
大食漢*	（2）2	暴漢*	1	熱血漢*	1	酔漢*	1
冷血漢*	（2）2	清潔漢	1	無頼漢*	1		

注：词典标出词的比例为 6/7=85.7%。

表 3–86　日本大学生：～漢（5 語）[8 語]

词	数量	词	数量	词	数量	词	数量	词	数量
熱血漢*	3	冷血漢*	2	正義漢*	1	大食漢*	1	頓珍漢*	1

注：词典标出词的比例为 5/5=100%。

构词分类

①名词 / 形容动词＋漢

冷血漢【88,108】(冷漠男人)、頓珍漢【96】(蠢人)、清潔漢【15】(爱干净的男人)、熱血漢【21】(热血男儿)、正義漢【102】(正直诚实的男人)、暴漢【32】(粗暴男人)、無頼漢【32】(无赖之徒)

②动词／サ变动词＋漢

醉漢【52】(醉汉)、大食漢【47，49】(饭桶)

与词典中一致的比例分别是总日本人 88.9%、日本社会群体 85.7%、日本大学生 100%。可见，由「～漢」派生的"性向词汇"认知度偏高。也许是出自汉语，又是属于男性专用的原因，「～漢」的构词能力受到了限制，能产性极低，尤其是大学生，没有发现他们特有的"性向词汇"。「～漢」是男人的代称，既可以接续名词也可以是动词等。上文中的「～漢」既有正面评价，也有负面评价。如负面评价词汇的「大食漢、冷血漢」等，而「熱血漢、正義漢」则属于正面评价词汇。

表 3-87 总日本人：～型（7 語）[17 語]

词	数量	词	数量	词	数量	词	数量
うるさ型*	5	A 型*	3	マイペース型	1	不（付）和雷同型	1
さっぱり型	4	B 型*	2	そわそわ型	1		

注：词典标出词的比例为 3/7=42.9%。

表 3-88 日本社会群体：～型（6 語）[8 語]

词	数量	词	数量	词	数量
うるさ型*	3	B 型*	1	そわそわ型	1
A 型*	1	さっぱり型	1	不和雷同型	1

注：词典标出词的比例为 3/6=50%。

表 3-89 日本大学生：～型（5 語）[9 語]

词	数量	词	数量	词	数量	词	数量	词	数量
さっぱり型	3	A 型*	2	うるさ型*	2	B 型*	1	マイペース型	1

注：词典标出词的比例为 3/5=60%。

构词分类

①名词/サ变动词+型

A 型【15】(A 型血的人爱干净)、B 型【89】(B 型血的人不合群)、マイペース型【11】(我行我素的人)、不(付)和雷同型【76】(随大流的人)

②形容词+型

うるさ型【31，78】(嘴碎的人)

③副词+型

さっぱり型【101】(性格坦率的人)、そわそわ型【24】(坐不住的人)

总日本人、日本社会群体、日本大学生与词典一致的比例分别是42.9%、50%、60%。存在一些特有的"性向词汇",如「さっぱり型、マイペース型、そわそわ型、不(付)和雷同型」等。「型」和英语单词的type 极其相似,很多场合用于区分类型和种类的不同。本次调查结果中的"性向词汇",主要用于区分人的性格类型和特征,这与日本的「型」文化有着千丝万缕的联系①。同时也与日本人热衷于(深受西方文化的影响,他们积极吸收和模仿西方文化中的血型观)根据血型判断人的性格特点有关。比如用「A 型」「B 型」「O 型」「AB 型」分别表示"做事认真,但又缺乏灵活性"、"热情奔放,但又我行我素"、"不拘小节,但又过于无所谓"、"冷静不慌张,但又不好接触"等四种不同性格类型的人。「～型」的构词类型比较丰富,可以接续在名词、副词、形容词的后面,对他人的性向行为特点等给予评价。人的性格类型具有褒贬两义。有关血型方面的性向词汇,韩语表现得尤其突出,不仅词汇的类型丰富,而且不重复词汇量很多。详细内容可参阅后面的韩语部分。

表3-90　总日本人：～マン（5語）[9語]

词	数量	词	数量	词	数量
イエスマン*	3	アイディアマン*	1	働きマン	1
セールスマン*	3	スポーツマン*	1		

注：词典标出词的比例为 4/5=80%。

---

① 源了圏. 型と日本文化 [M]. 東京：創文社，1992.

表 3-91　日本社会群体：～マン（4 語）[6 語]

词	数量	词	数量	词	数量	词	数量
イエスマン*	2	セールスマン*	（2）2	アイディアマン*	1	スポーツマン*	1

注：词典标出词的比例为 4/4=100%。

表 3-92　日本大学生：～マン（3 語）[3 語]

词	数量	词	数量	词	数量
イエスマン*	1	セールスマン*	1	働きマン	1

注：词典标出词的比例为 2/3=66.7%。

构词分类

①名词/サ变动词＋マン

イエスマン【76】（爱恭维奉承的人）、セールスマン【72，105，106】（能说会道的人）、アイディアマン【95】（点子多的人）、スポーツマン【101】（爽快的人）

②动词连用形＋マン

働きマン【1】（能干的人）

与词典中一致的比例分别是总日本人 80%、日本社会群体 100%、日本大学生 66.7%。「接尾辞」「～マン」来源于英语的 man，是指男性或人，属于日语的外来语。如上所述，日语中表达男性或人的「接尾辞」有很多，比如「～者、人、屋、家、さん、漢」等是。但是，日本人并不满足，为求得新意，创造出由「～マン」构成的外来语词汇，更加丰富了对人评价的深度与广度。「～マン」不仅与外来词接续组词，还能与日语固有词结合，如大学生使用的「働きマン」等，体现出日语的能产性和开放性。「働きマン」是在「働き者」、「働き人」等构词形式的基础上衍生而来的，可见日本大学生能够充分利用仿拟类推等手法创造新词。

表 3-93　总日本人：～娘（5 語）[26 語]

词	数量	词	数量	词	数量
箱入り娘*	17	じゃじゃ馬娘	3	チャキチャキ娘	1
お転婆娘	4	かしまし娘	1		

注：词典标出词的比例为 1/5=20%。

表 3-94　日本社会群体：～娘（4 語）[11 語]

词	数量	词	数量	词	数量	词	数量
箱入り娘*	5	お転婆娘	3	じゃじゃ馬娘	2	チャキチャキ娘	1

注：词典标出词的比例为 1/4=25%。

表 3-95　日本大学生：～娘（4 語）[15 語]

词	数量	词	数量	词	数量	词	数量
箱入り娘*	12	お転婆娘	1	じゃじゃ馬娘	1	かしまし娘	1

注：词典标出词的比例为 1/4=25%。

构词分类

① i 、名词＋动词连用形＋娘

箱入り娘【97】（千金小姐）

ii、「接頭辞」＋名词＋娘

お転婆娘【34】（辣妹子）

②形容词＋娘

かしまし娘【78】（嘴碎丫头）

③副词＋（名词）娘

じゃじゃ馬娘【34】（假小子）、チャキチャキ娘【34】（疯丫头）

　　总日本人、日本社会群体、日本大学生与词典一致的比例分别是 20%、25%、25%，社会群体与大学生之间没有差异。尽管不重复词汇量并不高，但这一词缀仍具有较强的构词能力。「～娘」和上文的「～漢」等男性「接尾辞」互为对照，是"性向词汇"中唯一的一个女性「接尾辞」，具有明确标记名词的特征。根据构词特点我们可以看出，「～娘」不仅可以与名词也可以与动词连用形或形容词词干等组合派生出新词。上文中的性向词汇全都属于负面的评价词汇,这一点与上述男性「接尾辞」的「～漢」、「～マン」等明显不同。

表 3-96　总日本人:～太郎(5 語)[16 語]

词	数量	词	数量	词	数量	词	数量	词	数量
プー太郎	(2)12	物臭い太郎	1	悪太郎*	1	飲太郎*	1	与太郎*	1

注:词典标出词的比例为 3/5=60%。

表 3-97　日本社会群体:～太郎(2 語)[4 語]

词	数量	词	数量
プー太郎	(2)3	与太郎*	1

注:词典标出词的比例为 1/2=50%。

表 3-98　日本大学生:～太郎(4 語)[12 語]

词	数量	词	数量	词	数量	词	数量
プー太郎	(2)12	物臭い太郎	1	悪太郎*	1	飲太郎*	1

注:词典标出词的比例为 2/4=50%。

构词分类

①动词＋太郎
飲太郎【50】(酒鬼)

②形容词＋太郎
物臭い太郎【18】(游手好闲的家伙)、悪太郎【31】(喜欢恶作剧的人)

③短缩句＋太郎
プー太郎【8,14】(懒汉)

④人名
与太郎【8,71】(懒蛋废物)

与词典一致的比例分别是总日本人 60%、日本社会群体 50%、日本大学生 50%。「太郎」是日本男性的名字之一,代表"长男"之义。「太郎」与具体的"姓"组合表示某一个特定的人。但是,"性向词汇"中使用的

「接尾辞」「～太郎」泛指男性。「～太郎」主要接续在形容词和动词或短缩句之后，如「プー太郎」是由「無職でぶらぶらする」或「風来坊」、「風太郎」经过短缩后派生而来的新词，意思是指"懒惰不干活的家伙"和"放荡的人"这两种含义。在此次调查中，还出现了「プー太郎」的省略形式「プー」。尽管「接尾辞」「～太郎」和「～漢」同样指代男性，但「～太郎」较之于「～漢」，具有更强的负面评价意义及其感情色彩。

表 3–99　总日本人：～ちゃん（5 語）[3 語]

词	数量	词	数量	词	数量	词	数量	词	数量
坊ちゃん*	2	お坊ちゃん*	2	甘ちゃん*	1	陽ちゃん	1	お婆ちゃん	1

注：词典标出词的比例为 3/5=60%。

表 3–100　日本社会群体：～ちゃん（2 語）[3 語]

词	数量	词	数量
お坊ちゃん*	2	坊ちゃん*	1

注：词典标出词的比例为 2/2=100%。

表 3–101　日本大学生：～ちゃん（4 語）[4 語]

词	数量	词	数量	词	数量	词	数量
お婆ちゃん	1	お坊ちゃん*	1	坊ちゃん*	1	陽ちゃん	1

注：词典标出词的比例为 2/4=50%。

构词分类
①名词＋ちゃん
坊ちゃん【97】（公子哥）、陽ちゃん【89】（阳光外向的人）
②「接頭辞」＋名词＋ちゃん
お坊ちゃん【97】（不懂人情世故的人）、お婆ちゃん【87】（和蔼可亲的人）
③ 形容词＋ちゃん
甘ちゃん【97】（阅历浅、头脑简单的人）
与「接尾辞」「～ちゃん」共同组合的"性向词汇"，与词典一致的比例分别是总日本人 60%、日本社会群体 100%、日本大学生 50%。根据数据可以判断，大学生在「ちゃん」方面的构词能力高于社会群体。「～ちゃん」可以接续名词及形容词后，结构类型较为单纯。「～ちゃん」不同于「～さん」、「～君」等表示敬意的「接尾辞」，是对幼儿、孩子等的一种称谓。一般接在人名之后，明显带有亲昵的感情色彩。不过，说话者为了表示对对方的好感与亲切，往往使用亲族称谓中如「おとうちゃん」(爸爸)、「お母ちゃん」(妈妈)、「おじいちゃん」(爷爷)、「おばあちゃん」(奶奶)等称谓用语。除此之外，从小一起长大的伙伴，即便长大成人彼此间还是喜欢使用儿时的称呼。换言之，不管年龄大小，依然使用"名/爱称＋ちゃん"的形式，以此表示说话者的亲密与好感。这种情形既有"小名＋ちゃん"的称谓，又有将名字的后一个字省略再添加上「接尾辞」「～ちゃん」的形式，而后者往往不能随便分离形成固定的人称称谓语，恋人之间常有使用。这种构词特点，使语意发生了细微变化，不仅能够缩短话语者之间的心理距离，而且也有助于进一步强化和维系双方的良好人际关系，属于一种"亲密表现"手法[①]。「お婆ちゃん」尽管未收录在各词典中，但在生活中却被灵活运用。这里的「お婆ちゃん」并不是亲属称谓，而是指"对人热情和蔼的人"。此外「陽ちゃん」一词的来历颇有讲究。「陽ちゃん」是从「陽気な人」先省去「気」变成「陽～な人」，在此基础上将「人」与「ちゃん」加以替换。简单而言，「陽ちゃん」在组词结构方面先省略「気」，再灵活地运用仿拟类推的方法创造出「陽ちゃん」这一词语。其意和「お婆ちゃん」相似，都是指代"对人热情阳光的人"。这种构词形式，充分体现出作为「膠着語」日语的造词特色，值得我们深入研究。

　　"性向词汇"中还有很多运用比喻等修辞手法对他人进行评价的词汇。如对"不懂人情世故，阅历肤浅""考虑问题简单"的人，则用「甘ちゃん」给予责难与评价。同样，对于"溺爱中长大，自我意识强烈，不懂得关心爱护他人"的人则用「坊ちゃん」加以形容和比喻。本次调查结果显示，名词「接尾辞」型的「ちゃん」，大多为贬义色彩，属于负面评价词汇。值得说明的是，「オーチャン」(类似于氧气，让人意识不到其存在的男人)等，日常生活中深受日本大学生的青睐和喜欢。

---

　　① 井出祥子.待遇表現と男女差の比較 [J].日英比較，1997：134.

表 3-102 总日本人：～坊主（11 語）[19 語]

词	数量	词	数量	词	数量	词	数量	词	数量
腕白坊主	5	三日坊主*	（2）2	ひねくれ坊主	1	茶坊主*	1	野坊主	1
やんちゃ坊主	4	けちけち坊主	2	くそ坊主	1	野良坊主	1	悪そう坊主	1

注：词典标出词的比例为 2/11=18.2%。

表 3-103 日本社会群体：～坊主（7 語）[12 語]

词	数量	词	数量	词	数量	词	数量
腕白坊主	5	くそ坊主	1	茶坊主*	1	野良坊主	1
三日坊主*	（2）2	やんちゃ坊主	1	野坊主	1		

注：词典标出词的比例为 2/7=28.6%。

表 3-104 日本大学生：～坊主（4 語）[7 語]

词	数量	词	数量	词	数量	词	数量
やんちゃ坊主	3	けちけち坊主	2	ひねくれ坊主	1	悪そう坊主	1

注：词典标出词的比例为 0。

构词分类

①名词／形容动词＋坊主

三日坊主【12，25】（没有常性的人、坐不住喜欢找点事做的人）、くそ坊主【31】（臭小子）、茶坊主【75】（马屁精）、野良坊主【23】（蛮横的家伙）、野坊主【21】（胆大的人）、やんちゃ坊主【33】（淘气包儿）、腕白坊主【33】（调皮蛋）

②动词连用形＋坊主

ひねくれ坊主【104】（性格别扭的人）

③形容词／形容动词＋坊主

悪そう坊主【33】（淘气难管的人）

④副词＋坊主

けちけち坊主【54】（小气鬼）

　　根据上面的数据不难发现，日本大学生中有关「～坊主」的"性向词汇"没有一个收录在词典中。可见，这些性向词汇全都属于大学生特有的词语。总日本人、日本社会群体的比例分别是18.2%和28.6%。总体而言，与词典一致的比例都不高，充分体现了"性向词汇"与时俱进的特点。「接尾辞」「～坊主」具有丰富的构词类型，既可以与名词，也可以与动词连用形、形容词、副词等各种词性加以组合派生出新词。「坊主」原本是对寺院和尚的一种称呼，后来演变成对男孩子的爱称，而后又扩大到对一般男性的使用。性向词汇中使用的「～坊主」，与其原义相差甚远，是对"淘气难管""性格怪癖""多事儿难以相处"等男性特点的一种贬评和挪揄，明显属于负面评价词汇，具有意义功能上的"下降性倾斜趋势"。另外，「三日坊主」惯用语句表示"没有常性的人"，与汉语的"三天打鱼两天晒网"具有异曲同工之妙。作为性向词汇该词则变成了对"坐不住喜欢找点事做的人"的评价词汇，派生出新的语义。

表 3-105　总日本人：～嫌い（7 語）[38 語]

词	数量	词	数量	词	数量	词	数量
負けず嫌い*	31	人間嫌い*	1	掃除嫌い	1	酒嫌い	1
仕事嫌い	2	勉強嫌い	1	食わず嫌い*	1		

注：词典标出词的比例为3/7=42.9%。

表 3-106　日本社会群体：～嫌い（5 語）[23 語]

词	数量	词	数量	词	数量	词	数量	词	数量
負けず嫌い*	19	勉強嫌い	1	掃除嫌い	1	食わず嫌い*	1	仕事嫌い	1

注：词典标出词的比例为2/5=40%。

表 3-107　日本大学生：～嫌い（4 語）[15 語]

词	数量	词	数量	词	数量	词	数量
負けず嫌い*	12	酒嫌い	1	人間嫌い*	1	仕事嫌い	1

注：词典标出词的比例为2/4=50%。

构词分类

①名词＋嫌い

人間嫌い【62】（难接触、不好相处的人）、酒嫌い【51】（不会喝酒的人）

② i 、动词未然形＋助动词＋嫌い

負けず嫌い【91】（好胜心强的人）、食わず嫌い【48】（嘴馋贪吃的人）

ii 、サ変动词/名词＋嫌い

仕事嫌い【8】（懒惰的人）、勉強嫌い【58】（不爱学习、生活放荡的人）、掃除嫌い【18】（不爱干净的人）

与词典一致的比例分别是总日本人42.9%、日本社会群体40%、日本大学生50%。社会群体与大学生之间无明显差异，但二者都有各自独有的"性向词汇"。根据上文的构词特点，「接尾辞」「～嫌い」主要接续在名词或サ变动词等词性的后面，与「～好き」正好相反，所构成的性向词汇偏向负面评价，构词种类及数量都比较少。主要是因为用于评价人的性向行为时，若是直接说出"讨厌、不喜欢"，其负面评价色彩相当强烈。这种构词特点显得生硬和武断，不仅容易伤害对方的情感，而且有悖于日本人的语言心理以及对人评价标准。不过「負けず嫌い」（不服输的人）却属于正面评价词汇。尽管属于双重否定，但已作为固定的惯用语句而被使用。日常生活中该词的使用率偏高，一般用于比喻和评价"积极努力、不甘落后"的人。

表3-108　总日本人：～カー（6语）[20語]

词	数量	词	数量	词	数量
スピーカー*	（3）6	ムードメーカー*	4	ジョーカー*	2
ストーカー*	4	ウォーカー*	2	歩くスピーカー*	2

注：词典标出词的比例为5/6=83.3%。

表3-109　日本社会群体：～カー（2语）[4語]

词	数量	词	数量
スピーカー*	（2）2	ストーカー*	2

注：词典标出词的比例为2/2=100%。

表 3-110　日本大学生：～カー（6 語）[16 語]

词	数量	词	数量	词	数量
スピーカー*	4	ウォーカー*	4	ストーカー*	2
ムードメーカー*	4	ジョーカー*	2	歩くスピーカー	2

注：词典标出词的比例为 5/6=83.3%。

构词分类

① 外来词

スピーカー（小广播）、ストーカー（死打烂缠的人）、ムードメーカ一（活跃气氛的人）、ウォーカー（到处闲逛的人）、ジョーカー（大活宝）

② 动词＋カー

歩くスピーカー（话多爱闲聊的人）

与「接尾辞」「～カー」共同组合的"性向词汇"，能够与词典一致的比例分别是总日本人 83.3%、日本社会群体 100%、日本大学生 83.3%。说明外来语「接尾辞」「～カー」在"性向词汇"中派生新词的能力并不高，但也从另一个角度说明日语的开放性和包容性。「接尾辞」「～カー」和「～アー」都是由英语单词中表示人的「接尾辞」「～ er」变化而来，一般用片假名直接标记，表示具有某种性格特征、动作行为的人。本次的调查结果显示，与「～カー」组合而成的性向词汇并不多，基本上都是负面评价词汇。

表 3-111　总日本人：～吐き（2 語）[48 語]

词	数量	词	数量
嘘吐き*	（8）41	大嘘吐き	1

注：词典标出词的比例为 1/2=50%。

日本社会群体：～吐き（0 語）[0 語]

表 3-112　日本大学生：～吐き（2 語）[42 語]

词	数量	词	数量
嘘吐き*	（8）41	大嘘吐き	1

注：词典标出词的比例为 1/2=50%。

构词分类

①名词＋吐き

嘘吐き【63，71，72，73，75，76，82】（撒谎的人）

②「接頭辞」＋名词＋吐き

大嘘吐き【73】（说大谎的人）

与词典一致的比例分别是总日本人 50%、日本大学生 50%，日本社会群体并无使用此类"性向词汇"。尽管大学生的不重复词汇量并不高，仅有 4 例，但与工具书一致的只有 1 例「嘘吐き」。可见大学生具有较强的构词能力。「接尾辞」「吐き」是由动词「つく」而来，接续在名词的后面构成动宾结构的词语，上文中的词汇，全都属于消极的、负面评价。

表 3-113　总日本人：~吹き（2 語）[79 語]

词	数量	词	数量
法螺吹き*	（5）74	大法螺吹き	（2）5

注：词典标出词的比例为 1/2=50%。

表 3-114　日本社会群体：~吹き（2 語）[51 語]

词	数量	词	数量
大法螺吹き	（2）4	法螺吹き*	（5）47

注：词典标出词的比例为 1/2=50%。

表 3-115　日本大学生：~吹き（2 語）[28 語]

词	数量	词	数量
法螺吹き*	27	大法螺吹き	1

注：词典标出词的比例为 1/2=50%。

构词分类

①名词＋吹き

法螺吹き【71，72，73，74】（吹牛的人）

②「接頭辞」＋名词＋吹き

大法螺吹き【71，73】（爱说谎的人）

总日本人、日本社会群体、日本大学生同样，与词典一致的比例均为 50%。社会群体与大学生在「法螺吹き」的基础上，仿拟类推创造出「大法螺吹き」这一"性向词汇"。通过添加「接頭辞」「大」，其"信口开河"的程度明显增加。「接尾辞」「～吹き」主要接续在名词的后面，派生出的性向词汇均属于不好的、消极评价。

表 3-116 总日本人：～弁慶（4 語）[49 語]

词	数量	词	数量	词	数量	词	数量
内弁慶*	（2）28	外弁慶	16	陰弁慶*	4	こたつ弁慶	1

注：词典标出词的比例为 2/4=50%。

表 3-117 日本社会群体：～弁慶（3 語）[32 語]

词	数量	词	数量	词	数量
内弁慶*	（2）15	外弁慶	13	陰弁慶*	4

注：词典标出词的比例为 2/3=66.7%。

表 3-118 日本大学生：～弁慶（3 語）[17 語]

词	数量	词	数量	词	数量
内弁慶*	（2）13	外弁慶	3	こたつ弁慶	1

注：词典标出词的比例为 1/3=33.3%。

构词分类

①名词＋弁慶

外弁慶【29】（在外龙、在家虫的人）、内弁慶【28，29】（窝里横的人）、陰弁慶【28】（家里/背地里横的人）、こたつ弁慶【28】（纸老虎）

与上述词典一致的比例分别是总日本人 50%、日本社会群体 66.7%、日本大学生 33.3%。社会群体与大学生在「内弁慶」的基础上，又创造出与之反义的「外弁慶」以及与之意思相近的「こたつ弁慶」等，填补了原来只有「内」没有「外」的缺陷，丰富了对人评价的选项。「～弁慶」主要接续在名词之后，如上文所示，应该属于负面的「接尾辞」。「弁慶」是一位活跃在日本镰仓时代的传奇人物，他是薄命英雄源义经的侍从。此人原是一个出家和尚，性格豪爽，刚毅忠良。在日本「弁慶」自古以来就是忠义良臣的代名词，有不少与其相关的谚语，如「弁慶の立ち往生」（进退两难）、「弁慶の泣き所」（致命弱点）等。不过，作为「接尾辞」的「～弁慶」，若是结合成「内弁慶」的话，是指（28）"在家逞凶，而在外老实的"人。甚至可以比喻和讽刺具有"家里横，大男子主义"等性格特点的人。与此相反，「外弁慶」则用于（29）"在家一条虫，在外一条龙的人"。换句话说，平时在家老实，一旦离家在外，老实的样子全无，显得特别活跃。这种双重性格的人，明显带有消极的语感及其评价色彩。

表3-119　总日本人：～持ち（8語）[39語]

词	数量	词	数量	词	数量	词	数量
金持ち*	（5）13	癇癪持ち*	6	お金持ち	（2）4	個性持ち	1
太鼓持ち*	（2）8	提灯持ち*	（3）5	愛想持ち	1	面子持ち	1

注：词典标出词的比例为4/8=50%。

表3-120　日本社会群体：～持ち（8語）[26語]

词	数量	词	数量	词	数量	词	数量
太鼓持ち*	（3）8	提灯持ち*	（4）5	お金持ち	（2）2	個性持ち	1
金持ち*	（5）5	癇癪持ち*	3	愛想持ち	1	面子持ち	1

注：词典标出词的比例为4/8=50%。

表3-121　日本大学生：～持ち（3語）[13語]

词	数量	词	数量	词	数量
金持ち*	（4）8	癇癪持ち*	3	お金持ち	2

注：词典标出词的比例为2/3=66.7%。

构词分类
①名词＋持ち

金持ち【54，55，57，56，58】（富足有钱的人）、太鼓持ち【37，75，76】（吹鼓手）、提灯持ち【59，60，75】（爱吹捧的人）、癇癪持ち【41】（爱发脾气的人）、愛想持ち【61】（容易接触的人）、個性持ち【110】（有个性的人）、面子持ち【109】（重面子的人）

②**お＋名词＋持ち**

お金持ち【21，55】（有钱的人）

「接尾辞」「～持ち」源自动词「持つ」，所构成的"性向词汇"主要是与名词相接的动宾结构的构词形式，但日本社会群体和日本大学生依然创造出数个词典中未收录的"性向词汇"。「お金持ち」是在「金持ち」的基础上，通过添加「接頭辞」「お」派生而来的，意思是指"大方和富有的人"。

表 3-122 总日本人：～焼き（5 語）[89 語]

词	数量	词	数量	词	数量	词	数量	词	数量
焼き餅焼き*	45	世話焼き*	（2）34	お節介焼き	（3）8	嫉妬焼き	1	節介焼き	1

注：词典标出词的比例为 2/5=40%。

表 3-123 日本社会群体：～焼き（5 語）[45 語]

词	数量	词	数量	词	数量	词	数量	词	数量
焼き餅焼き*	19	世話焼き*	（2）17	お節介焼き	（3）7	嫉妬焼き	1	節介焼き	1

注：词典标出词的比例为 2/5=40%。

表 3-124 日本大学生：～焼き（3 語）[44 語]

词	数量	词	数量	词	数量
焼き餅焼き*	26	世話焼き*	（2）17	お節介焼き	1

注：词典标出词的比例为 2/3=66.7%。

构词分类

①**名词/サ变动词/形容动词＋焼き**

世話焼き【25，59，60】（热心肠的人）、嫉妬焼き【111】（嫉妒心强的人）、節介焼き【79】（多管闲事的人）

②**「接頭辞」＋名词/形容动词＋焼き**

お節介焼き【59，79】（爱管闲事的人）

③动词连用形＋名词＋焼き

焼き餅焼き【111】（爱吃醋的人）

与词典一致的比例分别是总日本人40%、日本社会群体40%、日本大学生66.7%。社会群体与大学生之间存在一定的差异，但同时双方又活用「接尾辞」「～焼き」共同创造出3例未被词典收录的新词。「～焼き」与上述的「つき」、「吹き」、「持ち」同属于动词性的「接尾辞」，主要附加在名词后面表示"爱做～、过于做～"之义，如上述词例所示，负面评价色彩较为明显。

表 3-125　总日本人：～悪（3語）[37語]

词	数量	词	数量	词	数量
意地悪*	（6）33	根性悪*	2	性悪*	2

注：词典标出词的比例为3/3=100%。

表 3-126　日本社会群体：～悪（3語）[12語]

词	数量	词	数量	词	数量
意地悪*	（5）10	根性悪*	1	性悪*	1

注：词典标出词的比例为3/3=100%。

表 3-127　日本大学生：～悪（3語）[25語]

词	数量	词	数量	词	数量
意地悪*	（6）23	根性悪*	1	性悪*	1

注：词典标出词的比例为3/3=100%。

构词分类

①名词＋悪

意地悪【23，31，32，48，77，88，94】（心眼儿坏的人）、根性悪【48，94】（心术不正的人）、性悪【104】（性格乖僻的人）

有关「接尾辞」「～悪」的"性向词汇"，日本人中不管是社会群体还是大学生，与词典一致的比例都是100%。「～悪」源自形容词「わるい」，与出自汉语的音读「あく」语义近似，一般表示不好的、凶狠等意，还可

表示对人或事厌恶等态度。上文的「性悪」训读为「しょうわる」时，表示性格不好，而音读为「しょうあく、せいあく」时，主要评价人的本性之恶，即"性本恶"之说。调查结果发现，很多小项均频繁地运用「意地悪」对人进行负面评价，侧重于"狂妄自大""喜欢做恶作剧""说话刻薄""恶言恶语"等方面。

表 3-128　总日本人：～質（3 語）[52 語]

词	数量	词	数量	词	数量
神経質*	（6）49	粘着質*	2	超神経質	1

注：词典标出词的比例为 2/3=66.7%。

表 3-129　日本社会群体：～質（2 語）[18 語]

词	数量	词	数量
神経質*	（6）17	粘着質*	1

注：词典标出词的比例为 2/2=100%。

表 3--130　日本大学生：～質（3 語）[34 語]

词	数量	词	数量	词	数量
神経質*	（6）32	粘着質*	2	超神経質	1

注：词典标出词的比例为 2/3=66.7%。

构词分类

①名词＋質

神経質【5，15，16，65，107】（神经质的人）、粘着質【105，111】（纠缠不清的人）

②「接頭辞」＋名词＋質

超神経質【16】（过于神经过敏的人）

「～質」与上文的「～悪」较为相似，总日本人、日本社会群体、日本大学生与词典的一致率较高，但出现了大学生特有的词汇「超神経質」。「超神経質」是在「神経質」的基础上，通过添加「接頭辞」「超」派生而来的，其意是指"特别爱干净的人"。「超」是程度副词，属于过剩价值，语意上具有"下降性倾斜趋势"。「質」是指事物本身的固有性质，即本质之义。与「質」组合而成的"性向词汇"，一般表示具有某类性向特征的人。比如「神経質」分别出现在 5 个语义小项中，兼具多种评价语义，既可以评价工作、劳动的态度，也可以评价清洁的程度，甚至还可比喻"动不动就爱发火、生气的人"等等。另外，出现了「職人気質」「昔気質」等"性向词汇"，其中的「気質」是日语固有词「かたぎ」的汉字标记，与上文源自汉语音读「しつ」的「質」不同。故此，本书未将「職人気質」「昔気質」作为对象进行分析。

表 3-131　总日本人：～助（2 語）[8 語]

词	数量	词	数量
飲み助 *	（2）6	ちょろ助	（2）2

注：词典标出词的比例为 1/2=50%。

表 3-132　日本社会群体：～助（1 語）[4 語]

词	数量
飲み助 *	（2）4

注：词典标出词的比例为 1/1=100%。

表 3-133　日本大学生：～助（2 語）[4 語]

词	数量	词	数量
ちょろ助	（2）2	飲み助 *	2

注：词典标出词的比例为 1/2=50%。

构词分类

①动词连用形＋助

飲み助【50，51，52】（很能喝的人）

②副词短缩＋助

ちょろ助【24，25】（不稳重容易急躁；坐不住总要找点事做的人）

有关「～助」的"性向词汇"，本次调查结果中不重复词汇量仅有 2 例，其中「ちょろ助」为大学生特有。「～助」是由人名派生而来的专指

男性的「接尾辞」。比如「ちょろ助」是由「ちょろちょろ」（眼睛不停地转悠、定不下心）和「接尾辞」「～助」派生而成。通过添加「～助」可以使上接词的动作行为、人品性格等人格化，带有明显的负面感情色彩。

表 3-134　总日本人：～アー（1 語）[1 語]

词	数量
ライアー	1

注：词典标出词的比例为 0。

日本社会群体～アー（0 語）[0 語]

表 3-135　日本大学生：～アー（1 語）[1 語]

词	数量
ライアー	1

注：词典标出词的比例为 0。

构词分类

①外来词

ライアー【72】（骗子、说谎的人）

「～アー」与「～カー」相同，都是出自外来语的「接頭辞」。在本次调查的"性向词汇"中，仅出现「ライアー」这 1 例，为日本大学生所独有。

表 3-136　总日本人：～取り（4 語）[9 語]

词	数量	词	数量	词	数量	词	数量
機嫌とり	（2）5	ご機嫌とり	（2）2	月給取り*	1	相撲取り*	1

注：词典标出词的比例为 2/4=50%。

表 3-137　日本社会群体：～取り（2 語）[6 語]

词	数量	词	数量
機嫌とり	（2）4	ご機嫌とり	（2）2

注：词典标出词的比例为 0。

表 3-138　日本大学生：~取り（3語）[3語]

词	数量	词	数量	词	数量
月給取り*	1	相撲取り*	1	機嫌とり	（2）5

注：词典标出词的比例为 2/3=66.7%。

构词分类

①名词＋取り

機嫌とり【75，76】（拍马屁的人）、月給取り【13】（为工资而工作的人）、相撲取り【50】（能喝酒的人）

②「接頭辞」＋名词＋取り

ご機嫌とり【75】（爱拍马屁的人）

总日本人、日本社会群体、日本大学生与词典一致的比例分别是50%、0 和 66.7%。尽管不重复词汇量并不多，但社会群体和大学生还是创造出「機嫌とり」和「ご機嫌とり」这两个特有的词汇。「接尾辞」「~取り」与「~持ち」、「~焼き」相同，均是动词性「接尾辞」，主要接续在名词的后面，一般表示进行某种性向行为，如「機嫌とり」和「ご機嫌とり」等，都是负面评价"爱恭维奉承的人"。值得说明的是,「月給取り」原义是指"赚工资"，不过，在大学生使用的"性向词汇"中，则用来评价和比喻"工作等不起作用的人"，词性变成了负面评价，与「月給泥棒」（不干活骗取工资的人）语义相近。「相撲取り」作为"性向词汇"已失去原义，用于评价"能喝酒的人"。

表 3-139　总日本人：~君（3語）[4語]

词	数量	词	数量	词	数量
暴君*	2	窓際君	1	名君*	1

注：词典标出词的比例为 2/3=66.7%。

表 3-140　日本社会群体：~君（2語）[2語]

词	数量	词	数量
窓際君	1	名君*	1

注：词典标出词的比例为 1/2=50%。

表 3-141　日本大学生：～君（1 語）[2 語]

词	数量
暴君*	2

注：词典标出词的比例为 1/1=100%。

构词分类

①名词＋君

暴君【32】（粗暴的人）、窓際君【13】（在工作单位坐冷板凳或不起作用的人）

有关「接尾辞」「～君」的"性向词汇"仅有 3 例，其中 1 例「窓際君」属于独有的对人评价词汇。被词典收录的「暴君」及「名君」也失去了原义，分别比喻"粗暴的人"和"沉着冷静的人"，故将二词看作由「～君」构成的词汇加以处理。现代日语中「～君」和「～さん」一样，往往接在人的姓、名或姓名后，向对方表示亲近或轻微的敬意。不过，「君」的表示敬意的程度并不高。使用对象一般为同辈、同龄或身份较低的男性，多用于关系亲近的男性之间。需要注意的是，「窓際君」（指无用的人、废物）明显带有讨厌和轻视等态度。总之，通过与「接尾辞」「～君」派生而来的新词，负面评价色彩浓厚，具有轻视和瞧不起对方的意思。

表 3-142　总日本人：～きき（2 語）[2 語]

词	数量	词	数量
左利き*	1	腕利き*	1

注：词典标出词的比例为 2/2=100%。

表 3-143　日本社会群体：～きき（1 語）[1 語]

词	数量
腕利き*	1

注：词典标出词的比例为 1/1=100%。

表 3-144　日本大学生：～きき（1 語）[1 語]

词	数量
左利き*	1

注：词典标出词的比例为 1/1=100%。

构词分类

①**名词＋き**

左利き【50】(很能喝酒的人)、腕利き【3】(手巧会干活的人)

「～利き」与「～とり」、「～焼き」等均属于动词性的「接尾辞」,所构成的"性向词汇"仅有2例,均与词典一致,没有出现特有的对人评价词汇。「腕きき」属于正面评价,「左きき」属于中性评价,可以根据说话者的语感及其态度进行解释。

表3-145 总日本人：～くれ（5語）[11語]

词	数量	词	数量	词	数量	词	数量	词	数量
飲んだくれ*	(2)6	荒くれ*	2	こまっちゃくれ*	1	ひねくれ	1	酔いちくれ	1

注：词典标出词的比例为3/5=60%。

表3-146 日本社会群体：～くれ（3語）[4語]

词	数量	词	数量	词	数量
荒くれ*	(2)2	ひねくれ	1	飲んだくれ*	1

注：词典标出词的比例为2/3=66.7%。

表3-147 日本大学生：～くれ（3語）[7語]

词	数量	词	数量	词	数量
飲んだくれ*	(2)5	こまっちゃくれ*	1	酔いちくれ	1

注：词典标出词的比例为2/3=66.7%。

构词分类

①**动词＋くれ**

飲んだくれ【50，52】(酒鬼)、こまっちゃくれ【23】(骄傲自大、目中无人的人)、ひねくれ【104】(性格乖僻的人)

②**形容词＋くれ**

荒くれ【32】(行为粗鲁的人)

「くれ」是动词的名词化,在"性向词汇"中如同「接尾辞」一样,发挥拟人化等构词功能,形成明显的负面评价。

表 3-148 　总日本人：～系（4 语）[4 語]

词	数量	词	数量	词	数量	词	数量
お笑い系	1	理系 *	1	インテリ系	1	ビジュアル系	1

注：词典标出词的比例是 1/4=25%。

表 3-149 　日本社会群体：～系（1 语）[1 語]

词	数量
理系 *	1

注：词典标出词的比例为 1/1=100%。

表 3-150 　日本大学生：～系（3 语）[3 語]

词	数量	词	数量	词	数量
お笑い系	1	インテリ系	1	ビジュアル系	1

注：词典标出词的比例为 0。

构词分类

①名词＋系

理系【81】（学理科的、爱究个儿理的人）、インテリ系【93】（知识型的人）、ビジュアル系【109】（爱打扮的人）

②「接頭辞」＋动词连用型＋系

お笑い系【37】（做事滑稽的人）

「～系」构成的总不重复词汇量有 4 例，其中 1 例与词典一致，其余 3 例均属于特有的"性向词汇"。「系」的意思有很多，诸如"系统、约束、牵连、拴住"等意。"性向词汇"中作为「接尾辞」的「～系」，一般是指属于某种类别或者类型的人。大学生创造的"性向词汇"中，除了「お笑い系」（滑稽可笑的人）之外，还有「インテリ系」、「ビジュアル系」等根据人的性向特征、视觉效果而产生的词语。

表 3-151 总日本人：～こき（2 語）[3 語]

词	数量	词	数量
屁理屈こき	2	小理屈こき	1

注：词典标出词的比例为 0。

表 3-152 日本社会群体：～こき（1 語）[1 語]

词	数量
小理屈こき	1

注：词典标出词的比例为 0。

表 3-153 日本大学生：～こき（1 語）[2 語]

词	数量
屁理屈こき	2

注：词典标出词的比例为 0。

构词分类

①名词＋こき

屁理屈こき【81】（死扣道理的人）

②名词／形容动词＋こき

小理屈こき【81】（认死理儿的人）

「小理屈こき」、「屁理屈こき」分别属于社会群体和大学生特有的词汇，两者的意思相似，但评价程度与色彩后者要强于前者。「～こき」是表示程度的「接尾辞」，主要接续在名词之后。本次调查结果表明，有关「～こき」的"性向词汇"全都属于消极的、负面评价。

表 3-154 总日本人：～児（4 語）[13 語]

词	数量	词	数量	词	数量	词	数量
問題児*	（5）9	異端児*	2	快男児*	1	緘黙児	1

注：词典标出词的比例为 3/4=75%。

表 3-155　日本社会群体：～児（4 語）[5 語]

词	数量	词	数量	词	数量	词	数量
問題児*	2	異端児*	1	快男児*	1	緘黙児	1

注：词典标出词的比例为 3/4=75%。

表 3-156　日本大学生：～児（2 語）[8 語]

词	数量	词	数量
問題児*	（5）7	異端児*	1

注：词典标出词的比例为 2/2=100%。

构词分类

①名词 / サ变动词＋児

問題児【24，31，32，33】（难管的孩子）、異端児【37，110】（另类）、緘黙児【30】（话少的人）

②形容词＋名词＋児

快男児【21】（豪爽的人）

「接尾辞」「～児」所构成的"性向词汇"与词典一致的比例都很高，独有词仅「緘黙児」1 例。「児」源自汉语，与上述「～こ（子）」的语用功能类似，原意表示儿童、孩子，但在"性向词汇"中主要表示具有某种性向行为的人。换言之，通过与「～児」的结合使人的某种性向行为"人格化"，即由事物转变成人。与「～児」组合而成的"性向词汇"，基本上全都属于消极的、负面评价。

表 3-157　总日本人：～族（1 語）[4 語]

词	数量
窓際族*	4

注：词典标出词的比例为 /1=100%。

表 3-158　日本社会群体：～族（1 語）[3 語]

词	数量
窓際族*	3

注：词典标出词的比例为 1/1=100%。

表 3-159　日本大学生：～族（1 語）[1 語]

词	数量
窓際族*	1

注：词典标出词的比例为 1/1=100%。

构词分类

①名词＋族

窓際族【13】（干什么都不起作用，帮不上忙的人）

「接尾辞」「～族」在"性向词汇"中构词能力较低，仅出现了「窓際族」1 例。「～族」和「～系」、「～派」较为相似，都是指"同类"的意思。「窓際族」一词对"干什么都不起作用，帮不上忙的人"进行了形象生动的揶揄和调侃。「族」的意思有很多。比如：①家族。②种族。③事物有某种共同属性的一大类。④相同爱好、相同追求、相同境遇、相同特征的人等。作为「接尾辞」的「～族」，特指具有某种共同属性的一类人，如「窓際族」以及汉语的"追星族、打工族、麦兜族、年清族、漂泊族"等。「窓際族」一般是指在日本公司中的闲职人员。日本在进入 20 世纪 70 年代以后，经济发展由高速增长转为低速增长，尤其是 1973 年的石油危机，对日本经济产生了极大的负面影响。许多企业纷纷裁减员工，一些曾经为公司立下汗马功劳的管理人员，尽管因为功不可没未被公司解雇，但也不得不坐在距离办公室中心较远靠近窗户边的办公桌前，充当闲职。在这样的时代背景下，衍生出"没有价值、无用之人、累赘废物"等意。除此之外，还有「暴走族」（无视交通规则开车乱跑的人）、「転勤族」（不停更换工作的人）等。「～族」较之于「～系」，更容易让人联想到负面的、消极等感情色彩。

有趣的是，汉语中关于后缀"族"的"性向词汇"，在本次调查中仅有"个性一族"一例。事实上中国人日常生活中各种"族"类词数量庞大，而且推陈出新。比如"麦兜族"是指"大城市中 80 后的奋斗群体"。"年清族"是指"因为过年使得一年的积蓄用尽的人"。"漂泊族"是指"漂泊在外不断拼搏奋斗的打工者"。"男就族"是指"依靠成功男友就业的女大学生"。"捏捏族"是指"为宣泄工作压力到超市捏碎饼干、方便面的城市白领"。"赖班族"是指"下班后赖在办公室消磨时光的人"。"乐和族"是指"时下流行的一种乐天知命的生活方式"，该词来源于西方的"乐活"。"乐和族"将"爱健康、爱生活、爱自己"作为宣言,强调绿色生活、大众生活与自然和谐等。"恐剩族"是指"随着年龄的增大,担心自己步入'剩女''剩男'行列的大龄青年"等。

　　汉语的「接尾辞」"族"属于日语外来词系列。有关"族"的构词特点,曹大为认为:"很多时候同一前位成分可分别与'族与一族'构词,用来满足不同语言环境的需要。如'电脑族～电脑一族'。"[①] 在实际的语言使用过程中,汉语"族"的前面可以是名词、动词或者形容词词性。如动词系列的"啃老族、暴走族、刷卡族、拼客族、啃椅族"等;形容词系列的"贫困一族、时尚一族"等。不论与"族"组合的成分是什么词性,一经形成"族"类词,一律成为名词词性。可见"族"具有明显的语法标记功能,这一特点与"子、头、者、化"等词缀的语法意义相同。由此可以判断,"族"的构词能力非常强大。中国人以"上班族"为基础,仿造出一批具有相同构成成分的词语,诸如,有车族、无车族、骑车族、乘车族、开车族、打车族、爱车族、飙车族等,由此形成一个庞大的"族"字聚合体。有关"族"类词的中日比较,今后将进一步密切关注和深入调研。

表 3-160　总日本人:～大王(1 語)[1 語]

词	数量
早食い大王	1

注:词典标出词的比例为 0。

日本社会群体:～大王(0 語)[0 語]

表 3-161　日本大学生:～大王(1 語)[1 語]

词	数量
早食い大王	1

注:词典标出词的比例为 0。

---

① 曹大为.「"族"的类词缀化使用分析 [J]. 山东社会科学,2007(5):150-152.

构词分类

①形容词＋动词连用形＋大王

早食い大王【49】（吃东西特别快的人）

　　与「接尾辞」「～大王」组合的“性向词汇”，在本次调查中仅有 1 例：「早食い大王」。词典中没有该词，仅被日本大学生所使用。大学生通过下接「接尾辞」「～大王」提高了评价程度。

表 3-162　总日本人：～たら（1 語）[21 語]

词	数量
ぐうたら*	（2）21

注：词典标出词的比例为 1/1=100%。

表 3-163　日本社会群体：～たら（1 語）[10 語]

词	数量
ぐうたら*	10

注：词典标出词的比例为 1/1=100%。

表 3-164　日本大学生：～たら（1 語）[11 語]

词	数量
ぐうたら*	11

注：词典标出词的比例为 1/1=100%。

构词分类

①短缩句＋たら

ぐうたら【8，17，18】（不喜欢收拾；懒汉）

　　「～たら」所构“性向词汇”仅有「ぐうたら」1 例，但这 1 例无论是社会群体还是大学生，其使用频率均很高，可谓是广为人知。「ぐうたら」产生于日本江户时代，意思是指“愚蠢、愚昧”等意。「ぐうたら」的「ぐう」是「愚（ぐ）」的长音，「たら」是在「弛む」（松弛）的基础上产生「たる」的音变形式而成。

表 3-165　总日本人：～たらし（1語）[1語]

词	数量
女ったらし	1

注：词典标出词的比例为 0。

日本社会群体：～たらし（0語）[0語]

表 3-166　日本大学生：～たらし（1語）[1語]

词	数量
女ったらし	1

注：词典标出词的比例为 0。

构词分类

① 名词（っ）＋たらし

女ったらし【44】（玩弄女人的人）

有关「たらし」的"性向词汇"仅有 1 例，即「女ったらし」，为日本大学生特有，泛指"玩弄女人的人"，语感上带有责难等负面感情色彩。

表 3-167　总日本人：～ちき（1語）[5語]

词	数量
高慢ちき*	5

注：词典标出词的比例为 1/1=100%。

表 3-168　日本社会群体：～ちき（1語）[4語]

词	数量
高慢ちき*	4

注：词典标出词的比例为 1/1=100%。

表 3-169　日本大学生：～ちき（1語）[1語]

词	数量
高慢ちき*	1

注：词典标出词的比例为 1/1=100%。

构词分类

① 名词＋ちき

高慢ちき【64】（爱自夸炫耀，容易骄傲的人）

「～ちき」是一个贬义的「接尾辞」，出处不详，所构成的“性向词汇”仅为「高慢ちき」1例，构词能力不高。「高慢ちき」意思是指“爱自夸炫耀，容易骄傲的人”，属于负面的消极评价。

表3-170　总日本人：～ちゃま（4語）[11語]

词	数量	词	数量	词	数量	词	数量
お坊ちゃま*	（2）8	おとっちゃま	1	お嬢ちゃま	1	お子ちゃま	1

注：词典标出词的比例为1/4=25%。

表3-171　日本社会群体：～ちゃま（3語）[8語]

词	数量	词	数量	词	数量
お坊ちゃま*	（2）6	おとっちゃま	1	お嬢ちゃま	1

注：词典标出词的比例为1/3=33.3%。

表3-172　日本大学生：～ちゃま（2語）[3語]

词	数量	词	数量
お坊ちゃま*	（2）8	お子ちゃま	1

注：词典标出词的比例为1/2=50%。

构词分类

①「接頭辞」＋名词＋ちゃま

お坊ちゃま【97】（难接触的人）、おとっちゃま【27】（胆小怕事的人）、お嬢ちゃま【97】（不懂人情世故的人）、お子ちゃま【13】（干什么都不起作用的人）

「接尾辞」「～ちゃま」较之「～ちゃん」敬意更强一些，但在其组合而成的“性向词汇”中，并没有体现出丝毫的尊敬之义，如「お坊ちゃま」用于评价（58）“生活放荡、花天酒地的人”；（97）“不懂人情世故，阅历浅的人”。「おとっちゃま」则表示“胆小怕事的人”，「お嬢ちゃま」

用于评价第（97）"不懂人情世故，阅历浅的人"，「お子ちゃま」则是对（13）"干什么都不起作用，没用的人"的评价。值得说明的是，「おぼっちゃま、お子ちゃま」并不是对小孩的一种称谓，而是调侃对方犹如小孩般幼稚、不懂事，带有瞧不起、贬低对方的含义，明显属于负面评价词汇。

表 3–173　总日本人：～ちん（3 語）[4 語]

词	数量	词	数量	词	数量
ばかちん	（2）2	しぶちん*	1	あほちん	1

注：词典标出词的比例为 1/3=33.3%。

表 3–174　日本社会群体：～ちん（2 語）[3 語]

词	数量	词	数量
ばかちん	（2）2	しぶちん*	1

注：词典标出词的比例为 1/2=50%。

表 3–175　日本大学生：～ちん（1 語）[1 語]

词	数量
ばかちん	1

注：词典标出词的比例为 0。

构词分类

① 名词/形容（动）词＋ちん

ばかちん【14，96】（傻瓜）、しぶちん【54】（小气鬼）、あほちん【96】（笨蛋）

「接尾辞」「～ちん」与「～ちゃん」相似，接在名词等后面，表示某种类型的人。"性向词汇"中「～ちん」作为负面评价的「接尾辞」而被使用，组成了「ばかちん（傻瓜）、しぶちん（小气鬼）、あほちん（笨蛋）」这 3 个"性向词汇"。其中「ばかちん」、「あほちん」分别属于社会群体和大学生特有的词语。

表 3-176 总日本人：~通（2 語）[2 語]

词	数量	词	数量
情报通 *	1	消息通 *	1

注：词典标出词的比例为 2/2=100%。

日本社会群体：~通（0 語）[0 語]

表 3-177 日本大学生：~通（2 語）[2 語]

词	数量	词	数量
情报通 *	1	消息通 *	1

注：词典标出词的比例为 2/2=100%。

构词分类

①名词＋通

情报通（说三道四加以评判的人）、消息通（信息灵通的人）

由「接尾辞」「~通」组合而成的"性向词汇"，本次调查结果中仅有2例，且均为大学生所用。「~通」有很多含义，比如"知晓、懂得、通才"等意，且被广泛运用于日常生活之中。「情报通」、「消息通」，偏向于负面评价，用于讽刺、揶揄"爱打听小道消息，喜欢说三道四的人"。

表 3-178 总日本人：~つぴ（1 語）[3 語]

词	数量
下手つぴ	1

注：词典标出词的比例为 0。

日本社会群体：~つぴ（0 語）[0 語]

表 3-179 日本大学生：~つぴ（1 語）[3 語]

词	数量
下手つぴ	1

注：词典标出词的比例为 0。

构词分类

① **名词／形容动词（つ）＋ぴ**

下手っぴ【9】(不会干活、工作效率低的人)

总日本人、日本社会群体、日本大学生与词典一致的比例均为0。此类词汇仅有1例「下手っぴ」，为日本大学生特有。「下手」是对对方技术水平低、工作效率差的批评词汇。其后再添加上「接尾辞」「～っぴ」，轻视、侮辱对方的程度会进一步加深，明显带有歧视和瞧不起的语气或态度。和「下手っぴ」同义的还有「下手糞、青二才、半人前」等，全都属于贬低人的评价词汇。

表 3-180　总日本人：～手（3 語）[45 語]

词	数量	词	数量	词	数量
やり手*	（2）43	稼ぎ手*	1	奥手*	1

注：词典标出词的比例为 3/3=100%。

表 3-181　日本社会群体：～手（3 語）[30 語]

词	数量	词	数量	词	数量
やり手*	（2）28	稼ぎ手*	1	奥手*	1

注：词典标出词的比例为 3/3=100%。

表 3-182　日本大学生：～手（1 語）[15 語]

词	数量
やり手*	15

注：词典标出词的比例为 1/1=100%。

构词分类

①**名词＋手**

奥手【28】(窝里横的人)

②**动词连用形＋手**

やり手【2，3】(手巧会干活的人)、稼ぎ手【1】(劳动能手)

「接尾辞」「～手」主要接续在动词连用形后，对前面动作主体作限制，具有标记名词词性的特征，即人格化，用于积极的、正面的评价。

表 3-183　总日本人：~ 払い（1 語）[24 語]

词	数量
酔っ払い[*]	29

注：词典标出词的比例为 1/1=100%。

表 3-184　日本社会群体：~ 払い（1 語）[9 語]

词	数量
酔っ払い[*]	9

注：词典标出词的比例为 1/1=100%。

表 3-185　日本大学生：~ 払い（1 語）[20 語]

词	数量
酔っ払い[*]	20

注：词典标出词的比例为 1/1=100%。

构词分类
①动词连用形＋つ払い
酔っ払い【52】（酒后闹事的人）

「~つ払い」属于动词性的「接尾辞」，所构成的"性向词汇"虽然仅有「酔っ払い」1 例，但重复使用数却很高，多达 20 词。

表 3-186　总日本人：~ 兵衛（1 語）[27 語]

词	数量
飲兵衛	（2）27

注：词典标出词的比例为 1/1=100%。

表 3-187　日本社会群体：~ 兵衛（1 語）[19 語]

词	数量
飲兵衛	（2）18

注：词典标出词的比例为 1/1=100%。

表 3-188　日本大学生：~兵衛（1 語）[9 語]

词	数量
飲兵衛	（2）9

注：词典标出词的比例为 1/1=100%。

构词分类

① 动词连用形＋兵衛

飲兵衛【50，52】（酒鬼）

「兵衛」属于日本男性代表性的名字之一。作为「接尾辞」是将某种性向行为比拟成人名，使之"人格化"。「飲兵衛」（酒鬼）就是把「酒飲み」（能喝酒）拟人化，成为贬评嗜酒如命这类酒徒的负面评价词汇。其造词联想与「呑み助、飲み太郎」的人名「助、太郎」如出一辙。

表 3-189　总日本人：~みたい（3 語）[3 語]

词	数量	词	数量	词	数量
慈母観音みたい	1	聖人みたい	1	石みたい	1

注：词典标出词的比例为 0。

表 3-190　日本社会群体：~みたい（2 語）[2 語]

词	数量	词	数量
慈母観音みたい	1	聖人みたい	1

注：词典标出词的比例为 0。

表 3-191　日本大学生：~みたい（1 語）[1 語]

词	数量
石みたい	1

注：词典标出词的比例为 0。

构词分类

①名词＋みたい

慈母観音みたい【87】（热情和蔼的人）、聖人みたい【93】（聪明有头脑的人）、石みたい【70】（冷淡缺少人情味的人）

「接尾辞」「～みたい」所构成的"性向词汇"仅有3例，但这3例均是特有的对人评价词汇。我们可以把与「～みたい」共同组合的词汇分为正、负两类。一类是「慈母観音みたい」、「聖人みたい」等正面评价词汇，另一类则是「石みたい」等负面评价词汇，具有褒贬两义等感情色彩。

表3-192 总日本人：～奴（14語）[16語]

词	数量	词	数量	词	数量	词	数量
ずるい奴	2	大儀奴	1	きつい奴	1	いい奴	1
にやけた奴	2	困った奴	1	くどい奴	1	嫌らしい奴	1
いけ図々しい奴	1	捏ねる奴	1	ほーけた奴	1		
えー奴	1	うるさい奴	1	図々しい奴	1		

注：词典标出词的比例为0。

表3-193 日本社会群体：～奴（7語）[9語]

词	数量	词	数量	词	数量	词	数量
ずるい奴	2	うるさい奴	1	くどい奴	1	図々しい奴	1
にやけた奴	2	きつい奴	1	ほーけた奴	1		

注：词典标出词的比例为0。

表3-194 日本大学生：～奴（7語）[7語]

词	数量	词	数量	词	数量	词	数量
いい奴	1	えー奴	1	困った奴	1	嫌らしい奴	1
いけ図々しい奴	1	大儀奴	1	捏ねる奴	1		

注：词典标出词的比例为0。

构词分类
①动词＋奴
にやけた奴【44】（总是一个人偷着笑，看热闹的人）、困った奴【33】（淘气包）、捏ねる奴【81】（死扣道理的人）、ほーけた奴【58】（没有金钱观的人）

②ⅰ、形容词+奴

ずるい奴【94】（狡猾的家伙）、えー奴【103】（温和善良的人）、う
るさい奴【78】（事儿多的家伙）、きつい奴【86】（嘴损的家伙）、くどい
奴【105】（碎嘴子）、図々しい奴【106】（脸皮厚的家伙）、いい奴【99】
（好人一个）、嫌らしい奴【44】（讨厌鬼）

ⅱ、形容动词/名词+奴

大儀奴【48】（令人讨厌的家伙）

③「接頭辞」+形容词+奴

いけ図々しい奴【106】（脸皮厚的家伙）

「～奴」与「～野郎」都表示人，属于日语特色的「接尾辞」，「～奴」
具有较高的构词能力。除了「いい奴」（好人一个）、「えー奴」（温和善良
的人）以外，全部属于负面的评价词汇。

表3-195　总日本人：～良し（2語）[11語]

词	数量	词	数量	词	数量	词	数量
お人良し	5	愛想良し	4	気前良し	1	器量良し	1

注：词典标出词的比例为0。

表3-196　日本社会群体：～良し（3語）[6語]

词	数量	词	数量	词	数量
愛想良し	（2）4	気前良し	1	器量良し	1

注：词典标出词的比例为0。

表3-197　日本大学生：～良し（1語）[5語]

词	数量
お人良し	5

注：词典标出词的比例为0。

构词分类

①名词+良し

愛想良し【61，99】（对人热情的人）、気前良し【55】（大方的人）、
器量良し【61，65】（热情和蔼的人）

②「接頭辞」＋名词＋良し

お人良し【103】（老实人、老好人）

由「接尾辞」「～良し」派生出的"性向词汇"在各词典中均未收录。「～良し」和前面的「接尾辞」「～悪」完全相反，属于正面评价的「接尾辞」，这一点也可以从「～良し」所构成的"性向词汇"均为正面评价上得以验证。

表 3-198　总日本人：～らしい（3 語）[12 語]

词	数量	词	数量	词	数量
嫌らしい*	（5）10	男らしい*	1	小僧らしい	1

注：词典标出词的比例为 2/3=66.7%。

表 3-199　日本社会群体：～らしい（1 語）[4 語]

词	数量
嫌らしい*	（4）4

注：词典标出词的比例为 1/1=100%。

表 3-200　日本大学生：～らしい（3 語）[8 語]

词	数量	词	数量	词	数量
嫌らしい*	（2）6	男らしい*	1	小僧らしい	1

注：词典标出词的比例为 2/3=66.7%。

构词分类

①名词＋らしい

男らしい【65】（有男子汉气概的人）、小僧らしい【23】（孩子气的人）

②形容动词＋らしい

嫌らしい【44，48，54，76，81】（让人讨厌的人）

「接尾辞」「～らしい」与上述的「～みたい」语义功能相似，在性向词汇中构词能力极低，仅有特有的「小僧らしい」1 例。3 例与「～らしい」相关的"性向词汇"，呈现出褒贬参半的评价特点。

3. 小结

有关日语「接尾辞」的构词类型、使用特点等方面，通过上述的分析与比较，可以得出如下结论。

日语「接尾辞」的种类众多，词汇量也极丰富。在总日本人58种「接尾辞」中，排列前四位的是「者、屋、家、人」，在这四类中社会群体和大学生具有高度的一致性。这四种类型的「接尾辞」不仅在造词想象方面别具特色，而且在不重复词汇量方面占有绝对优势，占总日本人比例之和的一半以上，为总数的51.1%。由此可见，「者、屋、家、人」在日语的性向词汇中具有不可或缺的重要地位，它们在日语的"性向词汇"体系中发挥着十分重要的语义功能及评价意义。如果再根据感情色彩的"＋"、"－"、"＋·－"进行分类的话，本次调查结果表明，绝大多数「接尾辞」都属于负面评价词汇。具体而言，除「らしい」、「系」两种类型属于中性之外，「人·にん」、「良し」这两种类型属于"＋"评价。而「者（しゃ）」、「的」、「好き」、「さん」、「漢」、「師」、「派」、「虫」、「持ち」、「型」、「カー」、「ちゃん」、「嫌い」、「マン」、「質」、「みたい」、「通」等17种类型属于"＋·－"，其中「カー」、「ちゃん」、「嫌い」主要以"－"的词汇为多。其余的43种类型全都属于"－"评价。换言之，在总日本人58种「接尾辞」中，就有43种（比例高达74%），属于负面评价「接尾辞」。也就是说，从日语「接尾辞」的评价色彩来看，它与日语以及方言研究中"性向词汇"的"负面价值取向"完全一致。这种负面评价的价值取向，构成了"性向词汇"的主要特色，充分反映了日本社会中深层的"负性原理"。它不仅占有的分类项多，而且各分类项中与「接尾辞」共同组合的不重复词汇量也远远超过了正面评价词汇量。比如「たれ、野郎、奴、悪、魔」等明显带有负面之义的「接尾辞」，使得负面价值取向愈趋强烈。中日韩三国具有明显的共性，充分反映了中日韩三国社会中的负面价值取向。当今社会一般认为，人们向往和追求的是正面、理想的人物形象，而在现实生活中反映到对人评价的"性向词汇"上，更多的却是警告人们不要做或不能成为"非正面、非理想的人物"。也就是说，从负面去评价、告诫人们不应该如何，而不是从正面鼓励、倡导如何去做人。我们可以从总日本人58种类型的「接尾辞」中，43种属于负面评价「接尾辞」这一结果中得到进一步佐证。

由「接尾辞」派生而来的"性向词汇",与「接頭辞」具有同样的使用特色。即日本人充分使用比喻等修辞手法对他人给予批评与评价。用其比喻义,能够增强语言的表现力与形象性。动物词汇、历史人物等方面的灵活运用,给人以耳目一新、鲜活生动等感觉。此外,日本人使用的如「インテリ系」、「さっぱり型」、「マイペース型」等性格类型词汇,凸显出鲜明的日语和日本文化特色。

通过与词典中收录的词语比较对照后发现,为数众多的"性向词汇"未被收录,形成了特有的对人评价词词汇,折射出性向词汇与时俱进的现实性和实用性等特点。随着社会的多样化、社会分工的细分化以及人们价值观的多元化发展,就需要创造出与此对应的既新颖又丰富的对人评价词汇。可以认为,这是"性向词汇"产生的主要原因之一。值得注意的是,实际运用方面存在着明显的年龄差异,出现了社会群体和大学生众多的各自特有的词汇。尤其是大学生为追求新意和新颖的表达方式,创造出不同于社会群体,仅仅属于大学生独有的词汇。大学生较之于社会群体,其构词的能产性表现得更加强烈。具体表现如下:一是大学生更加热衷于利用类推原理仿造构词。日本大学生在原有词汇的基础上,根据近义、反义、谐音等语言特点更换其中的语素,创造出结构相似的新词。二是造词方面更加凸显出"趋新求异"等特点。大学生在新的价值观、对人关系的驱使下,不拘泥于现有的语法规范及表达方式,而且表现得非常积极。当然,追求词汇的新颖性和时髦性应该是社会群体和大学生共有的心理特征。即语言的"简洁幽默、委婉诙谐、生动形象、焕然一新"等特点,既是人们使用语言的需要,也是语言自身发展的规律。不过大学生在此方面表现得尤其强烈和鲜明。

另外,日语"性向词汇"中的「接尾辞」还存在着明显的性别差异。源自男性或男性名字的「接尾辞」比比皆是,如「～漢、～坊主、～野郎、～坊、～マン、～助、～弁慶、～兵衛」等,这些都是男性专用的「接尾辞」。上述的男性「接尾辞」基本上全都属于负面评价及贬义色彩,它们与上接词结合对具有某种性向行为的男性进行负面评价。与之相对的源自女性的「接尾辞」仅有「～娘」1例,缺乏男性「接尾辞」浓厚的负面评价色彩。该结果与室山敏昭调查的日本方言极其相似,从一个侧面反映出在对人评价方面,较之于女性,日本人对男性的评价更为苛刻、更为严厉,这可能与现代社会主要是男性社会这一特点相关。令人饶有兴趣的是,日本大学生青睐于使用动漫中主人公的一些名字和性格特征，比如「花沢」、「サザエさん」等对他人给予评价，这些"性向词汇"极具大学生这一群体的使用特点。当然，该点并非日语独创，中韩两国的"性向词汇"中也有同样的比喻评价方式。

"性向词汇"构词的特色还具体表现在「～派」、「～型」等汉语性质的「接尾辞」以及「～マン」、「アー」等外来语性质的「接尾辞」。它们的使用既一目了然，又充满了时尚元素，尤其为大学生所青睐，表明年轻人不满足既有词汇，试图创造出有别于"成人文化"方面的性向词汇。与此相比，中国、韩国的大学生也有类似的特点。随着全球经济一体化的不断加强，文化交流的层面愈来愈深入细致，中日韩三国大学生在改变传统的文化趋势方面，必将出现更多、更明显的变化，"性向词汇"的具体使用和构词特点便是最好的验证与体现。

需要说明的是，「～的」、「～ぽい」等「接尾辞」，表明了一定的倾向性，具有"暧昧性"等特点。说话者在评价时不直截了当，给对方留有余地，显得委婉而含蓄，这是日本人特有的一种表达方式，主要取决于日本人特有的对人心理、思维方式以及评价标准。按照ホール的"文化论原理"，日本文化应该属于"高环境依存文化"即「高コンテクスト文化」，而欧美文化则属于"低环境依存文化"(「低コンテクスト文化」)。欧美人的交际原则认为思想和意见必须通过语言确切地表达出来，而且必须依靠语言得以传承与沟通。在这种文化环境中生存的人，比较注重价值观的自我体现，强调个人的自由和权利，提倡独创精神。其结果表现为西方人对语言的看法特别认真，认为语言就是字面本身的意思，而日本恰恰相反，更多体现在语言之外的含义，正可谓"体察文化"的最好写照。因此，尊重对方，说话含糊其词，暧昧省略，究其原因也就不难理解了。

第四章 汉语 "性向词汇" 中的「接尾辞」

众所周知，汉语属于 "孤立语"，这必然会导致「接尾辞」在构词等方面受到一些条件的制约，影响到构词的创新与发展。本次调查结果表明，汉语中的「接尾辞」，其种类及在 "性向词汇" 中的占比远远不及日语与韩语。尽管如此，汉语的「接尾辞」也多达 41 种。可见，「接尾辞」在汉语 "性向词汇" 中所占的比重与地位较高，这也从另一个侧面反映了属于 "孤立语" 的汉语正在悄然发生着变化。41 种「接尾辞」在对人评价方面具有何种意义、机能，构词的特点究竟如何等，都是本章需要分析和探讨的问题。

1. 汉语「接尾辞」的种类及占比

1.1 总中国人

表 4-1　总中国人「接尾辞」的种类及占比

顺序	「接尾辞」	不重复词汇量及占比	重复词汇量及占比
1	人	257/21.7%	1450/22.2%
2	子	174/14.7%	1082/16.6%
3	者	103/8.7%	238/3.6%
4	儿	98/8.3%	319/4.9%
5	鬼	96/8.1%	1144/17.5%
6	头	48/4.1%	234/3.6%
7	家	46/3.9%	225/3.4%
8	的	38/3.2%	49/0.8%
9	王	32/2.7%	132/2.0%

（续上表）

顺序	「接尾辞」	不重复词汇量及占比	重复词汇量及占比
10	手	32/2.7%	119/1.8%
11	精	28/2.4%	169/2.6%
12	包	24/2.0%	87/1.3%
13	虫	23/1.9%	99/1.5%
14	蛋	22/1.9%	202/3.1%
15	婆	20/1.7%	73/1.1%
16	狂	16/1.4%	79/1.2%
17	型	12/1.0%	20/0.3%
18	汉	10/0.8%	86/1.3%
19	眼	10/0.8%	151/2.3%
20	派	11/0.9%	99/1.5%
21	症	9/0.8%	42/0.6%
22	夫	9/0.8%	41/0.6%
23	神	8/0.7%	17/0.3%
24	猫	7/0.6%	106/1.6%
25	星	7/0.6%	13/0.2%
26	员	6/0.5%	9/0.1%
27	质	5/0.4%	22/0.3%
28	病	4/0.3%	47/0.7%
29	郎	4/0.3%	9/0.1%
30	迷	3/0.3%	24/0.4%
31	剂	3/0.3%	4/0.1%
32	仙	3/0.3%	21/0.3%
33	徒	3/0.3%	7/0.1%
34	痛	3/0.3%	38/0.6%
35	佬	3/0.3%	29/0.4%
36	仔	2/0.2%	2/0.0%

（续上表）

顺序	「接尾辞」	不重复词汇量及占比	重复词汇量及占比
37	棍	2/0.2%	5/0.1%
38	废	1/0.1%	13/0.2%
39	奴	1/0.1%	12/0.2%
40	圣	1/0.1%	6/0.1%
41	化	1/0.1%	5/0.1%
合计		1 185/100%	6 529/100%

1.2　中国社会群体

表 4-2　中国社会群体「接尾辞」的种类及占比

顺序	「接尾辞」	不重复词汇量及占比	重复词汇量及占比
1	人	159/21%	721/20%
2	子	109/14%	617/17%
3	鬼	76/10%	634/17%
4	儿	74/10%	251/7%
5	者	74/10%	131/4%
6	头	42/5%	147/4%
7	的	35/5%	43/1%
8	家	28/4%	142/4%
9	手	25/3%	97/3%
10	王	21/3%	71/2%
11	蛋	15/2%	118/3%
12	精	14/2%	83/2%
13	虫	12/2%	56/2%
14	包	11/1%	60/2%
15	婆	9/1%	19/1%
16	眼	8/1%	59/2%
17	汉	7/1%	58/2%

（续上表）

顺序	「接尾辞」	不重复词汇量及占比	重复词汇量及占比
18	神	6/1%	8/0%
19	员	6/1%	6/0%
20	派	5/1%	87/2%
21	狂	5/1%	29/1%
22	猫	4/1%	62/2%
23	病	4/1%	13/0%
24	症	4/1%	9/0%
25	佬	3/0%	29/1%
26	夫	3/0%	9/0%
27	通	2/0%	32/1%
28	仙	2/0%	13/0%
29	郎	2/0%	6/0%
30	质	2/0%	2/0%
31	徒	2/0%	2/0%
32	迷	1/0%	21/1%
33	废	1/0%	8/0%
34	圣	1/0%	5/0%
35	奴	1/0%	4/0%
36	棍	1/0%	4/0%
37	智	1/0%	3/0%
	合计	775/100%	3 659/100%

1.3　中国大学生

表 4-3　中国大学生「接尾辞」的种类及占比

顺序	「接尾辞」	不重复词汇量及占比	重复词汇量及占比
1	人	158/22%	715/25%
2	子	121/17%	490/17%

（续上表）

顺序	「接尾辞」	不重复词汇量及占比	重复词汇量及占比
3	鬼	51/7%	505/17%
4	者	43/6%	110/4%
5	儿	29/4%	65/2%
6	家	28/4%	83/3%
7	头	26/4%	95/3%
8	精	19/3%	86/3%
9	婆	18/3%	55/2%
10	王	17/2%	59/2%
11	虫	17/2%	43/1%
12	包	17/2%	27/1%
13	狂	16/2%	50/2%
14	蛋	14/2%	84/3%
15	的	14/2%	20/1%
16	手	12/2%	22/1%
17	型	12/2%	20/1%
18	夫	9/1%	32/1%
19	汉	9/1%	29/1%
20	眼	8/1%	92/3%
21	症	8/1%	32/1%
22	派	8/1%	12/0%
23	星	7/1%	10/0%
24	猫	6/1%	45/2%
25	质	4/1%	20/1%
26	神	4/1%	10/0%
27	员	4/1%	7/0%
28	郎	4/1%	4/0%
29	病	3/0%	34/1%

（续上表）

顺序	「接尾辞」	不重复词汇量及占比	重复词汇量及占比
30	剂	3/0%	4/0%
31	通	3/0%	6/0%
32	迷	3/0%	3/0%
33	仙	2/0%	8/0%
34	徒	2/0%	5/0%
35	仔	2/0%	2/0%
36	奴	1/0%	8/0%
37	废	1/0%	5/0%
38	化	1/0%	5/0%
39	棍	1/0%	1/0%
40	圣	1/0%	1/0%
合计		706/100%	2 904/100%

　　表 4-1、表 4-2、表 4-3 的结果表明，40 种「接尾辞」几乎全是名词性质。尤其是排列前 10 位的小项，均是名词性质的「接尾辞」，这一点不同于日本与韩国，三者具有明显的差异，呈现出不同的使用倾向。究其原因在于汉语的语法结构具有谓语在先，宾语在后的特点。因此，就不会出现像日语「~好き、~持ち、~焼き」等动词性「接尾辞」，必然会呈现出名词性「接尾辞」凸显的特征。"性向词汇"中名词词性的「接尾辞」，与前面的语素结合，对于具有某种性格特征、动作行为的人起着明示和强调的作用。位居前 5 位的「接尾辞」，不管是社会群体还是大学生，均是"人、子、者、儿、鬼"这 5 种类型，它们所占的比例较高，合计高达 64.8%。可见这类「接尾辞」使用的广泛性以及强大的能产性。它们不同于其他「接尾辞」，具有旺盛的生命力和造词能力。它们的广泛使用表明了人们对这类「接尾辞」的青睐与好感，同时也在一定程度上妨碍了其他「接尾辞」的生成与使用。

　　如果再仔细观察不难发现，排列前 10 位的「接尾辞」中，中日两国都有"者、家、人、的"这四种类型，而"蛋、头、包"等属于汉语特有的「接尾辞」，中日两国呈现出各自的使用特征。值得说明的是，中日两国"性向词汇"中都有使用动物、植物等特点加以比喻和评价他人的词汇。一个民族、一个社会集团的人们往往会把主体的文化价值观念和情感的好恶延伸到动物与植物身上，使它们也有了好坏之分、褒贬之别。不过动物、植物特有的指称义一般是要受到不同的文化因素、价值观念等方面的制约和影响。比如日语中「犬っぽい」的「犬」（狗）和汉语"馋猫"（贪吃的人）中的"猫"，都是来源于同样的造词联想法。即人们抓住动物的习性、动作特点等，用其喻人的这种"拟人喻"的造词方法。当然，"拟人喻"在韩语"性向词汇"中也被大量运用，可谓是三国"性向词汇"的共性。但是，由于文化观念、价值观的不同，即便表示同一个意思，也有可能使用不同的动物或植物。换言之，在不同的文化背景下，同样的动物其指称义可能完全不同。有关详细内容，下文将会根据具体情况进行对照与考察。下面将按照不重复词汇量的高低排列，主要围绕前10位的「接尾辞」进行具体分析和比较研究。

2. 量、构词及语义功能

首先对第一位"人"的构词特点以及语义机能进行探讨。表题（）[ ]中的数字，分别表示不重复词汇量和重复词汇量。表格中的（）是指实际运用于不同小项的数量之和。

表 4-4　总中国人：~ 人（255 語）[1450 語]

词	数量	词	数量	词	数量	词	数量	词	数量
粗人*	（4）96	冰美人	（4）4	热带人	2	活人*	1	生意人*	1
好人*	（14）86	超人*	（3）4	双性人	2	火人*	1	省钱人	1
怪人*	（6）81	赤道人	4	铁人*	（2）2	急人*	1	圣贤人	1
热心人	（7）72	蠢人*	（3）4	细人*	（2）2	急性人	1	诗人*	1
老实人	（12）71	粗鲁人	4	游人*	2	寂寞鱼美人	1	时尚人	1
能人*	（11）48	大忙人	（2）4	真男人	（2）2	家里大人	1	双面人	1
大好人	（4）47	机器人*	（2）4	正经人	（2）2	假女人	1	爽人	1

（续上表）

词	数量	词	数量	词	数量	词	数量	词	数量
懒人	（5）44	讲究人	（4）4	傲人	1	假人*	1	死人*	1
闲人*	（5）34	老妇人	（2）4	自由人*	1	尖人	1	俗人*	1
女人*	（9）32	老人*	（3）4	巴人*	1	见外人	1	贪人*	1
老好人*	（5）31	内向人	（3）4	北方人*	1	健康人	1	铁面人	1
木头人*	（9）29	热情人	（2）4	北极人	1	交际人	1	痛快人	1
小人*	（6）27	庸人*	（2）4	冰山美人	1	娇气人	1	偷懒人	1
笨人	（5）25	高人*	（2）3	玻璃人	1	狡猾人	1	歪人*	1
女强人*	（4）24	好心人	（3）3	场面人*	1	精神病人	1	外向型人	1
泪人*	（2）23	好事人	4	痴人*	1	精细人	1	顽人*	1
强人*	（6）23	会做人	（2）3	村里人	1	局外人*	1	萎人	1
贱人*	（5）21	浑人*	（3）3	达人*	1	客气人	1	屋里大人	1
废人*	（6）20	两面人*	3	大粗人	1	客人*	1	无聊人	1
倔人	20	忙人*	3	大胆人	1	苦命人	1	无私人	1
聪明人	（3）18	盲人*	（2）3	大漠人	1	苦人	1	无用人	1
圣人*	（3）18	陌生人*	3	大能人	1	阴阳人*	1	下流人	1
石头人*	（4）16	上海人	（2）3	大女人*	1	阔人*	1	闲杂人	1
善人*	（6）15	爽快人	（2）3	敌人*	1	邋遢人	1	贤人*	1
坏人*	（9）13	死板人	（2）3	佃人*	1	来赛人	1	乡里巴人	1
牛人*	（4）13	外场人*	（3）3	刁蛮人	1	老男人	1	乡下人*	1
野人*	（4）13	外向人	（2）3	逗人*	1	老年人*	1	小可人	1
狂人*	（2）12	外星人*	（2）3	妒嫉人	1	老女人	1	小泪人	1
伟人*	12	威尼斯商人*	3	凡人*	1	泪美人	1	小男人	1
愚人*	（3）12	无知人	（2）3	非男人	1	冷漠人	1	笑人	1

（续上表）

词	数量	词	数量	词	数量	词	数量	词	数量
东北人	（4）10	原始人	（2）3	风人*	1	冷人*	1	行外人	1
烦人*	（4）10	爱斯基摩人*	2	高能人	1	冷血人	1	性情人	1
实在人	（3）10	本分人	（2）2	疙瘩人	1	利落人	1	虚伪人	1
野蛮人	（3）10	本事人*	2	各色人	1	灵人	1	严肃人	1
细心人	9	病人*	（2）2	工人	1	领导人	1	野女人	1
大善人	（2）8	城里人*	2	工作狂人	1	啰嗦人	1	阴阳人*	1
浪人*	（3）7	大懒人	（2）2	孤人*	1	麻利人	1	幽默人	1
傻人*	（5）7	多余人	2	刮人	1	蛮人*	1	有心人*	1
有钱人	（5）7	二刮人	2	寡人*	1	慢性人	1	迁人	1
恶人*	6	发言人*	2	豪爽人	1	没事人*	1	渊人	1
奸人*	6	放羊人	2	好骂人	1	蒙古人	1	正派人	1
冷面人	（2）6	耿人	2	好人	1	民间艺人	1	正直人	1
冰人*	（2）5	贵妇人*	2	和大人	1	名人*	1	直肠人	1
妇人*	（4）5	和人*	（2）2	老人*	1	明白人*	1	直率人	1
冷美人	（3）5	垃圾人	2	糊涂人	1	南极人	1	直爽人	1
男人*	（5）5	烂人	（2）2	虎人	1	农村人	1	植物人	1
勤快人	（3）5	利索人	（2）2	混人	1	奇人*	1	钟摆人	1
实诚人	（3）5	玲珑人	2	巧人	1	气球超人	1	仔细人	1
文明人	（2）5	另类人	2	热肠人	1	僧人*	1		
小女人	（3）5	莽人	2	热心肠人	1	山东人	1		
哲人*	5	南方人	2	日本浪人	1	山里人	1		
正常人	（2）5	年轻人*	（2）2	神经病人	1				

注：词典标出词的比例为102/255=40%。

表 4-5　中国社会群体：～人（159 語）[721 語]

词	数量	词	数量	词	数量	词	数量
热心人	（7）65	死板人	（2）3	多余人	1	啰嗦人	1
粗人*	（3）57	外场人*	（3）3	恶人*	1	莽人	1
怪人*	（5）53	外向人	（2）3	凡人*	1	没事人*	1
老实人	（4）49	外星人*	（2）3	肥胖病人	1	门里大人	1
大好人	（4）47	无知人	（2）3	风人*	1	蒙古人	1
懒人*	（3）27	小女人	（3）3	妇人	1	民间艺人	1
老好人*	（3）24	野人*	（3）3	高能人	1	明白人*	1
好人*	（8）18	有钱人	（2）3	疙瘩人	1	普通女人	1
聪明人	（3）15	愚人*	（2）3	各色人	1	勤快人	1
倔人	（3）15	本事人*	2	工作狂人	1	热肠人	1
能人*	（7）15	冰人*	（2）2	孤人*	1	日本浪人	1
石头人*	（3）15	大懒人	（2）2	刮人	1	僧人*	1
木头人*	（7）13	二刮人	2	寡人*	1	神经病人	1
笨人*	（3）12	烦人*	（2）2	糊涂人	1	双面人	1
善人*	（4）12	孤家寡人*	2	混人	1	爽人	1
强人*	（3）10	贵妇人*	2	活人*	1	死人*	1
女强人*	（3）9	坏人*	（2）2	家里大人	1	俗人*	1
闲人	（5）9	讲究人	（2）2	奸人*	1	铁面人	1
大善人	（2）8	浪人*	2	尖人	1	偷懒人	1
泪人*	（2）8	泪人*	2	见外人	1	外向型人	1
牛人*	（3）8	另类人	2	交际人	1	萎人	1
实在人	（2）8	女人*	（2）2	娇气人	1	屋里大人	1
废人*	（2）6	上海人	2	狡猾人	1	无私人	1
伟人*	6	铁人*	（2）2	精细人	1	细心人	1
狂人*	5	威尼斯商人*	2	客气人	1	贤人*	1
圣人*	（2）5	细人	（2）2	苦命人	1	乡里巴人	1
冰美人	（4）4	野蛮人	（2）2	苦人	1	笑人	1

（续上表）

词	数量	词	数量	词	数量	词	数量
粗鲁人	4	本分人	1	邋里邋遢人	1	严肃人	1
内向人	（3）4	病人*	1	邋遢人	1	阴阳人*	1
热情人	（2）4	玻璃人	1	来赛人	1	游人*	1
实诚人	（2）4	不满人	1	老妇人	1	迂人	1
蠢人	（2）3	场面人*	1	老年人*	1	真男人	1
好心人	（3）3	超人*	1	老人*	1	正直人	1
和人	（2）3	城里人*	1	冷漠人	1	直肠人	1
浑人	（3）3	痴人*	1	冷人*	1	直率人	1
冷美人	（2）3	臭嘴人	1	冷血人	1	直爽人	1
冷面人	3	达人*	1	冷语冰人*	1	植物人	1
冷面人	（2）3	大粗人	1	利索人	1	钟摆人	1
傻人*	（2）3	大能人	1	灵人*	1	火人*	1
爽快人	（2）3	逗人*	1	领导人	1	热心肠人	1

注：词典标出词的比例为 66/159=41.5%。

表4-6　中国大学生：～人（157語）[715語]

词	数量	词	数量	词	数量	词	数量
好人*	（12）68	好心人	（2）4	本分人	1	农村人	1
粗人*	（3）39	勤快人	（2）4	冰山美人	1	奇人*	1
能人	（8）33	傻人*	（3）4	病人*	1	气球超人	1
女人*	（8）30	庸人*	（2）4	城里人*	1	巧人	1
怪人*	（3）28	有钱人	（4）4	蠢人*	1	山东人	1
闲人*	（4）25	机器人*	4	村里人	1	山里人	1
老实人	（11）22	超人*	（2）3	大胆人	1	上海人	1
贱人*	（5）21	聪明人	3	大漠人	1	生意人*	1
懒人*	（5）17	高人*	（2）3	大女人*	1	省钱人	1
木头人*	（7）16	老妇人	3	敌人*	1	圣贤人	1
女强人*	（3）15	老人*	（2）3	刁蛮人	1	诗人*	1

（续上表）

词	数量	词	数量	词	数量	词	数量
废人*	（5）14	两面人	3	多余人	1	石头人*	1
笨人*	（5）13	忙人*	3	非男人	1	时尚人	1
泪人*	（2）13	盲人*	（2）3	工人*	1	实诚人	1
强人*	（5）13	陌生人*	3	豪爽人	1	贪人*	1
圣人*	（2）13	善人*	（3）3	好事人	1	痛快人	1
坏人*	（8）11	原始人	（2）3	虎人	1	歪人*	1
东北人	（4）10	冰人*	3	火人	1	顽人*	1
小人*	（5）10	傲人	（2）2	急人*	1	威尼斯商人*	1
野人*	（3）10	发言人*	2	急性人*	1	无聊人	1
愚人*	（2）9	放羊人	2	寂寞鱼美人	1	无用人	1
烦人*	（3）8	耿人	2	假女人	1	下流人	1
细心人	8	爱斯基摩人*	2	假人*	1	闲杂人	1
野蛮人	（2）8	正经人	（2）2	健康人	1	乡下人*	1
狂人*	（2）7	讲究人	（2）2	精神病人	1	小可人	1
老好人*	（3）7	垃圾人	2	局外人*	1	小泪人	1
热心人	（2）7	烂人	（2）2	客人*	1	小男人	1
伟人*	6	冷美人	2	苦人	1	行外人	1
恶人*	5	玲珑人	2	阔人*	1	性情人	1
奸人*	5	南方人	2	老男人	1	野女人	1
倔人	（2）5	年轻人*	（2）2	老女人	1	幽默人	1
浪人*	（3）5	热带人	2	泪美人	1	游人*	1
男人*	（5）5	实在人	（2）2	利落人	1	有心人*	1
牛人*	5	双面伊人	（2）2	利索人	1	渊人	1
文明人	（2）5	双性人	2	麻利人	1	真男人	1
哲人*	5	小女人	2	蛮人*	1	正派人	1
正常人	（2）5	自由人*	1	慢性人	1	仔细人	1

（续上表）

词	数量	词	数量	词	数量	词	数量
赤道人	4	巴人*	1	莽人	1		
大忙人	（2）4	北方人*	1	名人*	1		
妇人*	（3）4	北极人	1	南极人	1		

注：词典标出词的比例为73/157=46.2%。

构词分类

① i 、名词＋人

女人【40，41，42，43，51，77，100，103】、佃人【5】、风人【76】、疙瘩人【86】、玻璃人【42，99】、客人【30】、蒙古人【50】、名人【93】、僧人【51】、工人【1】、诗人【77】、冰人【46】、泪人【42，43】、圣人【93，97】、妇人【42，100，103】、男人【19，29，52，57，83】、哲人【91】、病人【61】、敌人【61】、巴人【32】、火人【36】、植物人【88】、场面人【99】、局外人【81】、南极人【46】、农村人【95】、山东人【99】、山里人【95，95】、生意人【93】、圣贤人【97】、两面人【29】、乡下人【55】、行外人【13】、性情人【26】、东北人【24，46，98，97】、文明人【15，16】、赤道人【45】、机器人【2，106】、上海人【4】、外星人【98，104】、爱斯基摩人【46】、本事人【1】、城里人【15】、垃圾人【17】、另类人【104】、南方人【45】、双性人【29】北方人【46】、北极人【46】、村里人【96】、原始人【32，82】、精神病人【26】、威尼斯商人【53】、民间艺人【2】、神经病人【41】、铁面人【62】、乡里巴人【83】、阴阳人【97】、渊人【93】

ii 、「接頭辞」＋名词＋人

小女人【41】、老妇人【77】、大漠人【46】、大能人【1】、大女人【110】、非男人【51】、老男人【67】、老年人【45】、老女人【62】、小泪人【43】、小男人【51】、大胆人【21】

iii 、名词＋动词＋人

钟摆人【76】、气球超人【6】、日本浪人【40】

iv 、名词＋形容词＋人

女强人【19，89】、冰美人【45，46，62，88】、工作狂人【7】、家里大人【28】、泪美人【43】、冰山美人【101】

ⅴ、名词＋「接辞」＋人

木头人【10，28，65，67，69，94，101】、石头人【84】

ⅵ、副词＋名词＋人

没事人【20】

②ⅰ、形容词＋人

野蛮人【32，83，84】、实在人【67，99】、烦人【78，79，105】、牛人【1，6，95，110】、小人【53，82】、内向人【88，90，98】、外向人【89，100】、超人【2】、利落人【2】、麻利人【2】、巧人【4】、仔细人【4】、自由人【14】、粗人【24，32，82】、好人【20，40，42，51，55，58，60，86，98，99，100】、怪人【80，102，105】、老实人【4，6，27，28，51，55，65，67，69，99，100】、懒人【8，17，18，20，65】、闲人【13，14，18，40】、笨人【9 10，69，94，95】、强人【6，7，89】、奸人【92】、贱人【14，25，57，73，78】、倔人【83，84】、聪明人【91】、善人【42，58，100】、坏人【31，52，53，57，61，70，76，101】、野人【32，34，82】、狂人【23，82】、伟人【97】、苦人【29】、愚人【10，94】、实诚人【5】、无用人【10】、蠢人【11】、闲杂人【13】、多余人【13】、傻人【40，85，106】、恶人【61】、勤快人【1，15】、下流人【14】、利索人【15】、虎人【21】、忙人【25】、急人【24】、假人【30】、顽人【31】、莽人【32】、蛮人【32】、幽默人【37】、奇人【39】、健康人【51】、贪人【53】、耿人【69】、本分人【55】、时尚人【62】、无聊人【78】、歪人【80】、正派人【83】、痛快人【98】、豪爽人【98】、陌生人【101】、刁蛮人【105】、高人【2，3】、烂人【13，14】、正常人【15，51】、傲人【23，63】、老人【20，86】、正经人【19，51】、讲究人【2，62】、庸人【13，94】、年轻人【22，39】、盲人【10，65】、虚伪人【63】、严肃人【86】、迂人【5】、直率人【100】、直爽人【101】、正直人【101】、正派人【84】、爽快人【100，101】、死板人【5，90】、无知人【83，97】、玲珑人【99】、痴人【96】、达人【95】、高能人【1】、各色人【107】、孤人【68】、寡人【67】、糊涂人【96】、娇气人【42】、狡猾人【44】、精细人【4】、客气人【30】、阔人【55】、邋遢人【17】、冷漠人【62】、冷人【68】、灵人【93】、啰嗦人【78】、爽人【101】、俗人【83】、偷懒人【8】、粗鲁人【32】、尖人【93】、活人【99】、和人【87，99】、混人【108】、能人【1，2，3，7，59，64，93，96】、废人【10，11，12，13，90】

ⅱ、「接頭辞」＋形容词＋人

大好人【61，100，102，103】、老好人【58，71，100】、大善人【102，103】、大懒人【8，18】、大粗人【32】、小可人【64】、大忙人【24，25】

ⅲ、形容词＋名词＋人

苦命人【92】、冷血人【62】、慢性人【20】、热肠人【87】、先进个人【1】、急性人【24】、野女人【34】、假女人【43】、真男人【98】、冷面人【62，88】、好心人【58，100】、细心人【4】、热心人【58，60】、直肠人【101】、热情人【61，87】、贵妇人【17】、热带人【45】

ⅳ、形容词＋形容词＋人

冷美人【101】

ⅴ、形容词＋「接辞」＋人

外向型人【99】

ⅵ、形容词＋名词＋形容词＋人

寂寞鱼美人【96】

③ⅰ、动词＋人

游人【40】、刮人【82】、领导人【68】、笑人【89】、嫉妒人【110】、交际人【99】、浪人【14，40，62】、好骂人【83】

ⅱ、动词＋名词＋人

有钱人【14，18，40】、发言人【72】、放羊人【70】、有心人【64】、省钱人【51】、好事人【38】

与《现代汉语词典》中一致的比例分别是总中国人 39.7%、中国社会群体 41.5%、中国大学生 46.2%。三者的一致率均未达到 50%，说明有一半以上由"人"所构成的"性向词汇"未被收录，成为生活词汇中特有的对人评价的词汇。「接尾辞」"人"缀在其他语素的后面，表示具有某种动作行为、性格特征的人，构成名词性质。"人"在"性向词汇"中最能直截了当地表达对他人的评价。有关"人"的语义机能和构词特点，汉语与日语、韩语相同，三者具有鲜明的共性，都是直接指代具体的"人"，促成了由具体的性向行为向有其性向行为人的转变，发生了词性变化。但是汉语的"人"更具超强的构词能力及旺盛的生命力，这是日语和韩语无可比拟的。反之，汉语中没有出现日语「接尾辞」排名第一位的与"人"相似的「～もの」及「～屋（や）」等。这也许是造成中日两国语言在「接尾辞」"人"的使用上出现差距的原因之一。根据上述的构词分类，由"人"组合而成的"性向词汇"，具有 12 种构词形式，总中国人的重复词汇量高达 1 450 个，它是汉语"性向词汇"中的典型。

"人"的不重复词汇量不仅排列第一，而且种类繁多，形式多样。它与日语、韩语中的"人"不同，由此可以窥视出汉语特有的语言文化特色。如果再仔细分析可以看出，"名词＋人"的构词形式中，既有表示某个地区、某个国家、某种身份的人，又有表示从事某种工作、某种职业或具有某种地位特征的人，如工人、伟人等。绝大多数都是使用比喻等修辞手法对他人进行评价，比如"机器人、木头人"等。说话者巧妙地抓住了对方的无感情、无欲望等特点，如同"机器、木头"等一样，对于（108）"不懂人情世故，冷淡无情"的人进行了责难与讽刺，属于负面、消极的评价。再如"农村人"这一"性向词汇"，因为有些农民说话直率粗鲁、不善言辞、口无遮拦。说话者注意到农民的语言行为特点，故用其评价和比喻（83）"说话不中听，言谈举止粗鲁的人"。"南方人"（形容怕冷的人）、"北方人"（怕热的人）、"热带人"（特别怕冷的人）和日语的「沖縄人」、「北海道人」以及韩语的「남극인」「아프리카인」同样，三者的造词联想非常相似，如出一辙。对于耐寒程度的不同，中国人在"南方人"的基础上，创造出"热带人"这一词语用于评价和比喻"特别怕冷的人"。总之，"名词＋人"这一构词形式，侧重点在前，说话者紧紧围绕前面语素的属性和特征，对具有某种性向特征的人加以评价。

"「接頭辞」＋名词＋人"的形式，如"小女人"是由「接頭辞」"小"加上名词"女"再加上「接尾辞」"人"组合而成的"性向词汇"。说话者紧紧抓住女性爱闲聊、话多等特点，一般用于评价"话多、爱聊天的人"。因为前面加上「接頭辞」"小"，而"小"属于指小辞兼备贬义色彩，故其特性表现得愈加鲜明，女性爱聊天的习性更加凸显。很显然"小女人"属于负面评价词汇。"形容词＋人"如"笨人、粗人、好人"等词汇，通过形容词"笨、粗、好"与后接词缀"人"组合而成，前面的语素与「接尾辞」"人"之间属于修饰与被修饰的关系。前面的修饰语决定了此人性格的特点。这种修饰与被修饰关系在汉语中随处可见。这种构词类型不仅词汇量最多（142 种），种类也最为丰富，可分为（1）形容词＋人，（2）「接頭辞」＋形容词＋人，（3）形容词＋名词＋人，（4）形容词＋「接尾辞」＋人，（5）形容词＋名词＋形容词＋人等 5 种类型。日语、韩语中也

有"形容词＋人"这类构词，如日语的「変人」（难以相处的人）、「賢人」（见多识广的人）、「奇人」（滑稽的人）等，韩语的「비만인」（肥胖的人）、「탐욕인」（贪心的人）等等。不过，中日韩三国相比，汉语不仅在词汇量方面，而且在构词类型等方面均占有绝对优势，表现出丰富多彩的使用特点。

表 4-7　总中国人：～子（173 語）[1081 語]

词	数量	词	数量	词	数量	词	数量	词	数量
败家子*	(6) 93	犟眼子	(3) 6	街娃子	(2) 2	耿性子	1	木头橛子*	1
骗子*	(4) 84	淘小子	6	苦瓜子	2	狗蹦子*	1	耐性子	1
急性子*	(7) 57	二傻子	(3) 5	懒蛋子	(2) 2	怪子	1	能豆子	1
二流子*	(6) 51	哭包子	(2) 5	老油子*	2	好孩子	1	牛肚子	1
假小子*	48	浪荡子*	(3) 5	泪罐子	(2) 2	猴性子	1	女疯子	1
慢性子*	(4) 48	毛孩子*	(2) 5	驴子*	(2) 2	话盒子*	1	女孩子	1
君子*	(6) 39	胖子*	5	闷罐子	2	话婆子	1	皮薄子	1
话匣子*	(3) 38	才子*	(3) 4	闷子	(2) 2	活脑子	1	妻子*	1
直肠子*	(3) 37	大骗子	4	木头呆子	2	火筒子	1	人尖子	1
呆子*	(7) 26	猴子*	(3) 4	木头桩子	2	火药筒子	1	人游子	1
傻子*	(14) 26	混子*	(4) 4	拍子	2	鸡毛掸子*	1	弱女子	1
碎嘴子*	(5) 24	酒漏子	4	软肠子	2	鸡脑子	1	傻呆子	1
酒疯子*	20	老谋子	(3) 4	傻小子*	2	假着子	1	狮子*	1
黄毛小子	19	死脑子	(3) 4	瘦子*	2	尖刀子	1	事包子	1
醋坛子*	17	死眼皮子	(2) 4	耍嘴皮子*	2	尖子*	1	死样子	1

（续上表）

词	数量	词	数量	词	数量	词	数量	词	数量
野孩子	17	小燕子	（2）4	碎嘴皮子	2	娇气包子	1	台柱子*	1
直性子*	（3）16	二混子*	（3）3	土包子*	2	叫花子*	1	捂痱子	1
使性子*	（2）14	二楞子	（3）3	瞎子*	2	街滑子	1	小胆子	1
浪子*	（5）13	风流子*	3	小痞子	（2）2	街游子	1	小公子	1
伪君子*	（4）12	鬼点子*	（3）3	渣子*	2	酒篓子	1	小家子*	1
直筒子	（4）12	街溜子*	3	猪脑子	2	酒腻子	1	小心眼子	1
话篓子*	（2）11	哭鼻子	3	幌子	2	酒桶子	1	小性子	1
痞子*	（4）11	冷脸子*	（2）3	半拉子*	1	倔子	1	鸭子*	1
狗腿子*	（3）10	气包子*	3	半拍子	1	老爷子*	1	真君子	1
酒坛子	10	耍性子*	3	冲子*	1	泪坛子	1	野汉子	1
辣妹子	（2）9	死性子	（2）3	憨窝子	1	楞瞪子	1	硬汉子*	1
书呆子*	（4）9	瞎话篓子	3	醋瓶子	1	愣子	1	油条子	1
疯子*	（4）8	小孩子*	（2）2	大肚子*	1	流子*	1	游子*	1
浪荡公子	（2）8	油子*	（2）2	大酒缸子	1	蛮子*	1	贼小子	1
老夫子*	（4）8	迂夫子*	（2）3	大酒坛子	1	盲流子	1	找叉子	1
忧郁王子	8	半吊子*	（2）2	大傻子	1	毛头小子*	1	找茬子	1
孩子*	（3）7	笨鸭子	2	二赖子*	1	没胆子	1	真汉子	1
酒缸子	7	大胆子	2	放荡公子	1	闷包子	1	半吊子	1
没脑子	（6）7	话茬子	2	凤辣子	1	闷瓢子	1		
气筒子	7	话痨子	2	嘎杂子*	1	氓流子	1		

注：词典标出词的比例为78/173=45%。

表 4-8 中国社会群体：～子（109 語）[617 語]

词	数量	词	数量	词	数量
骗子*	（2）52	冷脸子	（2）3	街游子	1
败家子*	（4）43	胖子*	3	酒篓了	1
急性子*	（3）37	死脑子	（2）3	酒腻子	1
假小子*	34	迂夫子*	（2）3	酒桶子	1
二流子*	（6）32	半吊子*	（2）2	倔子	1
话匣子*	（2）32	才子*	2	君子*	1
直肠子*	（2）24	大胆子	2	孔夫子	1
慢性子*	（2）22	二楞子	（2）2	老夫子*	1
碎嘴子*	（3）21	话痨子	2	泪罐子	1
黄毛小子	19	幌子*	2	盲流子	1
野孩子	17	街溜子*	2	没胆子	1
醋坛子*	15	苦瓜子	2	人尖子	1
呆子*	（5）14	老油子*	2	人游子	1
直性子*	（2）14	没脑子	（2）2	弱女子	1
使性子*	12	木头呆子	2	瘦子*	1
酒疯子*	11	拍子*	（2）2	耍性子	1
酒坛子	10	痞子*	2	耍嘴皮子*	1
直筒子	（2）10	气包子*	2	甩子	1
辣妹子	（2）9	傻小子*	2	台柱子*	1
浪荡公子	（2）8	碎嘴皮子	2	弯弯肠子	1
浪子*	（3）8	土包子*	2	完犊子	1
花花肠子*	7	油子*	2	伪君子*	1
气筒子	7	猪脑子	2	捂痱子	1
犟眼子	（3）6	愣窝子	1	瞎话篓子	1
傻子*	6	醋瓶子	1	小胆子	1
淘小子	6	大肚子*	1	小公子	1
话篓子*	5	大傻子	1	小痞子	1

（续上表）

词	数量	词	数量	词	数量
哭包子	（2）5	二赖子*	1	小燕子	1
毛孩子*	（2）5	放荡公子	1	修养女子	1
书呆子*	（3）5	疯子	1	哑蚊子	1
酒漏子	4	嘎杂子*	1	贼小子	1
二混子*	（3）3	怪子	1	找叉子	1
二傻子	3	话盒子*	1	找荏子	1
狗腿子*	3	活脑子	1	真汉子	1
混子*	（3）3	鸡脑子	1	真君子	1
哭鼻子*	3	假着子	1		
浪荡子*	3	娇气包子	1		

注：词典标出词的比例为 51/109=46.8%。

表 4-9　中国大学生：～子（121 語）[490 語]

词	数量	词	数量	词	数量	词	数量
败家子*	（4）50	鬼点子*	（3）3	半拍子	1	木头橛子*	1
君子*	（6）38	孔子	3	包黑子	1	耐性子	1
骗子*	（3）32	死性子	（2）3	冲子*	1	能豆子	1
慢性子*	（3）26	碎嘴子*	（3）3	二愣子*	1	牛肚子	1
急性子*	（5）20	小孩子*	（2）3	凤辣子	1	女疯子	1
傻子*	（14）20	小燕子	（2）3	丐帮弟子	1	女孩子	1
二流子*	（2）19	笨鸭子	2	耿性子	1	皮薄子	1
假小子*	14	才子*	（2）2	狗蹦子*	1	妻子*	1
呆子*	（4）13	醋坛子*	2	好孩子	1	气包子*	1
直肠子*	（2）13	大酒缸子	（2）2	猴性子	1	三德子	1
伪君子*	（3）11	二傻子	（2）2	话婆子	1	散财童子	1
酒疯子*	9	话荏子	2	混子*	1	傻呆子	1
痞子*	（4）9	街娃子	（2）2	火筒子	1	社交才子	1
忧郁王子	8	懒蛋子	（2）2	火药筒子	1	狮子*	1

（续上表）

词	数量	词	数量	词	数量	词	数量
疯子*	(3)7	浪荡子*	(2)2	尖刀子	1	事包子	1
狗腿子*	(3)7	驴子*	(2)2	尖子*	1	瘦子*	1
孩子*	(3)7	闷罐子	2	叫花子*	1	耍嘴皮子*	1
酒缸子	7	闷子	(2)2	街滑子	1	死脑子	1
老夫子*	(3)7	木头桩子	2	街溜子*	1	死样子	1
话篓子*	(2)6	胖子*	2	老爷子*	1	小家子*	1
话匣子*	(2)6	软肠子	2	泪罐子	1	小痞子	1
浪子*	(4)5	使性子*	2	泪坛子	1	小心眼子	1
没脑子*	(4)5	耍性子*	2	楞瞪子	1	小性子*	1
大骗子	4	瞎话篓子	2	愣子	1	鸭子*	1
猴子*	(3)4	瞎子*	2	流子	1	野汉子	1
老谋子*	(3)4	渣子*	2	蛮子	1	硬汉子	1
书呆子*	4	直筒子	(2)2	毛头小子*	1	油条子	1
死眼皮子	(2)4	直性子*	2	闷包子	1	油子*	1
风流子*	3	半吊子	1	闷瓢子	1	游子*	1
狗拿耗子*	3	半拉子	1	氓流子	1	玉箫仙子	1

注：词典标出词的比例为 62/121＝51.2%。

构词分类

① i 、名词＋子

君子【19，30，83，98，99，97】、孩子【43】、猴子【23，24，87】、妻子【100】、狮子【24】、鸭子【14】、渣子【18】、汉子【21，98】、痞子【14，18，33，61】、驴子【85，96】、幌子【13】、拍子【20】、瓢子【29】、牛肚子【50】、女孩子【40】、话匣子【66】、醋坛子【111】、醋瓶子【111】、狗腿子【11，74，75】、酒缸子【50】、酒坛子【50】、酒篓子【50】、酒桶子【50】、话篓子【66，103】、半拉子【12】、半吊子【12】、半拍子【20】、猴性子【24】、鬼点子【31】、毛孩子【97，108】、瞎话篓子【70】、话荏子【78】、半吊子【9，36】、话痨子【67】、话盒子【67】、

话婆子【66】、街娃子【14，40】、泪罐子【43】、土包子【97】、猪脑子【96】、鸡脑子【96】、火筒子【41】、火药筒子【61】、猴性子【24】、泪坛子【43】、气筒子【41】、事包子【59】、火筒子【41】、气包子【41】、台柱子【1】、油条子【8】

ⅱ、**名词＋动词＋子**

街滑子【14】、狗蹦子【38】、街溜子【40】、酒漏子【50】、鸡毛掸子【24】、氓流子【18】、风流子【57】

ⅲ、**名词＋形容词＋子**

酒疯子【52】、女疯子【34】、书呆子【96】、黄毛小子【97】、二傻子【10，11，96】、二混子【8，31，72】、二愣子【79】、二赖子【14】、凤辣子【3】、嘎杂子【105】、酒腻子【52】、女疯子【34】、皮薄子【109】、人尖子【93】

ⅳ、**名词＋「接辞」＋名词/形容词＋子**

木头桩子【96】、木头橛子【83】、木头呆子【96】

②ⅰ、**动词＋子**

骗子【70，92】、混子【14】、冲子【22】、游子【18】、浪子【8，14，57，58，64】、流子【52】、浪荡子【8，14，58】

ⅱ、**动词＋名词＋子**

败家子【14，18，40，55，57，58】、哭包子【42，43】、哭鼻子【43】、耍性子【41】、耍嘴皮子【72】、捂痱子【45】、憋窝子【98】、叫花子【104】、找茬子【78】、找叉子【81】、耐性子【6】、活脑子【93】、使性子【35，41】、浪荡公子【14，58】、放荡公子【58】、死脑子【9】、死眼皮子【5，65】、死性子【5，106】、死样子【62】、伪君子【30，44，51】

③ⅰ、**形容词＋子**

闷子【28，67】、瘦子【45】、尖子【8】、怪子【108】、倔子【110】、傻子【7，9，25，38，56，59，65，70，75，82，90，94，95，106】、才子【69，72，95】、冲子【22】、油子【31】、胖子【46】、疯子【34，52，102】、浪愣子【95】、蛮子【83】、呆子【5，65，94，96】、瞎子【66】、假小子【34】、淘小子【33】、傻小子【96】、傻呆子【70】

ⅱ、**形容词＋名词＋子**

犟眼子【81，85，110】、急性子【12，24，26，36，49】、慢性子

【9，10，20】、直肠子【98，99】、碎嘴子【71，77，81】、耿性子【5】、直性子【5】、直筒子【24，36】、辣妹子【33，34】、闷瓢子【29】、冷脸子【62，88】、笨鸭子【69】、苦瓜子【90】、碎嘴皮子【78】、野汉子【32】、愣瞪子【32】、假小子【34】、好孩子【64】、尖刀子【76】、娇气包子【43】、弱女子【13】、硬汉子【83】、真汉子【58】、闷罐子【88】、鬼点子【73，91】、真君子【30】、抑郁王子【90】、野孩子【33】、野汉子【32】、迂夫子【5，9】、闷包子【41】、懒蛋子【12，17】、软肠子【42】

④副词＋名词＋子

没脑子【22，65，94，106】、没胆子【27】

⑤ⅰ、「接頭辞」＋名词＋子

大胆子【21】、大肚子【47】、小痞子【14】、小燕子【34，87】、小孩子【42，106】、大酒缸子【50】、大酒坛子【50】、老爷子【105】、小胆子【27】、小公子【35】、小家子【111】、小心眼子【111】、小性子【41】、老夫子【5，85，93】

ⅱ、「接頭辞」＋形容词＋子

老油子【94】、大傻子【96】

ⅲ、「接頭辞」＋动词＋子

老谋子【19，64，93】、大骗子【70】

　　总中国人、中国社会群体、中国大学生与词典一致的比例分别是44.8%、46.8% 和 51.2%，与上述的「接尾辞」"～人"基本相同，有一半属于特有的"性向词汇"。可见汉语的"性向词汇"与日语一样，具有真实地反映现实生活的特点。社会群体和大学生之间没有明显的差异。"～子"是汉语的典型词缀，它可以加在名词、动词、形容词、副词等词性后面构成名词。本次调查结果表明，"子"的构词类型多达14种。比如"名词＋子"这一类型中，还包括"名词＋名词＋子""名词＋动词＋子""名词＋形容词＋子"等5种类型。"形容词＋子"包括"形容词＋形容词＋子""形容词＋名词＋子"等3种类型，呈现出多种多样、类型丰富的构词特色。日韩两国"性向词汇"中也有「～子」，但无论是所派生的词汇量还是构词形式均不能与汉语的"～子"同日而语。可以认为"～子"是汉语中最具特色的「接尾辞」之一，极大地丰富了中国人对人评价的深度与广度。

　　「接尾辞」"～子"读轻声，其意与"～人"同样，必须和前面的语素结合，才能表示具有某种性格特征、动作行为的人。后缀"子"是名词的标记，但"子"的意思在不同的词语中，并不完全相同。比如"桌子、椅子"等，既不是"性向词汇"，也不能评价他人。这些词语中作为「接尾辞」的"子"并没有实质意义，但它却是必不可少的语素。换言之，"桌子、椅子"中的"子"是高度虚化的纯词缀，不承担任何具体的词汇意义，只有抽象的语法标记意义。再如"胖子"表示肥胖的人，如果不附加「接尾辞」"子"，仅仅局限于形容词的"胖"，是肥满之义，并不代表肥胖的人。胖子的"子"兼有语法和词汇两种意义，既有标记名词的语法意义，又有表示人的词汇意义。

"子"的原义是儿女，没有性别差异，后来意思扩大化泛指"人"。再从"人"的词义中引申出对男子的尊称，如汉子等。王力把"子、儿"叫做记号，认为它们最初的时候像西洋词尾，因为除了表示名词之外，还带有"小"的意思①，即"子"具有指小功能。"小"有正面义和负面义两种。这样与"子"组合而成的"性向词汇"中，有的表示可爱、亲切，如"孩子"；有的带有敬重之义，如"君子、硬汉子"；还有的表示贬义，如"呆子、傻子、痞子"等。可以认为，"性向词汇"中「接尾辞」的"子"，并非可有可无，而是发挥着不可替代的重要作用及评价功能。与"子"共同组合而成的"性向词汇"，与第五位的"鬼"同样，绝大多数都是负面的评价词汇。张静在《汉语语法问题》中也有类似的观点，认为"加上子后缀，形容词变成名词的多表示讨厌或憎恶的感情"②，如呆子、傻子等。吕叔湘在《现代汉语八百词》中也指出"形容词＋子"这一类型中，表示人的生理特性，多含不尊重之义③。

张舸认为：在"形容词＋子"表示人的分类中，胖子、瘦子等作为词根的词是中性词，加上"子"后产生了贬损色彩。构成这类词的形容词所表示的状态一般来说都是人们所排斥的。身材适中是最好的，胖、瘦都偏离了正常状态，都可以加"子"构成带贬损色彩的名词。"傻子、呆子、油子"等作为词根的形容词多是贬义词。构成这类词的形容词所表示的特征和状态多和人体生理或心理方面的缺陷以及人的丑恶行为有关。这些状态同正常人的正常状态相比有偏离，加上"子"后就成为指称具有这些特

---

① 王力.中国语法理论[M].北京：中华书局，1954.
① 张静.汉语语法问题[M].北京：中国社会科学出版社，1987：141.
② 吕叔湘.现代汉语八百词[M].北京：商务印书馆，1999：696.

征和状态的人①。本章中的"形容词＋子"，绝大多数也属于负面评价词汇，这一点与既有研究完全吻合。比如"傻子"分别出现在（7）"比别人都努力的人"；（9）"不会干活，办事效率低的人"；（25）"坐不住总要找点事做的人"；（38）"好奇心强爱凑热闹的人"；（56）"勤俭节约的人"；（59）"喜欢助人为乐、爱帮助人的人"；（65）"有眼力见，办事周到的人"；（70）"嘴笨、不善言表的人"；（75）"爱恭维奉承的人"；（82）"说三道四，喜欢评论的人"；（90）"性格内向的人"；（94）"狡猾的人"；（95）"愚笨的人"；（106）"脸皮厚的人"等14种语义小项中。除了（56）（59）（65）这三个小项属于正面评价之外，（7）（25）属于过剩价值，由正面评价变成了负面评价。也就是说，14种类型中就有高达11种属于负面评价。其他的词汇也都具有同样的使用特征。这种负面评价词汇（与日语一样），构成了汉语"性向词汇"中的重要特色，充分反映了中国社会中负面的价值取向。

有关日语性向词汇的"负面价值取向"，室山敏昭通过对日本各地的方言进行了近30年的实地调查，指出：（1）"性向词汇"具有正、负两面的对立结构原理；（2）负面评价词汇量大大超过正面评价词汇量，具有"下降性倾斜的原理"（即负的原理）；（3）负面评价词汇一般多用于不在场的"第三者"，话语者双方通过对第三者进行批评与评价，以此达到心理上的同化与一致，有助于维持和构建亲密、友好的人际关系等②。由此可见，汉语与日语具有鲜明的共性与使用特征。

总之，"形容词＋子"构成的表人名词中多含贬义。不过"尖子、才子"属于褒义词，意思是指出类拔萃的人。需要说明的是，"胖子、瘦子"原本是对人的体型的表述，而在"性向词汇"中则被分别用来比喻"怕热的人"和"怕冷的人"，属于中性评价词汇。如果再把中日两国进行比较，不难发现，尽管日语中也有如「悪戯っ子」（喜欢做恶作剧的人）、「苛めっ子」（淘气难管的孩子）、「ぶりっ子」（会讨好人的人）、「だだっ子」（任性的人）等"性向词汇"。但较之于汉语，日语的构词形式显得单一而贫乏，造词能力也远不及汉语强。

---

① 张舸．"形容词＋子"构成名词规则的考察 [J]．华南师范大学学报，2007，（3）87.

② 室山敏昭．生活語彙の構造と地域文化 [M]．东京：和泉書院，1998：45-46.

表 4-10 总中国人：～者（103 語）[238 語]

词	数量	词	数量	词	数量	词	数量
忍者	25	健谈者	2	有亲和力者	(2) 2	看破红尘者	1
智者 *	(4) 22	娇生惯养者	2	正经者	2	礼节周全者	1
乐观主义者	7	教条主义者	2	正义者	(2) 2	流浪者 *	1
弱者 *	(3) 7	慷慨者	2	纸上谈兵者	2	落水者	1
学者 *	(3) 7	牢骚满腹者	2	悲观主义者	1	能说会道者	1
强者 *	(5) 6	唠叨者	2	笨鸟先飞者	1	能者	1
长者 *	(4) 5	老者 *	(2) 2	博识者	1	偏执者	1
好事者 *	(3) 5	冷漠者	2	不谙世故者	1	热死者	1
勇者	5	冷僻者	2	不败者	1	忍耐者	1
冒险者	(2) 4	盲从者	2	不入流者	1	撒谎者	1
孤僻者	(2) 3	怕事者	2	成大事者	1	圣者 *	1
思想者 *	3	旁观者	2	成功者	1	失败者	1
随波逐流者	3	抢食者	2	创业者	1	事半功倍者	1
先进工作者	3	傻者	2	痤疮病犯者	1	守夜者	1
抑郁症患者	(2) 3	善于言辞者	2	放枪者	1	思考者	1
勇敢者	(2) 3	嬗变者	2	肥胖者	1	挑战者	1
八面玲珑者	2	事倍功半者	2	愤世嫉俗者	1	完美主义者	1

（续上表）

词	数量	词	数量	词	数量	词	数量
冲浪者	2	素质低下者	2	管理者	1	下岗者	1
打马虎眼者	2	探险者	2	好动者	1	校对者	1
刁钻者	2	外热内冷者	2	好学者	1	辛劳者	1
多动症者	2	围观者	2	浑浑噩噩者	1	慵懒者	1
愤世者	2	伪善者	（2）2	极限运动者	1	勇败者	1
古怪者	2	闲逛者	2	洁癖者	1	游者	1
横插一杠者	2	贤者	（2）2	经验丰富者	1	有经验者	1
厚颜无耻者	2	显摆者	2	精力旺盛者	1	脏乱者	1
活受罪者	2	眼拙者	2	酒精过敏者	1		

注：词典标出词的比例为 10/103=9.7%。

表 4-11　中国社会群体：~者（71 語）[131 語]

词	数量	词	数量	词	数量	词	数量
乐观主义者	7	娇生惯养者	2	显摆者	2	盲从者	1
智者*	（2）7	教条主义者	2	眼拙者	2	能者	1
好事者*	（3）5	慷慨者	2	正经者	2	偏执者	1
孤僻者	（2）3	牢骚满腹者	2	纸上谈兵者	2	强者*	1
忍者	3	唠叨者	2	贤者	（2）2	抢食者	1

（续上表）

词	数量	词	数量	词	数量	词	数量
抑郁症患者	（2）3	冷漠者	2	正义者	（2）2	热死者	1
勇者	（2）3	冷僻者	2	不谙世故者	1	撒谎者	1
有亲和力者	（2）3	怕事者	2	成大事者	1	圣者*	1
八面玲珑者	2	傻者	2	成功者	1	事半功倍者	1
长者*	（2）2	善于言辞者	2	肥胖者	1	探险者	1
冲浪者	2	嬗变者	2	愤世嫉俗者	1	笨鸟先飞者	1
打马虎眼者	2	事倍功半者	2	浑浑噩噩者	1	博识者	1
刁钻者	2	素质低下者	2	极限运动者	1	校对者	1
多动症者	2	随波逐流者	2	洁癖者	1	学者*	1
古怪者	2	外热内冷者	2	精力旺盛者	1	慵懒者	1
横插一杠者	2	围观者	2	看破红尘者	1	勇敢者	1
厚颜无耻者	2	唯恐天下不乱者	2	礼节周全者	1	脏乱者	1
活受罪者	2	闲逛者	2	流浪者*	1		

注：词典标出词的比例为7/71=9.9%。

表4-12 中国大学生：～者（43語）[110語]

词	数量	词	数量	词	数量	词	数量	词	数量
忍者	22	愤世者	2	不入流者	1	落水者	1	挑战者	1

（续上表）

词	数量	词	数量	词	数量	词	数量	词	数量
智者*	（4）15	健谈者	2	创业者	1	盲从者	1	完美主义者	1
弱者*	（3）7	老者*	（2）2	痤疮病犯者	1	抢食者	1	下岗者	1
学者*	（2）6	旁观者	2	放枪者	1	忍耐者	1	辛劳者	1
强者*	（4）5	伪善者	（2）2	管理者	1	失败者	1	勇败者	1
长者*	（2）4	勇敢者	2	好动者	1	守夜者	1	游者	1
冒险者	（2）4	勇者	（2）2	好学者	1	思考者	1	有经验者	1
思想者*	3	悲观主义者	1	经验丰富者	1	随波逐流者	1		
先进工作者	3	不败者	1	酒精过敏者	1	探险者	1		

注：词典标出词的比例为 7/43=16.3%。

构词分类

① i 、名词＋者

圣者【100】、教条主义者【81】

ii 、名词＋形容词＋者

素质低下者【83】、眼拙者【66】、经验丰富者【19】、精力旺盛者【25】、礼节周全者【30】、外热内冷者【29】

iii 、名词＋动词＋者

酒精过敏者【51】、抑郁症患者【68，90】、痤疮病犯者【25】、旁观者【13】、极限运动者【21】

② i 、动词＋者

忍者【6】、学者【91，93】、盲从者【75】、嬗变者【26】、围观者【38】、显摆者【64】、管理者【3】、流浪者【40】、忍耐者【6】、挑战者【39】、游者【40】、校对者【4】、思考者【91】、思想者【91】、失败者【11】、唠叨者【105】、好动者【25】、好学者【91】

ⅱ、动词＋名词＋者

打马虎眼者【11】、横插一杠者【79】、有亲和力者【102，103】、成大事者【19】、看破红尘者【22】、有经验者【19】、下岗者【18】、冲浪者【39】、愤世者【79】、抢食者【49】、创业者【7】、放枪者【36】、落水者【45】、守夜者【27】、怕事者【18】、好事者【25，38，60】、撒谎者【71】、冒险者【21，39】、探险者【39】、活受罪者【109】

③ⅰ、形容词＋者

老者【93，97】、冷僻者【68】、傻者【96】、贤者【100】、博识者【95】、肥胖者【47】、冷漠者【62】、辛劳者【7】、偏执者【85】、慵懒者【18】、智者【3，64，91，93】、弱者【12，89，90】、强者【2，3，39，89】、长者【3，97】、勇敢者【39】、勇者【21，39】、孤僻者【106，107】、刁钻者【77】、古怪者【104】、慷慨者【55】、伪善者【30，44】、成功者【91】、能者【1】、洁癖者【16】、脏乱者【17】、正义者【101，102】、正经者【51】

ⅱ、形容词＋名词＋者

乐观主义者【20】、悲观主义者【90】、完美主义者【7】、先进工作者【1】

ⅲ、形容词＋动词/「接辞」＋者

勇败者【7】、多动症者【34】、热死者【46】、闲逛者【40】、健谈者【99】、善于言辞者【69】

④副词＋动词＋者

不败者【28】、不入流者【90】

与《现代汉语词典》一致的比例分别是总中国人9.7%、中国社会群体9.9%、中国大学生16.3%，远远低于「接尾辞」"人、子"的一致率，特有的"性向词汇"显著增多。社会群体和大学生的比例都很低，说明社会群体和大学生同样具有很强的能产性。《现代汉语词典》对"者"的解释是："用在动词、形容词或动词性词组、形容词性词组后面，表示具有某种属性或从事某种动作的人或事，如强者、老者等。"「接尾辞」"者"原本是文言助词，无论是现代汉语还是古代汉语，"者"都不能单独作句法成分，总是以后附于某个成分的形式出现，是汉语为数不多的真正意义上的「接尾辞」。既有研究认为："'者'在古代汉语中是作为语法层面的名词化标志而使用的。主要跟动词和形容词结合组成'VP＋者'，表示人或物。随着独立成词功能的逐渐削弱,'者'从一个语法单位演变为构词成分。"①

　　"性向词汇"中作为后缀的"者"多表示人。"者"较之于"人、子"等「接尾辞」,正式语气比较强。后缀「接尾辞」"者"既有明示和强调对方的动作行为、性格特征等功能,同时兼有揶揄、嘲讽等语气和态度。比如"完美主义者"并非称赞对方完美无缺,而是对完美主义者、理想主义者的一种揶揄与讽刺。因为过于追求完美,反而适得其反。凡事不能过度,一旦过度就不完美。"者"在现代汉语中非常活跃,能产性极强,中日两国在这一点上比较相似。与"者"组合而成的"性向词汇",绝大多数都属于消极、负面的评价。"者"不仅构词类型比较丰富,多达13种,而且不重复词汇量位居第三。"者"可以与名词、动词、形容词、副词、成语等多种成分组合(详见"者"的构词分类)。其中,"动词+者""形容词+者"这两种结构类型中,不重复词汇量最多,具有丰富的构词能力。对于"者"的构词特点,我们还可以进行如下分类:"者+名词"构成具有某种价值观的人,如"教条主义者",以此评价"死板"的人或行为。"者+动词"组成某种动作或行为的人,如冒险者、忍耐者等。"者+形容词"表示某种特征或性质的人,如老者、傻者、贤者等。值得说明的是,与"者"组合而成的性向词汇中,中日两国共有的词语并不少见,比如"乐观主义者""完美主义者"等,两者呈现出明显的共性。

表 4-13　总中国人:～儿(98 語)[319 語]

词	数量	词	数量	词	数量	词	数量
大胆儿	(2)25	低能儿*	(2)3	刺儿*	1	气门芯儿	1
哭包儿	(2)24	好吃宝儿	3	刺头儿	1	实心眼儿*	1
泪人儿*	(2)21	机灵鬼儿	(3)3	都市老儿	1	挑刺儿*	1
抠门儿*	13	真心眼儿	3	逗哏儿	1	外伤人儿	1
多事老儿	12	冰块儿	(2)2	多动儿	1	乡巴佬儿	1
公子哥儿*	(4)11	雏儿*	2	二杆儿	1	乡大佬儿	1
认死理儿*	(2)9	逗儿	2	跟班儿	1	小家巧儿	1
小心眼儿*	9	多事儿	(2)2	好信儿	1	小扣儿	1

---

① 张新红,刘峰. 汉语词根词缀化 [J]. 昌吉学院学报,2007(5):42.

（续上表）

词	数量	词	数量	词	数量	词	数量
会来事儿	（2）8	可人儿	2	回来事儿	1	小抾儿	1
急茬儿*	8	抠字眼儿*	2	会办事儿	1	小玩闹儿	1
娇气包儿	8	老实头儿	（2）2	浑球儿*	1	小性儿*	1
好事儿	7	驴粪袋儿	（2）2	混混儿*	1	小鱼儿	1
死心眼儿*	（5）7	没眼里见儿	2	急性儿	1	笑话鬼儿	1
小淘气儿*	7	木头人儿	2	见钱眼开的种儿	1	血性男儿*	1
没人情味儿	（3）6	勤劳鬼儿	2	偏巴灯儿	1	眼泪罐儿	1
傻大胆儿	（2）6	赛小伙儿	2	偏老头儿	1	眼里没活儿	1
钻牛角尖儿	6	玩活儿	2	开心丸儿*	1	一个心眼儿*	1
人来疯儿	5	小气包儿	2	哭泣包儿	1	婴儿*	1
小胆儿	5	一本正儿	2	阔佬儿	1	有胆儿	1
耗子胆儿	4	有眼力见儿	2	浪荡儿	1	有韧劲儿	1
较真儿	（2）4	找茬儿*	（2）2	老蔫儿*	1	有眼里见儿	1
闷蛋儿	（3）4	拔份儿	1	慢灯儿	1	贼大胆儿	1
淘气包儿	4	薄脸皮儿	1	没眼力见儿	1	钻钱眼儿	1
小孩儿*	4	不识闲儿*	1	闷头儿*	1		
一根筋儿	4	馋包儿	1	气包儿	1		

注：词典标出词的比例为 26/98＝26.5%。

表 4-14 中国社会群体：～儿（74 語）[251 語]

词	数量	词	数量	词	数量	词	数量
泪人儿*	（2）21	较真儿	（2）4	刺头儿	1	乡巴佬儿	1
哭包儿	19	淘气包儿	4	都市老儿	1	乡大佬儿	1
大胆儿	14	一根筋儿	4	逗哏儿	1	小扣儿	1
抠门儿*	13	好吃宝儿	3	会办事儿	1	小玩闹儿	1
多事老儿	12	机灵鬼儿	3	浑球儿*	1	笑话鬼儿	1
认死理儿*	（2）9	逗儿	2	混得鲁儿	1	眼泪罐儿	1
小心眼儿*	9	多事儿	（2）2	混混儿*	1	眼里没活儿	1

（续上表）

词	数量	词	数量	词	数量	词	数量
急茬儿*	8	抠字眼儿*	2	倔老头儿	1	一个心眼儿*	1
娇气包儿	8	没眼里见儿	2	开心丸儿*	1	有韧劲儿	1
死心眼儿*	（5）7	木头人儿	2	哭泣包儿	1	有眼里见儿	1
小淘气儿*	7	勤劳鬼儿	2	老薅儿*	1	有眼力见儿	1
公子哥儿*	（2）6	赛小伙儿	2	驴粪袋儿	1	贼大胆儿	1
傻大胆儿	（2）6	玩活儿	2	马粪袋儿	1	真心眼儿	1
钻牛角尖儿	6	小气包儿	2	慢灯儿	1	钻钱眼儿	1
哭宝儿	5	一本正儿	2	没眼力见儿	1		
没人情味儿	（2）5	直心眼儿*	（2）2	闷头儿*	1		
人来疯儿	5	拔份儿	1	气门芯儿	1		
小胆儿	5	不识闲儿*	1	实心眼儿*	1		
耗子胆儿	4	馋包儿	1	挑刺儿*	1		
会来事儿	4	刺儿*	1	外伤人儿	1		

注：词典标出词的比例为 20/74=27%。

表4-15　中国大学生：～儿（29 語）[65 語]

词	数量	词	数量	词	数量
大胆儿	（2）11	老实头儿	（2）2	没人情味儿	1
好事儿	7	找茬儿*	（2）2	气包儿	1
公子哥儿*	（3）5	薄脸皮儿	1	小家巧儿	1
会来事儿	（2）4	多动儿	1	小抾儿	1
闷蛋儿	（3）4	跟班儿	1	小性儿*	1
小孩儿*	4	好信儿	1	小鱼儿	1
低能儿*	（2）3	急性儿	1	血性男儿*	1
冰块儿	（2）2	倔巴灯儿	1	有胆儿	1
雏儿*	2	阔佬儿	1	有眼力见儿	1
可人儿	2	浪荡儿	1		

注：词典标出词的比例为 7/29=24.1%。

构词分类

①ⅰ、名词+儿

雏儿【36】、婴儿【43】、公子哥儿【10，35，57，58】、泪人儿【42，43】、冰块儿【62，88】、耗子胆儿【27】、血性男儿【36】、驴粪袋儿【63】、气门芯儿【41】、笑话鬼儿【74】、眼泪罐儿【43】、一个心眼儿【81】、外伤人儿【29】、一根筋儿【84】、气包儿【41】、二杆儿【83】

ⅱ、名词+「接尾辞」+儿

木头人儿【66】、都市老儿【25】、乡巴佬儿【97】、乡大佬儿【83】

ⅲ、名词+形容词+儿

贼大胆儿【21】、一本正儿【4】

ⅳ、名词+动词+形容词+儿

人来疯儿【36】

ⅴ、名词+副词+名词+儿

眼里没活儿【66】

②ⅰ、动词+儿

玩活儿【1】、混混儿【14】、浪荡儿【18】、好信儿【38】

ⅱ、动词+名词／形容词+儿

钻牛角尖儿【81】、抠字眼儿【81】、认死理儿【5，81】、赛小伙儿【34】、有眼力见儿【65】、有韧劲儿【1】、有眼里见儿【65】、钻钱眼儿【54】、跟班儿【76】、找茬儿【25，77】、拔份儿【60】、挑刺儿【81】、有胆儿【39】、好事儿【79】、会办事儿【65】、好吃饱儿【48】、会来事儿【3，65】

ⅲ、动词+「接尾辞」+儿

哭泣包儿【43】、哭包儿【43】

③ⅰ、形容词+儿

大胆儿【21，39】、抠门儿【54】、急茬儿【24】、较真儿【5，81】、低能儿【10，94】、逗儿【37】、多事儿【25，79】、可人儿【89】、刺儿【77】、浑球儿【23】、傻大胆儿【21，39】

ⅱ、形容词+名词+儿

死心眼儿【5，81，84，107，108】、薄脸皮儿【109】、急性儿【36】、倔巴灯儿【85】、倔老头儿【81】、慢灯儿【10】、闷头儿【7】、小孩儿【97】、小鱼儿【31】、开心丸儿【74】、阔佬儿【55】、真心眼儿【101】、

实心眼儿【102】

　　ⅲ、**形容词+「接尾辞」/动词+儿**

　　多事老儿【25】、娇气包儿【43】、阋蛋儿【29，68，90】、淘气包儿【31】、机灵鬼儿【65】、老实头儿【51，68】、勤劳鬼儿【25】、馋包儿【48】、刺头儿【33】、多动儿【25】

　　④**副词+名词+儿**

　　没人情味儿【77，107，108】、没眼里见儿【66】、没眼力见儿【10】、不识闲儿【25】

　　⑤ⅰ、**「接頭辞」+名词+儿**

　　小心眼儿【111】、小胆儿【27】、小性儿【41】、小家巧儿【89】、小气包儿【54】

　　ⅱ、**「接頭辞」+形容词+儿**

　　小淘气儿【33】、老蔫儿【68】

　　ⅲ、**「接頭辞」+动词+儿**

　　小拃儿【54】、小玩闹儿【33】、小扣儿【56】

　　与《现代汉语词典》一致的比例分别是总中国人 26.5%、中国社会群体 27%、中国大学生 24.1%。社会群体与大学生之间没有明显差异。我们可以从两者的比例都很低这一结论判断，社会群体和大学生在用"儿"组词方面具有很强的构词能力。"儿"的意思有很多。比如（1）年幼的人。其本义是指幼儿、孩童，在此基础上引申出其他意思，如用来指称年纪轻、辈分低，可用于晚辈自称，也可作长辈对晚辈的称呼。这些引申义都有"年龄小"的语义特征。（2）地位卑下的人。"儿"常用作詈称，表示地位卑下的人，带有明显的贬义色彩。这个释义项在现代汉语中已经逐渐消失。"儿"可以指小，属于指小辞，兼含"可爱"等含义。它是汉语中名词化的一种手段，即"儿"具有标记名词词性的语法功能，在此基础上，引申、派生出贬义、蔑视等感情色彩。

　　"儿"的构词能力极强，构词种类也是形式多样、丰富多彩。根据上述的构词特点得知，"儿"的构词类型多达 18 种，大大超过排列在第一位的"人"（13 种）、第二位的"子"（13 种）和第三位的"者"（13 种）。「接尾辞」"儿"可以接在名词、动词、形容词、副词等各种词性的后面，表示具有某种性质的人。"儿"可以与表示身份、地位的名词组合，如小孩儿（意思是指不懂人情世故的人）、公子哥儿（做事慢不得要领；任性不听话；不节约爱浪费；生活放荡，花天酒地）、婴儿（爱哭的人）等。这类词通过使用隐喻等修辞手法，以此评价某类人的性格特征。比如"小孩儿"因为阅历浅，引申为"不懂人情世故的人"。"其他名词＋儿"如动物、植物、地域等名词，如小鱼儿（喜欢做恶作剧的人）、耗子胆儿、都市老儿（闲不住总要找点事做的人）、木头人儿（没眼力见的人）等。这些"性向词汇"大多具有贬义，带有蔑视的感情色彩。"形容词＋儿"如急茬儿、低能儿、浑球儿等，明显带有贬义色彩。有关"儿"的贬义感情色彩，既有研究中也有类似的论述。比如李数（2011）指出："儿后缀的词除了表达'喜爱、亲切'的感情色彩以外，也可表达轻蔑、鄙夷、令人厌恶等感情色彩。"[①] 上述第⑤大类中，有关「接頭辞」小＋名词／动词／形容词＋儿"这一类型，如"小淘气儿、小家巧儿"等，尽管"儿"的贬义色彩较轻，但与"小"的蔑视义产生了某种关联，是对前面"小"的贬义进行了弱化，附带亲昵的感情色彩。

表 4-16　总中国人：～鬼（96 語）[1144 語]

词	数量	词	数量	词	数量	词	数量	词	数量
小气鬼*	（5）129	醉鬼*	10	大酒鬼	2	风流鬼	1	饶舌鬼	1
胆小鬼*	（3）124	怕死鬼*	8	滑稽鬼	2	干净鬼	1	丧气鬼*	1
酒鬼*	（4）116	小鬼*	（2）8	哭鬼	2	孤僻鬼	1	色鬼*	1
冒失鬼*	（10）94	贪吃鬼	（2）7	懒散鬼	2	嚎丧鬼	1	水鬼*	1
牢骚鬼	（2）59	好奇鬼	6	马屁鬼	2	滑头鬼	1	诉苦鬼	1
捣蛋鬼*	（2）54	恶鬼*	5	毛楞鬼	2	谎鬼	1	贪财鬼	1
淘气鬼*	（3）51	黑心鬼	5	磨蹭鬼	2	狡猾鬼	1	贪馋鬼	1
饿死鬼	（3）44	洁癖鬼	5	奢侈鬼	2	刻薄鬼	1	顽皮鬼	1
机灵鬼*	（6）39	啰唆鬼	（2）5	自私鬼	（2）2	赖皮鬼	1	闲事鬼	1
冻死鬼	38	怕冷鬼	5	肮脏鬼	1	劳命鬼	1	笑话鬼	1
吝啬鬼*	（2）35	精灵鬼	4	拗鬼	1	冷死鬼	1	妖艳鬼	1
调皮鬼*	（2）32	精明鬼	（4）4	抱怨鬼	1	乱鬼	1	野鬼*	1
馋鬼	28	唠叨鬼	（2）4	馋老鬼	1	毛糙鬼	1	忧愁鬼	1

---

① 李数．浅论"儿话"贬义感情色彩的获得 [J]．福建论坛（社科教育版），2011（10）：82.

（续上表）

词	数量	词	数量	词	数量	词	数量	词	数量
懒鬼*	（3）27	马虎鬼	（2）4	臭屁鬼	1	冒险鬼	1	炸毛儿鬼	1
爱哭鬼	（3）25	冒失鬼*	4	吹牛鬼	1	没心鬼	1	自大鬼	1
脏鬼	23	贪婪鬼	4	得意鬼	1	摸索鬼	1	自私鬼	1
热死鬼	（2）21	好事鬼	3	冻杀鬼	1	魔鬼*	1		
邋遢鬼*	17	开心鬼	3	冻煞鬼	1	能吃鬼	1		
讨厌鬼*	（7）14	贪心鬼	3	恶劣鬼	1	悭吝鬼	1		
好吃鬼	10	冲动鬼	2	饿鬼*	1	青头鬼	1		

注：词典标出词的比例为 23/96=23.9%。

表4-17　中国社会群体：～鬼（76語）[634語]

词	数量	词	数量	词	数量	词	数量
酒鬼*	（3）71	怕冷鬼	5	冻煞鬼	1	怕麻烦鬼	1
胆小鬼*	（2）69	讨厌鬼*	（4）5	恶劣鬼	1	悭吝鬼	1
小气鬼*	（4）64	精灵鬼	4	风流鬼	1	青头鬼	1
牢骚鬼	（2）59	贪婪鬼	3	干净鬼	1	饶舌鬼	1
捣蛋鬼*	（2）34	醉鬼*	3	孤僻鬼	1	热头鬼	1
机灵鬼*	（4）31	滑稽鬼	2	好奇鬼	1	色鬼*	1
冒失鬼*	（4）27	懒散鬼	2	滑头鬼*	1	奢侈鬼	1
调皮鬼*	（2）26	唠叨鬼	2	谎鬼	1	诉苦鬼	1
淘气鬼*	（4）26	马虎鬼	2	狡猾鬼	1	贪财鬼	1
馋鬼	20	马屁鬼	2	精明鬼	1	贪馋鬼	1
冻死鬼	20	毛楞鬼	2	刻薄鬼	1	贪吃鬼	1
脏鬼	20	磨蹭鬼	2	哭鬼	1	笑话鬼	1
饿死鬼	（2）17	贪心鬼	2	劳命鬼	1	野鬼*	1
邋遢鬼*	14	肮脏鬼	1	冷死鬼	1	忧愁鬼	1
吝啬鬼*	（2）12	拗鬼	1	乱鬼	1	炸毛儿鬼	1
懒鬼*	（3）11	抱怨鬼	1	啰嗦鬼	1	自大鬼	1

（续上表）

词	数量	词	数量	词	数量	词	数量
热死鬼	11	馋老鬼	1	毛糙鬼	1		
爱哭鬼	（3）9	吹牛鬼	1	冒险鬼	1		
怕死鬼	8	得意鬼	1	摸索鬼	1		
好吃鬼	6	冻杀鬼	1	能吃鬼	1		

注：词典标出词的比例为 17/76=22.4%。

表 4-18　中国大学生：～鬼（51 語）[505 語]

词	数量	词	数量	词	数量	词	数量	词	数量	词	数量
冒失鬼*	（8）67	爱哭鬼	（2）16	贪吃鬼	（2）6	开心鬼	3	饿鬼*	1	贪婪鬼	1
小气鬼*	（4）65	懒鬼*	（2）16	恶鬼*	5	邋遢鬼*	3	号丧鬼	1	贪心鬼	1
胆小鬼*	（3）55	热死鬼	9	好奇鬼	5	脏鬼	3	哭鬼	1	顽皮鬼	1
酒鬼*	（3）45	馋鬼	8	黑心鬼	5	冲动鬼	2	赖皮鬼	1	闲事鬼	1
饿死鬼	（3）27	机灵鬼*	（4）8	洁癖鬼	5	大酒鬼	2	没心鬼	1	现鬼	1
淘气鬼*	（2）25	小鬼*	（2）8	好吃鬼	4	唠叨鬼	2	魔鬼*	1	妖艳鬼	1
吝啬鬼*	23	讨厌鬼*	（5）7	啰唆鬼	4	马虎鬼	（2）2	丧气鬼*	1		
捣蛋鬼*	（2）20	醉鬼*	7	好事鬼	3	自私鬼	（2）2	奢侈鬼	1		
冻死鬼	18	调皮鬼*	（2）6	精明鬼	（3）3	臭屁鬼	1	水鬼*	1		

注：词典标出词的比例为 19/51=37.3%。

构词分类

①ⅰ、**名词＋鬼**

酒鬼【50，51，52】、马屁鬼【75】、水鬼【50】、魔鬼【86】、色鬼【58】

ⅱ、**「接頭辞」＋名词＋鬼**

大酒鬼【50】

②ⅰ、**动词＋鬼**

饿死鬼【47，48，49】、冻死鬼【45】、热死鬼【46】、哭鬼【43】、冻杀鬼【45】、冻煞鬼【45】、醉鬼【52】、冷死鬼【45】、摸索鬼【9】、谎鬼【71】、牢骚鬼【80，92】、唠叨鬼【77】、能吃鬼【47】、爱哭鬼【42，43】、怕死鬼【27】、好吃鬼【48】、贪吃鬼【48，49】、磨蹭鬼【9】

ⅱ、**动词＋名词＋鬼**

好事鬼【38】、炸毛儿鬼【36】、笑话鬼【74】、劳命鬼【25】、捣蛋鬼【31，33】、号丧鬼【43】、诉苦鬼【92】、吹牛鬼【73】、饶舌鬼【67】、冒险鬼【21】、抱怨鬼【92】、贪财鬼【53】

ⅲ、**动词＋形容词＋鬼**

怕冷鬼【45】

③ⅰ、**形容词＋鬼**

忧愁鬼【90】、干净鬼【15】、刻薄鬼【77】、乱鬼【17】、脏鬼【17】、小鬼【33，74】、精灵鬼【93】、肮脏鬼【17】、邋遢鬼【17】、滑稽鬼【37】、懒散鬼【18】、毛楞鬼【24】、拗鬼【35】、得意鬼【36】、恶劣鬼【77】、风流鬼【58】、孤僻鬼【104】、滑头鬼【8】、狡猾鬼【94】、自大鬼【64】、自私鬼【35】、好奇鬼【38】、冲动鬼【41】、贪婪鬼【53】、顽皮鬼【31】、馋鬼【48】、饿鬼【49】、贪心鬼【53】、贪婪鬼【53】、黑心鬼【53】、吝啬鬼【54】、奢侈鬼【56】、恶鬼【61】、啰唆鬼【66】、丧气鬼【90】、赖皮鬼【104】、懒鬼【8，17】、马虎鬼【10，11】、调皮鬼【31，33】、精明鬼【3，4，5】、胆小鬼【12，27，90】、小气鬼【41，43，54】、机灵鬼【31，37，64，91】、讨厌鬼【31，33，59，78】、冒失鬼【21，22，24，32，36，38，39，59】、妖艳鬼【62】、野鬼【40】、洁癖鬼【16】、开心鬼【73】、悭吝鬼【54】、淘气鬼【31，33】

ⅱ、**形容词＋名词＋鬼**

闲事鬼【52】、臭屁鬼【59】、青头鬼【36】

④ 副词＋名词＋鬼

没心鬼【22】

总中国人、中国社会群体、中国大学生与《现代汉语词典》中一致的比例分别是 23.9%、22.4% 和 37.3%，说明特有词汇所占比例都很高。社会群体较之于大学生比例偏低，说明社会群体中「接尾辞」"鬼"的构词能力更强。「接尾辞」"鬼"仅次于"人、子、者、儿"位居第五位，不重复词汇量占总数的 8.1%。在组词结构方面，多达 7 种类型，具有丰富多彩的构词特点。其中"形容词＋鬼"这一类型的词汇量最为丰富，不重复词汇量高达 61 词，占总数的 65% 以上，基本上全都属于负面的评价词汇。"鬼"在人们的心目中让人恐惧、害怕、讨厌，是个不祥之物，所以人们常常会尽量回避。在中国人的传统观念中，人死后或者升天成神仙，或者入地为恶鬼。升天为仙自然比入地为鬼的归宿好。因此，"鬼"便是诅咒人死后下地狱，成为攻击对方的恶毒语言。「接尾辞」"鬼"较之于"人"，具有某种特征的人物形象或性向行为愈趋强烈，讨厌程度更加鲜明。比如日语的「怠け者」翻译成汉语是"懒鬼、懒人"等。对于评价"不爱干活的人"这一小项，"懒鬼"比"懒人"更加形象，程度更加凸显，常用作鄙视人的詈语。尽管与"鬼"组合而成的性向词汇中，绝大多数都属于负面的、消极评价。但是，「悪ふざけ、悪戯っ子」（调皮鬼、顽皮鬼）这类词语，兼备两层评价色彩，在贬斥对方的同时，由于添加上「接尾辞」"鬼"，又凸显了对方的可爱与顽皮的一面，增加了诙谐、爱昵等语义色彩，负面评价得到了一定程度的缓和。值得说明的是，同样的顽皮，汉语用"鬼"加以比喻和形容，而日语并没有这种用法。这是汉语特有的"鬼文化"，可以从另一个侧面反映中日两国对人评价上所用比喻及感情色彩等方面的不同。总之，汉语的"性向词汇"，通过后缀的"鬼"，不仅在语意方面得到了添加，而且在程度上具有缓和或强化等语用功效。

因为"鬼"具有不同凡俗的力量，故可用其比喻义加以形容和评价不同寻常的人如"鬼才"等。本次调查结果中，中国人使用的"精明鬼、机灵鬼"等，在感情色彩上均由贬义变为褒义。"精明鬼"分别出现在（3）"做事快，很得要领的人"；（4）"干活认真仔细的人"；（93）"聪明有头脑的人"这三个语义小项中，全都属于正面评价。"机灵鬼"分别出现在（2）"手巧会干活的人"；（3）"做事快，很得要领的人"；（31）"喜欢做恶作剧的人"；（37）"做事滑稽的人"；（65）"有眼力见，办事周到的人"；

（93）"聪明有头脑的人"这6个语义小项中，尽管（31）属于贬义，但其余的5个小项全都属于积极的评价。对于"性向词汇"中的"鬼"，我们还可以进行如下分类：

（1）有着强烈的性向嗜好、成瘾，如：酒鬼、馋鬼、懒鬼、醉鬼。

（2）对孩子的爱称，如：小鬼（头）、精灵鬼、机灵鬼、顽皮鬼。

（3）对人的蔑视与贬斥，如：小气鬼、吝啬鬼、胆小鬼、冒失鬼。

表4-19　总中国人：～头（48 語）[231 語]

词	数量	词	数量	词	数量	词	数量	词	数量
疯丫头	33	轻骨头*	4	斜头	2	犟骨头	1	抢风头	1
木头*	（11）32	老倔头	（2）3	油头	（2）2	劲头*	1	抢话头	1
滑头*	（8）28	孱头*	2	冲头	1	倔头	1	巧舌头*	1
老滑头	（4）21	愁头	2	粗大头	1	扛头	1	热骨头	1
刺儿头*	（6）19	懒骨头*	2	大刺头	1	力巴头	1	骚丫头	1
野丫头	17	闷头*	（2）2	呆木头*	1	毛丫头*	1	铁头	1
刺头*	（6）7	磨头	2	杠头*	1	小倔头	1	兴兴头	1
老实头	（3）7	软骨头*	2	高老头*	1	暖骨头	1	小鬼头*	1
石头*	（4）7	耍滑头*	2	憨头	1	戚老头	1		
猪头	（3）5	小滑	（2）2	犟八头	1	强出头*	1		

注：词典标出词的比例为 21/48=43.8%。

表4-20　中国社会群体：～头（42 語）[147 語]

词	数量	词	数量	词	数量	词	数量	词	数量
疯丫头	33	老倔头	（2）3	杠头*	1	毛丫头*	1	小滑头	1
老滑头	（2）17	孱头*	2	高老头*	1	没清头*	1	小倔头	1
野丫头	15	长舌头	2	憨头	1	抢话头	1	兴兴头	1
滑头*	（5）13	愁头	2	犟八头	1	热骨头	1	油头*	1
老实头*	（3）7	懒骨头*	2	犟骨头	1	软骨头*	1	冤大头*	1
木头*	（4）7	斜头	2	劲头	1	骚丫头	1	猪头	1
刺儿头*	（2）6	冲头	1	倔头*	1	石头*	1		

（续上表）

词	数量	词	数量	词	数量	词	数量	词	数量
刺头*	（5）5	大舌头*	1	扛头	1	耍滑头*	1		
轻骨头*	4	呆木头*	1	力巴头	1	无青头	1		

注：词典标出词的比例为 21/42=50%。

表 4-21　中国大学生：～头（26 語）[95 語]

词	数量	词	数量	词	数量
木头*	（10）25	大舌头*	（2）2	巧舌头*	1
滑头*	（6）15	闷头*	（2）2	软骨头*	1
刺儿头*	（5）13	磨头	2	耍滑头*	1
石头*	（3）6	野丫头	2	铁头	1
老滑头	（3）4	粗大头	1	小鬼头*	1
猪头	（2）4	大刺头	1	小滑头	1
嚼舌头*	3	花舌头	1	油头*	1
长舌头	（2）2	暖骨头	1	毛丫头*	1
刺头*	2	戚老头	1		

注：词典标出词的比例为 14/26=53.8%。

构词分类

① i 、名词＋头

木头【9，62，68，70，88，90，96，97，98】、石头【68，85，88，108】、劲头【60】、力巴头【9】、刺头【33，35，97，98，107】、毛丫头【34】、猪头【48，96，106】、铁头【19】、扛头【5】、刺头【33，35，97，98，107】

ii 、名词＋「接辞」＋头

刺儿头【31，33，61，77，102】

② i 、动词＋头

冲头【60】、磨头【9】

ii 、动词＋名词＋头

抢风头【60】、抢话头【79】

ⅲ、动词＋形容词＋头

耍滑头【8】

③ⅰ、形容词＋头

滑头【8，33，37，94，108】、老实头【5，101，102】、愁头【84】、闷头【28，90】、斜头【110】、油头【37，94】、粗大头【82】、憨头【85】、倔头【35】、兴兴头【12】

ⅱ、形容词＋名词＋头

疯丫头【34】、野丫头【34】、轻骨头【36】、犟骨头【35】、懒骨头【8】、呆木头【68】、热骨头【46】、暖骨头【46】、骚丫头【34】、软骨头【76】、巧舌头【69】、大刺头【110】

ⅲ、形容词＋动词＋头

强出头【60】、高老头【54】

ⅳ、「接頭辞」＋形容词＋头

老滑头【8，37，94，108】、老倔头【35，85】、小倔头【35】、小滑头【37，99】、小鬼头【31】

与《现代汉语词典》的一致率分别是总中国人 43.8%、中国社会群体50%、中国大学生 53.8%。由此可见，有近一半以上的由"头"所派生的"性向词汇"属于特有的对人评价词汇。社会群体与大学生相比，能产性偏强。"头"与"手、者、家"等「接尾辞」同样，一般表示具有某种特征或从事某种行业的某类人。在词义的发展和演变过程中，因为"头"是人身上最为重要的组成部分，可以具体指代人，如丫头、老头儿等。"头"的本义是"脑袋"，它有很多引申义，可用"头"形容圆形球或接近于圆形球的物体（如拳头、蒜头等），也可以泛指物体的顶端或前部（如针头、山头等）。称呼他人时使用的「接尾辞」"头"，明显带有亲近或尊敬之义，如老林头、老高头等①。作为「接尾辞」的"头"经历了一个实词虚化的过程，构词能力较强，具有标记名词词性的语法功效。类似的结果也可从徐越的论文中得以验证。徐越（2001）认为："普通话里的～头尚未彻底虚化，它与另外两个词尾～子、～儿相比，～头的虚化程度仍处于相当低的阶段。这也正是普通话里的～头词远不如～子、～儿词发达的原因所在。"②

① 张忠国.中国語における接尾辞と接頭辞の一考察[J].外国語教育センター紀要，2006：67.

② 徐越.现代汉语的"～头"[J].语言教学与研究，2001（4）：64-67.

本次调查结果表明,"头"的构词类型多达8种。"头"的后接成分比较广泛,可以是名词、动词,也可以是形容词等。其中以"形容词+头"的形式最多,比例在三种分类中位居第一,表现出丰富多彩的使用特色。值得注意的是"木头"完全失去了原义,作为对人评价词汇分别出现在9个语义小项中,充分反映了人们对该词的关注程度以及"同形异义词"的广泛运用。具体而言,"木头"分别出现在(9)"不会干活,办事效率低的人";(66)"没眼力见的人";(68)"不喜欢交谈,寡言少语的人";(70)"嘴笨、不善于言表的人";(88)"对人冷淡、不热情的人";(90)"性格不活泼、忧郁的人";(96)"愚笨的人";(97)"不懂人情世故、阅历浅的人";(98)"不善于交际、难接触的人"等9个语义小项中。上文中有关"头"的性向词汇,基本上全都属于负面、消极的评价。

表4-22 总中国人:~家(46語)[225語]

词	数量	词	数量	词	数量	词	数量	词	数量
冒险家*	(2)49	辩论家	4	实干家	(2)2	谎话专家	1	玩笑家	1
探险家*	(2)33	不着家*	3	演说家	(2)2	会当家	1	雄辩家	1
评论家*	22	吹牛家	(3)3	幽默家	2	狡猾家	1	艺术家*	1
政治家*	(3)16	科学家*	(3)3	哲学家	2	旅游家	1	造谣专家	1
老行家*	10	能持家	3	纵横家*	2	冒险专家	1	战略家	1
美食家*	10	谈判专家	(2)3	捣蛋专家	1	努力家	1	作家*	1
抬杠专家	9	演讲家	3	刁钻家	1	企业家*	1		
外交家*	(3)6	整蛊专家	3	多事家	1	社会活动家	1		
旅行家*	(2)5	博学家	2	发明家*	1	说谎家	1		
行家*	(2)5	讲演家	2	航海家	1	贪心家	1		

注:词典标出词的比例为13/46=28.3%。

表 4-23　中国社会群体：～家（25 語）[141 語]

词	数量	词	数量	词	数量
冒险家*	30	旅行家	3	玩笑家	1
评论家*	20	辩论家	2	作家*	1
探险家	（2）20	讲演家	2	雄辩家	1
政治家*	（2）14	实干家	（2）2	演讲家	1
老行家*	10	纵横家*	2	艺术家*	1
美食家*	10	演说家	（2）2		
外交家	（3）4	旅游家	1		
行家*	（2）5	努力家	1		
不着家*	3	社会活动家	1		
吹牛家	（3）3	说谎家	1		

注：词典标出词的比例为 10/25=40%。

表 4-24　中国大学生：～家（28 語）[83 語]

词	数量	词	数量	词	数量
冒险家*	（2）19	评论家*	2	航海家	1
探险家	13	外交家	（2）2	谎话专家	1
抬杠专家	9	演讲家	2	狡猾家	1
科学家*	（3）3	幽默家	2	冒险专家	1
能持家	3	哲学家	2	企业家*	1
谈判专家	（2）3	政治家*	2	贪心家	1
整蛊专家	3	捣蛋专家	1	造谣专家	1
辩论家	2	刁钻家	1	战略家	1
博学家	2	多事家	1		
旅行家	（2）2	发明家*	1		

注：词典标出词的比例为 6/28=21.4%。

构词分类

① i、名词＋家

政治家【92】、外交家【29】、行家【2，3】、科学家【4，93，97】、哲学家【91】、企业家【39】、战略家【68】、艺术家【2】、纵横家【72】、美食家【48】

ii、名词＋动词＋家

社会活动家【99】

iii、名词＋形容词＋家

谎话专家【70】

iv、「接頭辞」＋名词＋家

老行家【2】

② i、动词＋家

辩论家【68】、演讲家【68】、评论家【82】、发明家【91】、旅行家【40，93】、演讲家【69】、讲演家【69】、演说家【69，72】、实干家【4，102】、旅游家【40】、作家【95】、雄辩家【69】、努力家【7】、玩笑家【74】

ii、动词＋名词＋家

探险家【39】、航海家【39】、冒险家【21，39】、说谎家【71】、吹牛家【64，72，73】

iii、动词＋形容词＋家

抬杠专家【80】、谈判专家【68】、整蛊专家【31】、捣蛋专家【31】、冒险专家【39】、造谣专家【70】

③形容词＋家

博学家【93】、幽默家【37】、刁钻家【76】、多事家【59】、狡猾家【68】、贪心家【53】

④副词＋动词＋家

不着家【40】

总中国人、中国社会群体、中国大学生与《现代汉语词典》中一致的比例分别是28.3%、40%和21.4%。总体而言，社会群体和大学生同样具有很强的构词能力，创造出众多特有的"性向词汇"。不过，根据社会群体与大学生相差近19%这一数据可以推测，大学生在创造新词方面更具主动性及能产性。"家"的本义是"人所居之处，家庭"，后引申为"学派"等义。"家"随着实词不断虚化的过程最后变成名词性质的「接尾辞」。

"家"与"人、者"等「接尾辞」同样，后缀在其他词的后面，表示具有某种动作行为、性格特征的人，在词义方面添加了明示和强调等语用功效。《现代汉语词典》中有如下记载："家，后缀，用在某些名词后面，表示属于那一类人：如女人家、孩子家、学生家。"本次调查结果显示，有关"家"的"性向词汇"，社会群体与大学生在造词方面显得比较自由和灵活，可以仿拟、类推、生产出大量的新词。上述词汇中既有社会群体和大学生共有的新词，如"探险家、外交家、旅行家、辩论家、演讲家"等，又有属于各自独创的新词，如社会群体专用的"说谎家、旅游家"，以及仅被大学生使用的"谎话专家、造谣专家、整蛊专家"等。由此可见，大学生较之于社会群体，所用的四音节词语有所增加，构词形态也表现得更加多样化。

　　"家"的意思有很多，诸如"专家、科学家"等，是指从事某个专业或从事科学研究的人。不过在"性向词汇"中，"评论家"（说三道四，喜欢评论的人）、"科学家"（干活认真仔细、聪明有头脑的人；狡猾的人）等词，并非字面上的意思，而是对他人进行比喻性的评价，造词联想法属于比喻性的修辞手法。"家"的构词形式比较丰富，多达8种。既可以与名词，又可以与动词、形容词或副词等结合，具有形式多样的使用特点。"家＋名词"一般表示掌握学术、艺术等方面的专门知识，并从事该领域的人，如政治家、外交家、企业家等。"家＋动词"表示实施某种工作的人（具有某种行为倾向），如"探险家、讲演家、雄辩家"等。"家＋形容词"表示具有某种特性的人，如"博学家、幽默家、刁钻家"等，不过，它们在对人评价使用时，失去了原有的词义，而是比喻性地对人评价。

　　值得说明的是，"捣蛋专家、谎话专家、造谣专家、冒险专家"等"性向词汇"，仅被大学生所使用。这些词语在后缀"家"的前面再添加上"专"，两项相加，程度上更趋强烈和浓厚。"捣蛋专家、撒谎专家"较之于"捣蛋、撒谎"等具体的动作，在强调动作荒诞性的同时，流露出嘲讽和揶揄的口吻。"专家"一般是指学术、技能等方面有专业研究特长的人，属于正面评价。而"性向词汇"中的"专家"尽管保留了「普通の人を超える」（超出常人）之义，但在词义方面发生了变化，由原先的正面评价变成了负面评价，明显带有讽刺和调侃的语气，比喻性地对他人进行评价，呈现出语义上的"下降性倾斜原理"。对此梁珊珊也有类似的观点，她在《汉语准后缀的特征和判定》一文中指出："家一般表示尊敬，有时也可以通过隐喻，具有嘲笑讽刺的语气，如吹牛家"①。此外，附带说明一下"文学家"与"文学者"的不同。翟东娜（2003）认为："文学家是指在从事文学领域和创作过程中获得很高成就和知名度的人，而文学者是指从事文学领域创作和研究的人。"②也就是说，"X家"与"X者"是有差异的。"X家"在语义层面上附加尊敬之义。有关词义发生下降性的变化方面，较之于"专家"，后缀"大王、王"等「接尾辞」的程度更加明朗化。对此暂不详述，后文将根据具体情况再作分析。

表 4-25　总中国人：～的（48 語）[59 語]

词	数量	词	数量	词	数量	词	数量
冻死鬼托生的	4	玻璃做的	1	非洲来的	1	石头缝里蹦出来的	1
吃闲饭的	3	不知天高地厚的	1	跟班的	1	水做的	1
火星来的	（3）3	吃白饭的	1	狗窝里出来的	1	挺强的	1
饿死鬼托生的	2	吃饱了撑的	1	活跃的	1	小气吧啦的	1
没事闲的	（2）2	吃干饭的	1	火火的	1	要强的	1
没正经的	2	充大个的	1	慢蹭蹭的	1	属水的	1
外向的	2	粗心大意的	1	没主见的	（2）2	属猪的	1
爱吹牛的	1	当官的	1	农村来的	1	嘴上没把门儿的	1
爱贪吃的	1	调皮捣蛋的	1	婆婆妈妈的	1	不学无数的	1
北极来的	1	反应迟钝的	1	烧煤的	1	跟林黛玉似的	1
急性子的	1	没娘养的	1	能把死人说成活的	1	有点三脚猫的	1
有涵养的	1	属耗子的	1	总来暗的	1	挺稳的	1

注：词典标出词的比例为 0。

---

① 梁珊珊. 汉语准后缀的特征和判定 [J]. 乌鲁木齐成人教育学院学报，2008（2）：43-44.
① 翟东娜."文学家"与"文学者"：谈谈日汉语后缀"者"和"家"[J]. 日语知识，2003（5）：21.

表4-26 中国社会群体：～的（35語）[43語]

词	数量	词	数量	词	数量	词	数量
冻死鬼托生的	4	不知天高地厚的	1	火火的	1	有涵养的	1
吃闲饭的	3	吃干饭的	1	急性子的	1	属耗子的	1
饿死鬼托生的	2	充大个的	1	慢蹭蹭的	1	属水的	1
没正经的	2	粗心大意的	1	没娘养的	1	总来暗的	1
没主见的	（2）2	当官的	1	没事闲的	1	嘴上没把门儿的	1
爱吹牛的	1	调皮捣蛋的	1	能把死人说成活的	1		
爱贪吃的	1	反应迟钝的	1	婆婆妈妈的	1		
北极来的	1	非洲来的	1	烧煤的	1		
玻璃做的	1	跟林黛玉似的	1	石头缝里蹦出来的	1		
不学无数的	1	狗窝里出来的	1	有点三脚猫的	1		

注：词典标出词的比例为0。

表4-27 中国大学生：～的（14語）[20語]

词	数量	词	数量	词	数量	词	数量
吃饱了撑的	（3）4	跟班的	1	小气吧啦的	1	水做的	1
火星来的	（3）3	活跃的	1	要强的	1	农村来的	1
外向的	2	没事闲的	1	属猪的	1		
吃白饭的	1	挺稳的	1	挺强的	1		

注：词典标出词的比例为0。

构词分类

①ⅰ、名词＋动词＋的

火星来的【45，96，106】、北极来的【46】、玻璃做的【42】、水做的

【43】、非洲来的【45】、农村来的【95】

ⅱ、名词＋形容词＋的

反应迟钝的【10】

②ⅰ、动词＋的

活跃的【99】、爱吹牛的【73】、爱贪吃的【48】

ⅱ、动词＋名词＋的

跟班的【13】、吃白饭的【13】、吃干饭的【13】、吃闲饭的【13】、充大个的【91】、当官的【57】、烧煤的【46】、属猪的【47】、属水的【42】

ⅲ、动词＋形容词＋的

要强的【110】

③形容词＋的

外向的【99】、火火的【1】、慢蹭蹭的【10】

④ⅰ、副词＋形容词＋的

挺强的【95】、没正经的【74】

ⅱ、副词＋名词＋的

没主见的【26，76】

ⅲ、副词＋名词＋形容词＋的

没事闲的【40，60】

「接尾辞」"的"不同于上述「接尾辞」，所构成的"性向词汇"超出了《现代汉语词典》收录词的限度。故此，总中国人、中国社会群体、中国大学生的词汇均未收录于《现代汉语词典》。该结果也属情理之中。但是，"的"组成的"性向词汇"在对人评价上却发挥着不可替代的作用。"的"的构词类型非常丰富，多达 11 种。既可以接续在名词后也可以接续在动词或形容词后面，甚至还可以接续在成语或惯用句之后，呈现出内容丰富、形式多样的使用倾向。需要说明的是，社会群体使用的性向词汇中，"成语＋的"和"惯用句＋的"这两种类型偏多，和大学生形成了鲜明对照。一定程度上表明了在社会群体"的"的构词类型方面，多音节词汇有所增加，表意内容更趋凸显的特点，大大提高了语言表达的生动性与形象性。

"的"在现代汉语的书面语体中，属于使用频率最高的汉字。中国文字改革委员会国家标准局编写的《最常用的汉字是哪些》一书，对 1977 至 1982 年出版的社会科学、自然科学等文书进行了抽取与调查，结果发现 108 万有余的汉字中，"的"的使用次数居然高达 48.6 万次，位居第一，值得留意。"的"的读音有三种，一是轻声，作为助词使用。其余的两种是二声和四声，前者如"的确"，后者如"目的"等。现代汉语中"的"的用法极其广泛，既有作为名词性质的"的"，如"我的"，相当于"我的东西、我的书"等。又有插入某些动宾词组等后面，表示某人是动作行为的对象，如"开车的、打工的"等。而"的"组成的"性向词汇"可以说均为此种用法，即将某种性向行为转变为性向行为的对象，即人。中国人正是灵活运用"的"的这种构词特点，轻而易举地创造出大量对人评价词汇，进一步丰富了汉语的"性向词汇"结构体系。既有研究认为，尽管汉语本身存在"的"，但其用法与日语的"的"不尽相同，没有发生类似于日语的词性变化。刘敏芝（2008）指出，"的"产生于宋代，主要起修饰关系的作用，如"轻浮的人、小王的儿子"等[①]。此种用法一直延续至今，不过，中国近代之前的"的"，并没有将名词转变为形容词词性的功能。作为「接尾辞」的"的"，其语义机制是在吸收并融合日本近代词汇的基础上应运而生的。具体是指日清战争以后五四运动之前的 1898—1919 年之间[②]。

　　如果再从评价功能这一视角加以分析的话不难发现，与"的"共同组合的"性向词汇"大致可分为两种类型：一是好的、正面的评价，如"外向的、活跃的（意思是指容易接触，善于交际的人）、火火的（能干的人）"等。二是不好的、负面的评价，如"吃饱了撑的"，其分别出现在（25）"坐不住总要找点事做的人"；（40）"喜欢到处逛的人"；（60）"多管闲事，爱出风头的人"这三个语义小项中。总体而言，负面评价词汇量远远超过正面评价词汇量，再次验证了"性向词汇"中负面评价的价值取向。另外，中国人与日本人相比，日本人使用的结尾词"的"与词典一致的比例高达 87%，而中国人却是 0。这一结果反映出同是"的"，但在组成"性向词汇"上有着明显的差异，即日语"的"作为一个独立的词，而汉语"的"则被当成词组加以看待。

---

① 刘敏芝. 汉语结构助词"的"的历史演变研究 [M]. 北京：语文出版社，2008.
② 沈国威. 近代中国語彙交流史 [M]. 東京：笠間書院，2008.

表 4-28　总中国人：～王（36 語）[123 語]

词	数量	词	数量	词	数量	词	数量
吹牛大王	（7）59	门里大王	3	蝙蝠王	1	门大王	1
牛皮大王*	（4）13	吹大王	2	变脸王	1	牛皮	1
大胃王	（2）6	哭鼻子大王	2	长鼻王	1	破坏王	1
撒谎大王	6	唠叨大王	2	吃牛大王	1	散财阁王	1
大话王	（2）5	探险王	2	吹牛王	1	说谎大王	1
冒险王	5	玩笑大王	2	管事王	1	淘气王	1
邋遢大王	4	白话大王	1	谎话大王	1	瞎话大王	1
邋遢大王	1	门先（坎）带王	1	白话王	1	幽默大王	1

注：辞典标出词的比例为 1/36=2.8%。

表 4-29　中国社会群体：～王（21 語）[71 語]

词	数量	词	数量	词	数量
吹牛大王	（5）29	哭鼻子大王	2	邋遢大王	1
牛皮大王*	（3）9	探险王	2	聊天大王	1
撒谎大王	5	玩笑大王	2	门大王	1
大胃王	4	长鼻王	1	门先（坎）带王	1
门里大王	3	吃（吹）牛大王	1	牛皮王	1
吹大王	2	吹牛王	1	说谎大王	1
大话王	2	谎话大王	1	瞎话大王	1

注：词典标出词的比例为 1/21=4.8%。

表 4-30　中国大学生：～王（17 語）[59 語]

词	数量	词	数量	词	数量	词	数量
吹牛大王	（5）30	大胃王	（2）2	变脸王	1	淘气王	1
冒险王	5	唠叨大王	2	管事王	1	幽默大王	1
牛皮大王*	（2）4	白话大王	1	破坏王	1		
大话王	（2）3	白话王	1	撒谎大王	1		
邋遢大王	3	蝙蝠王	1	散财阁王	1		

注：词典标出词的比例为 1/17=5.9%。

构词分类

① i 、**名词＋王**

蝙蝠王【101】、长鼻王【71】、牛皮王【73】

ii 、**名词＋大＋王**

牛皮大王【71，72】、门里大王【28】、玩笑大王【74】、谎话大王
【71】、门大王【28】、瞎话大王【71】

iii、**「接頭辞」＋名词＋王**

大胃王【47，48】、大话王【71】

② i 、**动词＋王**

冒险王【39】、探险王【39】、吹牛王【73】、管事王【78】、破坏王
【33】、白话王【70】

ii 、**动词＋名词＋王**

变脸王【26】、散财阎王【55】

iii、**动词＋大＋王**

撒谎大王【70】、聊天大王【67】、说谎大王【71】、唠叨大王【105】、
牢骚大王【80】、吹大王【73】、白话大王【71】、吹牛大王【23，35，64，
67，71，72，73】、吃（吹）牛大王【73】

iv、**动词＋名词＋大＋王**

哭鼻子大王【43】

③ i 、**形容词＋王**

淘气王【33】

ii 、**形容词＋大＋王**

邋遢大王【17】、幽默大王【74】

总中国人、中国社会群体和中国大学生与《现代汉语词典》一致的比
例，分别是 3.1%、4.8%、5.9%。可见"王"在"性向词汇"中具有很强
的构词能力，派生出众多特有的对人评价词汇。"王"的意思有很多，比
如"君主制国家的最高统治者""首领、头目""同类中为首的、最大的或
最强的""古代对祖父母辈的尊称"等。作为「接尾辞」的"王"，它与前
面的语素共同组合形成新词，表示具有某种动作或某种特性的人，构成名
词，具有标志名词性质的功能。由于后缀「接尾辞」"王"，词义上添加了
一种夸张、调侃乃至强调的语气。与"王"组合的性向词汇基本上都是属
于负面、消极的评价。也就是说，「接尾辞」"王"与"蛋、鬼"等一样，

均属贬斥之义。说话者通过添加后缀"王"这一构词手法,向对方表达了一种轻视、瞧不起等语气乃至态度。

"王"的构词能力很强,上述例句中就有 9 种类型,种类丰富。"王"既可以与名词也可以与动词、形容词等组合派生出新词。如果"王"的前面再添加上「接頭辞」"大",其夸张程度便得到了进一步强化。"名词＋大王"类型中有 6 个词汇,"动词＋大王"有 5 个,"动词＋名词＋大王"有 3 个,"形容词＋大王"有 2 个,合计共有 16 个不重复词汇,而总词汇量是 32 词,也就是说"大王"型词汇占有总数的一半。可见使用"大王"对人评价是中国人较为青睐的构词形式。有关"大王"型词汇,基本上全都属于负面评价。比如"吹牛大王"分别出现在(23)"目中无人骄傲自大的人";(35)"任性不听话的人";(64)"爱自夸炫耀的人";(67)"话多、爱瞎聊的人";(71)"爱说谎的人";(72)"能言善辩、信口开河的人";(73)"喜欢夸大其词的人"这 7 个语义小项中,全都属于负面评价。

日语的「汚くてだらしない」翻译成汉语是"邋遢"之义。如果其后加上具有最高地位和最高权力象征的"大王",即"邋遢大王",其邋遢程度便可想而知。夸张一点说已经达到了顶点以及令人难以想象的境地。"吹牛大王"和"邋遢大王"属于同样的造词联想法。"吹牛"的日语对应词是「法螺吹き」,而与"吹牛大王"对应的日语应该是「法螺吹き大将」。"大将"与"大王"意思相近,中日两国呈现出鲜明的一致性。不过,日常生活中的"大王"还被赋予了其他含义,比如作为正面评价之义的"长者"(古代对君主或诸侯的敬称)、垄断某个事业的人、擅长于某个事业或者某个领域的达人等等。"足球大王、石油大王、汽车大王"等,是指在足球、石油、汽车等行业中最具超强实力,垄断这一领域的奇人或伟人,明显属于积极、正面的评价。

表 4-31　总中国人：～手（32 語）[119 語]

词	数量	词	数量	词	数量	词	数量
能手*	(4) 21	工作能手	(2) 5	大手*	1	劳动能手	1
老手*	19	快手*	(3) 5	多面手*	1	炮手*	1
新手*	(2) 9	好手*	2	干活能手	1	穷大手	1
三八红旗手	8	冷面杀手	2	岗位能手	1	圣手*	1

（续上表）

词	数量	词	数量	词	数量	词	数量
吹鼓手*	7	杀手*	（2）2	刽子手*	1	熟手*	1
红旗手*	7	辩手	1	棘手*	1	一把好手	1
巧手*	（3）7	不放手	1	酒场杀手	1	一把手*	1
高手*	（3）6	超水手	1	快枪手	1	专业选手	1

注：词典标出词的比例为 18/32=56.3%。

表4-32　中国社会群体：～手（25 語）[97 語]

词	数量	词	数量	词	数量	词	数量	词	数量
老手*	19	巧手*	（3）6	冷面杀手	2	干活能手	1	穷大手	1
能手*	（4）18	高手*	（3）5	不放手	1	岗位能手	1	杀手*	1
新手*	（2）9	工作能手	（2）5	超水手	1	棘手*	1	圣手*	1
吹鼓手*	7	快手*	（2）3	大手*	1	劳动能手	1	熟手*	1
红旗手*	7	好手*	2	多面手*	1	专业选手	1	一把好手	1

注：词典标出词的比例为 15/25=60%。

表4-33　中国大学生：～手（12 語）[22 語]

词	数量	词	数量	词	数量	词	数量
三八红旗手	8	辩手	1	酒场杀手	1	杀手*	1
能手*	（3）3	高手*	1	快枪手	1	一把手*	1
快手*	2	刽子手*	1	炮手*	1	巧手*	1

注：词典标出词的比例为 8/12=66.7%。

构词分类

① ⅰ、名词＋手

红旗手【1】、多面手【2】、圣手【1】、刽子手【106】、一把手【2】、炮手【71】、三八红旗手【1】、岗位能手【2】、专业选手【1】

ⅱ、名词＋动词＋手

冷面杀手【88】、酒场杀手【51】

ⅲ、名词＋形容词＋手

一把好手【2】

②ⅰ、动词＋手

能手【1，2，3】、杀手【19】、辩手【68】、棘手【18】、工作能手【2，3】、干活能手【2】、劳动能手【2】

ⅱ、动词＋名词＋手

吹鼓手【75】、超水手【7】

③ⅰ、形容词＋手

老手【3】、新手【96，97】、巧手【1，2，3】、高手【1，2，69】、快手【1，2，3】、大手【55】、熟手【3】、穷大手【55】

ⅱ、形容词＋名词＋手

快枪手【3】

④副词＋动词＋手

不放手【4】

总中国人、中国社会群体、中国大学生与《现代汉语词典》一致的比例分别是 56.3%、60% 和 66.7%，远远超过"的、王"的一致率，说明由"手"派生的"性向词汇"的认知度较高。"手"的构词类型比较丰富，上述例句中就有 10 种，它可以接续名词、动词、形容词、副词等各种词性构成新词，具有标志名词性的语法功能。"手"属于身体词汇，本义是指人体上肢前端能拿东西的部位。"手"的引申义是指擅长某种技能、精通某种本领或从事某种事情的人，发挥拟人化的语用功能，比如"手快、高手、工作能手、选手"等。类似意思的日语有「手が早い」「仕事が速い」「腕前・技術が優れる」「よく働く人」等。「手に汗を握る」和汉语的"手里捏了一把汗"具有同样的意思，均是形容遇到危急情况而惊慌失措，有关这一点中日两国显示出高度的一致性。现代汉语中的"大手"，除了原意之外，还兼有比喻义，一般形容某人在某方面比较擅长，其义与"高手"相近。而日语中的「大手」是指"大公司、大企业等同行中规模、名声较大的企业"，两者的意思明显不同。作为「接尾辞」的"手"具有较强的造词能力。既有正面评价词汇，如"三八红旗手"（能干的人）、"工作能手"（手巧会干活；做事快，很得要领的人）、"干活能手、岗位能手、劳动能手"（均指手巧会干活的人），又有负面评价词汇，如"冷面杀手"（对人冷淡的人）、"酒场杀手"（很能喝酒的人）等。值得说明的是，在

"能干的人"这一小项中，中日两国具有明显的差异与各自特色。中国人青睐于使用"三八红旗手、先进工作者"等词汇，日本人却截然相反，完全没有这些词汇。可以认为，中国人眼中的"能干的人"，是拥有光荣称号，被推选出来、受到优待、表扬，人人要学的对象群体，而不是日常生活工作中随处可见的平常人。详细内容可参考拙稿《浅探中日两国价值取向的异同：以"性向词汇"为切入点》①。总而言之，与"手"组合而成的性向词汇中，正面评价词汇量远多于负面评价词汇量，究其原因，应该与"手"具有"技能、本领"等意相关。也就是说，从"手"的派生词表示褒义、贬义等语义色彩中还能看到"手"与实词的某种关联。

表 4-34　总中国人：~ 精（28 語）[169 語]

词	数量	词	数量	词	数量	词	数量
马屁精*	（2）110	大话精	2	财迷精	1	门里精	1
狐狸精*	（4）8	烦人精	（2）2	鬼话精	1	呛人精	1
哭巴精	7	哭精	（2）2	鬼灵精*	1	惹事精	1
骗人精	6	难缠精	2	好事精	1	事儿精	1
谎话精	5	碰哭精	2	猴精*	1	说谎精	1
洁癖精	3	人精*	（2）2	哭鼻精	1	闲事精	1
白骨精*	（2）2	妖精*	2	哭鼻子精	1	小狐狸精	1

注：词典标出词的比例为 7/28=25%。

表 4-35　中国社会群体：~ 精（14 語）[83 語]

词	数量	词	数量	词	数量	词	数量
马屁精*	57	哭精	（2）2	财迷精	1	说谎精	1
骗人精	6	碰哭精	2	烦人精	1	小狐狸精	1
狐狸精*	（2）4	人精*	（2）2	哭鼻精	1		
哭巴精	3	白骨精*	1	门里精	1		

注：词典标出词的比例为 4/14=28.6%。

---

① 栾竹民，施晖．浅探中日两国价值取向的异同：以"性向词汇"为切入点 [J]．国际关系学院学报，2008（6）：59-66．

表 4-36   中国大学生：～精（16 語）[82 語]

词	数量	词	数量	词	数量	词	数量
马屁精*	53	大话精	2	鬼话精	1	呛人精	1
谎话精	5	难缠精	2	鬼灵精*	1	惹事精	1
狐狸精*	4	妖精*	2	好事精	1	事儿精	1
哭巴精	4	白骨精*	1	猴精*	1	闲事精	1
洁癖精	3	烦人精	1	哭鼻子精	1		

注：词典标出词的比例为 6/16=37.5%。

构词分类

①ⅰ、名词＋精

马屁精【64，74】、狐狸精【62，91，92】、谎话精【70】、白骨精【1，2】、人精【93，94】、妖精【63】、鬼话精【70】、事儿精【105】、猴精【94】、门里精【28】

ⅱ、「接頭辞」＋名词＋精

小狐狸精【94】、大话精【72】

ⅲ、名词＋动词＋精

财迷精【53】

②ⅰ、动词＋精

哭精【42，43】、碰哭精【42】

ⅱ、动词＋名词＋精

哭鼻精【43】、哭巴精【43】、骗人精【71】、惹事精【31】、呛人精【82】、说谎精【71】、好事精【38】、烦人精【76】

ⅲ、动词＋名词＋「接辞」＋精

哭鼻子精【43】

③形容词＋名词／动词＋精

烦人精【76】、难缠精【103】、鬼灵精【33】、洁癖精【16】、闲事精【78】

与《现代汉语词典》一致的比例分别是总中国人 25%、中国社会群体 28.6%、中国大学生 37.5%。可见社会群体与大学生相比，更具较强的构词能力。换言之，由"精"构成的"性向词汇"有 60% 以上属于创新的特有词汇。"精"的意思有很多,《辞海》中的解释是:"跟粗相对;提炼出来的东西如'精华';精神、精力;精液、精子;传说中有妖术,能害人的灵怪;完美、最好如'精美';对某门学问或技术掌握得很娴熟如'精通';心细机敏如'精明';细致严密如'精密';形容词,表程度深,相当于很、非常之义"①。另外,许慎的《说文解字》中有:"魅,老精物也。"王充的《论衡》有:"物之老者,其精为人"之说。因此汉语中"物之老者",都称为"精"。但在对人评价的词汇中「接尾辞」"精"只是作为拟人化的精灵,被用来比喻性向行为突出乃至极端的人。

狐狸在人们的心目中"聪明、狡猾、风骚",传说中的狐狸,经常变成美女诱惑男性,狡猾无比,于是便产生了使用"狐狸精"加以比喻和评价"生活放荡,利用女色欺骗、诱惑男性的女人"。同样,日本、韩国对于狐狸的认知与理解,也与中国人极为相似。主要是因为在中日韩三国中,狐狸属于阴阳五行中的土行,而且是在八卦中属于"艮"的阴性动物。所以在人们的意识以及传说故事中,总是喜欢把狐狸"装扮"成诱惑阳性的男人,使得男人神魂颠倒不能自拔的女性。本次的调查结果中,"狐狸精"分别出现在(63)"注重外表、虚荣的人";(75)"爱恭维奉承的人";(94)"狡猾的人"这三个语义小项中,明显属于负面、消极的评价。"鬼灵精"在《现代汉语词典》(第6版)中的解释是"同'鬼精灵'。意思有三:一是鬼怪、精怪。二是名词,指机灵而又有些狡猾的人。三是形容词,机灵而狡猾"②。性向词汇中的"鬼灵精"出现在(33)"淘气难管的孩子"这一小项中,词义与《现代汉语词典》中的义项二基本一致。

"精"的构词类型比较丰富,上述例句中就有6种类型,可以接续名词、动词、形容词、「接尾辞」等词性共同组合成新词。汉语中有关"精"的"性向词汇",由于深受汉语语言文化的影响,作为超自然的一种存在,具有神秘的、不可思议的力量,往往用于形容和评价对方的言行举止超乎寻常、怪异、令人难以理解等。上述例句除了"鬼灵精"以外,基本上全都属于负面评价词汇,而且很多词汇属于利用类推的原理仿造出来的新词,即在原有词的基础上根据近义、反义、谐音等规律更换其中的语素生成结构相似的新词。比如"哭屁精、哭鼻子精、哭鼻精""谎话精、鬼话

① 董大年. 现代汉语分类大词典 [M]. 上海:上海辞书出版社,2007.

② 中国社会科学院语言研究所词典编辑室. 现代汉语词典 [M]. 6版. 北京:商务印书馆,2012:491.

精、大话精""惹事精、烦人精"等等。这些词汇具有生动形象、新颖诙谐等特殊的语言表达效果。"精"是汉语独有的「接尾辞」，日韩两语中也有"妖精、精灵"等词语，但并没有虚化成「接尾辞」，而是作为实词加以使用。不仅如此，下述的"仙、神"也是汉语独有的「接尾辞」。

表4-37　总中国人：～包（24语）[87语]

词	数量	词	数量	词	数量	词	数量
淘气包	（2）53	哭包	2	酒包	1	脓包*	1
大酒包	3	哭赖包	2	懒包	1	钱包*	1
娇气包	（2）3	大吃包	1	泪包	1	骚包	1
事包	（3）3	大淘气包	1	闷包	（2）2	生气包	1
草包*	（2）2	黑老包*	1	炸药包	1	受气包*	1
好哭包	2	尖酸包	1	尿包	1	熊包*	1

注：词典标出词的比例为6/24=25%。

表4-38　中国社会群体：～包（11语）[60语]

词	数量	词	数量	词	数量	词	数量
淘气包	（2）47	草包*	1	泪包	1	受气包*	1
娇气包	（2）3	大酒包	1	脓包*	1	熊包*	1
哭赖包	2	哭包	1	骚包	1		

注：词典标出词的比例为4/11=36.4%。

表4-39　中国大学生：～包（17语）[27语]

词	数量	词	数量	词	数量	词	数量
淘气包	（2）6	草包*	1	哭包	1	炸药包	1
事包	（3）3	大吃包	1	懒包	1	尖酸包	1
大酒包	2	大淘气包	1	尿包	1		
好哭包	2	黑老包*	1	钱包*	1		
闷包	（2）2	酒包	1	生气包	1		

注：词典标出词的比例为3/17=17.6%。

构词分类

①ⅰ、名词＋包

事包【77，79，105】、尿包【43】、酒包【50】、草包【52】、泪包【43】、炸药包【36】、脓包【13】、钱包【55】

ⅱ、「接頭辞」＋名词＋包

大酒包【50】

②ⅰ、动词＋包

哭包【43】、好哭包【43】、哭赖包【43】

ⅱ、动词＋名词＋包

生气包【41】、受气包【41】

ⅲ、「接頭辞」＋动词＋包

大吃包【47】

③ⅰ、形容词＋包

娇气包【42，43】、黑老包【88】、懒包【17】、尖酸包【105】、淘气包【31，33】、闷包【28，67】、骚包【64】、熊包【9】

ⅱ、「接頭辞」＋形容词＋包

大淘气包【33】

总中国人、中国社会群体、中国大学生与《现代汉语词典》一致的比例分别是 25%、36.4% 和 17.6%。根据社会群体与大学生之间相差 19% 这一数据可以推测，大学生较之于社会群体，更具创造新词的能力。"包"与后面将要分析的"蛋"等「接尾辞」同样，日语、韩语中均没发现，它们属于汉语特有的一种「接尾辞」。根据《现代汉语分类大词典》中的解释，"包"的释义项有 8 个："（1）动词，用纸布或其他东西蒙在表面，使不外露。（2）名词，成件的包起来的东西如'邮包'。（3）名词，装东西的袋子。（4）动词，容纳在内，总括在一起如'包括、包罗万象'。（5）动词，担保保证。（6）动词，围绕如'包围'。（7）用在动词、形容词后面，称具有某种特点的人。（8）物体或身体上鼓起来的疙瘩"[①]。而"性向词汇"中「接尾辞」"包"仅作为上面释义项（7）而被使用，即将某种性向行为人格化，用来负面评价具有某种性向特点与行为的人。

"包"的构词类型比较丰富，上述"性向词汇"中就有 6 种类型。其

[①]　董大年．现代汉语分类大词典 [M]．上海：上海辞书出版社，2007．

中，"名词＋包""形容词＋包"这两种类型，较之于其他类型，不重复词汇量偏高，值得留意。"包"的构词能力也较强，可以接续名词、动词、形容词等词性共同组合成新词，用来比喻具有某种特点的人。值得说明的是，"包"的构词特点非常有趣，比如"事包"中的事，是指事情、事件等意，添加上「接尾辞」"包"，现泛指"不省心、总是给人添麻烦"的人。即由装东西的袋子、包裹起来的东西（包裹、包袱）等意，引申为具体指代人的「接尾辞」。同样"酒包"原指装酒用的袋子。说话者关注并侧重于装酒用的袋子，其容量之大，在此基础上引申出"特别能喝酒"的人。也就是说，"酒包"用于比喻和评价特别能喝酒的人，由过剩价值变成负面评价。这样的造词联想富有创意，从另一个侧面表明了中国人的聪明智慧及其丰富的想象力。与"包"组合而成的"性向词汇"，更多倾向于贬低对方，具有负面的感情色彩。上述例子全都属于负面、消极的评价词汇。说话者在使用"酒包、懒包、生气包、淘气包"等词汇时，既贬低对方，也隐含着可爱、喜欢、亲昵等语气与态度。与此相对照，如果前面再添加上「接頭辞」"大"，如"大淘气包、大吃包、大酒包"等，程度得到了强化，附带出一种强烈不满以及责怪的语气。

表 4-40　总中国人：～虫（23 語）[99 語]

词	数量	词	数量	词	数量	词	数量
懒虫*	（4）47	糊涂虫*	（2）2	堕落虫	1	淘气虫	1
跟屁虫*	（2）18	哭虫	（2）2	苛刻虫	1	跳虫*	1
笨虫	（2）4	懒惰虫	（2）2	哭泣虫	1	小气虫虫	1
寄生虫*	4	应声虫*	2	牢骚虫	1	小眼虫虫	1
大懒虫	3	臭虫*	1	唠叨虫	1	淫虫	1
馋虫*	2	大虫*	1	闷虫	1		

注：词典标出词的比例为9/23=39.1%。

表 4-41　中国社会群体：～虫（12 語）[56 語]

词	数量	词	数量	词	数量	词	数量
懒虫*	（3）29	寄生虫*	2	应声虫*	2	淘气虫	1
跟屁虫*	10	哭虫	（2）2	馋虫	1	大懒虫	1

（续上表）

词	数量	词	数量	词	数量	词	数量
笨虫	（2）4	懒惰虫	（2）2	糊涂虫*	1	大虫*	1

注：词典标出词的比例为6/12=50%。

表 4-42　中国大学生：～虫（17語）[43語]

词	数量	词	数量	词	数量	词	数量
懒虫*	（2）18	臭虫*	1	唠叨虫	1	淫虫	1
跟屁虫*	（2）8	堕落虫	1	闷虫	1	哭泣虫	1
大懒虫	2	糊涂虫*	1	跳虫*	1		
寄生虫*	2	苛刻虫	1	小气虫虫	1		
馋虫*	1	牢骚虫	1	小眼虫虫	1		

注：词典标出词的比例为7/17=41.2%。

构词分类

① i、动词＋虫

牢骚虫【79】、哭泣虫【43】、寄生虫【8】、哭虫【42，43】、跳虫【25】、堕落虫【92】、唠叨虫【78】

ii、动词＋名词＋虫

跟屁虫【75，103】、应声虫【76】

②形容词＋虫

懒虫【8，17】、笨虫【9，96】、馋虫【48】、糊涂虫【10】、懒惰虫【8，18】、臭虫【31】、大虫【14】、苛刻虫【77】、闷虫【28】、淘气虫【33】、淫虫【14】

③ i、「接頭辞」＋形容词＋虫

大懒虫【8】

ii、「接頭辞」＋名词＋虫虫

小气虫虫【111】、小眼虫虫【111】

与《现代汉语词典》一致的比例分别是总中国人39.1%、中国社会群体50%、中国大学生41.2%。《现代汉语》中把虫列入了类词缀[①]。类词缀化现象大大增加了"虫"的造词功能，使其具有更强的能产性。作为「接尾

---

①　张斌. 新编现代汉语 [M]. 上海：复旦大学出版社，2002：171-174.

辞」的"虫"其意基本虚化，在"性向词汇"中，用于比喻和评价具有某类性向行为的人，多含鄙视、轻蔑、揶揄等贬义，如"牢骚虫、跟屁虫、淘气虫"等。另外，"大虫"《现代汉语词典》中标注为"老虎"，而在"性向词汇"中则比喻（8）"懒惰的人"，可谓是貌似而神异。"虫"的词素义来源于本义的"昆虫"，并在此基础上引申出新的含义，多用其比喻义加以形容与评价。比如"寄生虫"是虫子中的一类，是指寄生在别的动物或植物体内或体表的虫子，作为"性向词汇"则用来讽刺不劳而获的人。同样，"臭虫"也是昆虫之一，能够叮咬吸吮人或温血动物的血液，用作对人评价时则用来批评危害他人、专干坏事的卑鄙小人。"虫"作为构词词素，它以"～的人"的比喻义，跟另一个词素的意思直接复合，指代某一类型的人。比如"糊涂虫"就是由"糊涂"加上"虫"的比喻义复合而成，通过这种类推方法，中国人创造出大量的"虫"族词。"虫"族词汇多含调侃、戏谑等味道，生动活泼、丰富多彩，恰好符合人们的交际心理以及语用心理，故常常出现在人们的口头语的交际之中。

　　本次调查结果中，上述的"虫"族词汇全都表示贬义，如"唠叨虫、跟屁虫、懒惰虫、苛刻虫、淫虫、哭虫"等等。这些词语所指代的对象都是人们憎恨或讨厌的东西，往往受到人们的贬斥，带有明显的贬义色彩。值得说明的是，新产生的"虫"族词中有些词语的贬义逐渐消退，甚至带有褒扬或戏谑的味道，多指对某一行业感兴趣的人或一个行业中的行家。这类词语多产生于网络媒体如"车虫、戏虫"等。为了更好地理解和把握「接尾辞」"虫"的构词特点、语义功能等，有必要把日语的「虫」与汉语进行对照与比较。语言是文化的一面镜子，一种语言可以折射出一个民族的价值观念和人生态度。通过比较和研究中日两国使用的"虫"，可以从另一个侧面验证两国人不同的生活态度、对人的评价标准等。结果表明，中日两国具有鲜明的共性，都是具体指代某种性向特征的人，是对对方无能和软弱的一种强烈否定，属于负面、消极的评价。特别是「泣き虫」（哭屁虫）、「びびり虫、弱虫」（胆小鬼）等"性向词汇"，多作为詈语。通过这种表达方式，对方的意志软弱、胆怯等特点便会跃然纸上，形象而生动。不过，汉语中有"虫"与"虫"的叠加形式，如"小气虫虫、小眼虫虫"等，全都表示第（111）小项"小心眼，嫉妒心强的人"，这种"虫虫"族词汇，日语中并没发现，属于汉语特有的一种表达类型，也是大学生独有的"性向词汇"。"虫虫"是近年来网络里出现次数较多的一个词语，多用来形容和比喻沉迷于某事的人，带有昵称和灼热貌的涵义。"小气虫"与"小气虫虫"相比，即四音节词较之于三音节词，具有朗朗上口、幽默、富有情趣等特点。

表 4-43　总中国人：～蛋（22 語）[202 語]

词	数量	词	数量	词	数量	词	数量	词	数量
笨蛋*	（10）121	混蛋*	（4）5	大懒蛋	2	刺儿蛋	1	扯蛋*	2
懒蛋	（2）16	装蛋	（4）5	糊涂蛋*	2	倒霉蛋*	1	坏蛋*	1
调皮蛋	（2）11	蠢蛋	（2）4	闷蛋	2	捣蛋*	1		
傻蛋*	（5）10	显蛋	（2）4	软蛋*	（2）2	淘气蛋	（2）2		
调皮捣蛋	（2）6	大笨蛋	2	傻瓜蛋*	2	瞎扯蛋*	1		

注：词典标出词的比例为 11/22=50%。

表 4-44　中国社会群体：～蛋（15 語）[118 語]

词	数量	词	数量	词	数量	词	数量	词	数量
笨蛋*	（5）74	显蛋	（2）4	大笨蛋	2	蠢蛋	1	傻瓜蛋*	1
调皮蛋	10	调皮捣蛋	（2）3	大懒蛋	2	坏蛋*	1	糊涂蛋*	2
懒蛋	10	傻蛋*	（2）3	淘气蛋	（2）2	软蛋*	1	闷蛋	2

注：词典标出词的比例为 6/15=40%。

表 4-45　中国大学生：～蛋（14 語）[84 語]

词	数量	词	数量	词	数量	词	数量	词	数量
笨蛋*	（8）47	混蛋*	（4）5	调皮捣蛋	（2）3	软蛋*	1	倒霉蛋*	1
傻蛋*	（4）7	装蛋	（4）5	捣蛋*	1	瞎扯蛋*	1	扯蛋*	2
懒蛋	（2）6	蠢蛋	（2）3	调皮蛋	1	刺儿蛋	1		

注：词典标出词的比例为 8/14=57.1%。

构词分类

①名词＋蛋

刺儿蛋【105】

②**动词+蛋**

装蛋【16，51，64，69】、显蛋【60，64】、扯蛋【67】、捣蛋【31】、瞎扯蛋【67】

③ⅰ、**形容词+蛋**

笨蛋【7，9，10，11，22，61，94，106】、懒蛋【8，17】、调皮蛋【87】、傻蛋【13，59，94】、混蛋【31，52，57，106】、蠢蛋【93，94】、糊涂蛋【23】、闷蛋【29，67，88】、软蛋【27】、傻瓜蛋【96】、倒霉蛋【23】、坏蛋【31】、淘气蛋【31，33】

ⅱ、**形容词+动词+蛋**

调皮捣蛋【31，33】

④**「接頭辞」+形容词+蛋**

大笨蛋【96】、大懒蛋【8】

总中国人、中国社会群体、中国大学生与《现代汉语词典》一致的比例分别是 50%、40% 和 57.1%。其一致率与上述的"虫"较为相似，说明"蛋"所构成的"性向词汇"其认知度较高，有近一半词语被收录到《现代汉语词典》中。"蛋"是人类重要的不可缺少的食品之一，如鸡蛋、鸭蛋等。但是"性向词汇"中作为后缀的"蛋"，一般接在名词、形容词或动词的后面，具体指代某种人，构成名词性质，既有贬斥他人低能之义，如笨蛋、蠢蛋等，又有蔑视他人行为的无耻之义，如坏蛋、流氓蛋等。《清裨类抄》中有："北人骂人之辞，辄有蛋子。曰混蛋、曰吵蛋、曰倒蛋、曰黄巴（王八蛋），故于肴馔之蛋子辄避之。"[①] 之所以讳言蛋，是因为中国民间以"蛋"隐指男子的睾丸。故用其作骂人之词。"王八蛋"和"他妈的"一样已经成为"国骂"。北方人，尤其是北京人特忌讳蛋。所以鸡蛋叫鸡子儿，鸭蛋叫鸭子儿，茶蛋叫茶鸡子儿，皮蛋叫松花，炒蛋叫摊黄花等[②]。本次调查结果显示，与"蛋"组合而成的"性向词汇"，全都属于詈语，带有明显的负面评价色彩。

将中日韩三国语言比较后不难发现，"蛋"与"包"一样，它们和日语、韩语明显不同，是汉语独有的「接尾辞」，由它所派生的"性向词汇"无疑也是汉语特有的。"蛋"的构词能力较强，既可以与名词也可以与动

---

① 王国安，王小曼．汉语词语的文化透视 [M]．上海：汉语大词典出版社，2003：249.

② 王希杰．汉语修辞学：修订本 [M]．北京：商务印书馆，2004：106.

词或形容词组合派生出新词。"蛋"的各种构词类型中，"形容词＋蛋"的不重复词汇量最多，主要是因为"蛋"最容易接续在形容词词性之后，表示具有某种特性的人。值得留意的是，"笨蛋、混蛋、闷蛋"分别出现在8个、4个、3个等不同的语义项中，由此进一步验证了"同形异义词"丰富多彩的使用特色及其强大的生命力。不过，"笨蛋、懒蛋、坏蛋、倒霉蛋"等词语，在对人评价时可以根据具体的场合和评价对象灵活运用，如果人际关系比较亲密，与其说是贬斥、骂詈和挖苦，倒不如说是调侃、讽刺和揶揄。尤其是前面如果添加上「接頭辞」的"小"，调侃的意味更趋强烈。这种构词特点比较随意，恶毒和粗野程度有所下降，呈现出调侃乃至好感的语气。同样，来源于类似的造词联想法，如果前面添加上表示程度的"大"，如大笨蛋、大懒蛋等，较之于"笨蛋、懒蛋"等词汇，程度得到了强化，负面的感情色彩更加凸显。

表 4-46　总中国人：～型（12語）[20語]

词	数量	词	数量	词	数量	词	数量
冲动型	（4）7	封闭型	1	小白脸型	1	找骂型	1
没事找抽型	2	事业型	1	兴奋型	1	郁闷型	1
找事型	2	头脑发热型	1	找抽型	1	阳光型	1

注：词典标出词的比例为0。

中国社会群体：～型（0語）[0語]

表 4-47　中国大学生：～型（12語）[20語]

词	数量	词	数量	词	数量	词	数量
冲动型	（4）7	封闭型	1	小白脸型	1	找骂型	1
没事找抽型	2	事业型	1	兴奋型	1	郁闷型	1
找事型	2	头脑发热型	1	找抽型	1	阳光型	1

注：词典标出词的比例为0。

构词分类
① i、名词＋型
事业型【29】、阳光型【87】

ⅱ、名词＋动词＋型

头脑发热型【36】

②ⅰ、动词＋型

冲动型【21，24，26，36】、封闭型【28】

ⅱ、动词＋名词／动词＋型

找骂型【8】、找事型【78】、找抽型【80】

③形容词＋型

兴奋型【36】、郁闷型【79】

④副词＋名词＋动词＋型

没事找抽型【25】

⑤「接頭辞」＋名词＋型

小白脸型【37】

"型"是指类型、样式、形态等，表示具有强烈倾向或某种性向的人，与日语的「～型」较为相似。《现代汉语词典》中"型"的释义项主要有2个：一是模型。二是类型，如血型等。作为第二个释义项，其意逐渐虚化，成为能产性词缀。有学者将"型"称为"类后缀"，"型"属于名词词性的类后缀，具有标志名词性质的特征。"性向词汇"中的"型"构成的对人评价词汇全部属于将某种性向行为名词化，即"人格化"[①]特征。总中国人、中国社会群体、中国大学生与《现代汉语词典》中一致的比例，与"的"族词汇一样均为零，而且全都属于大学生独有的对人评价词汇，社会群体与大学生之间形成了强有力的对比与反差。大学生的"性向词汇"中重复词汇量有20词，其中不重复词汇量就有12词。可见大学生敏锐的洞察力及其丰富的联想性。中国大学生在趋新求异的心理支配下，通过在原有词汇的基础上添加上「接尾辞」"型"，创造出一批新词。这些词语简洁明了、生动形象，给人以焕然一新的感觉。"型"的构词类型比较随意，可以接续名词、动词、形容词等词性派生出新词，具有较强的构词能力。上述例句中，除了"阳光型"（对人和蔼热情的人）之外，其余的词汇全都属于负面评价，一定程度上反映了大学生的负面价值取向。由"型"组合而成的"性向词汇"，其构词类型多达6种，丰富和充实了汉语的对人评价结构体系。

---

① 人格化，指人具有的某种性格、性向行为等词通过「接辞」的连接，变成指代有此性格和性向行为的人的词。

表4-48　总中国人：~狂（16語）[79語]

词	数量	词	数量	词	数量	词	数量
自大狂*	（4）28	暴躁狂	（2）3	吹牛狂	1	吝啬狂	1
工作狂	（4）23	变态狂	2	发疯狂	1	自闭狂*	1
自恋狂	（5）7	购物狂	2	瞎话狂	1	表现狂	1
偏执狂*	（3）4	洁癖狂	（2）2	嫉妒狂	1	超级洁癖狂	1

注：词典标出词的比例为2/16=12.5%。

表4-49　中国社会群体：~狂（5語）[29語]

词	数量	词	数量	词	数量	词	数量	词	数量
工作狂	（4）20	偏执狂*	（2）3	自大狂*	（2）3	自恋狂	2	洁癖狂	1

注：词典标出词的比例为2/5=40%。

表4-50　中国大学生：~狂（16語）[50語]

词	数量	词	数量	词	数量	词	数量
自大狂*	（3）25	变态狂	2	嫉妒狂	1	瞎话狂	1
自恋狂	（4）5	购物狂	2	洁癖狂	1	自闭狂	1
暴躁狂	（2）3	表现狂	1	吝啬狂	1	吹牛狂	1
工作狂	（2）3	超级洁癖狂	1	偏执狂*	1	发疯狂	1

注：词典标出词的比例为2/16=12.5%。

构词分类

①名词＋狂

瞎话狂【70】

②ⅰ、动词＋狂

工作狂【1，25】、表现狂【59】、自恋狂【23，62，63】、嫉妒狂【111】、自闭狂【28】

ⅱ、动词＋名词＋狂

购物狂【40】、吹牛狂【71】、发疯狂【24】、变态狂【104】

③形容词＋名词＋狂

洁癖狂【15】、偏执狂【5】、吝啬狂【54】、暴躁狂【24，41】、自大狂

【23，35，64】、轻狂【36】、超级洁癖狂【16】

　　"狂"的本意是指"狗"发病，现引申为人的精神失常、精神错乱等意。《现代汉语分类大词典》中有如下解释："（1）疯，精神失常。（2）傲慢狂妄。（3）副词，毫无拘束地如'狂笑、狂饮'。（4）超出平常，猛烈。"①由"狂"组成的"性向词汇"基本上全是属于上述分类的第4种，即"超出平常，猛烈"的性向行为及人。上述例句中，"狂"的构词类型有3种，既可以接续名词也可以接续动词或形容词，具有较强的构词能力。与"狂"组合而成的性向词汇基本上都属于负面评价。"工作狂"分别出现在（1）"能干的人"和（25）"坐不住，总要找点事做的人"这两个语义小项中，或褒或贬，兼具正、负两面的感情色彩。

　　"自大狂"是指一个人狂妄自大、非常傲慢。本次调查结果中，"自大狂"分别出现在（23）"目中无人，骄傲自大的人"；（35）"任性、不听话的人"；（64）"爱自夸炫耀的人"这三个语义小项中，明显属于负面评价。"变态狂"出现在（104）"性格别扭、乖僻的人"这一小项中，主要是指心理状态处于极度不正常的人。一般具有"极端固执、敏感多疑、暴躁易怒、情绪不稳、心胸狭隘、喜怒无常等特征"。"购物狂"用于比喻和形容毫无理智地进行购物的人。导致这种心理状态的人，潜在原因可能在于内心空虚、精神孤独、缺乏自尊和自信等方面。不过作为"性向词汇"的"购物狂"，意思是指"喜欢到处逛的人"。

表 4-51　总中国人：～婆（21 語）[74 語]

词	数量	词	数量	词	数量	词	数量	词	数量
八婆	（7）30	长嘴婆	（2）3	王婆	2	管家婆*	1	快嘴婆	1
老太婆*	（3）11	碎嘴婆	（3）3	刁婆*	1	管事婆	1	款婆	1
老巫婆	（3）5	鸡婆*	（2）2	多管婆	1	话婆婆	1	男人婆	1
巫婆*	（2）4	老婆婆*	2	多嘴婆	1	黄脸婆*	1	三人婆	1
老婆	1								

注：词典标出词的比例为 8/21=38.1%。

---

① 董大年．现代汉语分类大词典 [M].上海：上海辞书出版社，2007.

表 4–52　中国社会群体：～婆（9 語）[19 語]

词	数量	词	数量	词	数量	词	数量	词	数量
八婆	6	老太婆*	2	巫婆*	2	老婆婆*	1	话婆婆	1
碎嘴婆	（3）3	老巫婆	2	老婆*	1	王婆	1		

注：词典标出词的比例为 4/9=44.4%。

表 4–53　中国大学生：～婆（18 語）[55 語]

词	数量	词	数量	词	数量	词	数量	词	数量
八婆	（7）24	鸡婆*	（2）2	多嘴婆	1	款婆	1	王婆	1
老太婆*	（3）9	巫婆*	（2）2	管事婆	1	老婆婆*	1	管家婆*	1
长嘴婆	（2）3	刁婆*	1	黄脸婆*	1	男人婆	1		
老巫婆	（2）3	多管婆	1	快嘴婆	1	三人婆	1		

注：词典标出词的比例为 7/18=38.9%。

构词分类

①ⅰ、名词＋婆

八婆【34，67，78，79，82，83，105】、巫婆【77】、鸡婆【78】、王婆【64】、话婆婆【67】、黄脸婆【111】、款婆【55】、男人婆【110】、三人（八）婆【82】

ⅱ、「接頭辞」＋名词＋婆

老婆婆【105】、老太婆【105】、老巫婆【80】

②动词＋名词＋婆

管事婆【59】

③ⅰ、形容词＋婆

刁婆【82】

ⅱ、形容词＋名词／动词＋婆

长嘴婆【82】、碎嘴婆【78】、多管婆【105】、多嘴婆【79】、快嘴婆【79】

总中国人、中国社会群体、中国大学生与《现代汉语词典》一致的比例分别是 35%、44.4% 和 38.9%，该结果说明"婆"具有较高的派生新词的能力。"婆"一般是指"年老妇女"以及旧时"从事某种职业的女性"。

中国人抓住了女性特别是上了年纪的女性"爱说话、爱闲聊"等特点，创造出"长嘴婆、碎嘴婆、多嘴婆、快嘴婆、话婆婆"等对人评价词汇。这些性向词汇在对人评价时并不一定用于年长的妇女，更多用于比喻和评价一般的女性。当然，嘴碎、话多、爱唠叨，并非仅仅属于女性，碎嘴唠叨的男士也是大有人在的，"男人婆"便应运而生。不仅中国妇女有话多、说三道四的特点，日本和韩国的女性也不例外。日语中也有「おしゃべり婆、うるさい婆」（碎嘴婆）等负面评价词汇。"八婆"在本次的调查结果中，不仅重复词汇量最高，多达30词，而且评价范围也很广泛，分别出现在（34）"性格过于活泼的女孩"；（67）"话多、爱闲聊的人"；（78）"嘴碎、吹毛求疵、爱找毛病的人"；（79）"爱插嘴干预的人"；（82）"说三道四喜欢评论的人"；（83）"语言粗野的人"；（105）"絮叨、纠缠不休的人"等7个语义小项中，全都属于消极、负面的评价。

表4-54　总中国人：~派（11语）[99语]

词	数量	词	数量	词	数量	词	数量
乐天派*	（3）61	搞笑派	1	激进派*	1	死硬派*	1
两面派*	（2）27	豪放派	1	自主派	1	内向派	1
逍遥派*	（3）3	豪爽派	1	情绪派	1		

注：词典标出词的比例为5/11=45.5%。

表4-55　中国社会群体：~派（5语）[87语]

词	数量	词	数量	词	数量	词	数量	词	数量
乐天派*	（3）56	两面派*	26	逍遥派*	（3）3	内向派	1	死硬派*	1

注：词典标出词的比例为4/5=80%。

表4-56　中国大学生：~派（8语）[12语]

词	数量	词	数量	词	数量	词	数量
乐天派*	（3）5	豪放派	1	激进派*	1	情绪派	1
搞笑派	1	豪爽派	1	两面派*	1	自主派	1

注：词典标出词的比例为3/8=37.6%。

构词分类

①名词＋派

两面派【29，99】、情绪派【26】、自主派【110】

②形容词＋派

逍遥派【20，22，89】、内向派【29】、激进派【36】、豪放派【101】

③动词＋派

搞笑派【74】、乐天派【20，73，87】、死硬派【85】

与《现代汉语词典》一致的比例分别是总中国人45.5%、中国社会群体80%、中国大学生37.6%。根据社会群体与大学生之间相差42.4%的数据可以推测，大学生较之于社会群体在利用"派"构成"性向词汇"上更具能产性，两者呈现出明显的差异。有关"派"的意思，《现代汉语词典》中有8个释义项。一是立场、见解或作风习气相同的一些人。二是作风或风度。……五是江河的支流，泛指分支……① 作为「接尾辞」的"派"在性向词汇中，主要用于评价具有某种共同性向行为特征的人，与上述日语的「～派」极其相似。"派"的构词能力较强，可以接续名词、动词、形容词以及相关短句等，其中以名词、形容词词性居多。与"派"组合而成的新词一律转化为名词词性，"派"具有标记名词词性的语法作用。

表4-57　总中国人：～眼（10 語）[151 語]

词	数量	词	数量	词	数量	词	数量	词	数量
小心眼*	（6）59	缺心眼	（7）34	驱心眼	3	有心眼	（3）3	抠字眼*	2
死心眼*	（8）41	没心眼	（3）3	势利眼*	3	好心眼	2	鸡心眼	1

注：词典标出词的比例为4/10=40%。

表4-58　中国社会群体：～眼（8 語）[59 語]

词	数量	词	数量	词	数量	词	数量
死心眼*	（6）22	缺心眼	（2）10	抠字眼*	2	好心眼	1
小心眼*	（2）18	驱心眼	3	有心眼	（2）2	没心眼	1

注：词典标出词的比例为3/8=37.5%。

---

① 中国社会科学院语言研究所词典编纂室编．现代汉语词典 [M]．6 版．北京：商务印书馆，2012：968.

表 4-59　中国大学生：～眼（8 語）[92 語]

词	数量	词	数量	词	数量	词	数量
小心眼*	（6）41	死心眼*	（4）19	没心眼	（2）2	鸡心眼	1
缺心眼	（6）24	势利眼*	3	好心眼	1	有心眼	1

注：词典标出词的比例为 3/8=37.5%。

构词分类

①名词＋眼

鸡心眼【111】、势利眼【75】

②动词＋名词＋眼

抠字眼【81】、缺心眼【10，11，24，66，76，85，111】、有心眼【3，44，65】、驱心眼【10】、死心眼【4，5，7，81，84，85，107，108】

③形容词＋眼

小心眼【5，41，54，78，80，111，】、好心眼【59】

④副词＋名词＋眼

没心眼【66，76，101】

总中国人、中国社会群体、中国大学生与《现代汉语词典》一致的比例分别是 40%、37.5%、37.5%，社会群体与大学生在运用「接尾辞」"眼"派生的"性向词汇"上，同样具有较强的构词能力。主要以"心眼"形式与上接的动词、形容词等结合，构成对人评价的词汇。可以认为这是「接尾辞」"眼"不同于上述其他「接尾辞」的构词特点。"眼"接续在名词、动词或形容词之后派生出新词，其构词类型比较丰富，本次调查结果中共有 4 种，其中以"动词＋名词＋眼"为多。有关这种类型，比如"死心眼、缺心眼"等词语，分别在 8 个、7 个语义项中出现，进一步验证了中国人使用的"性向词汇"中，存在着为数不少的"同形异义词"。换言之，中国人不管是社会群体还是大学生都可以根据评价的对象、程度的不同等灵活巧妙地区别使用同形异义词，以达到对人评价与批评的目的。

表 4-60　总中国人：~ 汉（11 語）[87 語]

词	数量	词	数量	词	数量	词	数量	词	数量
懒汉*	（3）43	莽汉*	（4）13	东北大汉	2	彪汉	1	无赖汉*	1
大肚汉	（2）16	流浪汉*	（2）6	醉汉*	2	门外汉*	1	愚汉	1
蛮汉	1								

注：词典标出词的比例为 6/10=60%。

表 4-61　中国社会群体：~ 汉（6 語）[57 語]

词	数量	词	数量	词	数量
懒汉*	（3）33	莽汉*	5	蛮汉	1
大肚汉	（2）15	流浪汉*	（2）2	无赖汉*	1

注：词典标出词的比例为 6/11=54.5%。

表 4-62　中国大学生：~ 汉（9 語）[29 語]

词	数量	词	数量	词	数量	词	数量	词	数量
懒汉*	（3）10	流浪汉*	4	醉汉*	2	大肚汉	1	愚汉	1
莽汉*	（3）7	东北大汉	2	彪汉	1	门外汉*	1		

注：词典标出词的比例为 5/9=55.6%。

构词分类

①ⅰ、名词＋汉

门外汉【10】

ⅱ、名词＋形容词＋汉

东北大汉【32】

②动词＋汉

流浪汉【40】、醉汉【52】

③形容词＋名词＋汉

懒汉【8，17，18】、莽汉【22，32，36】、彪汉【82】、无赖汉【14】、愚汉【9】、大肚汉【47】

"汉"与下文的"夫"属于汉语为数众多「接尾辞」中的男性专用「接尾辞」，这一点与日语明显不同。"汉"与《现代汉语词典》一致的比例分别是总中国人 60%、中国社会群体 66.7%、中国大学生 55.6%，说明由"汉"派生的"性向词汇"的普遍性较高。作为「接尾辞」的"汉"，用于评价或比喻具有某种性向特点的人，具有标志名词性质的特征。这一点与上述日语「接尾辞」的「漢」比较相似。不仅如此，两国语言中还有相同或相似的语义词汇，如日语的「酔漢、無頼漢、大食漢」同汉语的"醉汉、无赖汉、大肚汉"等。

表 4-63　总中国人：～夫（9 語）[41 語]

词	数量	词	数量	词	数量	词	数量	词	数量
莽夫	（5）20	武夫*	（2）4	伙夫*	1	屠夫*	1	勇夫*	1
懦夫*	（4）10	长舌夫	（2）2	泼夫	1	一介武夫*	1		

注：词典标出词的比例为 6/9=66.7%。

表 4-64　中国社会群体：～夫（3 語）[9 語]

词	数量	词	数量	词	数量
莽夫	（3）6	懦夫*	2	长舌夫	1

注：词典标出词的比例为 1/3=33.3%。

表 4-65　中国大学生：～夫（9 語）[32 語]

词	数量	词	数量	词	数量	词	数量	词	数量
莽夫	（5）14	武夫*	（2）4	伙夫*	1	屠夫*	1	勇夫*	1
懦夫*	（4）8	长舌夫	1	泼夫	1	一介武夫*	1		

注：词典标出词的比例为 6/9=66.7%。

构词分类

① i 、名词＋夫

伙夫【82】

ii 、名词＋形容词＋夫

一介武夫【32】

② 动词＋夫

屠夫【61】

③形容词＋夫

莽夫【21，22，32，36，82】、懦夫【12，27，43，90】、勇夫【21】、长舌夫【78，82】、武夫【32，82】、泼夫【83】

总中国人、中国社会群体、中国大学生与《现代汉语词典》一致的比例分别是 66.7%、33.3%、66.7%，社会群体较之于大学生，更具较强的构词能力。"夫"可以接续名词、动词或形容词，构词类型比较丰富。作为「接尾辞」的"夫"同上文的"汉"同样属于类词缀，具有标志名词性质的特征。有趣的是，"泼夫、长舌夫"中的"夫"一般情况下应该是"妇人"的"妇"，但在"性向词汇"中，却使用了男子之义的"夫"。这是因为日常生活中"泼"和"长舌"并非仅仅局限于妇人，撒泼的男人、张家长李家短的男人并不少见，故此就需要"泼夫、长舌夫"等加以讽刺与贬评。这一造词背景与上述的"男人婆"如出一辙。本次调查结果显示，"泼夫"出现在（83）"语言粗野的人"这一小项中。而"长舌夫"则出现在（78）"嘴碎，吹毛求疵、爱找毛病的人"；（82）"说三道四，喜欢评论的人"这两个语义小项中。与"夫"组合而成的"性向词汇"，除了"勇夫"（大胆的人）之外，其余的全是负面评价词汇，折射出中国社会中深层的"负性原理"。

表 4-66　总中国人：~症（8 語）[41 語]

词	数量	词	数量	词	数量	词	数量
多动症*	（3）19	自闭症*	（4）6	寒症*	2	狂暴症	1
抑郁症*	（2）6	洁癖症	5	闭口症	1	热症*	1

注：词典标出词的比例为 5/8=62.5%。

表 4-67　中国社会群体：~症（4 語）[9 語]

词	数量	词	数量	词	数量	词	数量
多动症*	（2）3	洁癖症	3	自闭症*	（2）2	忧郁症*	1

注：词典标出词的比例为 3/4=75%。

表 4-68 中国大学生：～症（8 語）[32 語]

词	数量	词	数量	词	数量	词	数量
多动症*	（3）16	自闭症*	（2）4	洁癖症	2	狂暴症	1
抑郁症*	（2）5	寒症*	2	闭口症	1	热症*	1

注：词典标出词的比例为 5/8=62.5%。

构词分类

①动词＋症

闭口症【67】、多动症【25，31，34】、自闭症【88，102】

②形容词＋症

忧郁症【88】、狂暴症【32】、寒症【45】、热症【46】、抑郁症【88】、洁癖症【16】

"症"是指病的症状。作为"性向词汇"的「接尾辞」则用来比喻具有如同病状一样的性向行为。与《现代汉语词典》一致的比例分别是总中国人 62.5%、中国社会群体 75%、中国大学生 62.5%。由此可以推测，"症"的构词能力并不强。"症"可以接续名词、动词或形容词，这三种构词类型中，以"形容词＋症"为多，上述例句全都属于负面评价。

表 4-69 总中国人：～猫（9 語）[108 語]

词	数量	词	数量	词	数量	词	数量	词	数量
馋猫	94	懒猫	4	大懒猫	1	小馋猫	1	哭脸猫	1
大脸猫	4	馋嘴猫	1	笑脸猫	1	偐灶猫	1		

注：词典标出词的比例为 0。

表 4-70 中国社会群体：～猫（5 語）[63 語]

词	数量	词	数量	词	数量	词	数量	词	数量
馋猫	58	懒猫	2	馋嘴猫	1	偐灶猫	1	笑脸猫	1

注：词典标出词的比例为 0。

表 4-71 中国大学生：～猫（6 語）[45 語]

词	数量	词	数量	词	数量	词	数量	词	数量	词	数量
馋猫	36	大脸猫	4	懒猫	（2）2	大懒猫	1	哭脸猫	1	小馋猫	1

注：词典标出词的比例为 0。

构词分类

① ⅰ、**动词＋名词＋猫**

馋猫【48】

ⅱ、**动词＋名词＋猫**

偎灶猫【45】、笑脸猫【44】、哭脸猫【43】、馋嘴猫【48】

② **形容词＋猫**

懒猫【8，17】

③ **「接頭辞」＋形容词/动词＋猫**

大懒猫【8】、小馋猫【48】、大脸猫【106】

本次调查的中国受调查者所使用的"性向词汇"中，没有发现与《现代汉语词典》一致的词汇。上述词汇中既有社会群体与大学生的共用词汇如"馋猫、懒猫"等，又有他们各自特有的词汇。"猫"作为「接尾辞」与上接词结合，用于比喻具有某种性向行为的人，属于拟人化的评价词汇。"猫"早在中国唐代就被人们饲养，到了宋代更趋流行，并成为人们喜爱的动物。比如南宋诗人陆游就是一位喜欢猫的诗人，他的诗歌里经常会描写一些人与猫和谐相处的故事。六朝时代的志怪小说《搜神记》中，也有关于猫的记载。故事梗概是"猫"装扮成父亲欺骗孩子，而将孩子真正的父亲杀死。由此可见，猫在中国人的眼里，既有漂亮与可爱的一面，又有残酷与狡猾、奸诈的一面。上述例句中的"馋猫、懒猫"等性向词汇，在对他人进行评价与批评的同时，又伴有对可爱之处的认可与肯定。如果前面添加上「接頭辞」"小"或"大"，程度上就得到了强化或弱化。

表 4-72 总中国人：~星（7 語）[13 語]

词	数量	词	数量	词	数量	词	数量
笑星	4	交际明星*	1	扫把星	1	智慧星	1
智多星*	（2）4	快乐星	1	灾星	1		

注：词典标出词的比例为 3/7=42.9%。

表 4-73 中国社会群体：~星（1 語）[3 語]

词	数量
智多星*	3

注：词典标出词的比例为 1/1=100%。

表4–74　中国大学生：～星（7語）[10語]

词	数量	词	数量	词	数量	词	数量
笑星	4	快乐星	1	扫把星	1	智多星*	1
交际明星*	1	智慧星	1	灾星*	1		

注：词典标出词的比例为3/7=42.9%。

构词分类

①ⅰ、名词＋星

扫把星【11】、灾星【13】、智慧星【91】

ⅱ、名词＋形容词＋星

智多星【93】

②动词＋星

笑星【74】、交际明星【99】

③形容词＋星

快乐星【89】

　　总中国人、中国社会群体、中国大学生与《现代汉语词典》一致的比例分别是42.9%、100%、42.9%，根据社会群体与大学生之间相差57.1%的数据可以判断，大学生较之于社会群体，更具较强的构词能力。"星"的本义是"天文学上泛指宇宙间能发光或反射光的天体"。"星"在"性向词汇"中多用其比喻义，评价性向行为突出与显著的人，属于汉语特有的「接尾辞」之一。我们可以把与"星"组合的性向词汇分为两类：一类是正面评价，如"笑星、快乐星、智多星"等；还有一类是负面评价，如"扫把星、灾星"等。

表4–75　总中国人：～员（10語）[13語]

词	数量	词	数量	词	数量	词	数量	词	数量
评论员*	4	技术员*	1	公务员*	1	官员*	1	协防人员	1
调节员	1	服务员*	1	中央台播音员	1	喜剧演员	1	行政人员	1

注：词典标出词的比例为5/10=50%。

表 4-76　中国社会群体：～员（6语）[6語]

词	数量	词	数量	词	数量
公务员 *	1	喜剧演员	1	行政人员	1
官员 *	1	协防人员	1	中央台播音员	1

注：词典标出词的比例为 2/6=33.3%。

表 4-77　中国大学生：～员（4语）[7語]

词	数量	词	数量	词	数量	词	数量
评论员 *	4	调节员	1	技术员 *	1	服务员 *	1

注：词典标出词的比例为 3/4=75%。

构词分类

① i 、名词＋员

技术员【2】、公务员【61】、官员【53】、喜剧演员【37】、行政人员【71】

ii 、名词＋名词＋员

中央台播音员【82】

②动词＋员

评论员【81】、调节员【3】、服务员【60】、协防人员【60】

　　与《现代汉语词典》的一致率分别是总中国人 50%、社会群体 33%、大学生 75%。可见社会群体较之于大学生，更具较强的能产性。"员"一般是指工作或学习的人。由"员"派生的"性向词汇"，以此评价和比喻具有某种性向行为的人，比如"评论员"用来负面评价（81）"死扣道理的人"；通过"中央台播音员"讽刺和调侃（82）"说三道四，喜欢评论的人"。可以认为，上述由"员"构成的词汇均用其比喻义进行评价。"员"也是汉语独有的「接尾辞」，日语也有「員」，但不是「接尾辞」。

表 4-78　总中国人：～质（5语）[22語]

词	数量	词	数量	词	数量	词	数量	词	数量
神经质 *	（5）18	抑郁质	1	多血质	1	黏液质	1	胆汁质	1

注：词典标出词的比例为 1/5=20%。

表 4-79　中国社会群体：～质（2 語）[2 語]

词	数量	词	数量
胆汁质	1	神经质 *	1

注：词典标出词的比例为 1/2=50%。

表 4-80　中国大学生：～质（4 語）[20 語]

词	数量	词	数量	词	数量	词	数量
神经质 *	（4）17	抑郁质	1	多血质	1	粘液质	1

注：词典标出词的比例为 1/4=25%。

构词分类

①名词＋质

神经质【26，36，78，90，92】、黏液质【20】、胆汁质【24】

②形容词＋名词＋质

抑郁质【88】、多血质【91】

"质"在"性向词汇"中用来评价和比喻某种性格、性向行为的特征。如"黏液质"出现在（20）"满不在乎的人"中，而"多血质"则被用来比喻（91）"不服输的人"。"神经质"的比喻和评价范围更广，分别出现在（26）"没长性、爱改变主意、情绪不稳定的人"；（36）"轻率浮躁、得意忘形的人"；（78）"嘴碎、吹毛求疵、爱找毛病的人"；（90）"性格不活泼、抑郁的人"；（92）"爱诉苦、怨言多的人"等 5 个语义小项中。

表 4-81　总中国人：～通（3 語）[38 語]

词	数量	词	数量	词	数量
百事通 *	32	全球通	（2）4	万事通 *	（2）2

注：词典标出词的比例为 2/3=66.7%。

表 4-82　中国社会群体：～通（2 語）[32 語]

词	数量	词	数量
百事通 *	31	万事通 *	1

注：词典标出词的比例为 2/2=100%。

表 4-83　中国大学生：~通（3語）[6語]

词	数量	词	数量	词	数量
全球通	（2）4	百事通*	1	万事通*	1

注：词典标出词的比例为 2/3=66.7%。

构词分类
①名词+通
百事通【93】、全球通【93】、万事通【3】

　　总中国人、中国社会群体、中国大学生与《现代汉语词典》一致的比例分别是 66.7%、100%、66.7%。大学生较之于社会群体，具有较高的构词能力。"通"的意思有很多，《现代汉语规范词典》中有如下解释："可以到达'四通八达'；没有阻碍可以穿过'畅通'；了解懂得'精通'；了解并掌握某一方面的人'中国通'；共同的、一般的'通病'；全部整个'通盘'；告诉别人使知道'通知'"①。作为「接尾辞」使用的"通"其意与释义项（4）等同。"百事通、万事通"等"性向词汇"，中日韩三国具有相似的使用特点。不过"全球通"原指中国移动通信的旗舰品牌，在此基础上被比喻为"见多识广，聪明有头脑的人"。上文例句全都属于积极、正面的评价，但同时伴有调侃及揶揄等语气。

表 4-84　总中国人：~迷（3語）[24語]

词	数量	词	数量	词	数量
财迷*	22	万人迷	1	钱迷	1

注：词典标出词的比例为 1/3=33.3%。

表 4-85　中国社会群体：~迷（1語）[21語]

词	数量
财迷*	21

注：词典标出词的比例为 1/1=100%。

---

① 李行健. 现代汉语规范词典 [M]. 北京：外语教学与研究出版社，2004.

表4-86　中国大学生：~迷（3語）[3語]

词	数量	词	数量	词	数量
万人迷	1	财迷*	1	钱迷	1

注：词典标出词的比例为1/3=33.3%。

构词分类

①名词＋迷

财迷【53】、万人迷【34】、钱迷【53】

"钱迷"是中国大学生在"财迷"基础上创造出来的新词，是大学生在充分抓住了当今社会拜金主义价值观后的创新。有学者认为"迷"的能产性较高，词根可分为爱好（如财迷、歌迷）、宠物名（如猫迷）、体育项目（如球迷）等几种。"迷"是指对某个专业或事情特别沉迷、执着的人。"粉丝"一词已将其取代，该词深受中国人尤其是年轻人的喜爱，并被广泛运用于日常生活之中。该词的词义取自于英语的「fans」，现多指对明星、演员等文艺界人员的"追星一族"，隐含着风趣、幽默和调侃等语气。

表4-87　总中国人：~神（8語）[17語]

词	数量	词	数量	词	数量	词	数量
酒神*	7	游神*	2	嚎神	1	瘟神*	1
食神	2	自由神	2	倔神	1	二级瘟神	1

注：词典标出词的比例为3/8=37.5%。

表4-88　中国社会群体：~神（5語）[7語]

词	数量	词	数量	词	数量	词	数量	词	数量
游神*	2	自由神	2	嚎神	1	酒神*	1	倔神	1

注：词典标出词的比例为2/5=40%。

表4-89　中国大学生：~神（4語）[10語]

词	数量	词	数量	词	数量	词	数量
酒神*	6	食神	2	瘟神*	1	二级瘟神	1

注：词典标出词的比例为2/4=50%。

构词分类

①名词＋名词＋神

酒神【50】、自由神【14】、瘟神【17】、二级瘟神【17】

②动词＋神

游神【40】、嚎神【43】、食神【48】

③形容词＋神

倔神【85】

"神"是一种超物质的精神观念产物。《说文解字》："神，天神引出万物者也。"①而"神"在"性向词汇"中与上接词结合，用来评价和比喻具有超人能力或与众不同特性的人，比如"倔神"是指性格顽固、倔强的人，"食神"是嘴馋、贪吃的人，"自由神"是游手好闲、放荡的人。上文例子全都属于负面评价词汇。

表 4-90　总中国人：～剂（3語）[4語]

词	数量	词	数量	词	数量
兴奋剂*	2	调味剂	1	润滑剂	1

注：词典标出词的比例为 1/3=33.3%。

中国社会群体：～剂（0語）[0語]

表 4-91　中国大学生：～剂（3語）[4語]

词	数量	词	数量	词	数量
兴奋剂*	2	调味剂	1	润滑剂	1

注：词典标出词的比例为 1/3=33.3%。

构词分类

①形容词＋剂

润滑剂【3】、兴奋剂【36】

②动词＋名词＋剂

调味剂【73】

---

① 许慎.说文解字[M].成都：成都古籍出版社，1981：7.

　　《现代汉语规范词典》中对"剂"的解释是："（1）动词，配制或调和（药物、味道等）。（2）名词，具有某种化学物理功能的药品通称，如杀虫剂、催化剂等。"[①] 在本次调查中没有发现中国社会群体使用「接尾辞」"剂"的"性向词汇"。尽管中国大学生仅有 3 例，但其中的 2 例未被《现代汉语词典》收录，属于大学生特有的"性向词汇"。上述 3 例均用其比喻义形象地对他人加以评价。"兴奋剂"是指"轻率浮躁、得意忘形的人"。"调味剂"指"喜欢夸大其词的人"。"润滑剂"是比喻"做事快，很得要领的人"。

表 4-92　总中国人：～仙（3 語）[21 語]

词	数量	词	数量	词	数量
酒仙*	19	邋遢仙	1	活神仙*	1

注：词典标出词的比例为 2/3=66.7%。

表 4-93　中国社会群体：～仙（2 語）[13 語]

词	数量	词	数量
酒仙*	12	活神仙*	1

注：词典标出词的比例为 2/2=100%。

表 4-94　中国大学生：～仙（2 語）[8 語]

词	数量	词	数量
酒仙*	7	邋遢仙	1

注：词典标出词的比例为 1/2=50%。

构词分类

①**名词＋仙**

酒仙【50】

②**动词＋名词＋仙**

活神仙【20】

③**形容词＋仙**

邋遢仙【17】

---

① 李行健.现代汉语规范词典 [M].北京：外语教学与研究出版社，2004.

"仙"的意思是指"神仙、仙人"。作为「接尾辞」而使用的"仙"用以评价和比喻某一方面非同一般的人，与上述"神、精"的语意相近，比如"酒仙、邋遢仙"等。"活神仙"丧失了原义，用来讽刺和贬斥"无所事事、满不在乎的人"。

表4-95　总中国人：～病（4语）[47语]

词	数量	词	数量	词	数量	词	数量
神经病*	（11）28	精神病*	（4）10	红眼病*	（2）8	冷热病*	1

注：词典标出词的比例为4/4=100%。

表4-96　中国社会群体：～病（4语）[13语]

词	数量	词	数量	词	数量	词	数量
红眼病*	（2）6	神经病*	（3）4	精神病*	（2）2	冷热病*	1

注：词典标出词的比例为4/4=100%。

表4-97　中国大学生：～病（3语）[34语]

词	数量	词	数量	词	数量
神经病*	（10）24	精神病*	（3）8	红眼病*	2

注：词典标出词的比例为3/3=100%。

构词分类

①名词＋病

神经病【16，25，26，41，52，67，80，85，102】、精神病【5，26，36】、红眼病【53，111】

②形容词＋病

冷热病【26】

总中国人、中国社会群体、中国大学生与《现代汉语词典》一致的比例均为100%，也就是说，没有发现社会群体或大学生特有的词汇。"病"有两种含义：一是生理、心理上出现的不健康、不正常状态。二是错误、毛病。尽管上述词语均能在词典中得到确认，但由"病"组成的"性向词汇"则比喻具有负面色彩的性向行为，并且其评价范围也变得更为广泛。比如"神经病"的词典意思是：（1）神经系统的组织发生病变或功能发生障碍的疾病。（2）精神病的俗称。而在本次调查结果中，"神经病"分别出现在 9 个语义小项中。"精神病"则出现在（5）"做事过于认真的人"；（26）"没长性，见异思迁的人"；（36）"冒失鬼，得意忘形的人"这三个语义小项中。其结果反映出作为"性向词汇"的特点，同时也充分体现了"同形异义词"在"性向词汇"中所发挥的丰富多彩的语用功效及其特殊的表达效果。

表 4-98　总中国人：～仔（2 語）[2 語]

词	数量	词	数量
古惑仔	1	卖水果仔	1

注：词典标出词的比例为 0。

中国社会群体：～仔（0 語）[0 語]

表 4-99　中国大学生：～仔（2 語）[2 語]

词	数量	词	数量
古惑仔	1	卖水果仔	1

注：词典标出词的比例为 0。

构词分类

①名词＋仔

古惑仔【32】

②动词＋名词＋仔

卖水果仔【104】

"仔"主要用于中国南方地区，泛指男性。尽管仅有 2 例，但属于中国大学生特有的"性向词汇"。《古惑仔》是描写黑帮派别打斗的香港电影片名，大学生正是抓住了电影内容的特点，用"古惑仔"比喻"行为粗鲁的人"。"卖水果仔"是指"性格别扭，乖僻的人"。这两个词汇全都带有负面的感情色彩。在改革开放的大潮中随着人与物的交流和流通，地域间语言文化的接触与融合加快，原属方言的"仔"进入大学生的对人评价词汇也是顺理成章的事情。

表 4-100 总中国人：~ 徒（3 語）[7 語]

词	数量	词	数量	词	数量
酒徒*	（2）4	狂徒*	2	清教徒*	1

注：词典标出词的比例为 3/3=100%。

表 4-101 中国社会群体：~ 徒（2 語）[2 語]

词	数量	词	数量
酒徒*	1	清教徒*	1

注：词典标出词的比例为 2/2=100%。

表 4-102 中国大学生：~ 徒（2 語）[5 語]

词	数量	词	数量
酒徒*	（2）3	狂徒*	2

注：词典标出词的比例为 2/2=100%。

构词分类

①名词 + 徒

酒徒【50，52】、清教徒【51】

②形容词＋徒

狂徒【21】

由"徒"构成的"性向词汇"中没有特有的对人评价词汇。"徒"的意思有很多，诸如徒弟、学生；信仰某种宗教的人；指某种人（含有贬义）等。作为「接尾辞」的"徒"与上接词结合，用来负面评价具有某些性向行为的人。比如"清教徒"并非字面意义上的信仰宗教之人，而是挪揄和讽刺"不会喝酒的人"。

表 4-103 总中国人：~ 奴（1 語）[12 語]

词	数量
守财奴*	（2）12

注：词典标出词的比例为 1/1=100%。

表 4-104　中国社会群体：~奴（1 語）[4 語]

词	数量
守财奴 *	4

注：词典标出词的比例为 1/1=100%。

表 4-105　中国大学生：~奴（1 語）[8 語]

词	数量
守财奴 *	（2）8

注：词典标出词的比例为 1/1=100%。

构词分类

①动词＋名词＋奴

守财奴【54，56】

由「接尾辞」"奴"构成的对人评价词汇仅有 1 例"守财奴"出现在《现代汉语词典》中。"守财奴"被用在（54）"吝啬的人"；（56）"勤俭节约的人"这两个完全对立的小项中，带有或贬或褒的感情色彩。该点与日语的「守銭奴」不同，日语的「守銭奴」仅仅用来讽刺"吝啬的人"。汉语的"奴"在"性向词汇"中构词能力低下，远不及日语的「奴」。与上文中的"徒"一样，没有发现社会群体或大学生特有的词汇。"奴"从能产性、定位性、意义虚化等角度，已经向词尾演变，属于"类后缀"「接尾辞」[①]。它可以接在名词、动词、形容词等词性的后面，使其具有名词词性，发挥着标记语法功能的作用。意思是指"身为某物所累的人或从事某一职业的人"，如卡奴、守财奴等。

表 4-106　总中国人：~化（1 語）[5 語]

词	数量
情绪化	（2）5

注：词典标出词的比例为 0。

中国社会群体：~化（0 語）[0 語]

---

① 杨绪明．新词语的族聚特征及其社会文化心理 [J]．语言教学与研究，2014（1）．

表 4-107　中国大学生：~ 化（1 語）[5 語]

词	数量
情绪化	（2）5

注：词典标出词的比例为 0。

构词分类

①名词＋化

情绪化【26，36】

本次调查结果中"化"族词汇仅有 1 例，为大学生所使用。"情绪化"的词典意思是指"受感情支配而不够理智"。而"性向词汇"中的"情绪化"则出现在（26）"没长性，爱改变主意，情绪不稳定的人"；（36）"轻率浮躁，得意忘形的人"这两个语义小项中。"化"并不是土生土长的汉语词缀，而是译自英语的 ~ en、~ ze（~ ise）、~ fy、~ ation 等词缀。早在 1968 年赵元任就认为"化"是新兴词缀，其他学者也有同样的观点。20 世纪 90 年代后，学术界对"化"的研究进一步深化和扩展。作为「接尾辞」的"化"呈现出鲜活的能产性，主要是因为由"化"派生而来的新词适应了社会和生活交际的需求，构词特点方便快捷，深得使用者的青睐与喜欢。但在"性向词汇"中，"化"的构词能力却显得十分无力。

池上素子（2000）基于医学、建筑学、电子工程学的语料库，分析了 X 化的意思、用法、构词特点等，指出"化"可以接续名词、形容词、动词等，具有较强的能产性。近年来随着语言的不断丰富和发展，"英语缩略语＋化"的形式在日语中有所增加，如「ドラマ化、グローバル化、ビデオ化」等[①]，这种构词形式汉语中并未发现。遗憾的是本研究中接词"化"的"性向词汇"仅有 1 例，而且日语中未能抽取出有关"化"的词语，今后将继续关注并进行三国间的对比研究。

表 4-108　总中国人：~ 魔（1 語）[1 語]

词	数量
恶魔*	1

注：词典标出词的比例为 1/1=100%。

---

① 池上素子. 化について [J]. 日本語教育，2000（7）：27-36.

中国社会群体：～魔（0語）[0語]

表 4-109　中国大学生：～魔（1語）[1語]

词	数量
恶魔*	1

注：词典标出词的比例为 1/1=100%。

构词分类
①形容词＋魔
恶魔【31】
　　与"魔"组合而成的性向词汇只有 1 例，仅被大学生使用。"魔"与"鬼"同样，具有"诡诈、污秽、凶残、变幻莫测"等意，属于一种令人恐惧、害怕、厌恶的不祥之物。由"魔"构成的性向词汇"恶魔"失去了原义，用来比喻"喜欢做恶作剧的人"，充分显示出"恶作剧"程度之烈。

表 4-110　总中国人：～郎（5語）[10語]

词	数量	词	数量	词	数量	词	数量	词	数量
拼命三郎*	（2）6	夜哭郎	1	萧十一郎	1	薄情郎	1	武大郎	1

注：词典标出词的比例为 1/5=20%。

表 4-111　中国社会群体：～郎（2語）[6語]

词	数量	词	数量
拼命三郎*	（2）5	薄情郎	1

注：词典标出词的比例为 1/2=50%。

表 4-112　中国大学生：～郎（4語）[4語]

词	数量	词	数量	词	数量	词	数量
拼命三郎*	1	夜哭郎	1	萧十一郎	1	武大郎	1

注：词典标出词的比例为 1/4=25%。

构词分类

① i 、名词＋形容词＋郎

萧十一郎【58】、武大郎【11】

ii 、名词＋动词＋郎

夜哭郎【43】

②动词＋名词＋郎

拼命三郎【1，7】

③形容词＋名词＋郎

薄情郎【108】

总中国人、中国社会群体、中国大学生与《现代汉语词典》一致的比例分别是 20%、50%、25%。大学生较之于社会群体，更具较强的构词能力。"郎"的构词类型比较丰富，既可以接续名词，也可以接续动词或形容词，呈现出形式多样的使用特色。值得留意的是，大学生使用的"性向词汇"中，巧妙地借用电影、电视剧中的主人公对他人加以评价，比如"萧十一郎、武大郎"等。"萧十一郎"是古龙武侠小说中的主人公形象。大学生通过使用"萧十一郎"比喻和形容"生活放荡，花天酒地的人"。这种手法生动形象、贴近生活，日韩两国的"性向词汇"中也有应用。

表 4-113　总中国人：～棍（2 語）[5 語]

词	数量	词	数量
恶棍*	（4）4	酒棍	1

注：词典标出词的比例为 1/2=50%。

表 4-114　中国社会群体：～棍（1 語）[4 語]

词	数量
恶棍*	（4）4

注：词典标出词的比例为 1/1=100%。

表 4-115　中国大学生：～棍（1 語）[1 語]

词	数量
酒棍	1

注：词典标出词的比例为 0。

构词分类

①名词＋棍

酒棍【50】

②形容词＋棍

恶棍【32，77，86，110】

"棍"的意思是指棍子、木棍；具有某种特点的坏人如色棍、赌棍等。"酒棍"属于大学生特有的词汇，表示"很能喝酒的人"。"恶棍"出现在（32）"行为粗鲁的人"；（77）"说话刻薄，恶言恶语的人"；（86）"对人严厉的人"；（110）"个性强的人"这4个语义小项中，全都属于负面评价。"棍"发挥了拟人化的语用功能，强化了负面评价的程度，加深了责难与不满等语气。

表 4-116　总中国人：～圣（1 語）[6 語]

词	数量
酒圣*	6

注：词典标出词的比例为 1/1=100%。

表 4-117　中国社会群体：～圣（1 語）[5 語]

词	数量
酒圣*	5

注：词典标出词的比例为 1/1=100%。

表 4-118　中国社会群体：～圣（1 語）[1 語]

词	数量
酒圣*	1

注：词典标出词的比例为 1/1=100%。

构词分类

①名词＋圣

酒圣【50】

根据《现代汉语词典》中的解释，"圣"的意思有4种。其中的第三种是指在某一方面有极高成就的人如"诗圣、画圣"等。作为「接尾辞」

的"圣"，其意与第三的释义项相似。"酒圣"是指擅长喝酒、特别能喝酒的人，与上述"酒仙"的比喻义十分相似。"圣"与"神、仙、精"等同属于汉语独有的「接尾辞」，它们在日韩两国语言中均可使用，但并未演变成「接尾辞」。

表 4-119　总中国人：~废（1 語）[13 語]

词	数量
窝囊废*	13

注：词典标出词的比例为 1/1=100%。

表 4-120　中国社会群体：~废（1 語）[8 語]

词	数量
窝囊废*	8

注：词典标出词的比例为 1/1=100%。

表 4-121　中国大学生：~废（1 語）[5 語]

词	数量
窝囊废*	（4）5

注：词典标出词的比例为 1/1=100%。

构词分类

①形容词＋废

窝囊废【6，11，12，13，27】

"废"作为「接尾辞」在"性向词汇"中构词能力很低，仅有"窝囊废"1 例，分别用于负面评价"忍耐性强的人"；"办事马虎不认真的人"；"做事没长性，爱打退堂鼓的人"；"做什么都不起作用，没用的人"；"胆小怕事的人"，基本上都属于负面评价。中国人运用"窝囊废"形容"忍耐性强的人"这一结果令人意外。不过，它也从一个侧面反映出中国人眼中"忍耐性强的人"还有消极怠工的一面，以及中国人好胜心强，事事时时均要争先的一面。

表4-122 总中国人：~佬（3語）[29語]

词	数量	词	数量	词	数量
乡巴佬*	20	和事佬*	（2）8	小赤佬	1

注：词典标出词的比例为 2/3=66.7%。

表4-123 中国社会群体：~佬（3語）[29語]

词	数量	词	数量	词	数量
乡巴佬*	20	和事佬*	（2）8	小赤佬	1

注：词典标出词的比例为 2/3=66.7%。

中国大学生：~佬（0語）[0語]

构词分类
①名词＋佬
乡巴佬【83，97】
②「接頭辞」＋形容词＋佬
小赤佬【33】
③动词＋佬
和事佬【102，103】

　　与"佬"组合而成的性向词汇中没有发现大学生特有的词汇。根据《现代汉语词典》《辞海》中的解释，"佬"是"成年男子，含轻视意"。"佬"作为晋词后缀，在古代文献中比较常见。由"佬"派生的"性向词汇"多用其比喻和讽刺具有某种性向行为的人，如"乡巴佬、小赤佬"分别贬评"说话粗鲁，见识少的人"以及"难管的孩子"等，明显属于粗俗语言。不过，"和事佬"作为"性向词汇"时的词义发生了变化，具体是指（102）"正直诚实的人"和（103）"温和善良的人"。

3. 小结

　　根据上述分析可以判断，「接尾辞」是丰富汉语尤其是"性向词汇"的重要手段之一，具有鲜活的生命力和能产性。由「接尾辞」派生的"性向词汇"，绝大多数属于未被《现代汉语词典》收录的特有的对人评价词汇，这一点与上述的日语和下文的韩语极为相似，呈现出三国语言在"性向词汇"创新和使用上的共同属性。汉语在构词结构方面主要以三音节词语为多。即在双音节词语的后面添加上词义泛化（实词虚化）的「接尾辞」。汉语词汇在语音形式上一直以双音节为主①。由于社会现象的复杂化，人们思维的多元化，汉语自身的语法化、音节化等因素，双音节词语已经难以满足人们交际的需求。而三音节词语在表达词义等方面，显得更为丰富和细致，增强了语言的表达效果，于是三音节词语便成为"性向词汇"中造词的主力军。这种趋势正是「接尾辞」在"性向词汇"中不断发展和创新的一种具体体现。换言之，「接尾辞」在"性向词汇"的发展过程中发挥着不可或缺的重要作用。本次调查结果显示，汉语「接尾辞」的种类虽远不及韩语和日语，但构词能力却十分惊人，而且构词类型丰富多彩、形式多样。比如排列在前十位的"人、子、者、儿、鬼、头、家、的、王、手"，它们的构词类型分别高达 13 种、14 种、13 种、17 种、7 种、8 种、8 种、11 种、9 种、9 种，远远超过了日语、韩语中排列前十位「接尾辞」的构词类型，表现出丰富的构词能力。与"的、型、猫、化"等「接尾辞」组合而成的词汇中，没有一个被《现代汉语词典》收录，全都属于社会群体和大学生新创的"性向词汇"。其中，既有社会群体与大学生共用的新词，又有属于各自特有的词汇，丰富和充实了对人评价的表达方式。需要说明的是，同样是「接尾辞」"的"和"型"，日本人所用词汇与词典一致的比例分别高达 87% 和 50%，而中国人（社会群体和大学生）全是零，反映出两国语言在运用「接尾辞」的差异及其构词特点上的不同。换言之，中国人在利用「接尾辞」创造"性向词汇"方面，较之于日本人、韩国人更具鲜活生动、与时俱进的特点，由此也使汉语的对人评价行为更加多样和细腻、丰富而复杂。

有关群体差异方面，社会群体、大学生在"性向词汇"使用上所反映出来的差异，值得我们留意与关注。比如"型、剂、魔、化"等几种「接尾辞」，与此组合的"性向词汇"仅被中国大学生所使用，未出现在社会群体的词语中。"成语＋的"、"惯用语＋的"等多音节表达形式，深得社会群体的青睐。"捣蛋专家、造谣专家"等以"专家"为「接尾辞」的词汇，属于大学生特有的"性向词汇"，两者呈现出鲜明的对比与反差。

---

① 黄伯荣，廖序东. 现代汉语（增订三版上册）[M]. 北京：北京高等教育出版社，2002：324.

在造词联想方面，中国人与日本人同样，一方面充分利用动物、植物、身体等比喻词汇以及历史人物、武侠小说或动漫中的主人公等多种形式对人进行评价，既形象生动又简洁明了。另一方面巧妙地运用隐喻、谐音、夸张等修辞手法，丰富了对人评价的效果，起到活泼而生动的语义功效。比如运用"机器人、木头人、寄生虫"分别比喻"不懂人情世故""偷懒不干活""不劳而获"的人。如果再根据感情色彩的"＋""－""＋·－"进行分类的话，41种「接尾辞」中，仅有1例"通"属于"＋"，"人、子、者、儿、鬼、家、的、手、派、症、星、员、郎、剂、佬、奴、圣"等17种类型属于"＋·－"，其中"子、者、儿、鬼、的"这5种类型主要以"－"的性向词汇为多。其余的25种全都属于"－"评价。也就是说，41种「接尾辞」中，就有30种以上（比例高达73%）属于负面评价。这种负面评价的价值取向，构成了汉语"性向词汇"的主要特色，充分反映了中国社会中"负面"的价值取向。有关"负性原理"，中日韩三国具有鲜明的一致性。

在男女性别差异方面，汉语属于男性专用的「接尾辞」仅有"汉、夫、郎"这3个，远不及日语。不仅如此，汉语也未出现如「弁慶、兵衛」等出自男性名字的「接尾辞」，说明汉语"性向词汇"的性别差异没有日语明显。当然，汉语特有的「接尾辞」也很突出，如"蛋、包、猫"。它们在日语中仅作为实词使用，并未虚化成「接尾辞」。值得关注的是，中国人喜欢使用超自然物加以造词和比喻，诸如"鬼、神、仙、精、魔"虚化为「接尾辞」等，由此创造出为数众多的"性向词汇"，使得对人行为评价更加丰富多彩和生动形象。当然，日语、韩语中也有「鬼」等「接尾辞」，但远不及汉语的多样性与新颖性。

第五章 韩语性向词汇中的「接尾辞」

中日韩三国语言中的词汇都是由一个或几个语素构成的。一般来说，韩语中的构词语素主要分为词根和词缀（即「接頭辞」和「接尾辞」的统称）两部分。在复合词或派生词中词根是词的核心部分，有些构词成分原来是一个独立使用的词，它在新词结构中只是新词的词根而不是独立的词。词缀是词的辅助性成分，是次要的构词要素。它不能独立成词，只能在固定的位置跟词根结合构成新词。关于本书中「接尾辞」的确定和分类，主要依据韩国「국립국어연구원」[①]（The National Institute of the Korean Language，国立国语研究院）在 1999 年出版发行的《표준국어대사전（标准国语大词典）》所收录的「接頭辞」和「接尾辞」的分类

1. 词性和语种

1.1　词性分类
（1）原有的「接尾辞」：

쟁이、자、이、가、꾼、인、증、보、생（생이）、뱅이、덩어리、적、장이、왕、꾸러기、배、둥이、사、형、댕이、성、탱이、들、원、바가지、딩이、딱지、통、덩이、기、것、질、님、씨、녀、남、아、욕、거리、팽이、아치、네、팅、기（機）、배기、짜리、머리

（2）名词（包括形式名词）：파、맨、가이、러、걸、노

（3）动词转化成名词：내기、데기、기、살이

（4）象声词：꽝

（5）年轻人流行语：짱

---

① 国立国语院是所属于韩国「문화관광부」（文化观光部）的韩语研究机构。

1.2　语种分类

众所周知，朝鲜半岛和日本同属"汉字文化圈"，自古以来中国与朝鲜半岛之间人文、贸易往来就十分频繁，中韩文化交流在不断加深的同时，语言上也开始了进行吸收和融合。因此，直到19世纪以前，韩语中的大部分借词都源自汉语，汉字词已成为韩语中不可分割的重要组成部分。韩语和日语的词汇构成体系非常接近，汉字词通常不被列入外来语范畴。目前，韩语中除了极少数词汇以外，大部分源自汉语的词汇都可用汉字进行标识。根据李熙升编纂的《国语大词典》（民众书林出版社，2002年）统计，所有的韩国语词典中所收录的汉字词，在整个韩语词汇中所占比例至少超过了70%。

进入近现代之后，韩国为推进经济、科技等方面的发展与进步，开始大量吸收源自欧美语系的词汇，尤其以英语为代表的借词数量急剧增加。这些西洋化的词汇（外来语）不仅受到年轻人的喜爱，而且通过大众媒体得到了广泛传播和普及。例如《韩国语外来语词典》（商务印书馆，2004年）共收录韩语外来语3万余条，涉及政治、经济、外交、军事、社会、文化、体育等众多领域和学科，但是其中约有2.7万多词条都源自英语。可见，英语外来语在韩语中的比重不可小觑。外来语的数量增加，随之也带动了"外来语接辞"语素数量的上升，其构词能力也得到了大大增强。在仿拟类推原理的帮助下，这些外来语素在开始大量造词的同时，也给韩语的整个传统词汇系统及语言系统带来了新的变化。如今，年轻人是使用外来语的表达主力军，给人以时髦、特别、个性化的感觉正是其重要的原因所在。

在语种方面，韩语和日语一样，可以分为固有词汇系（源自固有韩语的词汇）、汉语词汇系（源自汉语的词汇）和外来语词汇系（源自汉语以外语种的词汇）这三种。关于韩语中汉语词汇系「接尾辞」的认定标准如下：首先，该词的原有意义要产生虚化或在构成的新词内部起到补充说明作用；其次，从音节数量上看，通常汉语词汇系「接尾辞」只由一个音节构成，且不能进一步省略音节。

此次调查结果显示，属于韩语固有词汇系的「接尾辞」高达35种之多，其比例占据绝对优势，这与日语的「接尾辞」有着很大不同，韩语「接尾辞」的构词方式主要倾向于使用传统的固有词汇。但是，这些属于韩语固有词汇系的「接尾辞」具有很难确定其起源的特点，并且多数「接尾辞」起强调作用或只具有语法意义。

（1）固有词汇系，合计 35 种

쟁이、이、꾼、님、보、뱅이、덩어리、장이、꾸러기、둥이、딩이、댕이、탱이、덩이、들、바가지、딱지、통、것、질、짜리、머리、짱、꽝、거리、팽이、아치、네、팅、배기、기、뜨기、내기、데기、살이

（2）汉语词汇系，合计 19 种

자（者）、가（家）、인（人）、증（症）、생（생이）（生）、왕（王）、적（的）、배（辈）、사（士）、형（型）、성（性）、씨（氏）、원（员）、남（男）、녀（女）、아（儿）、욕（欲）、기（机）、파（派）

（3）外来语词汇系，共有 5 种

맨（man）、가이（guy）、러（~er）、걸（girl）、노（no）

如上所示，韩语中的汉语词汇系数量为 19 种，虽没有日语中的汉语词汇系数量多（30 种），但也是比较重要的构词语素。对比中日韩三国的「接尾辞」词汇系发现：在汉语词汇系中分别有八项相互重合，它们分别是"者、家、人、症、派、的、儿、型"。调查获得的汉字「接尾辞」均起源于汉语的实词，其成为「接尾辞」后，某种程度上仍然保留着汉语实词的意义。而且，表意的汉语词汇系「接尾辞」在造词过程中，在音节数量上通常比韩语固有词要简洁，这在一定程度上为创造新概念提供了便捷的条件。另外，由于韩语属于表音文字，在借用外来语时，一般多采用音译（全译或缩译）。从韩语的外来语词汇系的统计结果看，虽然数量上只有 5 种，但都从英语语素的音译转化而来。其中，「接尾辞」「맨（man）、가이（guy）、러（-er）、걸（girl）」从广义的角度看，都有表示"人"的含义，这与日语极为相似。

2. 韩语「接尾辞」的种类及占比

2.1　总韩国人

表 5-1　总韩国人「接尾辞」的种类及占比

顺序	「接尾辞」	不重复词汇量及占比	重复词汇量及占比	顺序	「接尾辞」	不重复词汇量及占比	重复词汇量及占比
1	쟁이	209/23.80%	2 732/33.89%	27	형	3/0.34%	12/0.15%
2	자	172/19.59%	941/11.67%	27	댕이	3/0.34%	12/0.15%
3	이	121/13.78%	1 410/17.49%	27	성	3/0.34%	9/0.11%
4	가	65/7.40%	601/7.46%	27	내기	3/0.34%	4/0.05%
5	꾼	56/6.38%	375/4.65%	27	걸	3/0.34%	3/0.04%
6	인	36/4.10%	162/2.01%	36	씨	2/0.23%	7/0.09%
7	맨	26/2.96%	127/1.58%	36	들	2/0.23%	5/0.06%
8	님	16/1.82%	84/1.04%	36	원	2/0.23%	3/0.04%
9	녀	14/1.59%	57/0.71%	36	욕	2/0.23%	3/0.04%
10	증	13/1.48%	212/2.63%	36	짱	2/0.23%	2/0.02%
11	보	8/0.91%	239/2.96%	36	살이	2/0.23%	2/0.02%
11	파	8/0.91%	121/1.5%	36	팅	2/0.23%	2/0.02%
11	기	8/0.91%	11/0.14%	43	바가지	1/0.11%	17/0.21%
14	생(생이)	7/0.80%	39/0.48%	43	아치	1/0.11%	12/0.15%
15	뱅이	6/0.68%	187/2.32%	43	딩이	1/0.11%	10/0.12%
15	남	6/0.68%	19/0.41%	43	거리	1/0.11%	7/0.09%
15	덩어리	6/0.68%	15/0.19%	43	딱지	1/0.11%	6/0.07%
15	적	7/0.80%	10/0.12%	43	통	1/0.11%	3/0.04%
19	장이	5/0.57%	17/0.21%	43	덩이	1/0.11%	2/0.02%
19	왕	5/0.57%	13/0.16%	43	뜨기	1/0.11%	1/0.01%
19	러	5/0.57%	7/0.09%	43	노	1/0.11%	1/0.01%
19	기（機）	5/0.57%	6/0.07%	43	것	1/0.11%	1/0.01%
23	꾸러기	4/0.46%	164/2.03%	43	네	1/0.11%	1/0.01%

（续上表）

顺序	「接尾辞」	不重复词汇量及占比	重复词汇量及占比	顺序	「接尾辞」	不重复词汇量及占比	重复词汇量及占比
23	가이	4/0.46%	51/0.63%	43	질	1/0.11%	1/0.01%
23	배	4/0.46%	48/0.6%	43	배기	1/0.11%	1/0.01%
23	탱이	4/0.46%	13/0.16%	43	짜리	1/0.11%	1/0.01%
27	둥이	3/0.34%	142/1.76%	43	머리	1/0.11%	1/0.01%
27	팽이	3/0.34%	45/0.57%	43	데기	1/0.11%	1/0.01%
27	아	3/0.34%	38/0.47%	43	꽝	1/0.11%	1/0.01%
27	사	3/0.34%	29/0.36%	合计		878/100%	8 046/100%

2.2　韩国社会群体

表 5-2　韩国社会群体「接尾辞」的种类及占比

顺序	「接尾辞」	不重复词汇量及占比	重复词汇量及占比	顺序	「接尾辞」	不重复词汇量及占比	重复词汇量及占比
1	쟁이	154/25.88%	1 827/32.71%	23	가이	2/0.34%	37/0.66%
2	자	112/18.82%	671/12.01%	23	댕이	2/0.34%	8/0.14%
3	이	99/16.64%	1 117/20%	23	덩어리	2/0.34%	7/0.13%
4	가	48/8.07%	442/7.91%	23	살이	2/0.34%	2/0.04%
5	꾼	47/7.90%	251/4.49%	23	팅	2/0.34%	2/0.04%
6	맨	17/2.86%	86/1.54%	29	바가지	1/0.17%	11/0.20%
7	인	22/3.70%	109/1.95%	29	성	1/0.17%	7/0.13%
8	님	11/1.85%	54/0.97%	29	아치	1/0.17%	7/0.13%
9	보	6/1.01%	169/3.03%	29	딱지	1/0.17%	5/0.09%
9	파	6/1.01%	100/1.79%	29	딩이	1/0.17%	5/0.09%
9	녀	6/1.01%	33/0.59%	29	거리	1/0.17%	5/0.09%
12	뱅이	5/0.84%	132/2.36%	29	통	1/0.17%	3/0.05%
12	장이	5/0.84%	16/0.29%	29	들	1/0.17%	3/0.05%
14	증	4/0.67%	130/2.33%	29	러	1/0.17%	2/0.04%

（续上表）

顺序	「接尾辞」	不重复词汇量及占比	重复词汇量及占比	顺序	「接尾辞」	不重复词汇量及占比	重复词汇量及占比
15	꾸러기	3/0.50%	84/1.50%	29	씨	1/0.17%	2/0.04%
15	팽이	3/0.50%	34/0.61%	29	욕	1/0.17%	2/0.04%
15	아	3/0.50%	31/0.56%	29	기(機)	1/0.17%	2/0.04%
15	배	3/0.50%	26/0.47%	29	배기	1/0.17%	1/0.02%
15	생（생이）	3/0.50%	24/0.43%	29	원	1/0.17%	1/0.02%
15	사	3/0.50%	19/0.34%	29	짜리	1/0.17%	1/0.02%
15	왕	3/0.50%	10/0.18%	29	것	1/0.17%	1/0.02%
15	내기	3/0.50%	3/0.05%	29	기	1/0.17%	1/0.02%
23	둥이	2/0.34%	102/1.83%	合计		595/100%	5 585/100%

2.3　韩国大学生

表 5-3　韩国大学生「接尾辞」的种类及占比

顺序	「接尾辞」	不重复词汇量及占比	重复词汇量及占比	顺序	「接尾辞」	不重复词汇量及占比	重复词汇量及占比
1	쟁이	147/22.34%	905/36.77%	25	왕	3/0.46%	3/0.12%
2	이	125/19.00%	293/11.91%	25	걸	3/0.46%	3/0.12%
3	자	115/17.48%	270/10.97%	30	팽이	2/0.30%	11/0.45%
4	가	47/7.14%	159/6.46%	30	아	2/0.30%	7/0.28%
5	꾼	29/4.41%	124/5.04%	30	씨	2/0.30%	5/0.2%
6	인	24/3.65%	53/2.15%	30	댕이	2/0.30%	4/0.16%
7	맨	17/2.58%	41/1.67%	30	짱	2/0.30%	2/0.08%
8	증	13/1.98%	82/3.33%	30	원	2/0.30%	2/0.08%
9	님	11/1.67%	30/1.22%	30	성	2/0.30%	2/0.08%
10	녀	10/1.52%	24/0.98%	30	들	2/0.30%	2/0.08%
11	기	8/1.22%	10/0.41%	38	바가지	1/0.15%	6/0.24%
12	적	7/1.06%	10/0.41%	38	딩이	1/0.15%	5/0.2%

（续上表）

顺序	「接尾辞」	不重复词汇量及占比	重复词汇量及占比	顺序	「接尾辞」	不重复词汇量及占比	重复词汇量及占比
12	남	7/1.06%	19/0.77%	38	아치	1/0.15%	5/0.2%
14	보	6/0.91%	70/2.84%	38	덩이	1/0.15%	2/0.08%
14	생（생이）	6/0.91%	15/0.61%	38	거리	1/0.15%	2/0.08%
14	덩어리	6/0.91%	8/0.33%	38	노	1/0.15%	1/0.04%
17	러	5/0.76%	5/0.2%	38	딱지	1/0.15%	1/0.04%
18	꾸러기	4/0.61%	80/3.25%	38	질	1/0.15%	1/0.04%
18	뱅이	4/0.61%	55/2.23%	38	머리	1/0.15%	1/0.04%
18	배	4/0.61%	22/0.89%	38	뜨기	1/0.15%	1/0.04%
18	파	4/0.61%	21/0.85%	38	장이	1/0.15%	1/0.04%
18	가이	4/0.61%	14/0.57%	38	욱	1/0.15%	1/0.04%
18	탱이	4/0.61%	13/0.53%	38	네	1/0.15%	1/0.04%
18	기（機）	4/0.61%	4/0.16%	38	내기	1/0.15%	1/0.04%
25	둥이	3/0.46%	40/1.63%	38	데기	1/0.15%	1/0.04%
25	형	3/0.46%	12/0.49%	38	꽝	1/0.15%	1/0.04%
25	사	3/0.46%	10/0.41%	合计		658/100%	2 461/100%

从表 5-1、表 5-2、表 5-3 可见，大学生和社会群体的特有「接尾辞」情况如下：

A、大学生特有「接尾辞」（14 个）：

걸、남、네、노、적、질、꽝、짱、형、덩이、데기、뜨기、머리、탱이

B、社会群体特有「接尾辞」（6 个）：

것、통、팅、배기、살이、짜리

3. 量、构词及语义功能

由于韩语中的动词词根或形容词词根都可作为名词使用，因此词

根是构词过程中十分常见的语素，这与日语极为相似。但是，为进一步区别构词语素的特征，本书对属于动词词根和形容词词根的词汇进行了单独归纳和统计。例如，与「허풍、고집」等纯粹的名词相比较，「참견、아부」等词，即可认为是名词，又可认为是动词「참견하다、아부하다」的词根转化，因此将其统一归纳为动词词根进行考察。

表5-4　总韩国人：～쟁이（209語）[2 732語]

词	数量	词	数量	词	数量	词	数量	词	数量
허풍쟁이*	（14）238	체면쟁이	15	눈물쟁이	4	주책쟁이	2	시기쟁이	1
욕심쟁이*	（9）187	건방쟁이	（2）14	대포쟁이*	（4）4	투덜쟁이	（2）2	식탐쟁이	1
참견쟁이	（6）137	덤쟁이	14	뻑쟁이	4	폼쟁이	2	신경질쟁이*	1
수다쟁이*	（8）116	친절쟁이	（2）14	얍삽쟁이	（2）4	간사쟁이	1	싱급쟁이	1
욕쟁이*	（4）98	명랑쟁이	12	집착쟁이	（2）4	거부쟁이	1	싸이드쟁이	1
소심쟁이	（7）92	시비쟁이	12	간지쟁이	3	거짓쟁이	1	아양쟁이	1
겁쟁이*	（4）80	엉성쟁이	12	고지식쟁이*	3	건달쟁이	1	악담쟁이	1
거짓말쟁이*	（4）79	주색쟁이	12	교활쟁이	3	게걸쟁이*	1	약삭쟁이	1
고집쟁이*	（9）79	큰소리쟁이	12	농쟁이	（2）3	결벽증쟁이	1	언변쟁이	1
변덕쟁이*	（2）77	가식쟁이	（3）11	능글쟁이	3	교만쟁이	1	언어난폭쟁이	1
개구쟁이*	（3）73	까탈쟁이	11	말쟁이*	（2）3	교제쟁이	1	얼렁쟁이	1
농담쟁이	（3）61	몰인정쟁이	11	무뚝뚝쟁이	3	궁금쟁이	1	열등쟁이	1

（续上表）

词	数量	词	数量	词	数量	词	数量	词	数量
깔끔쟁이	(2) 60	미련쟁이*	11	빈대쟁이	3	궁금증쟁이	1	열쟁이	1
뻥쟁이*	(9) 55	둔쟁이	(3) 10	뻔쟁이	3	궁상쟁이	1	오기쟁이	1
질투쟁이	46	엄격쟁이	10	사교쟁이	3	꼴불견쟁이	1	온순쟁이	1
호기심쟁이	46	엄살쟁이*	10	사치쟁이	3	꼼쟁이	1	온화쟁이	1
아부쟁이	(5) 45	센스쟁이	(5) 8	심술쟁이*	3	꾀쟁이	1	옹고집쟁이*	1
애교쟁이	42	일쟁이	(4) 8	정성쟁이	3	끈질김쟁이	1	왕내숭쟁이	1
잔소리쟁이	41	장난쟁이	8	허약쟁이	(2) 3	노력쟁이	1	울보쟁이	1
구라쟁이	(7) 39	정직쟁이	(2) 8	가오쟁이	2	눈치없쟁이	1	위트쟁이	1
자랑쟁이*	35	촐싹쟁이	(2) 8	간섭쟁이	(2) 2	능숙쟁이	1	의식쟁이	1
오버쟁이	(7) 31	한숨쟁이	8	경쟁쟁이	2	늦쟁이	1	이기쟁이	1
절약쟁이	29	결벽쟁이	7	까불쟁이	2	다혈질쟁이	1	인정쟁이	1
불평쟁이	28	꼼꼼쟁이*	(3) 7	대담쟁이	2	더듬쟁이	1	잔머리쟁이	1
깍쟁이*	(7) 25	덤벙쟁이	(2) 7	독쟁이	(2) 2	더위쟁이	1	재수쟁이	1
낭비쟁이	(2) 25	모험쟁이	7	돈쟁이	2	덜렁쟁이	1	조롱쟁이	1
뻔뻔쟁이	(2) 25	승부쟁이	7	따라쟁이	2	독설쟁이	1	지각쟁이	1
눈치쟁이	24	요령쟁이	7	매너쟁이	2	들뜸쟁이	1	초스피드쟁이	1

（续上表）

词	数量	词	数量	词	数量	词	数量	词	数量
과묵쟁이	(2) 23	이악쟁이*	7	매력쟁이	2	똑똑쟁이	1	추위쟁이	1
아첨쟁이*	(3) 23	개성쟁이	(2) 6	먹쟁이	2	뜨쟁이	1	쿨쟁이	1
잘난척쟁이	(5) 23	게으름쟁이*	6	무책임쟁이	2	말더듬쟁이	1	투정쟁이*	1
활발쟁이	22	난폭쟁이	(2) 6	묵묵쟁이	2	말썽쟁이	1	평론쟁이	1
대충쟁이	(3) 21	붙임쟁이	6	베짱쟁이	2	말참견쟁이	1	폭력쟁이	1
불만쟁이	(2) 21	우울쟁이	6	비웃쟁이	(2) 2	묵쟁이	1	푼수쟁이	1
지저분쟁이	20	바람쟁이*	(3) 5	빈둥쟁이	2	부풀쟁이	1	풍각쟁이*	1
척쟁이	(5) 19	부끄럼쟁이*	(2) 5	성실쟁이	(2) 2	불친절쟁이	1	허례허식쟁이	1
감동쟁이	(2) 18	부지런쟁이	5	술쟁이	2	비교쟁이	1	허비쟁이	1
멋쟁이*	(6) 16	왕고집쟁이	5	스피드쟁이	2	비위쟁이	1	허천쟁이	1
내숭쟁이*	(5) 16	허세쟁이	(2) 5	쑥스럼쟁이	2	빨리먹쟁이	1	호들갑쟁이	1
부산쟁이	16	시원쟁이	5	알뜰쟁이	2	서투름쟁이	1	후라이쟁이	1
춤쟁이	16	구박쟁이	(2) 4	열심쟁이	2	스피드먹쟁이	1	흉내쟁이*	1
푸념쟁이	16	깐깐쟁이	(2) 4	웃음쟁이	(2) 2	시건방쟁이	1		

注：词典标出词的比例为34/209=16.3%。

表 5-5　韩国社会群体：~ 쟁이（153 語）[1 827 語]

词	数量	词	数量	词	数量	词	数量
허풍쟁이*	（12）148	멋쟁이*	（2）11	구박쟁이	3	따라쟁이	1
욕심쟁이*	（8）106	시비쟁이	11	깐깐쟁이	（2）3	말더듬쟁이	1
참견쟁이	（6）93	엉성쟁이	11	눈물쟁이	3	말참견쟁이	1
소심쟁이	（7）67	푸념쟁이	11	능글쟁이	3	무뚝뚝쟁이	1
수다쟁이*	（3）65	내숭쟁이*	（3）10	말쟁이*	（2）3	부풀쟁이	1
변덕쟁이*	（3）63	명랑쟁이	10	부끄럼쟁이*	3	비웃쟁이	1
욕쟁이*	（4）58	몰인정쟁이	10	빈대쟁이	3	비위쟁이	1
겁쟁이*	（4）51	체면쟁이	10	빽쟁이	3	뻔쟁이	1
농담쟁이	（3）50	친절쟁이	（2）10	센스쟁이	3	사치쟁이	1
개구쟁이*	（2）49	큰소리쟁이	10	심술쟁이*	3	성실쟁이	1
고집쟁이*	（8）49	둔쟁이	（3）9	왕고집쟁이	3	스피드먹쟁이	1
깔끔쟁이	（2）47	미련쟁이*	（2）9	일쟁이	3	시건방쟁이	1
애교쟁이	41	불평쟁이	（2）9	허약쟁이	（2）3	시기쟁이	1
호기심쟁이	41	엄격쟁이	9	경쟁쟁이	2	식탐쟁이	1
거짓말쟁이*	（2）33	가식쟁이	7	고지식쟁이*	2	신경질쟁이*	1
자랑쟁이*	31	승부쟁이	7	까불쟁이	2	싱급쟁이	1
뻥쟁이*	（7）28	엄살쟁이*	7	농쟁이	2	아양쟁이	1
아부쟁이	（2）28	이악쟁이*	7	매너쟁이	2	악담쟁이	1
구라쟁이	（5）25	주색쟁이	7	묵묵쟁이	2	약삭쟁이	1
잔소리쟁이	25	척쟁이	7	베짱쟁이	2	얼렁쟁이	1
오버쟁이	（4）24	한숨쟁이	7	사교쟁이	2	열쟁이	1
절약쟁이	24	모험쟁이	6	스피드쟁이	2	온순쟁이	1
눈치쟁이	21	정직쟁이	（2）6	알뜰쟁이	2	울보쟁이	1
활발쟁이	21	출싹쟁이	（2）6	열심쟁이	2	인정쟁이	1

（续上表）

词	数量	词	数量	词	数量	词	数量
낭비쟁이	（2）20	개성쟁이	（2）5	주책쟁이	2	정성쟁이	1
대충쟁이	（3）19	게으름쟁이*	（2）5	투덜쟁이	（2）2	조롱쟁이	1
뻔뻔쟁이	（2）19	결벽쟁이	5	간섭쟁이	1	초스피드쟁이	1
지저분쟁이	19	까탈쟁이	5	거짓쟁이	1	쿨쟁이	1
과묵쟁이	18	꼼꼼쟁이*	（3）5	건달쟁이	1	투정쟁이*	1
불만쟁이	18	덤벙쟁이	5	게걸쟁이*	1	푼수쟁이	1
깍쟁이*	（5）17	바람쟁이*	（3）5	결벽증쟁이	1	허례허식쟁이	1
아첨쟁이*	（2）17	부지런쟁이	5	교만쟁이	1	허비쟁이	1
잘난척쟁이	16	붙임쟁이	5	궁금쟁이	1	허세쟁이	1
감동쟁이	（2）15	요령쟁이	5	꼴불견쟁이	1	허천쟁이	1
부산쟁이	15	장난쟁이	5	꼼쟁이	1	호들갑쟁이	1
춤쟁이	15	난폭쟁이	（2）4	꾀쟁이*	1	후라이쟁이	1
건방쟁이	（2）13	대포쟁이*	（4）4	늦쟁이	1		
덥쟁이	13	시원쟁이	4	대담쟁이	1		
질투쟁이	13	얍삽쟁이	（2）4	독설쟁이	1		

注：词典标出词的比例为30/153=19.6%。

表5-6　韩国大学生：～쟁이（147 語）[905 語]

词	数量	词	数量	词	数量	词	数量
허풍쟁이*	（9）90	호기심쟁이	5	출싹쟁이	2	불친절쟁이	1
욕심쟁이*	（7）81	가식쟁이	（2）4	큰소리쟁이	2	붙임쟁이	1
수다쟁이*	（7）51	자랑쟁이*	4	폼쟁이	2	비교쟁이	1
거짓말쟁이*	（3）46	집착쟁이	（3）4	간사쟁이	1	비웃쟁이	1
참견쟁이	（4）44	친절쟁이	4	간섭쟁이	1	뻑쟁이	1
욕쟁이*	（3）40	허세쟁이	（2）4	개성쟁이	1	사교쟁이	1

（续上表）

词	数量	词	数量	词	数量	词	数量
질투쟁이	33	간지쟁이	3	거부쟁이	1	서투름쟁이	1
고집쟁이*	(4) 30	감동쟁이	3	건방쟁이	1	성실쟁이	1
겁쟁이*	(2) 29	교활쟁이	3	게으름쟁이*	1	시비쟁이	1
뻥쟁이*	(4) 27	눈치쟁이	3	고지식쟁이*	1	시원쟁이	1
소심쟁이	(5) 25	불만쟁이	(2) 3	교제쟁이	1	싸이드쟁이	1
개구쟁이*	(3) 24	엄살쟁이*	3	구박쟁이	1	애교쟁이	1
불평쟁이	(2) 19	장난쟁이	3	궁금증쟁이	1	언변쟁이	1
아부쟁이	(4) 17	가오쟁이	2	궁상쟁이	1	언어난폭쟁이	1
잔소리쟁이	16	결벽쟁이	2	깐깐쟁이	1	엄격쟁이	1
구라쟁이	(4) 14	꼼꼼쟁이*	2	끈질김쟁이	1	엉성쟁이	1
변덕쟁이*	(3) 14	난폭쟁이	(2) 2	노력쟁이	1	열등쟁이	1
깔끔쟁이	(2) 13	대충쟁이	2	농쟁이	1	오기쟁이	1
척쟁이	(5) 12	덤벙쟁이	(2) 2	눈물쟁이	1	온화쟁이	1
농담쟁이	11	독쟁이	(2) 2	눈치없쟁이	1	옹고집쟁이*	1
깍쟁이*	(4) 8	돈쟁이	2	능숙쟁이	1	왕내숭쟁이	1
멋쟁이*	(5) 7	매력쟁이	2	다혈질쟁이	1	위트쟁이	1
오버쟁이	(4) 7	명랑쟁이	2	대담쟁이	1	의식쟁이	1
잘난척쟁이	(5) 7	무뚝뚝쟁이	2	더듬쟁이	1	이기쟁이	1
까탈쟁이	6	무책임쟁이	2	더위쟁이	1	잔머리쟁이	1
내숭쟁이*	(5) 6	미련쟁이*	2	덜렁쟁이	1	재수쟁이	1
뻔뻔쟁이	(2) 6	부끄럼쟁이*	(2) 2	덥쟁이	1	지각쟁이	1
아첨쟁이*	(2) 6	빈둥쟁이	2	둔쟁이	1	지저분쟁이	1
우울쟁이	6	뻔쟁이	2	들뜸쟁이	1	추위쟁이	1
과묵쟁이	(2) 5	사치쟁이	2	따라쟁이	1	춤쟁이	1
낭비쟁이	5	술쟁이	2	똑똑쟁이	1	평론쟁이	1
센스쟁이	(4) 5	쑥스럼쟁이	2	뜨쟁이	1	폭력쟁이	1

（续上表）

词	数量	词	数量	词	数量	词	数量
일쟁이	（4）5	왕고집쟁이	2	말썽쟁이*	1	풍각쟁이*	1
절약쟁이	5	요령쟁이	2	모험쟁이	1	한숨쟁이	1
주색쟁이	5	웃음쟁이	（2）2	몰인정쟁이	1	활발쟁이	1
체면쟁이	5	정성쟁이	2	묵쟁이	1	흉내쟁이*	1
푸념쟁이	5	정직쟁이	2	부산쟁이	1		

注：词典标出词的比例为 25/147=17%。

构词分类

① i、名词＋쟁이

허풍쟁이【7，12，28，38，61，63，64，65，67，71，72，73，74，109】、욕심쟁이【7，47，48，49，53，80，82，91，111】、고집쟁이【22，30，83，84，85，91，105，110，111】、뻥쟁이【28，41，61，63，69，71，72，73，74】、구라쟁이【61，63，68，69，70，71，73】、멋쟁이【1，5，16，28，109，110】、센스쟁이【3，64，65，93，110】、거짓말쟁이【16，69，71，73】、대포쟁이【28，63，64，73】、욕쟁이【76，77，82，83】、겁쟁이【20，26，27，28】、농담쟁이【31，73，74】、바람쟁이【40，58，99】、일쟁이【1，2，3，7】、가식쟁이【61，63，109】、개성쟁이【110，111】、웃음쟁이【37，44】、감동쟁이【42，43】、변덕쟁이【41，46】、말쟁이【67，69】、허세쟁이【63，109】、꾀쟁이【3】、열심쟁이【4】、노력쟁이【7】、건달쟁이【8】、엉성쟁이【11】、재수쟁이【16】、흉내쟁이【11】、싸이드쟁이【14】、요령쟁이【3】、베짱쟁이【22】、장난쟁이【31】、말썽쟁이【31】、호기심쟁이【38】、다혈질쟁이【41】、인정쟁이【42】、눈물쟁이【43】、엄살쟁이【45】、춤쟁이【45】、추위쟁이【45】、열쟁이【46】、더위쟁이【46】、스피드쟁이【49】、술쟁이【50】、시비쟁이【52】、꼼쟁이【54】、궁상쟁이【54】、푼수쟁이【55】、돈쟁이【55】、매너쟁이【55】、주색쟁이【58】、주책쟁이【60】、꼴불견쟁이【60】、붙임쟁이【61】、애교쟁이【61】、자랑쟁이【64】、눈치쟁이【65】、언변쟁이【69】、풍각쟁이【71】、거짓쟁이【71】、후라이쟁이【71】、

위트쟁이【74】、빈대쟁이【76】、독설쟁이【77】、악담쟁이【77】、신경질쟁이【78】、폭력쟁이【82】、승부쟁이【91】、오기쟁이【91】、이기쟁이【91】、한숨쟁이【92】、사교쟁이【99】、집착쟁이【105】、비위쟁이【106】、체면쟁이【109】、가오쟁이【109】、폼쟁이【109】、의식쟁이【109】、간지쟁이【110】、매력쟁이【110】、심술쟁이【111】、시기쟁이【111】

ⅱ、「接頭辞」+名词+쟁이

잔머리쟁이【3】、무책임쟁이【12】、초스피드쟁이【49】、잔소리쟁이【78】、왕고집쟁이【85】、옹고집쟁이【85】、불친절쟁이【88】、몰인정쟁이【108】

ⅲ、名词+名词+쟁이

언어난폭쟁이【83】

ⅳ、名词+「接尾辞」+쟁이

궁금증쟁이【38】、울보쟁이【43】

ⅴ、名词+动词词根+쟁이

스피드먹쟁이【49】、말더듬쟁이【70】、말참견쟁이【79】

ⅵ、名词+形容词词根+쟁이

눈치없쟁이【66】

ⅶ、依存名词+쟁이

척쟁이【60、63、64、82、87】

②ⅰ、动词词根+쟁이

참견쟁이【57、59、60、78、79、80】、아부쟁이【5、61、74、75、76】、아첨쟁이【74、75、76】、덤벙쟁이【9、24】、출싹쟁이【25、34】、비웃쟁이【37、38】、집착쟁이【54、111】、낭비쟁이【55、57】、간섭쟁이【58、59】、구박쟁이【77、78】、투덜쟁이【80、92】、지각쟁이【10】、빈둥쟁이【14】、얼렁쟁이【25】、거부쟁이【30】、까불쟁이【33】、들뜸쟁이【36】、뜨쟁이【36】、조롱쟁이【37】、모험쟁이【39】、삑쟁이【41】、능글쟁이【44】먹쟁이【47】、게걸쟁이【48】、절약쟁이【56】、허비쟁이【57】、더듬쟁이【70】、부풀쟁이【73】、따라쟁이【76】、평론쟁이【82】、비교쟁이【82】、경쟁쟁이【91】、투정쟁이【92】、푸념쟁이【92】、교제쟁이【99】、질투쟁이【111】

ⅱ、**副词＋动词词根＋**쟁이

빨리먹쟁이【49】

③ⅰ、**形容词词根＋**쟁이

수다쟁이【34，65，66，67，69，73，78，79】、오버쟁이【5，16，30，36，60，72，73】、소심쟁이【19，27，28，30，41，70，111】、내숭쟁이【28，29，30，42，51】、둔쟁이【9，66，96】、게으름쟁이【14，17，18】、불평쟁이【79，80，82】、미련쟁이【66，67，96】、성실쟁이【1，2】、깔끔쟁이【15，16】、변덕쟁이【26，36】、건방쟁이【22，23】、뻔뻔쟁이【22，106】、허약쟁이【45，46】、과묵쟁이【29，68】、얍삽쟁이【65，94】、독쟁이【77，78】、불만쟁이【80，92】、부끄럼쟁이【70，98】、깐깐쟁이【85，86】、친절쟁이【87，99】、정직쟁이【100，102】、난폭쟁이【32，83】、정성쟁이【4】、호들갑쟁이【24】、시건방쟁이【23】、늦쟁이【20】、대담쟁이【21】、부산쟁이【25】、부지런쟁이【25】、싱급쟁이【31】、결벽쟁이【16】、지저분쟁이【17】、궁금쟁이【38】、덥쟁이【46】、식탐쟁이【48】、허천쟁이【49】、서투름쟁이【9】、쿨쟁이【55】、알뜰쟁이【56】、사치쟁이【57】、무뚝뚝쟁이【62】、교만쟁이【64】、약삭쟁이【65】、묵묵쟁이【68】、능숙쟁이【69】、아양쟁이【75】、고지식쟁이【84】、엄격쟁이【86】、명랑쟁이【89】、활발쟁이【89】、우울쟁이【90】、이악쟁이【91】、열등쟁이【91】、똑똑쟁이【93】、교활쟁이【94】、간사쟁이【94】、쑥스럼쟁이【98】、시원쟁이【101】、온순쟁이【103】、온화쟁이【103】、끈질김쟁이【105】、까탈쟁이【107】、허례허식쟁이【109】

ⅱ、**「接頭辞」＋形容词词根＋**쟁이

왕내숭쟁이【30】

ⅲ、**形容词词根＋「接尾辞」＋**쟁이

결벽증쟁이【16】

ⅳ、**形容词连体形＋依存名词＋**쟁이

잘난척쟁이【23】

ⅴ、**形容词＋依存名词＋**쟁이

잘난척쟁이【63，64，72，81，82】

ⅵ、形容词连体形＋名词＋쟁이

큰소리쟁이【72】

④副词＋쟁이

꼼꼼쟁이【3，4，16】、대충쟁이【10，11，13】、덜렁쟁이【24】

⑤缩略语＋쟁이

뻔쟁이【22】、묵쟁이【68】、농쟁이【73，74】

⑥不规则语根＋쟁이

깍쟁이【54，56，105，107，109，110，111】、개구쟁이【31，33，37】

从构词法看，"名词＋쟁이"的构词形式最多共83个不重复词，占38.5%；其次是"形容词词根＋쟁이"共64个不重复词，占30%；接下来是"动词词根＋쟁이"共35个不重复词，占16.9%。从同形异义的角度看，「허풍쟁이」（吹牛家）涵盖的语义分类项最多共14项，其次是「욕심쟁이」（贪心鬼）、「고집쟁이」（死心眼）、「뻥쟁이」（牛皮匠）分别有9项，且这些词都属于"名词＋쟁이"结构。「허풍쟁이」（吹牛家）是从风箱在烧火时扇风使火旺这一作用上受到启发，之后被人们用来比喻夸张、说谎话等方面。而「뻥쟁이」一词虽然属于新造词，但其使用已有一段时间。有一种说法是「뻥쟁이」中的「뻥」，起源于街边崩爆米花时"砰"的声音。即人们把吹嘘、夸张与伴随"砰"的声响瞬间，小小的玉米粒变成硕大的爆米花的原理联系在了一起。韩语中经常会把「뻥」与「～을치다」、「～을까다」等词搭配使用。例如：「뻥치지마～」（表示别骗人了）「뻥치네～」（表示你又在吹牛了！）等。总而言之，「허풍쟁이」与「뻥쟁이」不仅都表示说谎、吹牛的意思，而且在很多情况下，这两个词往往可以互换使用。

调查结果也显示，在（28）"爱开玩笑的人"；（61）"爱说谎的人"；（63）"对人热情的人"；（71）"能言善辩信口开河的人"；（72）"喜欢夸大其词的人"；（73）"在家里逞凶的人"；（74）"注重外表，虚荣的人"等语义分类项上，「허풍쟁이」与「뻥쟁이」完全一致。只是「허풍쟁이」对人的评价上还包括了（7）"爱面子的人"；（12）"爱自夸，炫耀的人"；（38）"比别人都努力的人"；（64）"干事没长性，爱打退堂鼓的人"；（65）"好奇心强爱凑热闹的人"；（67）"话多爱瞎聊的人"；（109）"有眼力见儿，想事周到的人"等。同样，「뻥쟁이」在（41）"爱发脾气，动不动爱生气的人"；（69）"有口才，善辩的人"上表现出其个性化的

使用。另外，「接尾辞」「～쟁이」的造词能力还体现在"副词＋쟁이"、"缩略语＋쟁이"等一系列的构词形式上。如「꼼꼼쟁이、대충쟁이、덜렁쟁이、뻔쟁이、묵쟁이、농쟁이」等，这些词都属新造词，在词典上尚无收录。而属于"不规则语干＋쟁이"的「깍쟁이」和「개구쟁이」中的「깍」、「개구」均不属于名词，但由于这两个词内部的各语素联系十分紧密，区别于一般意义上的"名词＋쟁이"结构，如「대포～쟁이」（爱吹牛的人）、「농담～쟁이」（爱开玩笑的人）。因此，在词典里大多数作为一个单独的词处理，但它们共同的特性是都属于派生词范畴。

表 5-7　总韩国人：～자（127 語）[942 語]

词	数量	词	数量	词	数量	词	数量
이중인격자*	(5) 65	연기자*	4	경쟁자*	1	선량자	1
초보자*	59	이중성격자	4	경쟁주의자	1	성격자	1
무책임자	(3) 53	결벽자	(2) 3	고문자	1	수제자*	1
방해자*	47	독선자	3	고집자	1	순종자	1
인내자	47	비관론자*	(2) 3	과묵자	1	신도자	1
성격파탄자*	(8) 45	사교자	3	구걸자	1	신용불량자	1
봉사자*	41	성격장애자	(2) 3	권위자*	1	실력자*	1
방랑자*	(2) 38	언어폭행자	3	극단주의자	1	아량자	1
부자*	(4) 36	위선자*	(2) 3	근로자*	1	아부자	1
일중독자	(3) 26	정신병자*	3	기분이상자	1	아첨자	1
난폭자	(2) 23	주책자	3	낭비벽자	1	악담자	1
이기주의자*	(7) 21	평론자	(2) 3	낭비주의자	1	푸념자	1
숙련자*	18	학식자	3	노력자	1	엄격자	1
완벽주의자	(4) 18	개성자	2	능수자	1	열정자	1
성직자*	16	개인주의자	(2) 2	다주자	1	열중자	1
알콜중독자	(3) 15	결벽주의자	2	답답자	1	옹고집자	1
능력자*	(4) 10	경솔자	2	대범자	1	우울증자	1

（续上表）

词	数量	词	数量	词	数量	词	数量
대충자	（2）10	경험자*	（2）2	말더듬자	1	위험선호자	1
사치자	10	굿인격자	2	말참견주의자	1	유능자*	1
실패자*	（3）10	기술자*	2	명예자	1	유랑자*	1
건방자	9	낙천주의자*	2	모험자	1	이론자	1
기회주의자*	（3）9	낭비자*	2	몹쓸자	1	이론주의자*	1
냉정자	9	다중인격자	（2）2	무기력자	1	이성주의자	1
성격이상자	（6）9	무능력자*	2	무용자	1	인생낙오자	1
인격자*	9	무식자*	（2）2	물중독자	1	인정자	1
도전자*	8	보수자	（2）2	미숙련자*	1	일급기술자	1
미숙자*	（3）8	술중독자	2	반색주의자	1	정중자	1
정서불안자	（3）8	실리주의자	2	방관자*	1	주의산만자	1
참견자	（2）7	약자*	（2）2	방탕자	1	지지자*	1
호탕자	7	언어폭력자	2	범죄자*	1	청결자	1
과대자	（2）6	원칙주의자	（2）2	베테랑자	1	청결주의자	1
노숙자*	（2）6	정신이상자*	（2）2	부지런자	1	친절자	1
능숙자	（2）6	정열자	2	불만족자	1	쾌식자	1
대담자	6	정직자	2	불침착자	1	탐식자	1
불만자	（2）6	중독자*	（2）2	불평주의자	1	태평자	1
지도자*	6	질투자	2	비관주의자	1	패배자*	1
꼼꼼자	（3）5	체면자	2	비열자	1	편집중자	1
보수주의자*	（2）5	쾌활자	2	비인격자*	1	평판자	1
불평자	（2）5	폭언자	2	비판자	1	폭력자	1
상냥자	5	감상주의자	1	서툰자	1	폭력주의자	1
금주자	4	겉치레자	1	성불구자	1	표현자	1
불량자*	4	결백주의자	1	성실자	1	합리주의자*	1

（续上表）

词	数量	词	数量	词	数量	词	数量
사회자*	（4）4	경문주의자	1	소심자*	1	알콜중독시비자	1

注：词典标出词的比例为 50/127=39.4%。

表 5-8　韩国社会群体：~자（111語）[675語]

词	数量	词	数量	词	数量	词	数量
초보자*	49	인격자*	5	겉치레자	1	성실자	1
무책임자	（3）48	지도자*	5	결벽자	1	소심자*	1
이중인격자*	（3）48	금주자	4	고집자	1	신도자	1
인내자	45	기회주의자*	（2）4	과묵자	1	악담자	1
방해자*	44	능수자	4	구걸자	1	약자*	1
봉사자*	35	불평자	（2）4	굿인격자	1	언어폭력자	1
방랑자*	（2）30	상냥자	4	근로자*	1	열정자	1
성격파탄자*	（4）30	꼼꼼자	（2）3	기분이상자	1	옹고집자	1
부자*	（3）24	노숙자*	（2）3	낭비벽자	1	우울증자	1
난폭자	（2）19	독선자	3	낭비자*	1	유랑자*	1
일중독자	（2）18	보수주의자*	3	다중인격자	1	이성주의자*	1
완벽주의자	（3）16	불량자*	3	답답자	1	이중성격자	1
성직자*	15	사교자	3	대범자	1	인정자	1
숙련자*	15	언어폭행자	3	말더듬자	1	일급기술자	1
이기주의자*	（4）12	연기자*	3	모험자	1	정중자	1
대충자	（2）9	위선자*	（2）3	몹쓸자	1	정직자	1
실패자*	（3）9	주책자	3	무식자*	1	청결자	1
건방자	8	학식자	3	무용자	1	체면자	1
냉정자	8	개성자	2	방관자*	1	친절자	1
사치자	8	경솔자	2	방탕자	1	쾌식자	1

（续上表）

词	数量	词	数量	词	数量	词	数量
미숙자*	（3）7	비관론자*	2	보수자	1	탐식자	1
호탕자	7	성격장애자	2	부지런자	1	태평자	1
도전자*	6	자기불만족자	2	불만족자	1	패배자*	1
불만자	（2）6	정열자	2	비열자	1	평판자	1
참견자	（2）6	조울증환자	2	비인격자*	1	폭력자	1
과대자	5	질투자	2	비판자	1	폭언자	1
대담자	5	쾌활자	2	사회자*	1	표현자	1
성격이상자	（3）5	평론자	（2）2	성격자	1		

注：词典标出词的比例为 33/111=29.7%。

表 5-9　韩国大学生：～자（113 語）[270 語]

词	数量	词	数量	词	数量	词	数量
이중인격자*	（3）17	꼼꼼자	（2）2	대담자	1	아부자	1
성격파탄자*	（7）15	낙천주의자*	2	대충자	1	아첨자	1
알콜중독자	（3）15	도전자*	2	명예자	1	푸념자	1
부자*	（3）12	무능력자*	2	무기력자	1	약자	1
능력자*	（4）10	보수주의자*	2	무식자*	1	언어폭력자	1
초보자*	10	비관론자*	（2）2	미숙련자*	1	엄격자	1
이기주의자*	（5）9	사치자	2	미숙자*	1	연기자*	1
방랑자*	8	완벽주의자	（2）2	반색주의자	1	열중자	1
일중독자	（3）8	원칙주의자	（2）2	범죄자*	1	위험선호자	1
정서불안자	（3）8	인내자	2	베테랑자	1	유능자*	1
봉사자*	6	정신이상자*	（2）2	보수자	1	이론자	1
기회주의자*	（3）5	중독자*	（2）2	불량자*	1	이론주의자	1
무책임자	5	감상주의자	1	불침착자	1	인생낙오자	1

（续上表）

词	数量	词	数量	词	数量	词	数量
난폭자	4	건방자	1	불평자	1	정직자	1
성격이상자	（4）4	결백주의자	1	불평주의자	1	주의산만자	1
인격자*	4	경문주의자	1	비관주의자	1	지도자*	1
노숙자*	3	경쟁자*	1	상냥자	1	지지자*	1
능숙자	（2）3	경쟁주의자	1	서툰자	1	참견자	1
방해자*	3	고문자	1	선량자	1	청결주의자	1
사회자*	（3）3	과대자	1	성격장애자	1	체면자	1
숙련자*	3	괴변론자	1	성불구자	1	편집중자	1
술중독자	3	굿인격자	1	성직자*	1	평론자	1
이중성격자	3	권위자*	1	수제자	1	폭력주의자	1
정신병자*	3	극단주의자	1	순종자	1	폭언자	1
개인주의자	（2）2	낭비자*	1	신용불량자	1	합리주의자*	1
결벽자	（2）2	낭비주의자	1	실력자*	1	알콜중독시비자	1
결벽주의자	2	냉정자	1	실리주의자	1		
경험자*	（2）2	노력자	1	실패자*	1		
기술자*	2	다중인격자	1	아량자	1		

注：词典标出词的比例为 40/113=35.4%。

构词分类
①ⅰ、名词＋자

능력자【1，2，99，110】、부자【39，55，56，57】、실패자【90，91，92】、사회자【61，69，79】、경험자【2，95】、위선자【109，111】、수제자【1】、권위자【2】、기술자【2】、베테랑자【2】、실력자【2】、정열자【7】、노력자【7】、패배자【14】、태평자【20】、폭력자【32】、인정자【42】、연기자【43】、중독자【50，58】、다주자【50】、주책자【60】、능수자【69】、이론자【81】、폭언자【83】、고집자【91】、열정자【91】、비관론자【92】、학식자【95】、아량자【95】、사교자

【99】、인격자【100】、성격자【102】、성직자【102】、체면자【109】、명예자【109】、독선자【110】、개성자【110】、신도자【111】

ⅱ、**名词＋名词＋**자

성격파탄자【6，23，26，41，52，98，104，111】、성격이상자【26，29，41，52，98，104】、이중인격자【22，26，29，68，109】、일중독자【1，4，7】、알콜중독자【50，52，58】、정서불안자【25，34】、정신이상자【25，26】、다중인격자【26，104】、성격장애자【32，104】、일급기술자【2】、기분이상자【36】、이중성격자【29】、정신병자【25】、술중독자【50】、물중독자【51】、언어폭력자【83】、언어폭행자【83】、성불구자【98】、이기주의자【12，26，53，54，64，91，111】、완벽주의자【4，5，16，91】、기회주의자【14，75，76】、개인주의자【13，30】、실리주의자【3，3】、원칙주의자【81，86】、보수주의자【84，86】、결벽주의자【16】、청결주의자【16】、합리주의자【18】、이성주의자【19】、결백주의자【30】、극단주의자【30】、반색주의자【30】、폭력주의자【32】、낙천주의자【36】、감상주의자【42】、낭비주의자【57】、불평주의자【80】、이론주의자【81】、경쟁주의자【91】、경문주의자【95】、비관주의자【104】

ⅲ、**「接頭辞」＋名词＋**자

무책임자【12，14】、무기력자【8】、미숙련자【9】、무능력자【14】、옹고집자【85】、불만족자【92】、비인격자【104】

ⅳ、**名词＋「接尾辞」＋**자

우울증자【90】

ⅴ、**名词＋动词词根＋名词＋**자

말참견주의자【79】

ⅵ、**形容词＋名词＋**자

굿인격자【100】

②ⅰ、**动词词根＋**자

노숙자【8，14】、참견자【59，79】、평론자【81，82】、인내자【6】、방해자【13】、고문자【13】、방관자【13】、구걸자【14】、유랑자【14】、도전자【21】、모험자【39】、탐식자【48】、쾌식자【49】、금주자【51】、낭비자【57】、봉사자【59】、지지자【59】、사회자【60】、표현자【64】、아부자【75】、아첨자【75】、약자【76】、

악담자【77】、비판자【82】、경쟁자【91】、푸념자【92】、지도자【95】、범죄자【104】、겉치레자【109】、평판자【82】、질투자【111】

ⅱ、动词词根＋名词＋자

낭비벽자【57】

ⅲ、名词＋动词词根＋자

위험선호자【39】、인생낙오자【58】、말더듬자【70】

ⅳ、名词＋名词＋动词词根＋자

알콜중독시비자【52】

③ⅰ、形容词词根＋자

미숙자【9, 11, 12】、능숙자【2, 3】、보수자【4, 86】、방랑자【14, 40】、결벽자【15, 16】、무식자【27, 96】、과대자【72, 73】、불평자【79, 80】、난폭자【82, 83】、유능자【1】、숙련자【2】、정중자【5】、순종자【5】、성실자【7】、열중자【7】、초보자【9】、서툰자【9】、무용자【13】、청결자【16】、냉정자【19】、대담자【21】、건방자【23】、불만자【80】、부지런자【25】、근로자【25】、과묵자【29】、약자【45】、대범자【55】、호탕자【55】、방탕자【55】、사치자【57】、친절자【61】、경솔자【72】、답답자【84】、엄격자【86】、상냥자【87】、불량자【88】、쾌활자【89】、불만자【92】、비열자【94】、정직자【102】、선량자【103】、소심자【109】

ⅱ、「接頭辞」＋形容词词根＋자

불침착자【24】

ⅲ、名词＋形容词词根＋자

편집중자【15】，정서불안자【24】、주의산만자【25】、신용불량자【71】

④副词＋자

꼼꼼자【4, 15, 16】、대충자【12, 18】

⑤冠形词＋자

몹쓸자【111】

「接尾辞」「～자」（ja，者）的构词方式共有 16 种，其数量在韩语「接尾辞」中排列第二位。「～자」接续在名词之后，起添加"人"的含义。它既可单独使用，也可以「～주의자」（主义者）等相对固定的结构搭配使用。但汉语的"者"却不能单独使用，是真正意义上的后缀，日语

的「者」音读为「しゃ」，不能单独使用，而训读为「もの」，即可单独
使用，也可作「接尾辞」与其它的词相接构词。此次调查中就出现 23 个
词属于该种搭配形式，占"名词＋名词＋자"结构的 56.1%。「接尾辞」
「～자」与汉语词汇系的语根结合使用频繁，在造词能力上远远超过了汉
语和日语。「～자」本身只表示"人"的含义，故在分析评价词汇的褒贬
时，要根据其前面连接的词而定。例如，「능력자」（能力者）表示褒义，
「불만자」（不满者）表示贬义。

表 5-10 总韩国人：～이（122 語）[1 416 語]

词	数量	词	数量	词	数量
멍청이*	（9）102	얍삽이	（2）10	곰퉁이	1
투덜이	（6）94	모질이	（4）9	궁뜸이	1
빼질이*	（11）74	정중이	9	깝깝이	1
깔끔이*	（4）73	엉뚱이	8	깰끔이	1
답답이*	（7）57	까탈이	（2）7	날쌘이	1
덤벙이*	（3）48	화통이	（2）7	냉혈이	1
까불이*	（4）47	됨됨이	5	능숙이	1
삐딱이*	（3）44	배짱이	（3）5	대충대충이	1
대충이	（3）40	살살이*	（2）5	덜랄이	1
산만이	（2）38	상냥이	5	독특이	1
태평이	38	궁금이	4	돌봄이	1
덜렁이*	（7）35	딸랑이*	（3）4	뚝뚝이*	1
꼼꼼이*	29	똑똑이*	4	말뻔질이	1
털털이*	（7）28	뚱뚱이*	4	명랑이	1
싱글이	27	서툴이	4	무술이	1
찐득이*	27	알뜰이	4	무정이	1
실실이*	25	약골이	4	밥팅이	1
말더듬이*	24	왕부풀이	4	방정이	1
찔찔이	（2）24	건달이	（2）3	뾰족이*	1
다중이	（2）23	과묵이	3	삐뚤이*	1

（续上表）

词	数量	词	数量	词	数量
뚱땡이	22	끈질이	3	삐틀이*	1
깐깐이*	（2）21	능글이	3	생글이	1
엉성이	21	비딱이*	3	순진이	1
냉정이	19	뻗돌이	3	시원이	1
소심이	（4）19	왕내숭이	3	얼간이*	1
열중이*	18	인정이	3	왕뺀질이	1
허풍이	（2）17	주접이	3	이중이	1
촐싹이	（2）16	촐랑이*	3	집안장땡이	1
게걸이	（2）15	허약이	3	징글이	1
대담이	14	헛똑똑이*	（2）3	징징이	1
똘똘이*	（2）14	경솔이	2	짜칠이	1
뻔뻔이*	14	끈끈이*	（2）2	짝짝이*	1
건성이	13	못난이*	（2）2	쫌쫌이	1
까칠이	13	벙글이	2	친절이	1
방실이	13	부실이	2	탐심이	1
칠칠이*	13	뻔순이	2	허풍선이*	1
무뚝뚝이*	12	식충이*	（2）2	헛똑똑이*	1
어눌이	（2）12	싹싹이	2	헤실이	1
어벙이*	12	조심이	2	헤픈이	1
정성이	12	개성이	1	현명이	1
방글이	11	결벽이	1		

注：词典标出词的比例为 39/122=32%。

表 5-11　韩国社会群体：~이（98 語）[1 122 語]

词	数量	词	数量	词	数量
멍청이*	（8）70	방실이	11	끈질이	2
깔끔이*	（3）63	어눌이	11	딸랑이*	（2）2

（续上表）

词	数量	词	数量	词	数量
투덜이	（4）60	똘똘이 *	（2）10	벙글이	2
뺀질이 *	（7）51	칠칠이 *	（2）10	부실이	2
답답이 *	（6）47	정성이	9	식충이 *	（2）2
덤벙이 *	（3）42	무뚝뚝이 *	8	싹싹이	2
까불이 *	（4）40	방글이	8	조심이	2
산만이	（2）37	어벙이 *	8	주접이	2
삐딱이 *	（3）36	정중이	8	개성이	1
대충이	（3）35	까탈이	（2）7	곰통이	1
태평이	35	모질이	（4）7	끈끈이 *	1
꼼꼼이 *	27	화통이	（2）7	냉혈이	1
털털이 *	（6）24	엉뚱이	6	대충대충이	1
싱글이	23	상냥이	5	덜랄이	1
말더듬이 *	22	됨됨이 *	4	뚝뚝이 *	1
소심이	（4）21	똑똑이 *	4	말뻔질이	1
덜렁이 *	（6）20	배짱이	（2）4	명랑이	1
실실이 *	20	살살이 *	4	무정이	1
깐깐이 *	19	알뜰이	4	방정이	1
다중이	（2）19	약골이	4	생글이	1
뚱땡이	19	얍삽이	（2）4	서툴이	1
냉정이	18	왕부풀이	4	순진이	1
찐득이 *	18	건달이	（2）3	시원이	1
엉성이	17	과묵이	3	왕뺀질이	1
열중이 *	17	능글이	3	집안장땡이	1
찔찔이	（2）15	뚱뚱이 *	3	징글이	1
촐싹이	（3）15	비딱이 *	3	짜칠이	1
허풍이	14	왕내숭이	3	쫌쫌이	1
게걸이	（2）13	인정이	3	촐랑이 *	1
건성이	12	허약이	3	친절이	1

（续上表）

词	数量	词	数量	词	数量
대담이	12	헛똑똑이*	3	탐심이	1
뻔뻔이*	（2）12	경솔이	2	현명이	1
까칠이	11	궁금이	2		

注：词典标出词的比例为 31/98=31.6%。

表 5-12 韩国大学生：~이（77 語）[293 語]

词	数量	词	数量	词	数量	词	数量
투덜이	（5）34	털털이	（3）4	뻔뻔이	（2）2	삐틀이	1
멍청이	（9）32	뚱땡이	（2）3	엉뚱이	2	삐똘이	1
뺀질이	（9）23	방글이	3	촐랑이	2	산만이	1
덜렁이	（3）15	서툴이	3	건성이	1	살살이	1
깔끔이	（3）10	소심이	（2）3	결벽이	1	어눌이	1
답답이	（5）10	정성이	3	궁뜸이	1	얼간이	1
찐득이	9	칠칠이	（2）3	깝깝이	1	열중이	1
찔찔이	（2）9	태평이	3	깰끔이	1	이중이	1
삐딱이	（2）8	허풍이	（2）3	끈끈이	1	정중이	1
까불이	（2）7	게걸이	2	끈질이	1	주접이	1
덤벙이	（2）6	궁금이	2	날쌘이	1	징징이	1
얍삽이	（2）6	까칠이	2	냉정이	1	짝짝이	1
대충이	5	깐깐이	（2）2	능숙이	1	촐싹이	1
실실이	5	꼼꼼이	2	독특이	1	허풍선이	1
다중이	（2）4	대담이	2	돌봄이	1	헛똑똑이	1
똘똘이	4	딸랑이	（2）2	됨됨이	1	헤실이	1
무뚝뚝이	4	말더듬이	2	뚱뚱이	1	헤픈이	1
싱글이	4	모질이	（2）2	밥팅이	1		
어벙이	（2）4	못난이	（2）2	배짱이	1		
엉성이	4	방실이	2	뾰족이	1		

注：词典标出词的比例为 34/77=44.2%。

构词分类

① i、名词+이

배짱이【20，21，22】、식충이【13，47】、건달이【14，40】、다중이【26，29】、화통이【55，101】、허풍이【63，64】、곰통이【6】、냉혈이【19】、태평이【20】、건달이【8】주접이【25】、이중이【29】、방정이【34】、인정이【42】、약골이【45】、탐심이【48】、얼간이【58】、허풍선이【63】、됨됨이【102】、무정이【108】、개성이【110】

ii、名词+「接尾辞」+이

밥팅이【74】

iii、名词+名词+이

집안장땡이【28】

iv、「接頭辞」+名词+이

무술이【51】

② i、动词词根+이

뺀질이【3，8，14，16，18，22，44，65，81，104，106】、투덜이【78，79，80，91，92，104】、까불이【23，24，31，33】、삐딱이【88，104，111】、촐싹이【25，34】、게걸이【48，49】、촐랑이【40】、돌봄이【59】、징징이【92】、삐틀이【111】

ii、名词+动词词根+이

말더듬이【70】、말뺀질이【81】

iii、「接頭辞」+动词词根+이

왕부풀이【72】、왕뺀질이【81】

iv、动词转化名词+이

짜칠이【107】

③ i、形容词词根+이

멍청이【36，37，43，44，49，66，70，96，97】、털털이【11，17，55，60，61，80，101】、답답이【10，28，66，68，84，92，97】、소심이【21，27，28，30】、모질이【17，18，72，96】、깔끔이【14，15，16，101】、끈끈이【7，105】、못난이【9，63】、까탈이【16，107】、산만이【18，25】、똘똘이【65，93】、얍삽이【65，94】、어벙이【70，97】、살살이【74，75】、깐깐이【107，109】、날쌘이【3】、정성이【4】、쫌쫌이【4】、정중이【5】、열중이【7】、서툴이【9】、궁뜸이【10】、영

뚱이【11】、엉성이【11】、결벽이【16】、깔끔이【16】、칠칠이【17】、대담이【21】、조심이【27】、냉정이【30】、궁금이【38】、허약이【45】、뚱뚱이【47】、시원이【55】、알뜰이【56】、헤픈이【58】、부실이【60】、상냥이【61】、싹싹이【61】、무뚝뚝이【62】、과묵이【68】、순진이【70】、어눌이【70】、경솔이【72】、명랑이【89】、현명이【93】、똑똑이【93】、깝깝이【97】、친절이【99】、삐뚤이【104】、비딱이【104】、끈질이【105】、뻔뻔이【106】、까칠이【107】、뚝뚝이【108】、능숙이【2】、독특이【110】

　　ii、「接頭辞」＋形容词词根＋이

헛똑똑이【80，81】、왕내숭이【30】

　　iii、缩略语＋이뚱땡이【47】

　　④副词＋이

덜렁이【11，12，24，25，40，66，72】、대충이【9，11，18】、덤벙이【11，17，24】、딸랑이【72，75，76】、찔찔이【42，43】、꼼꼼이【4】、대충대충이【18】、덜랄이【17】、촐싹이【18】、뻔뻔이【22】、건성이【24】、칠칠이【24】、촐랑이【25】、능글이【44】、방글이【44】、방실이【44】、실실이【44】、싱글이【44】、징글이【44】、헤실이【44】、벙글이【44】、뚱땡이【46】、생글이【61】、찐득이【105】、짝짝이【105】、뾰족이【110】

　　「～이」（i）是韩语中独有的「接尾辞」。一般接续在于名词、动词或形容词语根、拟声拟态词之后，将其转化为名词，并表示"人"或"事物"的意思。从构词形式可以看出「～이」的最主要通过"形容词词根＋이"和"副词＋이"的方式产生派生词，在评价词汇数量上，排在「～자」之后。另外，「～이」要接续在有「받침」（bachim）的词后，并且构成的"性向词汇"大部分是三音节的词语。

表 5-13　总韩国人：～가（65 語）[601 語]

词	数量	词	数量	词	数量
모험가*	（2）70	개성가	4	노력가*	1
비평가*	（4）69	다식가	4	노주가	1
평판가	（2）47	불평가*	4	능력가	1

（续上表）

词	数量	词	数量	词	数量
독설가*	（2）44	사치가	（2）4	만담가*	1
전문가*	（4）38	정치가*	（2）4	분석가*	1
달변가*	（2）35	폭력가	4	비숙련가	1
탐험가*	（3）31	난폭가	（2）3	비애주가	1
평론가*	（2）22	방랑가	3	사색가*	1
애주가*	（2）20	비판가	3	사업가*	1
감정가*	（2）20	사교가*	3	소설가*	1
단주가	17	능변가*	2	식탐가	1
호탕가	（2）16	비사교가	2	예술가*	1
웅변가*	（2）15	수완가*	2	이론가*	1
주색가	（2）14	언변가	2	재벌가*	1
숙련가*	11	체면가	2	절약가*	1
지식가	（2）10	폭음가	2	절주가	1
철학가*	（2）9	폭주가	2	털털가	1
푸넘가	9	거식가	1	평판론가	1
대식가*	8	과대가	1	포식가	1
여행가*	8	금주가	1	폭식가	1
탐식가*	（3）7	낭만가	1	학문가*	1
발명가*	5	낭비가	1		

注：词典标出词的比例为 33/65=50.8%。

表 5-14　韩国社会群体：～가（48 語）[442 語]

词	数量	词	数量	词	数量	词	数量
비평가*	（4）61	애주가*	9	다식가	3	금주가*	1
모험가*	（2）48	웅변가*	9	발명가*	3	능력가	1
평판가	（2）37	숙련가*	8	사교가*	3	비애주가	1
달변가*	（2）30	철학가*	（2）8	사치가	（2）3	사업가*	1

（续上表）

词	数量	词	数量	词	数量	词	数量
독설가*	（2）30	푸념가	8	방랑가	2	식탐가	1
전문가*	（3）27	대식가*	7	비사교가	2	언변가	1
감정가*	（2）19	지식가	（2）6	비판가	2	정치가*	1
탐험가*	（2）19	탐식가*	（3）6	수완가*	2	털털가	1
단주가	17	여행가*	5	체면가	2	포식가	1
호탕가	（2）15	개성가	4	폭주가	2	폭력가	1
평론가*	（2）14	불평가*	4	거식가	1	폭음가	1
주색가	10	난폭가	（2）3	과대가	1	학문가*	1

注：词典标出词的比例为 23/48=47.9%。

表 5-15　韩国大学生：～가（47 語）[160 語]

词	数量	词	数量	词	数量	词	数量
모험가*	（2）22	숙련가*	3	단주가	1	이론가*	1
독설가*	14	여행가*	3	대식가*	1	재벌가*	1
탐험가*	（3）12	정치가*	（2）3	만담가*	1	절약가*	1
애주가*	11	폭력가	3	방랑가	1	절주가	1
전문가*	（3）11	능변가*	2	분석가*	1	철학가*	1
평판가	10	발명가*	2	비숙련가	1	탐식가*	1
비평가*	8	감정가*	1	비판가	1	평판론가	1
평론가*	8	낭만가	1	사색가*	1	폭식가	1
웅변가*	（2）6	낭비가	1	사치가	1	폭음가	1
달변가*	5	노력가*	1	소설가*	1	푸념가	1
주색가	4	노주가	1	언변가	1	호탕가	1
지식가	4	다식가	1	예술가*	1		

注：词典标出词的比例为 27/47=57.5%。

构词分类

①ⅰ、**名词＋**가

전문가【1，2，3，7】、감정가【42，43】、애주가【50，51】、정치가【53，94】、주색가【57，58】、달변가【67，69】、독설가【76，77】、철학가【81，93】、지식가【93，95】、이론가【81】、수완가【3】、노력가【7】、능력가【21】、폭력가【32】、사업가【39】、여행가【40】、거식가【47】、다식가【47】、대식가【47】、폭식가【47】、포식가【47】、식탐가【48】、폭주가【50】、재벌가【53】、언변가【69】、소설가【73】、학문가【95】、사교가【99】、체면가【109】、개성가【110】、예술가【110】

ⅱ、**「接頭辞」＋名词＋**가

비애주가【51】、노주가【51】、비사교가【98】

②ⅰ、**形容词词根＋**가

사치가【55，57】、호탕가【55，101】、난폭가【83，85】、숙련가【2】、낭만가【39】、털털가【39】、절약가【54】、불평가【92】、낭비가【57】

ⅱ、**「接頭辞」＋形容词词根＋**가

비숙련가【9】

③ⅰ、**动词词根＋**가

비평가【80，81，82，83】、탐험가【38，39，40】、탐식가【47，48，49】、모험가【21，39】、웅변가【69，72】、평론가【81，82】、평판가【81，82】、발명가【38】、방랑가【40】、폭음가【50】、금주가【51】、푸념가【92】、단주가【51】、절주가【51】、능변가【6-9】、과대가【72】、만담가【74】、분석가【81】、비판가【82】、사색가【90】

ⅱ、**动词词根＋动词词根＋**가

평판론가【82】

「～가」（ga，家）属于汉语词汇系的「接尾辞」，在构词形式上也与汉语的"家"很接近，已失去原义，明显虚化。关于构词能力主要可分为以下四类，而且比汉语和日语「接尾辞」"家"造词能力更强更丰富。第一类指"专门从事某行业的人"或"以其为职业的人"，例如「정치가」（政治家）、「철학가」（哲学家）、「소설가」（小说家）；第二类指"在

某方面很擅长的人",如「달변가」(善辩家)、「웅변가」(雄辩家)、「언변가」(口才家);第三类指"具有某种性格或倾向的人",如「대식가」(能吃的人)、「푸념가」(牢骚鬼)、「탐식가」(贪食的人)";第四类接续在固有名词之后,表示"家门"之义,如「재벌가」(财阀)。其中第四类是韩语特有的评价语义,中日两国语中"家"均没有出现此种用法。

表 5-16　总韩国人: ~꾼 (56 語) [375 語]

词	数量	词	数量	词	数量
사기꾼*	(11) 101	재담꾼*	(3) 3	모험꾼	1
잔소리꾼*	(3) 46	체면꾼	3	방탕꾼	1
일꾼*	(4) 40	호탕꾼	(2) 3	불만꾼	1
술꾼*	(3) 31	농담꾼	2	소나기꾼	1
아첨꾼*	(3) 25	변덕꾼	2	수다꾼	1
난봉꾼*	(6) 15	불량꾼	(2) 2	승부꾼	1
장사꾼*	(3) 10	사교꾼	2	싸움꾼*	1
난폭꾼	(2) 9	아부꾼	2	애살꾼	1
푸념꾼	9	알뜰꾼	(2) 2	요령꾼*	1
살림꾼*	(2) 8	잔머리꾼	(2) 2	욕꾼	1
난잡꾼	4	허풍꾼	(2) 2	이야기꾼*	1
재주꾼*	4	간사꾼	1	인색꾼	1
허세꾼	(2) 4	개성꾼	1	자존심꾼	1
구라꾼	(2) 3	게으름꾼	1	재치꾼	1
꼽사리꾼*	3	결벽꾼	1	주접꾼	1
나무꾼*	(2) 3	깡패꾼	1	질투꾼	1
농사꾼*	(2) 3	냉혈꾼	1	참견꾼	1
방해꾼*	3	대담꾼	1	취객꾼	1
불평꾼*	(2) 3	말꾼	1		

注: 词典标出词的比例为 18/56=32.1%。

表 5-17 韩国社会群体：～꾼（47 語）[251 語]

词	数量	词	数量	词	数量
사기꾼*	（8）80	사교꾼	2	방탕꾼	1
잔소리꾼*	（2）33	살림꾼*	（2）2	불만꾼	1
일꾼*	20	재주꾼*	2	불평꾼*	1
술꾼*	17	허세꾼	2	수다꾼	1
아첨꾼*	（2）16	허풍꾼	（2）2	승부꾼	1
난폭꾼	（2）9	호탕꾼	2	아부꾼	1
푸념꾼	8	나무꾼*	（2）2	알뜰꾼	1
난봉꾼*	（3）7	간사꾼	1	애살꾼	1
장사꾼*	6	개성꾼	1	요령꾼*	1
난잡꾼*	3	게으름꾼	1	욕꾼	1
방해꾼	3	결벽꾼	1	이야기꾼*	1
체면꾼	3	깡패꾼	1	인색꾼	1
구라꾼	2	냉혈꾼	1	잔머리꾼	1
농담꾼	2	대담꾼	1	재치꾼	1
농사꾼*	2	말꾼	1	취객꾼	1
불량꾼	（2）2	모험꾼	1		

注：词典标出词的比例为 15/47=31.9%。

表 5-18 韩国大学生：～꾼（29 語）[124 語]

词	数量	词	数量	词	数量
사기꾼*	（7）21	변덕꾼	2	아부꾼	1
일꾼*	（4）20	불평꾼*	2	알뜰꾼	1
술꾼*	（3）14	재주꾼*	2	자존심꾼	1
잔소리꾼*	（2）13	허세꾼	2	잔머리꾼	1
아첨꾼*	（3）9	구라꾼	1	주접꾼	1
난봉꾼*	（4）8	나무꾼*	1	질투꾼	1
살림꾼*	（2）6	난잡꾼	1	참견꾼	1
장사꾼*	（3）4	농사꾼*	1	푸념꾼	1

（续上表）

词	数量	词	数量	词	数量
꼽사리꾼*	3	소나기꾼	1	호탕꾼	1
재담꾼*	（3）3	싸움꾼*	1		

注：词典标出词的比例为 15/29=51.7%。

构词分类

①ⅰ、**名词+꾼**

사기꾼【5，61，63，69，70，71，72，73，81，94，111】、난봉꾼【14，32，36，52，57，58】、일꾼【1，2，7，59】、술꾼【49，50，58】、재담꾼【69，71，74】、장사꾼【73，105，107】、나무꾼【1，103】、농사꾼【1，99】、불량꾼【32，88】、살림꾼【54，56】、허세꾼【63，109】、구라꾼【71，72】、허풍꾼【72，73】、재주꾼【3】、요령꾼【3】、난잡꾼【17】、소나기꾼【26】、취객꾼【52】、주접꾼【67】、말꾼【69】、농담꾼【74】、욕꾼【77】、꼽사리꾼【79】、싸움꾼【83】、깡패꾼【83】、애살꾼【91】、승부꾼【91】、푸념꾼【92】、재치꾼【93】、사교꾼【99】、이야기꾼【99】、냉혈꾼【108】、체면꾼【109】、자존심꾼【109】、개성꾼【110】

ⅱ、**「接頭辞」+名词+꾼**

잔소리꾼【76，77，78】、잔머리꾼【18，65】

②**动词词根+꾼**

아첨꾼【74，75，94】、방해꾼【13】、모험꾼【38】、참견꾼【60】、아부꾼【75】、질투꾼【111】

③**形容词词根+꾼**

알뜰꾼【54，56】、호탕꾼【71，72】、불평꾼【80，92】、난폭꾼【32，83】、방탕꾼【14】、결벽꾼【16】、게으름꾼【18】、대담꾼【21】、변덕꾼【26】、인색꾼【54】、수다꾼【67】、간사꾼【76】、불만꾼【80】

「～꾼」（ggun）主要接在名词之后，表示对男性的评价和比喻，大体可分为以下四类。第一类，"专门从事某种工作的人"或"某项工作做得出色的人"，例如「농사꾼」（农夫）、「나무꾼」（樵夫）、「살림꾼」（管家婆）、「장사꾼」（商贩）；第二类，"反复做某事的人"，

如「난봉꾼」(花花公子)、「잔소리꾼」(废话篓子)、「푸념꾼」(牢骚鬼);第三类,由于某种事情聚集起来的人,「일꾼」(劳力);第四类,表示做某事或具有某种特征的人,添加贬义,「질투꾼」(爱嫉妒的人)、「아첨꾼」(马屁精)、「인색꾼」(吝啬鬼)。调查结果中显示,属于"名词+꾼"结构的词汇最为丰富,共有35个不重复词,约占总数的62.5%。

表 5-19 总韩国人:~인(36 語)[162 語]

词	数量	词	数量	词	数量	词	数量
종교인*	(3)23	태평인	7	문화인*	1	상냥인	1
냉혈인	(3)17	질투인	4	미소인	1	수도인	1
지식인*	(2)16	대변인*	(2)3	불평인	1	심사숙고인	1
아프리카인	15	개성인	2	비경제인	1	싱글벙글인	1
정치인*	(2)13	냉철인	2	비만인	1	인정인	1
금주인	12	외계인*	2	비사회인	1	자비인	1
남극인	9	인기인*	2	빈혈인	1	체면인	1
탐욕인	(3)8	교제인	1	사교인	1	태양인*	1
연예인*	7	만능인*	1	산만인	1	태음인*	1

注:词典标出词的比例为 11/36=30.6%。

表 5-20 韩国社会群体:~인(22 語)[109 語]

词	数量	词	数量	词	数量	词	数量
종교인*	(2)20	탐욕인	(3)7	문화인*	1	연예인*	1
냉혈인	(2)14	태평인	7	불평인	1	인정인	1
지식인*	13	정치인*	6	빈혈인	1	자비인	1
금주인	11	질투인	4	사교인	1	체면인	1
아프리카인	8	개성인	1	산만인	1		
남극인	7	교제인	1	상냥인	1		

注:词典标出词的比例为 5/22=22.7%。

表 5-21 韩国大学生：~인（24 語）[53 語]

词	数量	词	数量	词	数量	词	数量
아프리카인	7	지식인*	（2）3	금주인	1	수도인	1
정치인*	（2）7	남극인	2	만능인*	1	심사숙고인	1
연예인*	6	냉철인	2	미소인	1	싱글벙글인	1
냉혈인	（2）3	외계인*	2	비경제인	1	탐욕인	1
대변인*	（2）3	인기인*	2	비만인	1	태양인*	1
종교인*	3	개성인	1	비사회인	1	태음인*	1

注：词典标出词的比例为 10/24=41.7%。

构词分类

① i 、**名词**＋인

냉혈인【19，30，108】、탐욕인【47，48，53】、종교인【51，52，102】、대변인【60，69】、지식인【93，95】、정치인【94，109】、만능인【3】、수도인【6】、냉철인【19】、태평인【20】、인정인【42】、미소인【44】、아프리카인【45】、태음인【45】、남극인【46】、태양인【46】、사교인【99】、인기인【99】、교제인【99】、빈혈인【108】、체면인【109】、연예인【110】、외계인【110】、문화인【110】、개성인【110】

ii 、**「接頭辞」＋名词**＋인

비경제인【57】、비사회인【104】

②**动词词根**＋인

심사숙고인【4】、금주인【51】、질투인【111】

③**形容词词根**＋인

산만인【25】、비만인【46】、상냥인【61】、불평인【80】、자비인【103】

④**副词**＋인

싱글벙글인【44】

「~인」（in，人）接在一部分名词之后，添加 "人" 的意思。日常生活中，主要通过「종교인」（宗教人物）、「정치인」（政治人物）等表示从事某一职业的人，或像「아프리카인」一样，表示国籍，与汉语和日语的 "人" 较为相似。从上述分类结果看， "名词＋인" 是其最主要的

构词形式,但是也有少数词是通过与动词词根、形容词词根或是副词结合使用,但都表示添加"人"的意思。与「～자」相比在造词种类上要稍逊一些。

表 5-22　总韩国人：～맨（26 語）[127 語]

词	数量	词	数量	词	数量	词	数量
개그맨*	（6）28	부시맨	3	깔끔맨	1	스피드맨	1
젠틀맨	（4）27	아이스맨	（2）3	노력맨	1	용감맨	1
쿨맨	（3）18	냉정맨	2	대충맨	1	유머맨	1
친절맨	9	도어맨*	2	매너맨	1	재치맨	1
굿맨	（2）7	소심맨	2	서비스맨	1	핫맨	1
수다맨	6	스마일맨	2	성실맨	1		
센스맨	4	작업맨	（2）2	스턴트맨*	1		

注：词典标出词的比例为 5/26=19.2%。

表 5-23　韩国社会群体：～맨（17 語）[86 語]

词	数量	词	数量	词	数量	词	数量
개그맨*	（5）20	수다맨	5	매너맨	1	유머맨	1
쿨맨	（3）16	센스맨	4	서비스맨	1	재치맨	1
젠틀맨	（3）14	냉정맨	2	성실맨	1		
친절맨	8	도어맨*	2	스피드맨	1		
굿맨	（2）6	부시맨	2	아이스맨	1		

注：词典标出词的比例为 2/17=11.8%。

表 5-24　韩国大学生：～맨（17 語）[41 語]

词	数量	词	数量	词	数量	词	数量
젠틀맨	（3）13	작업맨	（2）2	대충맨	1	친절맨	1
개그맨*	（4）8	쿨맨	2	부시맨	1	핫맨	1
소심맨	2	굿맨	1	수다맨	1		
스마일맨	2	깔끔맨	1	스턴트맨*	1		
아이스맨	（2）2	노력맨	1	용감맨	1		

注：词典标出词的比例为 2/17=11.8%。

构词分类

①名词＋맨

개그맨【37，38，67，69，74，110】、젠틀맨【5，59，61，87】、작업맨【2，61】、아이스맨【19，45】、노력맨【7】、스턴트맨【21】、스마일맨【44】、부시맨【45】、스피드맨【49】、매너맨【55】、센스맨【65】、재치맨【65】、유머맨【74】、도어맨【87】、서비스맨【1-03】

②形容词词根＋맨

쿨맨【55，101，102】、굿맨【15，17】、깔끔맨【16】、냉정맨【19】、용감맨【21】、소심맨【27】、핫맨【46】、수다맨【67】、친절맨【87】、성실맨【102】

③副词＋맨

대충맨【18】

如前文所述，韩语中大部分外来语主要源自英语，并且引入韩语的方式与汉语词汇系相同。一般来说，如果引进的外来语是名词，就会通过直接音译方式；但如果引进的是动词或形容词的情况下，通常会采取接续「하다」（hada）的方式完成转换。「～맨」（man）的意思与「～인」并无明显区别。只是由于「～맨」是从英语引进的外来语，年轻人在使用上会感觉比「～인」要新鲜并具有时代感。从上述统计分类的结果看，由「接尾辞」「～맨」构成的词中，既有通过音译直接借用的词汇，如「젠틀맨」（gentleman）、「아이스맨」（iceman），也有不少如「용감맨」（勇敢的人）、「노력맨」（努力的人）、「성실맨」（诚实的人）等的英韩混合词汇。或许是外来语的缘故，这些外来语「接尾辞」的造词形式，一般不受韩语传统语法的制约，相对自由。同时，外来语词汇的增加也反映出，在韩国社会英语教育的普及，以及年轻人追求时髦、个性化表达的一面。另外，调查获得的词汇显示，除了「대충맨」（敷衍了事的人）、「수다맨」（爱唠叨的人呢）之外，大部分与「接尾辞」「～맨」相关的词都属于褒义。这也从一个角度说明，韩语中的「接尾辞」「～맨」呈现出逐步向正面化评价方向发展的倾向。韩语的「～맨」（man）构词能力之强远远超过日语的「マン」（man）。

表 5-25 总韩国人：～님（16 語）[84 語]

词	数量	词	数量	词	数量	词	数量
선생님*	（6）43	부모님*	（2）4	훈장님	2	인내님	1
목사님	9	교수님	2	부처님*	1	하느님*	1
사감선생님	8	샌님*	（2）2	수녀님	1	갑부집사모님	1
신부님	5	회장님	2	스승님*	1	훈장선생님	1

注：词典标出词的比例为 6/16=37.5%。

表 5-26 韩国社会群体：～님（11 語）[54 語]

词	数量	词	数量	词	数量
선생님*	（3）28	훈장님	2	하느님*	1
사감선생님	7	인내님	1	부처님*	1
목사님	7	샌님*	1	훈장선생님	1
신부님	4	스승님*	1		

注：词典标出词的比例为 5/11=45.5%。

表 5-27 韩国大学生：～님（11 語）[31 語]

词	数量	词	数量	词	数量
선생님*	（5）15	회장님	2	수녀님	1
부모님*	（2）4	갑부집사모님	1	신부님	1
교수님	2	사감선생님	1	샌님*	1
목사님	2	학생주임선생님	1		

注：词典标出词的比例为 3/11=27.3%。

构词分类

① i、名词＋님

선생님【68，78，82，86，95，100】、부모님【78，86】、교수님【72】、인내님【6】、훈장님【81】、스승님【100】、신부님【102】、목사님【103】、하느님【103】、수녀님【103】、부처님【103】、회장님【109】

ⅱ、名词＋名词＋님

갑부집사모님【53】、사감선생님【86】、훈장선생님【86】

ⅲ、网络语＋님

샌님【51，97】

众所周知，敬语是韩语的一个重要特征，韩语同日语一样，都有非常丰富的敬语，这根源于自古以来儒家传统文化在韩国人心中的深厚积淀。比如晚辈饮酒时，不能面对长辈，必须侧身才行；新年时，晚辈必须要穿韩服向长辈行大礼等。这种尊老敬老的意识理所当然地影响和制约着韩国人的日常生活及语言生活，使用敬语也就成为势在必行的语言行为了。在韩国如果不能正确地使用敬语，就无法完成恰如其分的交际对话。韩语的敬语大体分为三类：分别是"主体敬语"、"客体敬语"和"听者敬语"。一般情况下，对主体的尊敬可以通过助词、动词及相关词汇的使用，实现尊敬表达，这一点与日语敬语构成较为相似。「～님」（nim）就是表示尊敬的「接尾辞」之一。与日语里的「さま」、「さん」很接近。在表示对地位高的人的称呼时，韩语中往往会加上「接尾辞」「～님」，如「선생님」（老师）、「부모님」（父母）、「교수님」（教授），或者是在姓或名字的后边依存于名词后，如「김현숙님、김님、현숙님」等表达对对方尊敬。而且，一般情况下它不能单独使用。调查结果显示，以「～님」为「接尾辞」使用的造词形式主要为"名词＋님"和"名词＋名词＋님"。只有「샌님」属于网络语言，它是「생원（生員）님」的缩略，过去是对通过经义科举考试者的称呼，后逐渐引申为对"过于老实、不懂人情世故、不善于交际"的男人的负面评价。

表 5-28　总韩国人：～녀（14 語）[57 語]

词	数量	词	数量	词	数量
방정녀	28	난폭녀	2	출싹녀	1
엣지녀	6	쿨녀	2	개성녀	1
간지녀	5	인기녀	2	구속녀	1
집착녀	3	허세녀	2	대충녀	1
용렬녀	2	조폭녀	1		

注：词典标出词的比例为 0。

表 5-29 韩国社会群体：～녀（6 語）[33 語]

词	数量	词	数量	词	数量
방정녀	27	용렬녀	1	출싹녀	1
난폭녀	2	조폭녀	1	개성녀	1

注：词典标出词的比例为 0。

表 5-30 韩国大学生：～녀（10 語）[24 語]

词	数量	词	数量	词	数量
엣지녀	6	인기녀	2	용렬녀	1
간지녀	5	허세녀	2	구속녀	1
집착녀	3	대충녀	1		
쿨녀	2	방정녀	1		

注：词典标出词的比例为 0。

构词分类
①名词＋「接尾辞」

방정녀【34】、인기녀【99】、허세녀【109】、간지녀【110】、엣지녀【110】、구속녀【111】、방정녀【34】、조폭녀【34】、개성녀【110】

②动词词根＋「接尾辞」

출싹녀【34】、집착녀【111】

③形容词词根＋「接尾辞」

용렬녀【34】、쿨녀【55】、난폭녀【34】、용렬녀【34】

④副词＋「接尾辞」

대충녀【11】

「～녀」（nyeo，女）与后面列举的「接尾辞」「～남」（nam，男）构成性别上的对应关系。在使用上与「～인」或是「～맨」接近，但是大部分词汇都集中在对负面的评价，折射出与用上的性别差异。在上述列举的词汇中，「간지녀」、「쿨녀」、「엣지녀」均是由外来词构成的词。它们分别是源自日语中表示感觉的「感じ」、英语的"cool"和"edge"。

表 5-31　总韩国人：～증（13 語）[212 語]

词	数量	词	数量	词	数量
결벽증*	（3）115	밝힘증	2	편집증	1
우울증*	50	정신분열증*	（2）2	대인공포증*	1
조울증*	（3）31	깔끔증	1	대인기피증	1
과대망상증*	4	소심증*	1		
결백증	2	신경폭식증	1		

注：词典标出词的比例为 8/13=61.5%。

表 5-32　韩国社会群体：～증（4 語）[130 語]

词	数量	词	数量	词	数量	词*	数量
결벽증*	（2）65	우울증*	43	조울증*	（3）21	깔끔증	1

注：词典标出词的比例为 3/4=75%。

表 5-33　韩国大学生：～증（12 語）[82 語]

词	数量	词	数量	词	数量
결벽증*	（3）50	결백증	2	편집증*	1
조울증*	（2）10	밝힘증	2	소심증*	1
우울증*	7	정신분열증*	（2）2	대인기피증	1
과대망상증*	4	대인공포증*	1	신경폭식증	1

注：词典标出词的比例为 8/12=66.7%。

构词分类

①ⅰ、**名词＋**증

조울증【26，36，43】、편집증【64】、우울증【90】

ⅱ、**名词＋名词＋**증

정신분열증【26，34】、대인공포증【27】、신경폭식증【47】、과대망상증【73】

ⅲ、**名词＋动词词根＋**증

대인기피증【98】

②**动词转化名词＋**증

밝힘증【58】

③形容词词根＋증

결벽증【15，16，107】、결백증【15】、깔끔증【16】、소심증【27】

「～증」（jeung，症）主要接续在名词或一些语根之后，用来形容比喻犹如症状似的性向行为，与汉语「接尾辞」"症"的意义和用法基本相同。

表5-34　总韩国人：～보（8語）[239語]

词	数量	词	数量	词	数量	词	数量
울보*	（3）118	느림보*	（3）30	술보*	2	뚱뚱보*	1
먹보*	（3）77	뚱보*	（2）9	놀보	1	울음보*	1

注：词典标出词的比例为7/8=87.5%。

表5-35　韩国社会群体：～보（6語）[169語]

词	数量	词	数量	词	数量
울보*	（2）73	느림보*	（2）24	뚱뚱보*	1
먹보*	（3）63	뚱보*	（2）7	울음보*	1

注：词典标出词的比例为6/6=100%。

表5-36　韩国大学生：～보（6語）[70語]

词	数量	词	数量	词	数量
울보*	（3）45	느림보*	（2）6	술보*	2
먹보*	（3）14	뚱보*	2	놀보	1

注：词典标出词的比例为5/6=83.3%。

构词分类

①**名词＋보**

울음보【43】、술보【50】

②**动词词根＋보**

울보【42，43，90】、먹보【47，48，49】、놀보【8】

③**形容词词根＋보**

느림보【8，9，10】、뚱뚱보【46】

④**形容词词根省略＋보**

뚱보【46，47】

「～보」（bo）可接在名词之后表示具有某种性格、喜好的人，如「울음보」（爱哭的人）、「술보」（酒鬼）；也可接在动词、形容词词根之后，表示具有某种行为特征的人，如「울보」（爱哭的人）、「먹보」（能吃的人）。其中「뚱보」是形容词「뚱뚱하다」（胖）和「～보」构成的「뚱뚱보」一词的缩略。

表 5-37　韩国人：～파（8 語）[121 語]

词	数量	词	数量	词	数量	词	数量
기분파*	（9）80	양면파	（2）2	개성파	1	악파*	1
정열파	33	학구파*	（2）2	노력파*	1	열정파	1

注：词典标出词的比例为 4/8=50%。

表 5-38　韩国社会群体：～파（6 語）[100 語]

词	数量	词	数量	词	数量
기분파*	（5）64	양면파	（2）2	악파*	1
정열파	31	개성파	1	열정파	1

注：词典标出词的比例为 2/6=33.3%。

表 5-39　韩国大学生：～파（4 語）[21 語]

词	数量	词	数量	词	数量	词	数量
기분파*	（6）16	정열파	2	학구파*	（2）2	노력파*	1

注：词典标出词的比例为 3/4=75%。

构词分类

①名词+파

기분파【24，26，29，36，37，41，42，55，58】、학구파【7，38】、양면파【26，76】、열정파【7】、정열파【7】、노력파【7】、개성파【110】

②形容词词根+파

악파【77】

「～파」（pa，派）与汉语和日语里的"～派"的造词形式类似。其中「학구파」（学究派）一词是 1988 年的牧原大学的流行语。它即表示研

究学问的人，又从谐音上暗指「학점을구걸하는학생」（一味追求学分的学生），所谓一语双关。

表 5-40　总韩国人：～기（8語）[11語]

词	数量	词	数量	词	数量	词	数量
촐싹대기	2	나대기	（2）2	공갈치기	1	들이대기	1
양치기*	（2）2	주접대기	1	뻥치기	1	논리따지기	1

注：词典标出词的比例为 1/8=12.5%。

表 5-41　韩国社会群体：～기（1語）[1語]

词	数量
촐싹대기	1

注：词典标出词的比例为 0。

表 5-42　韩国大学生：～기（8語）[10語]

词	数量	词	数量	词	数量	词	数量
나대기	（2）2	촐싹대기	1	공갈치기	1	들이대기	1
양치기*	（2）2	주접대기	1	뻥치기	1	논리따지기	1

注：词典标出词的比例为 1/8=12.5%。

构词分类

①动词词根+「接尾辞」

나대기【60，73】、촐싹대기【24】、주접대기【25】、들이대기【82】

②名词+动词词根+「接尾辞」

양치기【71，73】、뻥치기【73】、공갈치기【71】、논리따지기【81】

「接尾辞」「～기」（gi）"在造词时具有将动词转化为名词的作用。如「촐싹대기」（浮躁的人）由动词「촐싹대다」（浮躁）转化而来。

表 5-43　总韩国人：～생（생이）（7 語）[39 語]

词	数量	词	数量	词	数量	词	数量
모범생 *	（2）17	쫌생이	（2）2	공대생	1	좀생이 *	1
범생이	（5）16	고시생	1	우등생 *	1		

注：词典标出词的比例为 3/7=42.9%。

表 5-44　韩国社会群体：～생（생이）（3 語）[24 語]

词	数量	词	数量	词	数量
모범생 *	（2）15	범생이	8	좀생이 *	1

注：词典标出词的比例为 2/3=66.7%。

表 5-45　韩国大学生：～생（생이）（6 語）[15 語]

词	数量	词	数量	词	数量
범생이	（5）8	쫌생이	（2）2	공대생	1
모범생 *	（2）2	고시생	1	우등생 *	1

注：词典标出词的比例为 2/6=33.3%。

构词分类

①**名词＋**생 / 생이

모범생【7，102】、공대생【81】、고시생【84】、우등생【99】

②**缩略语＋**생이

범생이【4，81，93，99，102】、좀생이【27】、쫌생이【56，111】

「～생 / 생이」（saeng，生）主要表示"学生"的意思，如「모범생」（学生模范）、「우등생」（优等生）。但是在「좀생이」一词中，主要表示添加"人"的含义。「좀생이」由从形容词「좀스럽다」（表示小气）的缩略字「좀」与「接尾辞」「～생이」搭配而成。

表 5-46　总韩国人：～뱅이（6 語）[187 語]

词	数量	词	数量	词	数量
게으름뱅이 *	（4）97	주정뱅이 *	（2）39	능글뱅이	2
술주정뱅이 *	（2）45	곰뱅이 *	3	느림뱅이 *	1

注：词典标出词的比例为 5/6=83.3%。

表5-47　韩国社会群体：～뱅이（5語）[132語]

词	数量	词	数量	词	数量
게으름뱅이*	（4）66	주정뱅이*	（2）29	능글뱅이*	2
술주정뱅이*	32	곰뱅이*	3		

注：词典标出词的比例为5/5=100%。

表5-48　韩国大学生：～뱅이（4語）[55語]

词	数量	词	数量	词	数量	词	数量
게으름뱅이*	（3）31	술주정뱅이*	（2）13	주정뱅이*	（2）10	능글뱅이	2

注：词典标出词的比例为3/4=75%。

构词分类

①**名词＋**뱅이

주정뱅이【50，52】、곰뱅이【6】

②**名词＋名词＋**뱅이

술주정뱅이【50，52】

③**形容词词根＋**뱅이

게으름뱅이【8，14，17，18】、느림뱅이【10】

④**副词＋**뱅이

능글뱅이【44】

「～뱅이」（baengi）表示"带有某种性格特征的人"的「接尾辞」，含贬义。

表5-49　总韩国人：～남（6語）[19語]

词	数量	词	数量	词	数量
간지남	（2）11	허세남	2	인기남	1
쿨남	3	대충남	1	집착남	1

注：词典标出词的比例为0。

韩国社会群体：～남（0語）[0語]

表 5-50　韩国大学生：～남（6 語）[19 語]

词	数量	词	数量	词	数量
간지남	（2）11	허세남	2	인기남	1
쿨남	3	대충남	1	집착남	1

注：词典标出词的比例为 0。

构词分类
①名词＋「接尾辞」
간지남【109，110】、인기남【99】、허세남【108】
②动词词根＋「接尾辞」
집착남【111】
③形容词词根＋「接尾辞」
쿨남【55】
④副词＋「接尾辞」
대충남【11】

表 5-51　总韩国人：～덩어리（6 語）[15 語]

词	数量	词	数量	词	数量
허영덩어리	（3）6	건방덩어리	1	재치덩어리	1
골치덩어리	（2）5	욕망덩어리	1	짜증덩어리	1

注：词典标出词的比例为 0。

表 5-52　韩国社会群体：～덩어리（2 語）[7 語]

词	数量	词	数量
허영덩어리	（2）4	골치덩어리	3

注：词典标出词的比例为 0。

表 5-53　韩国大学生：～덩어리（6 語）[8 語]

词	数量	词	数量	词	数量
골치덩어리	（2）2	건방덩어리	1	재치덩어리	1
허영덩어리	（2）2	욕망덩어리	1	짜증덩어리	1

注：词典标出词的比例为 0。

构词分类

①**名词**＋덩어리

골치덩어리【14，107】、짜증덩어리【14】、재치덩어리【69】

②**动词词根**＋덩어리

허영덩어리【15，28，29】、욕망덩어리【53】

③**形容词词根**＋덩어리

건방덩어리【23】

「덩어리」（deongeori）作为名词时可表示块儿状物体，但作为「接尾辞」使用时，可表示"人"，如「골치덩어리」（让人伤脑筋的人）、「재치덩어리」（才智敏捷的人）等。

表5-54 总韩国人：～적（8語）[10語]

词	数量	词	数量	词	数量	词	数量
내성적*	（2）2	감각적*	1	내성적*	1	원리원칙적	1
이기적*	2	권위주의적*	1	폭력적*	1	긍정적*	1

注：词典标出词的比例为7/8=87.5%。

韩国社会群体：～적（0語）[0語]

表5-55 韩国大学生：～적（8語）[10語]

词	数量	词	数量	词	数量	词	数量
내성적*	（2）2	감각적*	1	내성적*	1	원리원칙적	1
이기적*	2	권위주의적*	1	폭력적*	1	긍정적*	1

注：词典标出词的比例为7/8=87.5%。

构词分类

① i 、**名词**＋적

내성적【27，68】、감각적【3】、이기적【30】、폭력적【83】、긍정적【92】

ⅱ、**名词**＋**名词**＋적

원리원칙적【86】

　　「～적」（jeok，的）与日语中的"的"的用法相当，表示具有某种性格或关联性，远不及汉语"的"的构词能力。在表示判断时通常要加上「하다」（hada），以此弱化说话者主观的判断。

表 5-56　总韩国人：～장이（5 語）[17 語]

词	数量	词	数量	词	数量	词	数量	词	数量
늦장이	11	개구장이*	2	질투장이	2	부산장이	1	주재장이	1

注：词典标出词的比例为 1/5=20%。

表 5-57　韩国社会群体：～장이（5 語）[16 語]

词	数量	词	数量	词	数量	词	数量	词	数量
늦장이	10	개구장이*	2	질투장이	2	부산장이	1	주재장이	1

注：词典标出词的比例为 1/5=20%。

表 5-58　韩国大学生：～장이（1 語）[1 語]

词	数量
늦장이	1

注：词典标出词的比例为 0。

构词分类

①**名词＋**장이

주재장이【67】

②**动词词根＋**장이

질투장이【111】

③**形容词词根＋**장이

늦장이【10】、부산장이【25】

④**不规则语干＋**장이

개구장이【31】

表 5-59 总韩国人：～왕（5 語）[13 語]

词	数量	词	数量	词	数量	词	数量	词	数量
거절왕	8	모험왕	2	발명왕*	1	저축왕	1	짜증왕	1

注：词典标出词的比例为 1/5=20%。

表 5-60 韩国社会群体：～왕（3 語）[10 語]

词	数量	词	数量	词	数量
거절왕	7	모험왕	2	발명왕*	1

注：词典标出词的比例为 1/3=33.3%。

表 5-61 韩国大学生：～왕（3 語）[3 語]

词	数量	词	数量	词	数量
거절왕	1	저축왕	1	짜증왕	1

注：词典标出词的比例为 0。

构词分类

①**名词＋왕**

짜증왕【111】

②**动词词干＋왕**

거절왕【30】、발명왕【39】、모험왕【39】、저축왕【54】

「接尾辞」「～왕」（wang，王）的构词形式和汉语以及日语的"王"相同，作为性向词语已失去原义，而是用来比喻有着某种性向行为特征的人，起强调作用。

表 5-62 总韩国人：～러（5 語）[7 語]

词	数量	词	数量	词	数量	词	数量	词	数量
왕부풀러	（2）3	참을러	1	게을러	1	빈들러	1	독설러	1

注：词典标出词的比例为 0。

表 5-63 韩国社会群体：～러（1 語）[2 語]

词	数量
왕부풀러	2

注：词典标出词的比例为 0。

表 5-64 韩国大学生：～러（5）[5]

词	数量	词	数量	词	数量	词	数量	词	数量
왕부풀러	1	참을러	1	게을러	1	빈들러	1	독설러	1

注：词典标出词的比例为 0。

构词分类

①**名词＋러**

독설러【77】

②ⅰ、**动词词干＋러**

참을러【6】、빈들러【14】

ⅱ、**「接頭辞」＋动词词干＋러**

왕부풀러【72，73】

③**形容词词干＋러**

게을러【8】

「～러」源自英语的"-er"，在韩语中也同样表示人，这一点与「～맨」（man）相同，使用者基本上都是年轻人。但是它不表示性别，其派生词多表示贬义，如「독설러」（说话刻薄的人）、「빈들러」（游手好闲的人）等。

表 5-65 总韩国人：～기（5 語）[6 語]

词	数量	词	数量	词	数量	词	数量	词	数量
확성기*	2	계산기*	1	비행기*	1	진공청소기*	1	정수기*	1

注：词典标出词的比例为 5/5=100%。

表 5-66　韩国社会群体：～기（1 語）[2 語]

词	数量
확성기*	2

注：词典标出词的比例为 1/1=100%。

表 5-67　韩国大学生：～기（4 語）[4 語]

词	数量	词	数量	词	数量	词	数量
계산기*	1	비행기*	1	진공청소기*	1	정수기*	1

注：词典标出词的比例为 4/4=100%。

构词分类

①名词＋「接尾辞」

확성기【78】、계산기【19】、비행기【36】、정수기【107】

②名词＋名词＋「接尾辞」

진공청소기【49】

在韩语词典上「～기」（gi，機）被分类为接尾辞，表示机械之义。韩国人用此「接尾辞」构成对人评价词语，起到拟人化的效果，如「확성기」（扩声器，扩音器）用来揶揄嘴碎话多的人，「진공청소기」（真空吸尘器）则用来比喻吃东西特别快的人。

表 5-68　总韩国人：～꾸러기（4 語）[164 語]

词	数量	词	数量	词	数量	词	数量
장난꾸러기*	（3）133	말썽꾸러기*	17	욕심꾸러기*	13	천덕꾸러기*	1

注：词典标出词的比例为 4/4=100%。

表 5-69　韩国社会群体：～꾸러기（3 語）[84 語]

词	数量	词	数量	词	数量
장난꾸러기*	（3）58	말썽꾸러기*	14	욕심꾸러기*	12

注：词典标出词的比例为 3/3=100%。

表 5-70　韩国大学生：～꾸러기（4 語）[80 語]

词	数量	词	数量	词	数量	词	数量
장난꾸러기*	（3）75	말썽꾸러기*	3	욕심꾸러기*	1	천덕꾸러기*	1

注：词典标出词的比例为 4/4=100%。

构词分类

①**名词＋꾸러기**

장난꾸러기【31，33，74】、말썽꾸러기【33】、천덕꾸러기【48】、욕심꾸러기【53】

「～꾸러기」用于部分名词后，常用来形容执着于某个方面的人，含贬义与汉语中的"～鬼"、"～虫"、"～包"等接尾辞意思相近，是韩语特有的「接尾辞」。如「장난꾸러기」表示调皮鬼、捣蛋鬼；「말썽꾸러기」表示爱惹是生非的人或淘气鬼，它与「말썽쟁이」意思也基本一致。

表 5-71　总韩国人：～가이（4 語）[51 語]

词	数量	词	数量	词	数量	词	数量
터프가이	（3）40	쿨가이	（2）8	가오가이	2	위트가이	1

注：词典标出词的比例为 0。

表 5-72　韩国社会群体：～가이（2 語）[37 語]

词	数量	词	数量
터프가이	（3）34	쿨가이	（2）3

注：词典标出词的比例为 0。

表 5-73　韩国大学生：～가이（4 語）[14 語]

词	数量	词	数量	词	数量	词	数量
터프가이	（3）6	쿨가이	5	가오가이	2	위트가이	1

注：词典标出词的比例为 0。

构词分类

①**名词＋**가이

터프가이【21，68，101】、위트가이【74】、가오가이【109】

②**形容词词干＋**가이

쿨가이【55，101】

表5-74　总韩国人：～배（4語）[48語]

词	数量	词	数量	词	数量	词	数量
소인배*	（5）20	대인배	（2）11	간신배*	（2）10	폭력배*	7

注：词典标出词的比例为3/4=75%。

表5-75　韩国社会群体：～배（3語）[26語]

词	数量	词	数量	词	数量
소인배*	（3）13	간신배*	8	폭력배*	7

注：词典标出词的比例为3/3=100%。

表5-76　韩国大学生：～배（4語）[22語]

词	数量	词	数量	词	数量	词	数量
대인배	（2）11	소인배*	（4）7	간신배*	（2）2	폭력배*	2

注：词典标出词的比例为3/4=75%。

构词分类

①**名词＋**배

소인배【27，28，63，64，111】、대인배【55，99】、간신배【76，94】、폭력배【32】

「～배」（be，輩）接在名词之后，表示"形成某种集团的人"。

表5-77　总韩国人：～탱이（4語）[13語]

词	数量	词	数量	词	数量	词	数量
곰탱이	（2）6	둔탱이	4	재수탱이	2	돌탱이	1

注：词典标出词的比例为0。

韩国社会群体：～탱이（0 語）[0 語]

表 5-78　韩国大学生：～탱이（4 語）[13 語]

词	数量	词	数量	词	数量	词	数量
곰탱이	（2）6	둔탱이	2	재수탱이	2	돌탱이	1

注：词典标出词的比例为 0。

构词分类

①名词＋탱이

곰탱이【6，96】、재수탱이【64】、돌탱이【96】

②形容词词干＋탱이

둔탱이【96】

表 5-79　总韩国人：～둥이（3 語）[142 語]

词	数量	词	数量	词	数量
바람둥이 *	（4）85	재간둥이 *	（4）55	빈둥이	2

注：词典标出词的比例为 2/3=66.7%。

表 5-80　韩国社会群体：～둥이（2）[102]

词	数量	词	数量
바람둥이 *	（3）57	재간둥이 *	（3）45

注：词典标出词的比例为 2/2=100%。

表 5-81　韩国大学生：～둥이（3 語）[40 語]

词	数量	词	数量	词	数量
바람둥이 *	（3）28	재간둥이 *	（2）10	빈둥이	2

注：词典标出词的比例为 2/3=66.7%。

构词分类

①名词＋둥이

재간둥이【2，3，4，110】、바람둥이【57，58，69，99】

②**动词词干＋**둥이

빈둥이【14】

「둥이」用于部分名词后，表示对具有一定特征的人或动物的爱称或俗称，是韩语特有的「接尾辞」。如「재간둥이」可表示有才干或聪明伶俐之人；「바람둥이」可表示"爱吹牛，爱说大话，夸夸其谈之人"。

表5–82 总韩国人：～팽이（3語）[45語]

词	数量	词	数量	词	数量
놈팽이*	（4）38	쫌팽이*	（3）6	곰팽이	（2）2

注：词典标出词的比例为2/3=66.7%。

表5–83 韩国社会群体：～팽이（3語）[34語]

词	数量	词	数量	词	数量
놈팽이*	（3）31	쫌팽이*	2	곰팽이	1

注：词典标出词的比例为2/3=66.7%。

表5–84 韩国大学生：～팽이（3語）[12語]

词	数量	词	数量	词	数量
놈팽이*	（3）7	쫌팽이*	（2）4	곰팽이	1

注：词典标出词的比例为2/3=66.7%。

构词分类
①缩略语＋接尾辞

놈팽이【8，14，18，33】、쫌팽이【54，56，91】、곰팽이【14，66】

「팽이」与「쟁이」相似，接在部分名词之后，表示某种特征的人。「놈팽이」指游手好闲之人；「쫌팽이」指小气鬼、心地狭窄之人，都含贬义，是韩语特有的「接尾辞」。

表5–85 总韩国人：～아（3語）[38語]

词	数量	词	数量	词	数量
문제아*	（2）29	반항아*	8	냉혈아	1

注：词典标出词的比例为2/3=66.7%。

表 5-86　韩国社会群体：～아（3 語）[31 語]

词	数量	词	数量	词	数量
문제아 *	（2）24	반항아 *	6	냉혈아	1

注：词典标出词的比例为 2/3=66.7%。

表 5-87　韩国大学生：～아（2 語）[7 語]

词	数量	词	数量
문제아 *	（2）5	반항아 *	2

注：词典标出词的比例为 2/2=100%。

构词分类

①名词＋「接尾辞」

문제아【33，104】、냉혈아【54】

②动词词根＋「接尾辞」

반항아【104】

　　「아」表示儿童之义，常以儿童作为比方形容心智或特征上尚不成熟。「문제아」表示问题儿童之义。

表 5-88　总韩国人：～사（3 語）[29 語]

词	数量	词	数量	词	数量
변호사 *	（3）12	승부사	（2）9	간호사 *	（2）8

注：词典标出词的比例为 2/3=66.7%。

表 5-89　韩国社会群体：～사（3 語）[21 語]

词	数量	词	数量	词	数量
변호사 *	（2）9	승부사	（2）7	간호사 *	5

注：词典标出词的比例为 2/3=66.7%。

表 5-90　韩国大学生：～사（3 語）[10 語]

词	数量	词	数量	词	数量
변호사 *	（2）5	간호사 *	（2）3	승부사	2

注：词典标出词的比例为 2/3=66.7%。

构词分类

①**名词＋사**

승부사【89，91】

②**动词词干＋사**

변호사【69，89，91】、간호사【59，103】

「～사」（sa，士）原表示统治阶级，如今多用于对具有职业资格的人的称呼，如「변호사」（律师）、「간호사」（护士）等，是韩语特有的「接尾辞」。

表 5-91　总韩国人：～형（3 語）[12 語]

词	数量	词	数量	词	数量
A 형	（2）8	B 형	（2）2	O 형	（2）2

注：词典标出词的比例为 0。

韩国社会群体：～형（0 語）[0 語]

表 5-92　韩国大学生：～형（3）[12]

词	数量	词	数量	词	数量
A 형	（2）8	B 형	（2）2	O 형	（2）2

注：词典标出词的比例为 0。

构词分类

①**名词＋형**

B 형【26，104】、A 형【27，28】、O 형【36，85】

「～형」（hyeong，型）的使用主要集中在对血型的判断上。即根据血型来判断人的性格，或是按照血型对人的性格进行分类和评价的一种方式，较之上述中日两国语的"型"其构词能力较弱。从调查结果看，这些词汇都出自大学生。

表 5-93　总韩国人：～댕이（3 語）[12 語]

词	数量	词	数量	词	数量
미련댕이	（3）10	빈정댕이	1	순댕이	1

注：词典标出词的比例为 0。

表 5-94　韩国社会群体：~댕이（2 語）[8 語]

词	数量	词	数量
미련댕이	（2）7	순댕이	1

注：词典标出词的比例为 0。

表 5-95　韩国大学生：~댕이（2 語）[4 語]

词	数量	词	数量
미련댕이	3	빈정댕이	1

注：词典标出词的比例为 0。

构词分类

①**形容词词根**＋댕이 / 딩이

미련댕이【47，48，66】、순댕이【98】、

②**动词词根**＋댕이

빈정댕이【75】

表 5-96　总韩国人：~성（3 語）[9 語]

词	数量	词	数量	词	数量
사교성 *	7	양면성 *	1	융통성 *	1

注：词典标出词的比例为 3/3=100%。

表 5-97　韩国社会群体：~성（1 語）[7 語]

词	数量
사교성 *	7

注：词典标出词的比例为 1/1=100%。

表 5-98　韩国大学生：~성（2 語）[2 語]

词	数量	词	数量
양면성 *	1	융통성 *	1

注：词典标出词的比例为 2/2=100%。

构词分类
①名词＋성
양면성【29】、융통성【93】、사교성【99】

表 5-99　总韩国人：~내기（3語）[4語]

词	数量	词	数量	词	数量
신출내기*	（2）2	석달내기	1	햇내기	1

注：词典标出词的比例为 1/3=33.3%。

表 5-100　韩国社会群体：~내기（3語）[3語]

词	数量	词	数量	词	数量
석달내기	1	신출내기*	1	햇내기	1

注：词典标出词的比例为 1/3=33.3%。

表 5-101　韩国大学生：~내기（1語）[1語]

词	数量
신출내기*	1

注：词典标出词的比例为 1/1=100%。

构词分类
①名词＋「接尾辞」
석달내기【9】、신출내기【9，97】、햇내기【11】

　　「내기」接续在部分词干或接头辞之后，表示某种特征的人，并带有贬义。如「신출내기」表示新手或生手之义。

表 5-102　总韩国人：~걸（3語）[3語]

词	数量	词	数量	词	数量
깔끔걸	1	용감걸	1	소심걸	1

注：词典标出词的比例为 0。

韩国社会群体：~걸（0語）[0語]

表 5-103　韩国大学生：～걸（3 語）[3 語]

词	数量	词	数量	词	数量
깔끔걸	1	용감걸	1	소심걸	1

注：词典标出词的比例为 0。

构词分类

①形容词词干＋걸

깔끔걸【16】、용감걸【21】、소심걸【27】

表 5-104　总韩国人：～씨（2 語）[7 語]

词	数量	词	数量
금자씨	（2）6	최씨	1

注：词典标出词的比例为 0。

表 5-105　韩国社会群体：～씨（1 語）[2 語]

词	数量
금자씨	2

注：词典标出词的比例为 0。

表 5-106　韩国大学生：～씨（2 語）[5 語]

词	数量	词	数量
금자씨	（2）4	최씨	1

注：词典标出词的比例为 0。

构词分类

①名词＋씨

금자씨【86，87】、최씨【85】

表 5-107　总韩国人：～들（2 語）[5 語]

词	数量	词	数量
여자들	（2）4	정치인들	1

注：词典标出词的比例为 0。

表 5-108 韩国社会群体：~들（1 語）[3 語]

词	数量
여자들	3

注：词典标出词的比例为 0。

表 5-109 韩国大学生：~들（2 語）[2 語]

词	数量	词	数量
여자들	1	정치인들	1

注：词典标出词的比例为 0。

构词分类

① i 、名词+들

여자들【67，78】

ii 、名词+「接尾辞」+들

정치인들【106】

「들」表示复数。

表 5-110 总韩国人：~원（2 語）[3 語]

词	数量	词	数量
공무원*	2	방문판매원	1

注：词典标出词的比例为 1/2=50%。

表 5-111 韩国社会群体：~원（1 語）[1 語]

词	数量
공무원*	1

注：词典标出词的比例为 1/1=100%。

表 5-112 韩国大学生：~원（2 語）[2 語]

词	数量	词	数量
공무원*	1	방문판매원	1

注：词典标出词的比例为 1/2=50%。

构词分类

① i、名词＋名词＋원

방문판매원【22】

ii、名词＋원

공무원【88】

「원」与汉语的"员"相同，接续在部分名词之后，表示从事某种职业的人。

表5-113　总韩国人：～욕（2語）[3語]

词	数量	词	数量
승부욕	2	왕승부욕	1

注：词典标出词的比例为0。

表5-114　韩国社会群体：～욕（1語）[2語]

词	数量
승부욕	2

注：词典标出词的比例为0。

表5-115　韩国大学生：～욕（1語）[1語]

词	数量
왕승부욕	1

注：词典标出词的比例为0。

构词分类

①名词＋「接尾辞」

승부욕【91】

②「接頭辞」＋名词＋「接尾辞」

왕승부욕【91】

表 5-116　总韩国人：~ 짱（2 語）[2 語]

词	数量	词	数量
사교짱	1	말빨짱	1

注：词典标出词的比例为 0。

韩国社会群体：~ 짱（0）[0]

表 5-117　韩国大学生：~ 짱（2 語）[2 語]

词	数量	词	数量
말빨짱	1	사교짱	1

注：词典标出词的比例为 0。

构词分类

①名词＋짱

사교짱【99】、말빨짱【99】

「接尾辞」「~ 짱」（jang）"属于新造词，通常指在强调某些方面特别出众的人，比如「사교짱」（非常擅长社交的人）、「말빨짱」（特别会说话的人）。在年轻人当中，使用频率较高。

表 5-118　总韩国人：~ 살이（1 語）[2 語]

词	数量
하루살이 *	（2）2

注：词典标出词的比例为 1/1=100%。

表 5-119　韩国社会群体：~ 살이（1 語）[2 語]

词	数量
하루살이 *	（2）2

注：词典标出词的比例为 1/1=100%。

韩国大学生：~ 살이（0 語）[0 語]

构词分类

①名词＋살이

하루살이【57，63】

表 5-120 总韩国人：~팅（2 語）[1 語]

词	数量	词	数量
밥팅	1	돌팅	1

注：词典标出词的比例为 0。

表 5-121 韩国社会群体：~팅（2 語）[1 語]

词	数量	词	数量
밥팅	1	돌팅	1

注：词典标出词的比例为 0。

韩国大学生：~팅（0 語）[0 語]

构词分类

①名词＋「接尾辞」

밥팅（66），돌팅（96）

表 5-122 总韩国人：~바가지（1 語）[17 語]

词	数量
주책바가지*	（4）17

注：词典标出词的比例为 1/1=100%。

表 5-123 韩国社会群体：~바가지（1 語）[11 語]

词	数量
주책바가지*	11

注：词典标出词的比例为 1/1=100%。

表 5-124　韩国大学生：～바가지（1 語）[6 語]

词	数量
주책바가지*	（4）6

注：词典标出词的比例为 1/1=100%。

构词分类

①名词＋바가지

주책바가지【37，60，64，75】

「바가지」用于名词后，表示对常做某种事或具有某种特征之人的贬称，与汉语中的"瓜子，蛋，疙瘩"相似。

表 5-125　总韩国人：～아치（1 語）[12 語]

词	数量
양아치*	（4）12

注：词典标出词的比例为 1/1=100%。

表 5-126　韩国社会群体：～아치（1 語）[7 語]

词	数量
양아치*	（4）7

注：词典标出词的比例为 1/1=100%。

表 5-127　韩国大学生：～아치（1 語）[5 語]

词	数量
양아치*	（3）5

注：词典标出词的比例为 1/1=100%。

构词分类

①名词＋「接尾辞」

양아치【32，58，82，83】

表 5-128　总韩国人：~ 딩이（1 語）[10 語]

词	数量
순딩이	10

注：词典标出词的比例为 0。

表 5-129　韩国社会群体：~ 딩이（1 語）[5 語]

词	数量
순딩이	5

注：词典标出词的比例为 0。

表 5-130　韩国大学生：~ 딩이（1 語）[5 語]

词	数量
순딩이	5

注：词典标出词的比例为 0。

构词分类

①形容词词根＋댕이 / 딩이

순딩이【98】

表 5-131　总韩国人：~ 거리（1 語）[7 語]

词	数量
웃음거리*	7

注：词典标出词的比例为 1/1=100%。

表 5-132　韩国社会群体：~ 거리（1 語）[5 語]

词	数量
웃음거리*	5

注：词典标出词的比例为 1/1=100%。

表 5-133 韩国大学生：～거리（1 語）[2 語]

词	数量
웃음거리 *	2

注：词典标出词的比例为 1/1=100%。

构词分类

①名词＋「接尾辞」

웃음거리【37】

表 5-134 总韩国人：～딱지（1 語）[6 語]

词	数量
화딱지 *	6

注：词典标出词的比例为 1/1=100%。

表 5-135 韩国社会群体：～딱지（1 語）[5 語]

词	数量
화딱지 *	5

注：词典标出词的比例为 1/1=100%。

表 5-136 韩国大学生：～딱지（1 語）[1 語]

词	数量
화딱지 *	1

注：词典标出词的比例为 1/1=100%。

构词分类

①名词＋딱지

화딱지【41】

「딱지」增添贬义，在「화딱지」中表示爱生气之人。

表 5-137　总韩国人：~통（1 語）[3 語]

词	数量
고집통 *	（3）3

注：词典标出词的比例为 1/1=100%。

表 5-138　韩国社会群体：~통（1 語）[3 語]

词	数量
고집통 *	（3）3

注：词典标出词的比例为 1/1=100%。

韩国大学生：~통（0 語）[0 語]

构词分类

①名词＋통

고집통【5，19，85】

表 5-139　总韩国人：~덩이（1 語）[2 語]

词	数量
얼음덩이 *	2

注：词典标出词的比例为 1/1=100%。

韩国社会群体：~덩이（0 語）[0 語]

表 5-140　韩国大学生：~덩이（1 語）[2 語]

词	数量
얼음덩이 *	2

注：词典标出词的比例为 1/1=100%。

构词分类

①名词＋덩이

얼음덩이【19】

表5-141　总韩国人：～뜨기（1語）[1語]

词	数量
얼뜨기 *	1

注：词典标出词的比例为 1/1=100%。

韩国社会群体：～뜨기（0語）[0語]

表5-142　韩国大学生：～뜨기（1語）[1語]

词	数量
얼뜨기 *	1

注：词典标出词的比例为 1/1=100%。

构词分类
①形容词词干＋뜨기
얼뜨기【37】

「뜨기」含贬义，在「얼뜨기」表示胆小且愚笨的人。

表5-143　总韩国人：～노（1語）[1語]

词	数量
정돈노	1

注：词典标出词的比例为 0。

韩国社会群体：～노（0語）[0語]

表5-144　韩国大学生：～노（1語）[1語]

词	数量
정돈노	1

注：词典标出词的比例为 0。

构词分类
①动词词干＋노
정돈노【17】

表 5-145　总韩国人：～것（1 語）[1 語]

词	数量
못난것	1

注：词典标出词的比例为 0。

表 5-146　韩国社会群体：～것（1 語）[1 語]

词	数量
못난것	1

注：词典标出词的比例为 0。

韩国大学生：～것（0 語）[0 語]

构词分类

①形容词词干＋것

못난것【23】

表 5-147　总韩国人：～네（1 語）[1 語]

词	数量
노인네*	1

注：词典标出词的比例为 1/1=100%。

韩国社会群体：～네（0 語）[0 語]

表 5-148　韩国大学生：～네（1 語）[1 語]

词	数量
노인네*	1

注：词典标出词的比例为 1/1=100%。

构词分类

①名词＋「接尾辞」

노인네【45】

表 5-149 总韩国人：~질（1 語）[1 語]

词	数量
저울질*	1

注：词典标出词的比例为 1/1=100%。

韩国社会群体：~질（0 語）[0 語]

表 5-150 韩国大学生：~질（1 語）[1 語]

词	数量
저울질*	1

注：词典标出词的比例为 1/1=100%。

构词分类

①**名词＋**질

저울질【82】

「질」可接续在部分工具名称之后，表示从事某种事情，或表示某种职业但含贬义。「저울질」原来指上称（敬称），后引申为衡量一个人的做法。即对一个人进行衡量或进行评判之义，含贬义。

表 5-151 总韩国人：~배기（1 語）[1 語]

词	数量
직통배기*	1

注：词典标出词的比例为 1/1=100%。

表 5-152 韩国社会群体：~배기（1 語）[1 語]

词	数量
직통배기*	1

注：词典标出词的比例为 1/1=100%。

韩国大学生：~배기（0 語）[0 語]

构词分类

①名词＋배기

직통배기【72】

「배기」既可表示具有某个特点的人或事物，也可用于对人体或物体某个部分的贬称。「직통배기」指语言或行为直截了当之人。

表 5-153　总韩国人：~짜리（1）[1]

词	数量
반쪽짜리	9

注：词典标出词的比例为 0。

表 5-154　韩国社会群体：~짜리（1）[1]

词	数量
반쪽짜리	9

注：词典标出词的比例为 0。

韩国大学生：~짜리（0）[0]

构词分类

①名词＋짜리

반쪽짜리【9】

「짜리」接续在表示数量或价值的名词之后，在「반쪽짜리」中表示能力或水平仅仅是平常人的一半程度。

表 5-155　总韩国人：~머리（1 語）[1 語]

词	数量
우두머리*	1

注：词典标出词的比例为 1/1=100%。

韩国社会群体：~머리（0 語）[0 語]

表 5-156　韩国大学生：～머리（1 語）[1 語]

词	数量
우두머리*	1

注：词典标出词的比例为 1/1=100%。

构词分类

①名词＋「接尾辞」

우두머리【93】

表 5-157　总韩国人：～데기（1 語）[1 語]

词	数量
세침데기	1

注：词典标出词的比例为 0。

韩国社会群体：～데기（0 語）[0 語]

表 5-158　韩国大学生：～데기（1 語）[1 語]

词	数量
세침데기	1

注：词典标出词的比例为 0。

构词分类

①名词＋「接尾辞」

세침데기【69】

表 5-159　总韩国人：～꽝（1 語）[1 語]

词	数量
매너꽝	1

注：词典标出词的比例为 0。

韩国社会群体：～꽝（0 語）[0 語]

表5-160 韩国大学生：～짱（1）[1語]

词	数量
매너짱	1

注：词典标出词的比例为0。

构词分类

①名词＋「接尾辞」

매너짱【66】

「짱」常表示与期待或想象的结果完全不符，在「매너짱」一词中，表示完全不懂礼貌或无礼之徒之义。

4. 小结

词汇是语言的基本要素，是文化载体的重要组成部分，同时又是社会时代发展的产物，因此它的发展变化由语言、文化和社会三方面共同作用形成。如前文所述，韩语中的外来语数量逐年递增，在本书关于"性向词汇"的调查中同样得以显现。韩语吸收外来语的方式与日语十分接近，主要通过音译方式导入。在语法上，一方面使之成为符合韩语自身规范的同时，又赋予其很大的灵活度，可以相对自由的与其他语素结合构成新词，而这一点恰好与年轻人通过外来语造词，表现时髦、个性等方面相互吻合。由此可见，外来词的存在和发展是语言、文化相互融合的一种初级形式，也是产生新词的"肥沃土壤"。

在韩语中，属于固有词汇系的「接尾辞」数量最多，其次是汉字词汇系。汉字词汇系的「接尾辞」的使用，主要是通过与名词的接续形成一种派生关系。但是，由于韩语语言的特殊性决定了其动词或形容词的词根同样具有很强的造词能力，形成互补的统一体。其中，大部分汉字词汇系的「接尾辞」尚未完全虚化，依然能找出它的出处。从音节方面来看，单音节的「接尾辞」在造词时往往形成三音节的词汇。并且，「기、대기」一类的「接尾辞」附着在其他词根后面时，可以改变词根的词性，构成新词。此外，副词与「接尾辞」的接续方式比较汉语而言，更为常见。另外，与中日语中的「接尾辞」相比较，韩语的多为表示某种性向"～人"，而少见表现性格或性向行为的「接尾辞」，凸显出韩语的特点。

　　韩语中的「接尾辞」比较丰富，其中也不乏虚化程度较高的如「바가지、짜리、배기、뜨기」等，但这些「接尾辞」大多含贬义。此外，以「녀、걸、남、가이」等以性别表现出的性格特点相结合的词语，使用频率也比较高。

　　「～쟁이」（jaengi）的构词方式非常丰富，共有 18 种，也是韩语「接尾辞」中数量最多的一项。「～쟁이」常接续在名词之后，表示人的性向或独特的习惯、行动等。例如：「욕심쟁이」指贪婪的人；「고집쟁이」指性格固执的人；「멋쟁이」指爱打扮、爱炫酷的人。在这些性向词汇中，「～쟁이」主要起强调作用，即加强语气，并含有贬义。

　　从构词法看，"名词＋쟁이"的构词形式最多共 83 个不重复词，占 38.5%；其次是"形容词词根＋쟁이"共 64 个不重复词，占 30%；接下来是"动词词根＋쟁이"共 35 个不重复词，占 16.9%。从同形异义的角度看，「허풍쟁이」（吹牛家）涵盖的语义分类项最多共 14 项，其次是「욕심쟁이」（贪心鬼）、「고집쟁이」（死心眼）、「뻥쟁이」（牛皮匠）分别有 9 项，且这些词都属于"名词＋쟁이"结构。「허풍쟁이」（吹牛家）是从风箱在烧火时扇风使火旺这一作用上受到启发，之后被人们用来比喻夸张、说谎话等方面。而「뻥쟁이」一词虽然属于新造词，但其使用已有一段时间。有一种说法是「뻥쟁이」中的「뻥」，起源于街边崩爆米花时"砰"的声音。即人们把吹嘘、夸张与伴随"砰"的声响瞬间，小小的玉米粒变成硕大的爆米花的原理联系在了一起。韩语中经常会把「뻥」与「～을치다」、「～을까다」等词搭配使用。例如：「뻥치지마～」（表示别骗人了）「뻥치네～」（表示你又在吹牛了！）等。总而言之，「허풍쟁이」与「뻥쟁이」不仅都表示说谎、吹牛的意思，而且在很多情况下，这两个词往往可以互换使用。

　　调查结果也显示，在（28）"爱开玩笑的人"；（61）"爱说谎的人"；（63）"对人热情的人"；（71）"能言善辩信口开河的人"；（72）"喜欢夸大其词的人"；（73）"在家里逞凶的人"；（74）"注重外表，虚荣的人"等语义分类项上，「허풍쟁이」与「뻥쟁이」完全一致。只是「허풍쟁이」对人的评价上还包括了（7）"爱面子的人"；（12）"爱自夸，炫耀的人"；（38）"比别人都努力的人"；（64）"干事没长性，爱打退堂鼓的人"；（65）"好奇心强爱凑热闹的人"；（67）"话多爱瞎聊的人"；（109）"有眼力见儿，想事周到的人"等。同样，「뻥쟁이」在（41）"爱发脾气，

结　语

以上各章节分别对中日韩三国"性向词汇"中的「接頭辞」和「接尾辞」进行了分析与对比，结果表明，「接尾辞」的数量与种类遥遥领先于「接頭辞」，而且「体言系」后缀占有绝对优势，三国语言呈现出显著的共性。主要原因在于评价他人的性格特点、动作行为、人品等方面，「体言系接辞」即"~的人"这种构词形态，具有清晰明了、一目了然的使用特点。下面，本书试图从整体上对中日韩三国的「接頭辞」、「接尾辞」进行概括和梳理，进一步凸显三国的共性与差异。

1. 中日韩三国「接頭辞」的共性与特性

通过对中日韩三国"性向词汇"中「接頭辞」的分析与比较，可以得出如下结论。

表 6-1　中日韩三国「接頭辞」的分类

「接頭辞」分类	日语	汉语	韩语
原有与外来汉语词系列	超、鬼、ゴミ、くそ、どら、おお（大）、こ		왕（王），비（非），노（老），초（超），무（無），몰（沒），미（未），대（大），신（新），시（媤）
待遇性系列	お、ご		
否定词系列	無、不、ノン、だめ	非	무（無），비（非），불（不），몰（沒），미（未），안，NO，네버（never）

（续上表）

「接頭辞」分类	日语	汉语	韩语
形容词系列	大（たい、だい）	老、小、大、花、臭、死、活、鬼	잔，알，외，애，선，똥，헛，개，강，갓，옹
形容动词系列	ばか		
数词系列		二、半	

　　通过与三国各自的现代语词典等进行对照，我们发现由「接頭辞」构成的"性向词汇"与词典所收录的词汇一致率都不高，体现出三国"性向词汇"不同于其它词汇的特点，凸显出对现实生活中的人与行为加以评价这一鲜活性与实用性。正是由于"性向词汇"这一特点，我们通过分析比较，可以剖析当今中日韩三国的对人评价取向、行为规范和价值观等。

　　由于日韩两国语言同属汉字文化圈，受汉字影响的历史悠久。因此，在"性向词汇"中也有不少源自汉语的「接頭辞」，如「不、非、無、大、小、超」等。不仅如此，日语和韩语创造出各自独有的"性向词汇"，如「不機嫌、不器用、大道楽、超人類、왕재수」等，有异于汉语。另外，日韩性向词汇中，还有源自英语的「接頭辞」如「ノン（non）」「NO 도움、네버（never）」等，反映了日韩两国语言较之于汉语，更为开放以及表音文字的特点。此外，除了出自汉语虚化后演变而成的「接頭辞」以外，还有原本就是作为词缀使用的「接頭辞」，如日语的「お、ご」，韩语的「개（gae）、애（ae）、잔（jan）」等，体现出作为「膠着語」的日韩两语的特点。而上述汉语的「接頭辞」与其不同，均由实词虚化演变而来。这也折射出汉语作为"孤立语"的独特性。不过，汉语发展至今，随着合成词的不断增加，大量词缀产生以及原本属于「膠着語」的语法现象的出现等，"孤立语"的特点越来越淡化。汉语"性向词汇"中，为数众多的词缀的运用也充分印证了这一点。

　　属于"待遇表现"的「お」「ご」及数词、序数词的"二、半"，属于日语、汉语特有的一种常用「接頭辞」。「お」表示敬意，可使语言文雅、郑重。同时在对人评价时使用的「お馬鹿さん」（愚笨的人），与「馬鹿」相比，略带讽刺之义的同时，含有可爱等感情色彩。日语的「お」「ご」除了表达敬意、郑重等语气以外，还具有讽刺、揶揄、调侃的语用效果。

换言之，过于谦恭就成了「馬鹿丁寧」、「慇懃無礼」，词义上也发生了由褒到贬的下降性变化。另外，「お」＋「さん」这种叠加形式，属于日本人爱用的构词方法，以此达到拟人化的语用效果。

　　有关否定意思的「接頭辞」，在调查结果中，日语有「不、無、だめ、ノン」四种，韩语有「무」(無)、「비」(非)、「불」(不)、「몰」(沒)、「미」(未)、「안」、「NO」、「네버」(never) 7 种，而汉语仅有「非」1 种，三者呈现出明显的差异。汉语中由"非"派生而来的新词，词典中没有任何收录，全都属于中国社会群体和大学生特有的语言表现。需要说明的是，日本人所用"性向词汇"与词典中一致比例为 0 的有「超、ご、くそ、だめ、ゴミ」5 种，而中国人仅有"非"1 种，凸显出日语"性向词汇"中「接頭辞」旺盛的生命力。作为形容词词性的「接頭辞」"花"，该词的种类不断增加，使用范围日益广泛。与"花"组合而成的新词，在现代中国人的日常生活中发挥着巨大的社会功效。比如《汉语新词新语年编》中收录的新词有"花样中年、花草族、花美男、花瓶 CEO、花瓶女人"等。"花样年华"是指像花一样的中年。这些人虽年过而立，但骄人的肤质和超凡的时尚感，毫不逊色于 20 多岁的年轻人。"花草族"属于一种比喻的修辞手法，是指职称新人。用花草娇嫩形容不够成熟的人。一些初入公司的年轻人在工作中因为缺乏经验，容易出现问题令人困惑。"花草族"与害怕上司的"含羞草"、带刺的"仙人掌"、两头倒的"墙头草"、自恋的"水仙花"、拍马屁的"狗尾巴草"等同样，都是巧妙地运用了植物的一些特点加以比喻和形容人的某些特征。

　　"大"属于形容词词性。"大"的构词能力很强，不管是日语还是汉语，不重复词汇量其排列顺序全都位居第三，显示出很高的类似性。而韩语仅有一例，取而代之的是「왕」(王)。「왕」(王)的不重复词汇量位居首位，与汉语、日语形成了反差与对照。在构词形式方面，汉语的"大"以名词性词语占据主流。这是因为"大"是形容词素，最易直接修饰或限制名词或形容词构成新的名词性词语。日语也是同样，多接名词或形容动词，中日两国具有高度的一致性。另外，表示"能吃"的词汇中，汉语有"大胃、大肚汉、大胃王"等；日语有「大食い」、「大飯食い」、「大食い野郎」、「大食漢」等，尽管这些词语之间存在着细微的差异，但都表示"能吃的人"，表明中日两国对"吃"特别关注，具有鲜明的共性。

　　「接頭辞」"鬼"在汉日语中同属名词，虽然在语义上二者有所不同，但在中日两国人的"性向词汇"中都出现过，而且中国人的「接尾辞」
中，"鬼"属于排列前 10 位、位居第 5 位，使用率偏高的词缀之一。也就
是说，"鬼"在中国人的语言生活中显得非常活跃，具有很强的构词能力。
《新华大字典》对"鬼"的解释是："鬼是个象形字，上部是个很大的头，
下部像跪着的身体。本义是指'人死后的灵魂'，转指'万物精灵'。古人
认为鬼或精灵神秘莫测，用来比喻人或事物隐秘难测。后引申为表示"不
光明磊落或不可告人的勾当或坏的、恶劣的东西"。"鬼"具有不同凡俗的
力量，以此比喻精巧的制作或指不同寻常的人。"鬼"可作骂詈语也可表
示对孩子的昵称①。《辞源》中鬼的释义项有 12 个，比如④对人的蔑称；⑤
对人的昵称；⑧狡黠机灵；⑨神秘莫测等②。有关鬼的比喻义，陈波认为：
现代社会中人们对鬼的认识进一步深化。大多数人们认识到鬼根本上是不
存在的。所以人们对鬼残存的崇拜也好，害怕也好，都逐渐淡化。现在人
们口语里所说的"鬼"多用其比喻义，或表糟糕，或表厌恶，或表机灵，
或表狡猾奸诈，或表调侃。与汉语不同，日语中的"鬼"作为音读「き」
时，由其构成的词语基本上与汉语接近。而由训读「おに」构成的词语就
没有，如「鬼才」所表示的超人、优秀之喻义，更多表示恐怖、残酷、严
厉不顾一切、巨大畸形等比喻义。如「仕事の鬼（しごとのおに）」（工作
狂）、「鬼監督（おにかんとく）」（严厉的教练或导演）、「鬼百合（おにゆ
り）」（巨型百合）等。

　　有关造词联想法方面，人们往往会把原有的知识、经验都参与到认知
过程中，比如汉民族对"死、鬼"这类词的感知和体验构成了他们对认知
语境的一部分，并把他们的种种特征和联想意义，通过各种修辞手法如
"明喻、隐喻、借代"等手段，以相似点或相关性与对象发生联系。"鬼"
的语法功能很强，最初是名词，后来作为动词、形容词等。现代汉语中
作为词缀的"鬼"，其用法愈来愈丰富，日常生活中被人们信手拈来的加
以运用。比如性向词汇中人们使用的"鬼才、鬼点子、鬼话精、鬼精灵"
等，都是表示具有某种特征的人。一般多用其比喻义，表明说话者对对方
诙谐性的赞许或亲昵或轻视或小觑等态度。再如，作为「接尾辞」使用的
"冒失鬼、小气鬼、酒鬼"等词语中的"鬼"，分别表示"做事不稳重"；

---

①　《新华大字典》编委会．新华大字典 [M]．北京：商务印书馆，2004．

②　何九盈，王宁，董琨．辞源 [M]．3 版．北京：商务印书馆，2015．

"小气吝啬";"嗜酒如命的人"。"精明鬼、调皮鬼"表示对方"精明能干"和"滑稽可爱"。前者表贬义,是对具有某种不良行为或不良嗜好的一种蔑称。后者是褒义,属于一种褒扬或亲昵的称谓。

2. 中日韩三国「接尾辞」的共性与特性

通过对中日韩三国的「接尾辞」进行比较和分析,得出如下结论。尽管汉语「接尾辞」的种类远不及日语和韩语,但是在词汇量、构词类型等方面,汉语具有能产性强、结合面广等特征。尤其是位居前10位的「接尾辞」,最多的构词类型高达17种有余(如"儿"),充分显示出汉语形式多样、多彩多姿的使用特征及其强大的构词能力。当然,韩语的构词形式同样具有种类繁多的使用特色。比如,「~자」(ja,者)的数量在韩语「接尾辞」中排列第二,其构词方式多达16种,超过了日语和汉语的"者"。

通过与「接尾辞」组合而成的"性向词汇",绝大多数都是通过比喻、夸张、谐音等修辞手法对他人进行批评与评价,这一点汉语、日语和韩语具有显著的共性。"人、者、家、的、虫、子、型、手、魔、质、症、汉、奴"等类型属于中日两国共用的「接尾辞」。如果再与韩语进行比较可以发现,"者、家、人、症、派、的、型"这7种类型为中日韩三国共有。而且"人、者、家"等「接尾辞」的不重复词汇量,在中日韩三国"性向词汇"中均处于前10位,充分表明了上述「接尾辞」旺盛的能产性。与此相比,「接尾辞」「さん」、「ぽい」、「がり」仅被日本人所使用,汉语、韩语中并未发现,这三种类型属于日语特有的「接尾辞」。不过,韩语的「~님」(nim),其意与日语的「さま」、「さん」很接近,也是属于表敬的「接尾辞」之一。而"蛋、包、狂、精"等类型属于汉语特有的「接尾辞」。同样,「~쟁이」(jaengi)、「~이」(i)、「~뱅이」(baengi)、「~둥이」(dungi)、「~꾸러기」(kkuregi)、「~짱」(jjang)等属于韩语独有的「接尾辞」。

「接尾辞」根据「品性」(词性)的特点,可以分为「体言系」和「用言系」两大系列。"性向词汇"中「用言系」接词,如「嘘吐き」、「法螺吹き」等词语中的下划线部分,为了强调和明示具有某种共同属性的一类人的特点,通过添加「用言系」后缀的「~吐き」、「~吹き」等便可实现这一语法意义及其功能,前后的语素间属于动宾结构。「体言系」如"能人、科学家、小气鬼、成功者、小鬼头"中的"人、家、鬼、者、头"等后缀，前后语素间属于修饰与被修饰、限制与被限制的关系。本次调查结果中，日汉韩三语，「接尾辞」的数量与种类均遥遥领先于「接頭辞」，而且「体言系」(～的人) 后缀占有绝对优势，呈现出鲜明的一致性。

值得说明的是，"性向词汇"是用于评价他人的性格、动作行为、语言活动等方面，故「接辞」更多偏向于表示具有什么特征的人。汉语中有很多词缀都具有"人"的附加意义，形成一个成员众多的"表人词缀"集合体。这一现象表明，作为社会的主体，"人"自然成为人们认知社会的首要对象，对其认识愈深入，分类也就愈细致。本书统计出的表人词缀多达 41 种，全都具有"人"的基本语义特征。具体如下：虚化前的语义或为人的肢体或与人有较近的关系，如"手、眼、头"等；表示人的特征如"星、迷、狂、质、精"等；表示人的集合体如"派、家、徒、型"等；表示称谓及各种泛称如"人、子、鬼、者、员、儿、王、包、夫、汉、佬、仔、神、仙、奴、魔、郎"等。不过，"蛋、虫、废、棍、的、通"等 6 种类型，虚化前的语义与人是没有直接关系的。总体而言，中国人使用的 41 种"表人词缀"的集合体中，除了"儿、子"属于典型的真词缀，其余都已经历了实词虚化的过程，只表泛化的附加意义，具有"类词缀"等特点。"表人词缀"都是名词词性，具有名词化或加强词根名词性的语法功能。张斌（2002）认为这些表人词缀结合体"有褒义也有贬义。有的结合面宽，有的结合面窄"[①]。从能产功能而言，有的"新生类推潜能"强，结合面宽，如者、家、虫、鬼、族等。出现多少个具有相似特征的人群聚合体，就可以有多少个 X 族。有的能产性较弱，结合面较窄，如"非、婆、棍、仔"等。韩语也有类似的使用倾向及其特点。不过，象声词「～꽝」(kkwang)、年轻人流行语「～짱」(jjang) 等「接尾辞」，别具韩语文化特色，值得关注和留意。

词汇还具有多种附加意义，感情色彩便是其中之一。有表示敬爱的、表示感激的、表示悲哀的、表示气恼的、表示讨厌的等等。上述「接尾辞」在感情的褒贬色彩上有所不同。有的接词主要表示尊敬，属于褒义如"通"；有的是褒义、贬义、中性兼而有之，如"汉"好汉、男子汉是褒义。懒汉属贬义，中性有"门外汉"等。有的表示中性，没有明显的褒

[①]　张斌 . 新编现代汉语 [M]. 上海：复旦大学出版社，2002.

贬倾向，如"人、员、手、派、星、郎、剂、圣"等。其余的绝大多数表示贬义，如"头、王、精、包、婆、狂、鬼、徒、蛋、虫、佬、仔、废、棍"等。日语、韩语也有类似的特点。比如，日语的「がり」、「たれ」、「っぽい」、「たらし」、「悪」、「野郎」、「過ぎ」、「焼き」等「接尾辞」属于贬义色彩。「持ち」、「型」、「質」、「みたい」、「漢」、「師」、「派」、「嫌い」等「接尾辞」具有双重色彩，褒贬参半。不过「漢」、「師」、「派」、「嫌い」多以贬义使用。「らしい」、「系」等属于中性色彩「接尾辞」。

　　从褒贬评价的角度，可对韩语「接尾辞」进行如下划分。第一类是「바가지、딱지、질」等本身含贬义的「接尾辞」；第二类是「쟁이、보、뱅이、꾸러기、탱이」等具有强调作用的中性「接尾辞」，但它们与表示性格、习性特征的其他词结合产生后往往呈现出负面评价的特性；第三类是「자、인、가、꾼、인、맨、배」等表示某一类人的中性「接尾辞」，它们与其他词结合后主要由其前面结合的新词含义确定褒贬意，但多数倾向于中性。此外，还有如「정신분열증（精神分裂症）、대인공포증（对人恐怖症）、과대망상증（夸大妄想症）」等明显带有贬义，多用其比喻义，表明了说话者的一种反感与厌恶之情。说话者可以根据具体语境、人际关系的亲疏远近等自由、灵活地加以运用。

　　有关「接尾辞」的构词能力方面，人们往往会把原有的知识、经验都参与到认知过程中，中日韩三国国民对上述「接尾辞」的感知和体验构成了他们对认知语境的一部分，并把它们的种种特征和联想意义通过各种修辞手法，如隐喻、转喻、借代、夸张等手段，以相似性或相关性与对象发生联系。简单而言，「接辞」的大量形成是与人的"隐喻、转喻"等认知方式有关。所谓"隐喻"，就是从一个认知领域投向另一个认知领域，也就是用一种概念表达另一种概念，两种概念之间的关联来自认知领域的联想。比如"鬼、虫、蛋、棍"等，在人们看来不管是死去之人的"鬼"，还是昆虫、鸟类的"蛋"以及无生命的"棍"，与人类相比它们都低人一等。因此，这些「接尾辞」可以与人类的"傻、笨、不灵活"等特征发生联想，虚化后的词义多含贬义，如"酒鬼、懒虫、笨蛋、赌棍"等。"转喻"是相接近或相关联的不同认识领域中，一个凸显事物替代另一事物，如部分与整体的替代关系。如用"手、头"等肢体语言来替代整体之人。"夸张"是指故意言过其实或夸大缩小事实的目的，给对方留下深刻的印象。爱好夸张的心理倾向，既是中日韩三国国民的共同心理需求，也是一种普遍存在的社会语言现象。

「接尾辞」大致可分为能产性词缀和非能产性词缀。能产性词缀的构词能力强，具有旺盛的生命力，根据需要随时随地都可以滋生出新词来，这类词缀又可称为"活性词缀"[①]。换言之，不同的接词其能产性不尽相同，有的强、有的弱，有的结合面广、有的结合面窄，这种现象其实是与语言的"潜显"理论有着密切的联系。"显"指现在态，"潜"指过去态、未来态。两者相加就是全息。"潜显"理论的精神内核便是全息。该理论认为宇宙中一切事物乃至宇宙本身都是全息的，语言也不例外，语言有"潜"也有"显"。所谓显性的语言现象，就是在我们运用之前，或者在我们研究之前就已经客观地存在着的东西，它是我们经验的事实。显性语言现象包括显义和显词。显义就是在我们观察之前，运用之前就已经客观存在的意义。显词就是在语言实际中客观存在的词语。对于不同的语言来说，显词只不过是冰山显露在水面上很小的一部分，那冰山深深潜藏在水面之下的一部分则是潜性的词语。潜性词语就是在当前的语言实际中没有存在，但客观潜在着，在某种特定的语言环境里，有被释放出来的可能性的词语。语言的发展道路就是语言的潜性化和显性化的统一[②]。王希杰（1996）接着指出："在任何一种语言里，潜词比显词的数量要大得多，多到不知多少倍。比如佬、族、婆、仔、虫等随着时间的推移，潜词不断显化，积累发展成现在的情形。"[③]尽管"性向词汇"中还有不少词没有收录在上述词典中，潜词显化需要一定的过程才能被人们加以认知和利用。但随着社会的日益发展以及语言生活的不断丰富，构词数量将会迅速增加。现代汉语、日语、韩语尤其是在"性向词汇"中，大量的作为后附词素的「接尾辞」不断涌现，具有很强的构词能力以及语用功能。究其原因主要来源于两个方面。

一是类词缀化原因。除了几个纯词缀以外，其余的基本都是类词缀。这些后附成分具有构词的定位性，总是接在其他词根的后面，不能单独成词。词根和词缀之间不是简单的相加，词缀的原义已经或基本虚化，具有构词的类化性。"类化性"是汉语词缀的一个特点。即可以通过"类推"等方式大量构成新词。所谓"类推"就是根据两个（两类）对象之间在某

① 朱亚军，田宇.现代汉语词缀的性质及其分类研究[J].学术交流，2000（2）：136.
② 王希杰.论修辞学中的基本概念：显性和潜性[J].语言文字学，1996（8）：96-105.
③ 王希杰.论修辞学中的基本概念：显性和潜性[J].语言文字学，1996（8）：96-105.

些方面的相同或相似而推出它们在其他方面也可能相似的一种思维方法①。"类推"在语言的历时层面上发生了很大作用。无论是哪一类「接尾辞」，都可以借用"类推"这一方式，产生许多新的词汇。比如"家"可以说"作家、画家、外交家、政治家"等等，如同一个模标，随着新生事物或新领域的出现，随时都可能产生"XX家"。这种方法大大丰富了语言的表达手段，同时也促进了语言的演变过程。

二是社会、文化原因。与上述「接尾辞」组合而成的新词，其能产性是与社会经济、文化因素、语用环境等密不可分。具体表现如下：①现代生活的压力之大与节奏之快，反映到语言使用上则要求以简洁明了的形式来传递丰富多彩的内容。比如人们把在汽车交易中通过搞推销从中谋取暴利的人称为"车虫"，从买卖房子中获取利益的人为"房虫"。通过这种方式实现了短语的词汇化。新事物的不断涌现要求语言日益丰富和扩大，仿拟生成新词的现象正好符合这一趋势。仿拟类推既是对语言的继承又是对语言的创造，它使语言旧有的形式得以保存并增添了新鲜的内容，从而使新词更具时代的特征。②由「接尾辞」构成的新词具有生动活泼、丰富多彩的使用特点。而这些特点恰好符合人们求新求简，追求个性化的语用心理。③随着国际化、全球化的迅速发展，各国间的交流不断加强，必然会促进和影响汉语词缀的发展。如日语外来词的"屋、族"；英译词的"秀、酷、客"；等等。④网络、报刊等媒介的促进，使得新鲜词广为流传，不断催生出新兴类词缀的进一步发展。上述的两个主要原因，同样可以在日语、韩语中得到验证。比如，日语的「窓際族」（干什么都不起作用的人）、「暴走族」（粗鲁的人）、「転勤族」（不停更换工作的人）等。下面主要对中日韩三国的异同点进行抽象概括。

共同点：

（1）中日韩三国国民比较青睐于使用比喻、夸张、谐音等修辞手法对他人给予批评与评价。充分运用修辞如比喻（隐喻、借代等），能够增强语言的表现力与生动性。其中有不少词语，即便可以在词典中能够确认，但词义与词典中的解释不尽相同。比如日语的「月給取り」词典解释是"依靠工资谋生的人，即工薪阶层"。但在日本人的"性向词汇"中却用来比喻"干什么都不起作用，无用的废物"。同样，汉语的"评论家、中央

---

① 鲁瑛. "XX族"词类的语言学研究 [J]. 外国语文，2010（2）：74—75.

台播音员”等均与词典中的意思不尽相同，现泛指“说三道四，喜欢嚼舌的人”。韩语中「장사꾼」、「정치인」表示商人和政治家的意思，不过性向词汇中却使用在对“絮叨纠缠不休的人”以及“狡猾、爱面子的人”的评价。此外，动植物词汇、身体词汇、历史人物、动漫电影中的主人公等方面的灵活运用，给人以形象简约、幽默诙谐等情趣。性格类型词汇的广泛使用，别具特色，引人深思。比如，日本人巧用动漫中人气的主人公名字「花沢さん、サザエさん」等，形容和评价“开朗活泼的女孩”。韩语中借用韩剧主人公「친절한금자씨」（亲切的金子）的形象，比喻“亲切”和“严厉”的双重性格特点。

（2）接词的重复累加，比如日语的「～がり屋」、「～虫屋」、「お～さん」、「～屋さん」等，汉语的“～虫虫”、“小～人”、“大～蛋”等，均能起到加强或减缓语义程度的作用。韩语中的「궁금증쟁이」（爱凑热闹的人）、「울보쟁이」（爱哭的人）也属于「接尾辞」「～증」、「～보」与「～쟁이」叠加构词形式，均起到了强化语义的作用。

（3）词义上由褒变贬，具有下降性的使用趋势。比如日语的「熱中家」、「八方美人」、「超神経質」等。汉语的“捣蛋专家”“活神仙”“自由神”等。此外，历史人物、武侠小说中的人物指代，如“花木兰”（个性强的人）、“花无缺”（爱慕虚荣的人）等，词义上同样发生了下降性变化。有关下降性评价标准，日语的“性向词汇”与方言研究结论完全一致。韩语中，如「철학가」（哲学家）、「정치인」（政治家）分别对“死扣道理的人”和“狡猾的人”进行了负面评价，中日韩三国表现出高度的一致性。

（4）日本人分别使用「北海道人」、「多汗症」等比喻和形容“怕热的人”。「沖縄人」、「冷え症」比喻“怕冷的人”。中国人也有同样的造词联想法，如用“胖子、北方人、热症”表示“怕热的人”，而用“瘦子、南方人、寒症”等形容“怕冷的人”。韩语也是同样，如用「아프리카인」、「남극인」等，分别代表怕热、怕冷的人，中日韩三国具有鲜明的共性。

（5）词汇是表现各种语体风格的主要载体，不同的词语可以表达不同的语体风格。绝大多数「接尾辞」经常出现在人们的口语交际过程中，这些「接尾辞」构成的新词具有形式多样、风趣别致的表现手法，表现出“口头语体风格”特征。口语中丰富多彩的“性向词汇”，较之于书面语，显得自然活泼，富有表现力。也就是说，由于说话时追求形象生动，故具有形象性，这一点中日韩三国具有共性。

（6）日本人的「接尾辞」共有 58 种，其中就有 43 种（比例高达74%），属于负面评价「接尾辞」。中国人 41 种结尾词中，也有高达 30 种（73%）负面评价「接尾辞」。这种负面评价的价值取向，充分反映了中日两国社会中"负面"的价值取向。而韩国人的「接尾辞」共有 59 种，其中有 15 种（25%）属于负面评价「接尾辞」，其余均是中性「接尾辞」，这与中日两国相比明显不同。

（7）年龄、性别差异方面，中日韩三国具有鲜明的共性。中日韩大学生在造词能力、内容等方面，表现得非常积极，他们大胆创新，勇于挑战，不满足既有词汇，在原有词汇的基础上采取各种修辞技巧以及仿拟类推等手法，生成出大量的、形象生动的新词。换言之，大学生在追求轻松活泼的调子、幽默诙谐的情趣、新颖别致的内容、语体风格等方面，较之于社会群体，表现得格外凸显，引人注目。值得说明的是，韩国大学生在外来语的使用方面别具特色。另外，属于韩国大学生特有的「接尾辞」就有高达 14 种有余（6 种是社会群体特有的），社会群体、大学生之间的差异表现明显。另外，三国"性向词汇"中的「接尾辞」都具有男女性别之分。比如，汉语的"～婆"、"～汉"、"～夫"、"～仔"、"～郎"、"～佬"等；日语的「～娘」、「～弁慶」、「～太郎」、「～漢」、「～君」、「～兵衛」；韩语的「～녀」(nyeo，女）与「～남」(nam，男）等，均都构成了性别上的对应关系。

不同点：

（1）尽管中日韩三国的"性向词汇"中，都有"性格类型"方面的词语。但在具体的使用方面三者却不尽相同。日本人用「系」（インテリ系）、「型」（さっぱり型、マイペース型、A 型、B 型）等，韩国人通过使用「A형、B형、O형」等加以评价，与日本人非常相似。中国人也有 A 型、B 型等用法，但在"性向词汇"上更多使用"症"（如抑郁症、多动症）、"质"（胆汁质、多血质、神经质）等加以表述。有关与"症"组合的词汇，韩语的构词类型更为丰富多彩。

（2）日语性向词汇中的「接尾辞」，作为后缀与前面的词素结合，主要表示具有某种动作行为、性格特征的人，程度上一般不予改变。但是汉语的"性向词汇"，不仅明示和强调具体的人物特征，而且在评价程度上可以进行一定的加减。就是说，说话者可以根据具体的语境和人际关系进行调整（缓和或强化），两者具有明显的差异。比如，日语的「怠け者」

对应的汉语有"懒人、懒鬼、懒蛋、懒虫、懒包"等。如果再进行比较不难发现，"懒人"的客观判断较强，其余的四个词语，使用时深受人际关系的影响和制约，带有明显的主观感情色彩。换言之，如果对方属于亲密、友好的人际关系，"懒鬼、懒蛋、懒虫、懒包"等词语的使用，隐含着可爱、亲昵的语气和态度，负面的评价色彩得到了一定程度的缓解和下降。相反，对方如果属于外人而且关系不太亲密，这些"性向词汇"的使用则会强化负面评价。

（3）「接尾辞」使用上所体现出的"暧昧性"特征，极具日本语言文化特色。比如「的」（内向的、外向的、私的には）等，通过暧昧的，或褒或贬、或正或负等感情色彩，使得评价不那么直截了当，避免了咄咄逼人的感觉。换言之，说话者从尊重对方的立场出发，尽量不把话说得绝对化，不伤害对方的感情，以免对方难堪和无法接受。可见，暧昧性的语言表达是日本语言文化的重要特征之一，它充分体现了日本人的思维模式和行为准则，因而得以广泛使用。这种含蓄、委婉的暧昧表达方式，恰好适合「他人中心、聞き手主義」的日语语言行为规范，其背后隐含着深刻的日本文化底蕴。"暧昧表现"的语句特点，一般不采用完整句的形式，从结构、内容上省略了构成语句的一些重要因素，这种省略现象在日本人的日常生活中可谓比比皆是，在日本人的行为方式和情感交流中极具特色。本次调查结果中，出现了"省略＋「接尾辞」"的形式，如「胡麻すり屋」、「世話好き」、「酒好き」、「ウーさん」等。汉语、韩语中并没有发现类似的省略形式，三国差异明显。

（4）中日韩三国"性向词汇"中动物词汇所表现出来的感情色彩，可以窥视出三国国民的价值观、道德观、人生理想等，反映人们的生活方式、行为准则等方面的异同。一个社会集团的人们往往会把主体的文化价值观念和情感的好恶涂抹到动物身上，动物因此有了褒贬之别。比如"猪"肥头大耳，贪吃贪睡，肮脏丑陋，笨头笨脑，中国人使用"猪"（笨猪、蠢猪等）加以形容具有这类特性的人。日语中也有「豚小屋」一词，形容对方的房间脏乱不堪。中日两国都用"猪"表贬义，用来骂人，但侧重点不同。中国人主要借用猪的特性，评价对方的"愚蠢与肥胖"，而日语侧重于对方的"肥胖与能吃"如「豚野郎」等。"羊"为古"祥"字，是温顺、胆小、纯洁、美好、吉祥的象征。但同时它又是凶猛动物的牺牲品，因此中国人便用"小绵羊"比喻"软弱无能的人"。日语中也有与

"羊"相关的一些惯用语，如「屠所の羊」、「羊の歩み」等，是指"向死亡接近"等意。可以推测，日本人对"羊"的认知、理解与中国人比较相似，也是作为柔弱与可怜的代名词。这些词带有明显的贬义色彩，又可称之为骂詈语。骂詈语的功能在于表达话语者的主观情感，诸如愤怒、憎恨、怨恨、恐惧、烦恼、嫉妒、倒霉、牢骚、戏谑、欣喜、夸张等。中国人的"性向词汇"中，有诸如贬义的"猴性子"（不稳重容易急躁的人）、"笨鸭子"（不喜欢交谈寡言少语的人）、"老母鸡"（絮叨纠缠不休的人）、"大懒猫"（懒惰不干活的人）、"笑脸猫"（总是一个人偷着乐）、"花公鸡"（骄傲自大、目中无人的人）、"花蝴蝶"（注重外表爱慕虚荣的人）、"虎人"（蛮横霸道的人）、"小鱼儿"（喜欢恶作剧的人）等。日语如「犬っぽい」（坐不住的人）、「泣き虫」（感情脆弱的人）、「働き虫」（能干的人）等。

"老黄牛"在中国人的日常生活中多为褒义，一般用其比喻义，形容一个人任劳任怨、默默无闻。这是因为古代中国的小农经济处处离不开"牛"的奉献，勤恳的"牛"与朴实的农民是紧密相联的缘故。与此同时，因为"牛"有顽固、迟钝的一面，故又引申出"牛脾气、牛性"之类的贬义词。换言之，"牛"在中国人的语言生活中不仅具有正面评价，同时也兼具批评之义的负面评价，反映出"牛文化"褒贬对立的两义性。与此相比，日语中由"牛"派生出来的词汇，多为贬义如「牛のよだれ」、「牛の歩み」（冗长乏味）、「牛に対して琴を弾ず」（对牛弹琴）、「牛驚くばかり」（天下乌鸦一般黑）、「牛に食らわる」（受骗上当）、「牛を馬に乗り換える」（舍劣从优）、「牛の角を蜂が刺す」（麻木不仁）、「食べてすぐ寝ると牛になる」（餐后就睡变成牛）等。由此可见，"牛"在日本人的心目中属于"冗长拖沓、笨拙缓慢"的代名词。

有趣的是，本次调查的结果中，有些动物词汇其词义发生了变化。比如用"老黄牛"表示"能干的人"；"干活认真仔细的人"；"忍耐性强的人"；"比别人都努力的人"；"爽快的人"等。同时还能表示"不会干活工作效率低"；"做事慢不得要领"等轻视、蔑视对方的意思。当然，牛文化的两义性在此表现得更为凸显。"小绵羊"表示"正直诚实"；"温和善良的人"。"狐狸精"表示"对人冷淡不和气"；"好胜心强"；"爱诉苦怨言多的人"。这类动物词汇能够折射出浓厚的人性论思想，反映了人们对人伦道德的强调与重视。主要原因在于通过使用动物名称，借用动物的一些特性比喻和评价"人"，可以从反面进一步强调"人之为人"的重要，能够对人们的行为规范起着引导和监督等作用。

　　需要说明的是，即便是同一动物，但在不同的语言文化中，其指称亦有可能不尽相同。比如"狐狸"在汉语言文化中，常常和"狡猾、奸诈、风骚"等词义连在一起。故人们会用"狐狸精、老狐狸"等词形容和评价他人，属于骂詈语，带有明显的贬义色彩。但在日本"狐"和"狸"是指不同的动物对象。「狐と狸はともに古来より人を化かすと言われているが。実際にはそういうことはない。ただ狐は非常に知能が発達としてると言われ、古くから智恵（特に悪智恵）のある動物として世界各地の説話類に登場する。更に「狐は瑞祥の動物、あるいは稲荷神の使いとも考えられている。それに対して狸は、はるかに知能が低く、警戒心もとぼしく。人家付近にもよく現れる」①。意思是说，日本自古以来就有狐或狸化成人身之说，而事实并非如此。只不过"狐"的智商高，非常聪明，尤其在做坏事方面。"狐"自古以来就经常出现在世界各地的神话小说、寓言等文学作品之中。此外"狐"还被视为"吉祥"之物，民间把"狐"看作是稻荷神的化身，能给民间带来幸福。与此相比，"狸"则显得极其笨拙，智能低下，缺乏警戒心，常常出现在民家附近。尽管如此，人们的认知领域中依然认为"狐或狸"经常化作人身出现。不同的是，日本人经常用"狸"比喻"聪明奸诈的人"如「狸親爺」、「狸婆」等。而"狐"化为女儿身成为美女的故事有很多，尤其是在化成美女后蛊惑男性等方面比较擅长，故有「狸入道、狐女」一说。

　　较之于中日两国语，韩语性向词语中报春的「제비」（燕子）其比喻义独特，无论是使用量、使用频率还是使用范围等均远远超过了汉语和日语，凸显出韩国人特有的"燕子"文化。韩语"性向词汇"中的「제비」（燕子）不仅用于形容（67）小项"话多的人"；（69）"能说会道的人"，而且作为比喻（99）"会交际的人"的负面评价词汇，深受韩国人的青睐。不仅如此，「제비」（燕子）的使用频率较高，全都排在（67）、（69）、（99）这三个语义小项重复使用前10名之内，反映了韩国人通过"燕子"比喻人的性向方面情有独钟的特点，而日语、汉语中的"燕子"并没有此类比喻义，也就不可能产生相应的"性向词汇"。至于用什么比喻以及比喻物

---

　　①　赤祖父哲二，等．日・中・英言語文化事典 [M]．マクミランランゲージハウス，2000：546–548.

的正负寓意是与自然环境、生活条件、风俗习惯、文化信仰等因素密不可分的，它刻有强烈而鲜明的民族与文化的印记。通过对其分析与比较，可以揭示和挖掘中日韩三国不同的民族和文化特征。当然，究竟如何评价？采用什么标准和语言形式进行评价等，都因语言与文化的不同而不同。

（5）"鬼"在中日两国的"性向词汇"中非常活跃，属于能产性极强的词缀之一。日语的「接頭辞」中有"鬼"，而汉语更加丰富，既可以用作「接頭辞」也可以是「接尾辞」，被人们信手拈来的随意使用。日语中「鬼」词汇的意义特征，最早来源于汉语并受到汉语的影响。比如"死者的灵魂"、"形象丑陋、怪力无比的妖怪"、"冷酷无情的人"（鬼婆）、"沉溺于某一事物的人"（仕事の鬼）、"勇猛强大"（鬼に金棒、鬼とも組む）等。可见，日语的「鬼」和汉语的"鬼"极其相似，但并不完全相同。日语中的「鬼」会吃人，而汉语中的鬼一般只会捉弄人或害人。根据《日·中·英言語文化事典》的解释:「鬼とは、頭上に角をはやし、大きく裂けた口に鋭いきばをもち、筋肉質の赤肌をあらわにして、虎の皮の褌を着け、手には金棒をもって、村落を荒らしては宝を奪い、人を食うといわれる想像上の生き物のことである」①。意思是说，鬼的头上长着角，露着大而锐利的牙齿，拥有强健的红色肌肤，身穿虎皮裙，手执铁棒，在村里为非作歹，残害生命。可见，长着角和獠牙，腰围虎皮裙，手持棒子，性格残暴，是日语「鬼」的最基本定义。周作人（2005）也认为："日本的所谓'鬼'（日语中的鬼叫做オニ，不同于我们所说的人死后变成的亡灵）与中国所说的鬼有些不同。仿佛他们的鬼大抵是妖怪，人死为'鬼'则成为幽灵"②。日本文化中比较固定的妖怪通常是以颜色加以区分的，比如青鬼、赤鬼、黑鬼等。比如《宇治拾遗物语》中描写的"鬼"，红鬼穿蓝衣服，黑鬼穿红衣服。围着虎皮裙子，有的长着一只大而亮的眼睛，有的没有嘴。传统的日本舞蹈"鬼剑舞"是让跳舞者戴着涂有"白、黑、青、红"四种颜色的面具装扮成武士，用激烈的舞蹈来镇压亡灵。日本人最盛大的传统节日之一是"盂兰盆节"，最初来源与中国，但日本人更加重视这个节日。每年阳历 8 月 13 日前后，家家户户都要设魂龛，点燃迎魂火以迎接祖先的灵魂。再以送魂火的方式把祖先的灵魂送回阴间。此外，日

---

① 赤祖父哲二，等．日·中·英言語文化事典 [M]．マクミランランゲージハウス，2000：343–344.

② 周作人．周作人论日本 [M]．西安：陕西师范大学出版社，2005：135–136.

本人在每年立春的前一天，都要举行「鬼は外、福は内」（撒豆驱鬼）的活动。鬼是令人讨厌的对象。故汉语中有"讨厌鬼、饿死鬼"等词语。"饿鬼"一词来源于佛教，特点是怎么吃也吃不饱。现代汉语中便用"饿死鬼"比喻"吃饭快，吃得多的人"。同样，日语的"鬼"其形象狰狞可怕、性格残暴，由此引申出「鬼将軍、鬼課長」等词语。还有一些与"鬼"相关的惯用语，比如「鬼に十八、番茶も出花」（即使再丑的女人到了一定年纪，看不上也会有点姿色）。「鬼と戯言」比喻和鬼开玩笑，想与其亲近反倒令人毛骨悚然。「鬼の居ぬ間に洗濯」意识是指"恐惧的人不在身边，可以彻底放松身心"等。因为"鬼"具有超常、不可思议的力量，故有「護国の鬼」（护国之神）之说，把鬼加以"神化"或认为鬼能够给人类带来福音，词义上带有明显的褒义色彩。这一点与汉语明显不同，具有日本文化特色。折口信夫对此进行了精辟的阐述：「鬼は『まれびと』として人間に福を運んでくれることもあって、両面的な性質が備わっている」①。日语的"鬼"不同于汉语，可以平息灾难，赐福于人类。比如秋田县爱媛县的"鬼金刚"等鬼节，可以驱邪避难，造福于人类②。日语的「鬼」具有双重性，既有凶残可怕、诡异的一面，又有给人类带来好运的一面。有些日本人喜欢"鬼"由此可见一斑。比如高平鸣海在《鬼》一书中说道："我其实喜欢鬼，虽然鬼有各种各样，但他们拥有强大无比的力量。即便最后被打败的鬼，其形象也十分纯洁。"③作为「接頭辞」的"鬼"一般形容对方冷酷无情以及凶悍可怕，带有讽刺和揶揄的口吻。「鬼子」比喻调皮、粗野的孩子，原义逐渐虚化，但依稀可见与原义的某些关联。

3. 存在的问题以及今后的研究课题

　　通过上述分析考察和对比研究，中日韩三国"性向词汇"中确实存在着为数众多且又形式多样的「接辞」。它们充实、丰富着三国的"性向词汇"体系，在对人评价方面发挥着不可替代的社会功效。不仅如此，「接辞」以及「接辞」所构成的"性向词汇"充满了时代气息和现实感，富有比喻义，凸显出与词典所收词汇的不同，这也是我们比较研究"性向词

---

① 周作人．周作人论日本 [M]．西安：陕西师范大学出版社，2005：343.

② 铃木棠三．日本年中行事词典 [M]．東京：角川書店，1980.

③ 高平鸣海．鬼 [M]．東京：新紀元社，1999.

汇"中「接辞」的意义所在。

　　本书构建了符合中日韩三国语言特点的「接辞」定义与标准，通过在前期构建三国"性向词汇"语料库的基础上，自创三国「接辞」语料库，重点分析三国"性向词汇"中「接頭辞」、「接尾辞」的量化特点、构词形态、语义功能等。在分析考察每一个「接辞」的基础上，尝试对三国「接頭辞」、「接尾辞」的共性和特性进行概括与总结，希望能够全面展示"性向词汇"中「接辞」的使用特点。其结果既从评价视点、认知规律探求了「接辞」的内部机制，也从社会文化、生活环境等角度分析了外部成因，不仅有助于认识"性向词汇"的造词和构词方法、表达手段以及动态发展，而且促进和丰富了三国词汇、语法、认知等方面的对比研究。

　　当然，多国语言间的比较研究，其均衡性、同质性分析显得非常重要。但由于种种原因，韩语部分的分析显得薄弱，今后需要对韩语部分加大力度和深度。另外，我们还要关注「接辞」及其所构成的"性向词汇"的比喻功能，融合三国"性向词汇"中的比喻词汇，通过文化语言学、对比语言学、认知语言学等研究理论和研究方法，全面、系统地描述三国"性向词汇"的共性与特性，深刻解读三国语言文化的异同，揭示中日韩三国"性向词汇"的使用全貌及其各自特征。

参考文献

陆志韦，等.汉语的构词法 [M].北京：科学出版社，1957.

丁声树，等.现代汉语语法讲话 [M].北京：商务印书馆，1961.

王力.古代汉语：修订本 [M].北京：中华书局，1964.

赵元任.汉语口语语法 [M].北京：商务印书馆，1979.

朱德熙.现代汉语语法研究 [M].北京：商务印书馆，1980.

吕叔湘.汉语语法论文集 [M].北京：商务印书馆，1984.

刑福义.文化语言学 [M].武汉：湖北教育出版社，1990.

房玉清.实用汉语语法 [M].北京：北京语言学院出版社，1992.

埃德温·赖肖尔.当代日本人 [M].北京：商务印书馆，1992.

林语堂.中国人 [M].上海：学林出版社，1994.

辜鸿铭.中国人的精神 [M].海口：海南出版社，1996.

刘再复、林冈.传统与中国人 [M].合肥：安徽文艺出版社，1999.

吕俊甫.华人性格研究 [M].香港：香港远流出版公司，2001.

王勇.日本文化 [M].北京：高等教育出版社，2001.

张哲俊.中国古代文学中的日本形象研究 [M].北京：北京大学出版社，2004.

藤原与一.方言学 [M].東京：三省堂，1962.

阪倉篤義.語構成の研究 [M].東京：角川書店，1966.

池上嘉彦訳、S·ウルマン著.言語と意味 [M].東京：大修館書店，1969.

安藤彦太郎.日本人の中国観 [M].東京：勁草書房，1971.

室山敏昭.方言副詞語彙の基礎的研究 [M].東京：たたら書房，1976.

池上嘉彦.意味論 意味構造の分析と記述 [M].東京：大修館書店，1975.

仁田義雄.語彙論的統語論 [M].東京：明治書院，1980.

室山敏昭. 地方人の発想法―くらしと方言 [M]. 東京: 文化評論出版, 1980.

宮地裕.「現代語の語構成」[C]//『講座日本語の語彙第 7 巻現代の語彙』, 東京: 明治書院, 1982.

藤原与一. 方言学原論 [M]. 東京: 三省堂, 1983.

室山敏昭. 生活語彙の基礎的研究 [M]. 東京: 和泉書院, 1987.

南博. 日本人の心理 [M]. 東京: 岩波書店第 46 版, 1989.

野村雅昭.「語構成」[C]//『講座日本語と日本語教育第 1 巻日本語学要説』, 東京: 明治書院, 1989.

藤原与一. 小さな語彙学 [M]. 東京: 三弥井書店, 1991.

斎藤倫明. 現代日本語の語構成論的研究―語における形と意味―[M]. 東京: ひつじ書房, 1992.

影山太郎. 文法と語構成 [M]. 東京: ひつじ書房, 1993.

金容雲. 醜い日本人 [M]. 東京: 三一書房, 1994.

山梨正明. 認知文法論 [M]. 東京: ひつじ書房, 1995.

瀬戸賢一. メタファ－思考 [M]. 東京: 講談社現代新書, 1995.

赤祖父哲二, 等. 日・中・英言語文化事典 [M]. 東京: マクミランランゲージハウス, 2000.

金文学. 日本人・中国人・韓国人 [M]. 東京: 白帝社, 2003.

瀬戸賢一. よくわかる比喩―ことばの根っこをもっと知ろう [M]. 東京: 研究社, 2005.

園田茂人. 中国人の心理と行動 [M]. 東京: 日本放送出版協会, 2006.

楠見孝. メタファー研究の最前線 [M]. 東京: ひつじ書房, 2007.

后　记

　　经过 2009 年立项的国家社会科学基金一般项目得到结项成果《中日韩三国"性向词汇"及文化比较研究》（外语教学与研究出版社，2017），我们发现三国"性向词汇"中均活跃着数量、种类繁多的「接辞」（词缀、类词缀），其适应了评价行为多样化的社会生活，而且在派生对人评价词汇方面表现出超强的能产性，极大地丰富和发展了"性向词汇"的构词方式和表达手段，使得评价程度和语气、感情色彩等变得更加细化，作为揭示"性向词汇"全貌的重要一环，有必要对中日韩三国的「接辞」进行实证性的调查研究与分析比较。

　　本书以中日韩三国的「接辞」（词缀）为研究对象，重点考察三国「接辞」的构词特点、语义类型、评价机制等，探究「接辞」背后的文化因素以及文化与语言间的互动关系。积极开展「接辞」的对比研究，能厘清三国对人评价的全貌，有助于推进三国语言文化比较研究向纵深层面发展。

　　本书的特色主要包括以下三点：

　　第一，挖掘文化之"根"脉，开辟新的研究视点和方法

　　文化是一个国家和民族的"灵魂"。"文化自觉"的第一步便是要对自身历史文化的来龙去脉有一个清晰和客观的认识。"性向词汇"是生活词汇的重要组成部分，而"生活词汇"是民族精神的最好积淀与完美呈现。本书尝试考察中韩学术界没有关注的"性向词汇"，并至开展多语言间的跨文化比较研究，为跨文化语言研究开辟新的研究视点和研究方法。

　　第二，描写与解释

　　语言作为文化符号，对于民族文化的构建和传承有重要作用。人们要认知语言文化符号的功能，就必须描写和解释其所包含的语义体系。因此，本书在词汇学、社会语言学、认知语言学等相关理论的指导下，在描写的基础上进行合理的解释，不仅从语言自身描写三国「接辞」的性质、特点、类型，还把其认知机制、运作原理、社会文化要素等作为探究的重要视点，希望能对「接辞」给予全面的诠释与解读。

　　第三，量化与分析、综合与比较

　　为了掌握三国性向词汇中「接辞」的使用全貌，首先需要量化和展示

中日韩三国各自的使用频率及其特征。在此基础上再进行分析与综合。我们对三国「接辞」的比较研究主要是指对三者共性和个性的研究，探究「接辞」的性质及其属性，在此基础上归纳、提炼「接辞」的类型化特征。

2012 年团队成员根据既有成果尝试分类，花费了一年半的时间抽取、统计出中日两国「接頭辞」和「接尾辞」的种类、数量、比例和男女使用情况。主要包括中国社会群体（不同年龄层段）、大学生、总量；日本社会群体（不同年龄层段）、大学生、总量。

2014—2015 年本人在上述基础上，独立撰写了中日两国「接辞」的对比研究。2016 年加入北京第二外国语学院李成浩副教授的韩语部分，整合成本书的初稿。性向词汇中「接辞」派生出的对人评价词汇，不同于书面语，具有浓厚的口语或俗语特点及创造性、新颖性等特征。性向词汇虽有不断更新的特点，但作为根基的评价机制不会改变，这也为性向词汇的动态研究和跨文化比较研究提供了保证。2017 年苏州职业大学的施晔老师、苏州工业园区服务外包职业学院的李淑尧老师协助完成了性向词汇与词典中收录情况的调查工作。2018 年完成并确认了由词缀派生的性向词汇与词典一致的比例。在此基础上，本人于 2019—2021 年继续补充、完善「接辞」的内容。2021 年 9 月负责韩语的李成浩老师也完成了三国语言中由「接辞」派生的性向词汇与词典的一致率。其后我的导师日本广岛市立大学栾竹民名誉教授对三国各自的构词分类进行了重点核对与把关。2022—2023 年本人对书稿整体进一步修改与完善。由于学术界在汉语的词性分类上多有分歧，「接辞」的对比研究又在"摸索期"，尚存不少问题需要在今后的研究过程中不断摸索和深入挖掘。

团队为本书的写作付出了大量的时间和精力，包括「接辞」的分类和数量，与词典的一致率以及自建三国"词缀"语料库等。在完成本书的过程中，团队成员栾竹民教授及李成浩副教授均做了大量的工作，没有他们的参与和辛勤付出，本书无法顺利完成。施晔老师、李淑尧老师也给予了我们协助与支持。暨南大学出版社刘宇韬责任编辑为本书的修改提出了有益建议。我还要特别感谢我的博士生李凌飞、聂根凤、黄睿三位，为本书的格式规范、内容完善等提供了帮助。本书的出版还得到了苏州大学外国语学院学科建设经费的支持。在此，仅对以上师友以及苏州大学外国语学院的领导和同事一并表示最衷心的感谢。至于其成败得失，尚祁大方之家批评指正！

施　晖

2023 年 10 月于水云居